49가지 교수학습 전략을 담은

국어과 교재 연구 및 지도법

49가지 교수학습 전략을 담은

국어과 교재 연구 및 지도법

2024년 8월 22일 초판 1쇄 찍음
2024년 9월 6일 초판 1쇄 펴냄

지은이 김주환·이순영·장은섭·이지영·최승식·안찬원·김동욱

편집 이근영·조유리
디자인 김진운
본문 조판 토비트

펴낸이 윤철호
펴낸곳 ㈜사회평론아카데미
등록번호 2013-000247(2013년 8월 16일)
전화 02-326-1545
팩스 02-326-1626
주소 03993 서울특별시 마포구 월드컵북로6길 56
이메일 academy@sapyoung.com
홈페이지 www.sapyoung.com

ISBN 979-11-6707-160-6 93370

49가지 교수학습 전략을 담은

국어과 교재 연구 및 지도법

김주환·이순영·장은섭·이지영·최승식·안찬원·김동욱 지음

사회평론아카데미

머리말

'국어과 교재 연구 및 지도법'은 국어과 교사의 수업 전문성을 신장시키기 위해 개설된 과목이다. 교원 양성 프로그램이 대부분 교과의 내용학에 집중되어 있기 때문에 교과마다 '교재 연구 및 지도법'을 개설하여 교사의 수업 전문성을 기르도록 한 것이다. 이 과목은 대체로 학생들이 직접 교과서를 분석해서 지도안을 만들어 보고, 수업 실연을 하는 과정으로 운영되는 경우가 많다. 수업을 직접해 보는 과정을 직접 경험만으로도 예비 교사들의 수업 전문성을 신장시키는 데 큰 도움이 되기 때문이다.

그러나 처음 수업을 준비하는 예비 교사에게 교재 분석과 수업 지도안을 짜는 일은 매우 막연한 일이다. 다양한 교육이론과 교수법은 너무나 추상적이고 개념적이라 실제 수업을 준비하는 데 큰 도움을 주지 못한다. 따라서 예비 교사들은 새로운 교수 이론을 익히고 적용해 보기보다는 기존의 교사들의 수업을 참고하여 따라 하는 경우가 많다. 자신이 배운 초, 중, 고등학교 선생님들의 교수법이 가장 강력한 지침이 되는 것이다.

물론 기존 선생님들의 수업 방법도 좋은 전략일 수 있다. 그러나 기존의 수업 방식에는, 이제는 그다지 효과적인지 않은 것도 있을 것이다. 따라서 예비 교사들이 기존의 수업 방식을 무작정 답습하기보다는 좋은 수업이 무엇인지에 대한 고민을 바탕으로 새로운 교수법을 익히고 적용하는 경험을 하는 것이 중요하다. 이 책은 이러한 문제의식을 바탕으로 예비 교사나 교사들이 실제로 교과서를 분석하여 수업을 준비할 때 도움을 줄 수 있는 교수 전략과 이론을 제공하려고 하였다.

1부에서는 국어과 교재 분석과 함께 수업 지도안 작성하는 방법을 소개하였다. 우선 초등 국정 교과서와 중등 검정 교과서를 바탕으로 교재 방법을 구체적으로 안내하였다. 국정 교과서는 1종뿐이지만 검정 교과서는 여러 종이라 학교에서 가장 많이 사용하고 있는 교과서를 선정하여 교재 분석의 예를 제시하였다. 또한 언어 학습의 핵심 원리로 점진적 책임 이양 모형을 제시하고, 이 원리에 따라 수업 지도안을 작성하도록 하였다. 점진적 책임 이양의 원리는 가장 기본적인 수업 전략이기 때문에 예비 교사들은 이 수업 전략을 능숙하게 운영할 수 있어야 한다.

2부에서는 각 영역의 수업에서 활용할 수 있는 교수·학습 전략 49가지를 제시하였다. 실제 교실 수업에서 활용할 수 있는 전략은 수백 가지가 넘지만, 모든 수업 전략을 다 소개할 수는 없기 때문에 가장 널리 활용되는 전략을 중심으로 소개하였다. 따라서 수업 지도안을 작성하고 수업을 기획할 때 각 영역에서 제시한 교수·학습 전략을 활용할 경우 좀 더 효과적인 수업을 운영할 수 있을 것이다. 이 수업 전략은 바로 수업에 적용할 수 있도록 구체적인 교수·학습 방법과 함께 예시 자료를 제시하였다. 예시 자료는 학생들이 산출할 최종 결과물 형태로 제시했기 때문에 이것만 봐도 어떤 활동을 해야 하는지 파악할 수 있을 것이다.

이 책에 제시한 교수·학습 전략에는 대상 학년을 표시했기 때문에 초등이나 중등 교사 모두 대상 학년에 맞게 적절히 활용할 수 있을 것이다. 이 책은 예비 국어 교사들의 수업 전문성 향상을 위해 집필하였으나 자신의 수업을 점검하고 개선하려는 현직 교사들에게도 도움을 줄 것이다. 이 책에서 소개한 교수 이론과 전략을 바탕으로 좋은 국어 수업에 대한 논의가 더욱 확산되기를 바란다.

2024년 9월

저자들을 대표하여 김주환

차례

2부 49가지 국어과 교수학습 전략

1부

국어과 교재 연구

01

교과서의 위상과 역할

'교육의 질은 교과서의 질을 능가하지 못한다.'라는 말이 있다. 좋은 교과서는 학생에게 좋은 안내자의 역할을 하고, 교사에게는 효과적인 수업을 할 수 있는 수단이 되기 때문이다. 우리나라의 「초·중등교육법」 제29조 1항에는 "학교에서는 국가가 저작권을 가지고 있거나 교육과학기술부 장관이 검정 또는 인정한 교과용 도서를 사용해야 한다."라고 하여 학교에서 교과서를 사용하도록 강조하고 있다. 그리고 많은 교사가 교과서에 의존하는 수업을 하고 있기 때문에 우리나라의 경우 학교 교육이 교과서에서 시작해서 교과서로 끝난다고 해도 지나치지 않을 정도이다.

그러나 정보통신 기술의 발달 등 교육 환경의 변화로 인해 교과서에만 의존하는 수업은 한계를 드러내고 있다. 의욕적인 교사들은 교과서 외 다른 매체를 적극적으로 활용하여 자신의 수업을 창의적으로 운영하는 교육과정 재구성 수업을 하고 있기도 하다. 이처럼 과거에는 절대적인 권위를 자랑했던 교과서의 위상과 역할이 점차 약화되고 있어 미래에는 교과서가 없어질 것이라는 주장까지 등장했다. 그러나 아직도 교과서는 학교 교육과정을 구현하는 중요한 교수·학습 자료의 역할을 하고 있다. 따라서 이 장에서는 변화하는 매체 환경 속에서 교과서의 기능과 역할이 어떻게 달라지고 있는지 살펴보고자 한다.

1 교과서의 성격과 기능

닫힌 교과서관과 열린 교과서관

교과서의 기능과 역할은 교과서를 바라보는 관점에 따라 달라진다. 연구자에 따라서 교과서를 보는 관점이 다양하지만, '닫힌' 교과서관과 '열린' 교과서관으로 구분하는 것이 일반적이다. '닫힌' 교과서관은 교과서에 담긴 내용은 오류가 없는 것이기 때문에 함부로 변경할 수 없고, 모든 학생은 반드시 그 내용을 숙달해야 하는 것으로 본다. 반면에 '열린' 교과서관은 교과서에 담긴 내용은 지금까지 인간이 성취한 문제 해결의 사례에서 본보기가 되는 것을 가려 뽑은 것으로, 교과서의 내용만이 아닌 다른 문제 해결 사례를 얼마든지 받아들일 수 있다고 본다.

닫힌 교과서관은 교사와 학생 간의 상호작용이 일방적 주입식 교육으로 흘러 수동적이고 폐쇄적인 인간을 양성하기 쉽다. 왜냐하면 교과서의 내용은 무오류의 절대적인 진리이기 때문에 학생들은 교과서 내용을 수용할 수밖에 없기 때문이다. 교과서를 성전으로 여기는 이러한 태도는 오랫동안 이어져 온 경전 교육의 영향이라고 할 수 있다. 반면에 열린 교과서관에서 '열림'의 의미는 '지식전달형에서 정보제공형으로', '교수 중심에서 학습 중심으로', '인쇄 매체 중심의 단일형에서 다양한 보조 자료와 연계된 교과서로'라는 의미로 해석된다.

과거의 교과서는 그 자체로 가르쳐야 하는 대상이었다. 한문교육기에서는 유교 경전이 교과서 역할을 했기 때문에 교과서는 그 자체로 가르쳐야 할 대상일 뿐만 아니라 존중의 대상이었다. 개화기나 일제 강점기에서도 교육과정이 따로 있었던 것이 아니기 때문에 교과서가 교육의 대상이자 목표의 역할을 했다. 이러한 전통은 교육과정기에도 이어졌는데, 「초·중등교육법」 제29조 1항은 학교에서는 교육부 장관이 검정 또는 인정한 교과용도서를 사용해야 한다는 것을 강조하고 있다.

그러나 제7차 교육과정이 도입되면서 교과서는 교수·학습을 위한 하나의 자료라는 인식이 확산되기 시작했다. 제7차 교육과정은 학생 활동 중심의 교육을 강조하면서 수준별 교육을 표방했기 때문에 하나의 교과서만이 아니라 다양한 교과서의 활용이 권장되었다. 이 시기는 정보화 기술이 발달하고 평화적 정권 이양으로 한국의 민주주의가 한 단계 발전했던 시기였다. 즉, 정보화 기술의 발달로 교사와 학생들이 활용할 수 있는 자료의 범위가 확장되었을 뿐만 아니라, 민주주의의 발달로 개인의 자율성이 더욱 높아져 교과서 내용을 획일적으로 받아들이는 것이 권장되지 않았다.

이러한 교과서관의 변화를 인식론의 변화로 설명하기도 한다. 즉, 산업사회에서는 지식을 객관주의로 봤기 때문에 의미는 전적으로 텍스트에 내재되었다고 봤지만, 정보화 사회에서는 구성주의로 보기 때문에 의미는 학습자와 텍스트 간의 합의를 통해 형성된다고 본다. 따라서 구성주의적 관점에서 보면 교과서의 지식을 절대적으로 보고 이를 내면화하도록 하는 것은 가능하지도 않을 뿐만 아니라 바람직하지도 않다. 교사는 교과서의 지식을 일방적으로 전달하는 데서 벗어나 학생들이 능동적으로 의미를 구성할 수 있도록 지원해야 한다.

교과서가 '교수·학습을 위한 하나의 자료'라고 해서 어떤 학습 자료라도 다 교과서가 될 수 있는 것은 아니다. 학교 교육과정을 반영하지 않는다면 학습 자료라고 할 수는 있으나 교과서라고 하기는 어렵다. 따라서 교과서는 학교 교육과정을 충실히 반영한 교수·학습 자료라고 할 수 있다. 그러나 교육과정은 매우 추상적인 수준으로 제시되기 때문에 교육과정의 내용을 학습자의 수준에 맞게 구체화하고 교수·학습의 방향을 제시하는 것은 온전히 교과서가 담당해야 할 몫이다. 따라서 좋은 교과서는 교사에게 새로운 교육 내용과 수업의 아이디어를 제시해 주고, 학생들에게는 재미있으면서도 인식의 지평을 열어줄 수 있는 지식, 정보가 풍부해야 한다.

좋은 국어 교과서의 요건

그렇다면 좋은 국어 교과서는 어떤 교과서일까? 정혜승(2006)은 좋은 국어 교과서의 요건을 여덟 가지로 제시하였다. 첫째, 학습자가 의미 있는 국어 사용 경험을 하도록 실질적인 자료와 활동을 제공해야 한다. 실질적인 자료와 활동이란 교과서에서 학습자가 경험하는 것이 교실 밖에서도 유효해야 한다는 것을 의미한다. 학습 상황에서만 유효한 것이 아니라 교실 밖 현실 상황에서도 유효한 자료와 활동이어야 한다.

둘째, 학습자의 문화적 소양과 언어문화에 대한 이해를 높일 수 있는 텍스트를 포함해야 한다. 좋은 국어 교과서는 한국어를 수준 높게 사용하여 학생들이 모범으로 삼을 만한 텍스트여야 하며, 사고와 정서를 세련시킬 수 있는 내용을 담고 있어야 한다.

셋째, 수업에서 교사와 학생, 학생과 학생의 상호작용을 촉진할 수 있어야 한다. 수업은 교사와 학생, 학생과 학생이 교과서를 매개로 상호 소통하는 활동이므로, 교사, 학생, 교과서의 저자가 수업 의사소통을 구성하는 세 주체라고 할 수 있다. 교사, 학생, 교과서 저자의 측면에서 볼 때 교사나 학생이 일방적으로 교과서를 무시하거나 왜곡하는 것도, 교과서에 완전히 의지하거나 종속되는 것도 좋은 수업이 아니다.

넷째, 심층적 교육과정을 실현할 수 있어야 한다. 교과서는 교육과정에 기반하여 개발되는데 이때 교육과정의 의미를 표층적 수준에서만 이해해서는 안 된다. 표층적 교육과정이 '무엇을', '어떻게'와 같은 교육공학적 물음에 대한 답이라면 심층적 교육과정은 그보다 근원적으로 '왜'라는 철학적, 인식론적 물음에 대한 답이라고 할 수 있다. 예를 들어 비유를 가르친다면 왜 비유를 배워야 하는지, 비유적 표현과 글이 어떤 관계인지, 비유의 효과는 어떤 것인지와 같은 근본적인 질문이 교과서에 담겨야 한다.

다섯째, 언어의 특성을 총체적으로 반영해야 한다. 언어는 미적, 심리적, 사회적, 역사적 특성을 복합적으로 갖는다. 교과서는 교육과정에 언급된 언어의 특성을 이해시키는 수준을 넘어 언어에 대한 총체적 이해를 지원해야 한다. 교과서가 언어의 아름다움에 대한 이해와 공감, 언어와 사고의 관계 성찰, 언어와 이데올로기의 관계 분석, 인간 삶과 언어에 대한 이해 등을 균형 있게 다룰 때, 언어에 대한 안목을 가지고 주체적이고 창조적으로 언어를 부리어 쓸 수 있는 학습자를 기를 수 있다.

여섯째, 다양성을 인정하고 다양한 목소리를 담아낼 수 있어야 한다. 그간 국가가 개발하고 보급해 온 국어 교과서는 교사의 힘과 자율성을 제한하고 표준화된 관점과 교육 내용을 제시해 왔다. 게다가 교과서 서술이 특정 계층이나 계급의 입장, 예컨대 서울의 중산층 중심으로 이루어지는 경우도 있었다. 좋은 국어 교과서는 특정 집단의 특정 시각이 아닌, 다양한 사람의 다양한 시각을 다양한 양상의 텍스트로 담아 내야 한다.

일곱째, 학습자를 지원한다. 교과서는 학습자가 심리적으로 가깝게 느낄 수 있도록 구성되어야 한다. 교과서가 학습자를 지원하는 방식에는 인지적 방식과 정의적 방식이 있다. 인지적 방식에는 학습의 필요성과 의미를 인식시킬 수 있는 구성 요소 개발, 적절한 난이도의 텍스트와 학습 활동 제시, 매체 활용을 통한 학습 공간의 확대 등이 있다. 정의적 방식에는 학습자의 흥미를 유발하는 텍스트 선정, 학습자가 공감할 수 있는 활동 주제 채택, 학습자 중심의 진술 방식, 삽화와 같은 편집상의 기술 등이 있다.

여덟째, 사회의 문식 환경을 반영하고 문식성 요구를 충족해야 한다. 국어과 교육이 의사소통 능력을 길러 주어야 한다면 국어 교과서는 변화하는 소통 환경에 능동적으로 대처해야 하며 사회가 요구하는 소통 능력을 계발해야 한다. 특히 현대 사회에서는 문자, 그림, 음성, 동영상 등 다양한 양식이 복합적으로 적용되거나 변용된 텍스트가 생산되고 소통된다. 이와 같은 매체 환경의 변화에 대응하여 학생들이 디지털 역량을 갖출 수 있도록 복합문식성multiliteracy 계발에 중점을 두어야 한다.

2 우리나라의 교과서 제도

교과서 개발과 선정 절차

우리나라에서는 교과서를 개인이나 출판사가 임의로 개발할 수 없고, 교육부가 정한 절차에 따라 개발·보급한다. 학교에서 교과서를 채택할 때도 일정한 절차를 거쳐야 한다. 교과서 개발을 위한 첫 번째 절차는 교육과정 개발이다. 우리나라는 사회 변화에 대응하기 위해 국가 교육과정을 여러 차례 개정해 왔는데, 최근에는 5년마다 교육과정이 전면적으로 개정되고 있다. 교육과정이 개편될 때마다 교육 내용도 바뀌고, 새로운 교과목도 생기기 때문에 교과서도 전면적으로 개정된다.

국가 교육과정이 확정·고시되면, 두 번째 절차로 교육부 장관이 개정 교육과정에 따라 교과별 「초·중등학교 교과용도서 국·검·인정 구분 고시」를 한다. 현재 우리나라는 국·검·인정 교과서 제도를 시행하고 있는데 어떤 과목을 어떻게 개발할 것인지를 교육부 장관이 정한다. 국어과의 경우 초등학교 국어는 국정으로 개발하지만, 중학교 국어와 고등학교 공통국어, 그리고 고등학교 선택 과목 교과서는 2007 개정 교육과정 시기부터 검정으로 개발해 왔다. 2022 개정 교육과정에서는 고등학교의 진로 선택과 융합 선택 과목 6책이 인정 교과서로 개발된다.

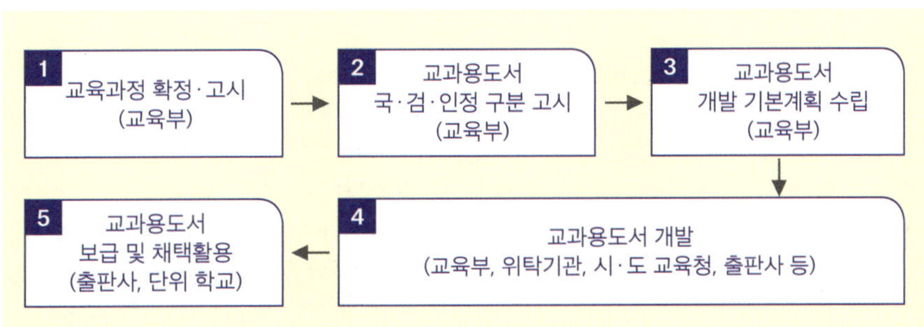

[그림 1-1] 교과용도서 개발 및 채택 절차

「교과용도서 국·검·인정 구분 고시」가 되면, 세 번째로 교과용도서 개발 기본계획을 수립하고 네 번째로 교과서 개발 절차에 들어간다. 교과서 개발은 국·검·인정 교과서별로 상이한 절차를 거친다. 국정도서는 국가가 저작권을 가지고 직접 편찬하거나 연구기관이나 대학 등에 위탁하여 편찬하는 교과서이다. 국정 교과서는 개발 기관이 하나이기 때문에 기본적으로 1교과 1책으로 개발, 보급된다. 우리나라는 오랫동안 국정 교과서 위주로 교과서를 편찬해 왔으나 최근에는 검·인정 교과서 비중이 증가하고 있다.

검정도서는 기본적으로 민간 출판사에서 개발한 다음, 교육부의 검정 심사 과정을 거쳐서 합격한 도서에 한해서만 교과서의 지위를 인정한다. 일정한 자격을 갖춘 출판사는 누구나 검정 신청을 할 수 있고, 검정 기준을 충족하면 합격하기 때문에 검정 교과서는 1교과 여러 책으로 개발, 보급된다. 따라서 1교과 1책으로만 편찬되는 국정 교과서에 비해 좀 더 다양한 교과서가 개발될 가능성이 높다. 일례로 2007 개정 교육과정에서 처음 실시한 중학교 1학년 국어 검정 교과서는 모두 23종으로 개발, 보급되었다.

제2조(정의)

1. "교과용도서"라 함은 교과서 및 지도서를 말한다.
2. "교과서"라 함은 학교에서 학생들의 교육을 위하여 사용되는 학생용의 서책, 지능정보화 기술을 활용한 학습지원 소프트웨어(이하 "디지털교과서"라 한다) 및 그 밖에 음반·영상 등의 전자저작물 등을 말한다.
3. "지도서"라 함은 학교에서 학생들의 교육을 위하여 사용되는 교사용의 서책 및 그 밖에 음반·영상 등의 전자저작물 등을 말한다.
4. "국정도서"라 함은 교육부가 저작권을 가진 교과용도서를 말한다.
5. "검정도서"라 함은 교육부장관의 검정을 받은 교과용도서를 말한다.
6. "인정도서"라 함은 국정도서·검정도서가 없는 경우 또는 이를 사용하기 곤란하거나 보충할 필요가 있는 경우에 사용하기 위하여 교육부장관의 인정을 받은 교과용도서를 말한다.

[그림 1-2] 「교과용도서에 관한 규정」 제2조

인정도서는 국·검정 교과서가 없거나 보충할 필요가 있는 경우에 사용할 수 있도록 교육부장관의 인정을 받은 교과용도서를 말한다. 대부분의 인정도서는 검정과 비슷하게 교육청의 인정도서심의회의 심의를 거쳐 인정을 받으며, 검정과는 달리 교육부장관의 위임을 받은 시도교육감이 심사한다. 또한 제7차 교육과정 이후부터는 '인정도서심의회 심의 없는 인정도서'도 따로 정해서 운영하고 있다. 주로 고등학교 전문교과들과 고등학교 보통교과인 과학, 체육, 예술 계열의 일부 과목이 이러한 자유발행적용 인정도서로 운영된다.

마지막 절차는 교과서의 보급 및 채택·활용이다. 교과서가 개발되었다고 해서 모두 학교에 보급될 수 있는 것은 아니다. 국정도서는 1교과 1종 도서이기 때문에, 학교는 선택의 여지 없이 국정 교과서를 사용해야 한다. 그러나 검·인정도서는 여러 종의 교과서가 개발, 보급되기 때문에 각 학교가 어떤 교과서를 사용할 것인지를 선정해야 한다. 학교의 교과서 선정은 크게 3단계를 거친다.

1단계는 교과별 교사들을 중심으로 교과서선정위원회를 구성하고 3종의 교과서를 선정해서 학교운영위원회에 추천한다. 2단계는 학교운영위

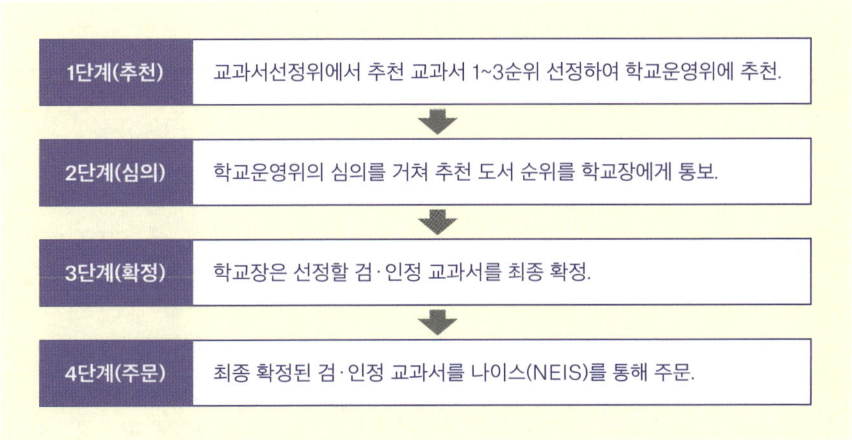

[그림 1-3] 검·인정 교과서 선정 과정

원회가 추천된 검·인정 교과서의 선정 기준과 선정 절차 등을 심의한 후 그 순위를 정해서 학교장에게 통보한다. 3단계에서는 학교장이 학교운영위원회에서 추천된 교과서를 최종적으로 확정한다.

국가 주도형 교과서에서 민간 주도형 교과서로

검·인정 교과서는 심사를 통과하고 나서도 학교에서 최종적으로 채택되어야만 비로소 교과서로 사용될 수 있다. 여러 출판사가 학교에서의 채택을 위해서 경쟁하기 때문에 국정 교과서보다는 다양하고 창의적인 교과서가 개발될 가능성이 높다. 그러나 검·인정 교과서라고 해서 무조건 다양하고 창의적인 것은 아니다. 국가에서 주도하는 검·인정 심사 절차를 어떻게 하느냐에 따라 다양한 교과서가 개발될 수도 있고, 반대로 종류만 많을 뿐 별로 차이가 없는 교과서가 대량으로 양산될 수도 있다.

우리나라 교과서 제도는 국·검·인정도서제로 시행되고 있는데, 2009 개정 교육과정 이후 인정 교과서의 비중이 증가하고 있다. 특히 2015 개정 교육과정에서는 국정 교과서 14.8%, 검정 교과서 11.5%, 인정 교과서 73.7%로 인정 교과서 비중이 국·검정에 비해 상당히 높게 나타나고 있다

[표 1-1] 2022 개정 교육과정의 「교과용도서 구분 고시」 중 국어과

교과서 유형 / 학교급	국정(초등학교)	검정	인정
초등학교	• 국어(12책): 1-6학년 • 국어활동(8책): 1-4학년 • 지도서(12책): 1-6학년		
중학교(6책)		• 국어: 1-3학년	
고등학교 (11책)		• 공통 국어1, 2 • 화법과 언어 • 독서와 작문 • 문학	• 주제 탐구 독서 • 문학과 영상 • 직무 의사소통 • 독서 토론과 글쓰기 • 매체 의사소통 • 언어생활 탐구

(교육부, 2015: 59). 그러나 인정 교과서 대부분이 고등학교 전문교과에 한정되고, 초, 중, 고등학교의 주요 과목은 여전히 국정이나 검정 교과서로 운영되기 때문에 국정제와 검정제가 기본 골격이라고 할 수 있다.

2022 개정 교육과정의 「교과용도서 구분 고시」를 보면 국어과는 초등학교 국어 12책과 국어활동 8책이 국정으로 개발되고, 중학교 국어 6책과 고등학교 공통국어 2책, 일반 선택 과목 중 화법과 언어, 독서와 작문, 문학은 검정으로 개발된다. 그리고 일반 선택 과목 중 주제 탐구 독서, 문학과 영상, 직무 의사소통 3책과 융합 선택 과목인 독서 토론과 글쓰기, 매체 의사소통, 언어생활 탐구 3책은 인정도서로 개발된다. 2022 개정 교육과정에서 처음으로 고등학교 선택 과목이 인정도서로 개발되기 시작했다.

국정도서는 국가가 교과서를 직접적으로(혹은 위탁해서) 저작하는 제도이고, 검정도서는 국가가 정한 교과서 검정의 기준을 통과해야 학교에서 사용이 가능하다는 점에서 국가가 간접적으로 교과서 저작에 관여하는 방식이다. 인정도서는 두 가지로 나뉘는데, 자유발행 미적용 인정도서는 공통기준과 교과별 기준을 모두 적용해 국가가 직접적으로 교과서 사용에 관여하는 방식이고, 자유발행 적용 인정도서는 공통기준만 적용하고 교과별 기준은 저작자의 자체 점검으로 대체한다는 점에서 국가가 간

[그림 1-4] 국·검·인정 교과서 제도에서 국가의 관여 방식

접적으로 교과서 사용에 관여하는 방식이다.

국가 주도형 교과서 제도는 교과서를 통해서 표준화된 지식을 전달한다는 점에서 장점이 있다. 그러나 미래 사회에서는 변화하는 사회적 환경에 대응하는 창의적인 역량이 강조되기 때문에 표준화된 지식의 전달보다는 기존의 지식에 대한 평가와 이를 재구성하여 새로운 지식을 창출하는 것이 중요하다. 이러한 변화된 사회의 교육적 요구에 부응하기 위해서는 검·인정 제도의 유연화뿐만 아니라 교과서 자유발행제를 적극 도입해야 한다는 목소리가 높다.

참고 미국의 교과서 제도(김혜정, 2023)

- 미국의 50개 주는 주마다 교육과정이 상이하여 교육의 내용과 수준에서 격차가 컸으나, 2010년 공통핵심 교육과정CCSS를 마련함으로써 통일적인 기준을 공유하게 되었다.
- 미국은 출판사의 교과서 발행에는 개입하지 않기 때문에 자유발행제를 채택하고 있다고 할 수 있으나 각 학교의 교과서 채택에는 개입한다. 각 주 단위 혹은 지역 교육청 단위로 교과서 채택 심의위원회를 열어 각 학교에서 채택할 수 있는 교과서 목록을 제공한다.
- 각 학교에는 주나 지역 교육청에서 제공하는 교과서 목록에서 교과서를 채택해야 예산 지원을 받을 수 있다. 학교는 주의 교과서 목록이 아닌 교과서를 채택할 수 있지만 이 경우 예산이 지원되지 않는다.
- 주마다 교육과정이 다르다고 해서 출판사가 50개 주별로 교과서를 만들 수 없기 때문에 공통적인 요소를 최대한 많이 담아, 많은 주에서 채택할 수 있는 교과서를 출판한다.
- 미국은 교과서가 두껍고 비싸기 때문에 대여제 형태로 운영한다. 학생들은 사용 후 반납해야 하기 때문에 교과서를 깨끗이 써야 한다.
- 미국에서는 교과서만으로 공부한다거나 하지 않고, 교과서를 많은 교재 중의 하나로 활용한다. 교사들은 교과서보다는 '교육과정 지침'이나 전문가로서의 '식견'을 따르는 것이 일반적이다.

3 디지털교과서의 등장

디지털교과서의 개념

디지털교과서란 흔히 서책형 교과서와 대비되는 의미로 사용되며 모든 교육 내용이 디지털화되어 담긴 교재를 말한다. 서책형 교과서는 교육 내용이 인쇄된 책 형태로 제공되므로 고정적이다. 물론 교사가 재구성할 수 있지만 서책형 교과서 자체를 크게 바꾸기는 어렵다. 이에 비해 디지털교과서는 디지털화된 교육 내용이 CD 또는 파일 형태로 제공되어 복사, 삭제, 수정 등 재구성이 용이하다.

디지털교과서와 혼용되는 용어로 전자 교과서, 또는 e-교과서가 있는데 최근의 연구들은 디지털교과서와 이들을 구분하고 있다. 전자 교과서 혹은 e-교과서가 서책형 교과서에 CD 또는 파일 형태의 디지털화된 교수·학습 자료를 제공하는 것이라면, 디지털교과서는 다양한 형태의 학습 자료뿐만 아니라 학습 관리 기능, 외부 자료와의 연계까지 가능한 교과서이다. 현재 교육부에서 서비스하는 디지털교과서의 공식적 정의는 '기존

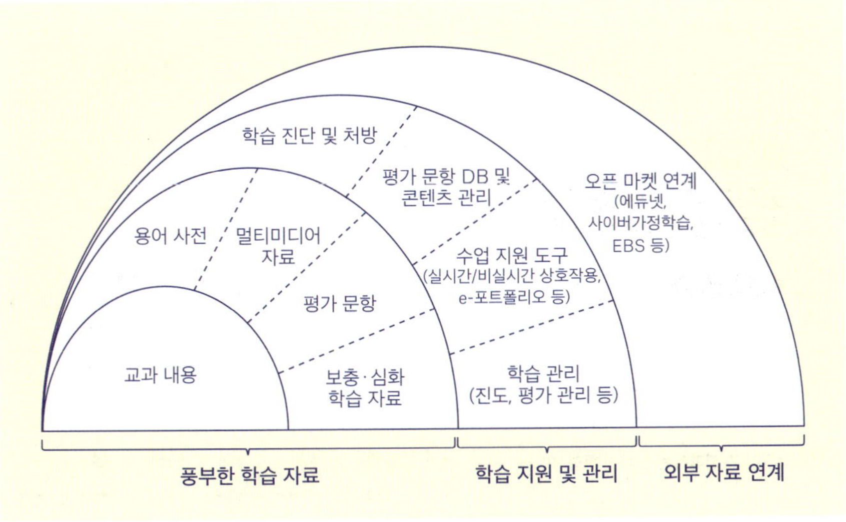

[그림 1-5] 디지털교과서 개념도

교과 내용(서책형 교과서)에 용어 사전, 멀티미디어 자료, 평가 문항, 보충·심화 학습 내용 등 풍부한 학습 자료와 학습 지원 및 관리 기능이 부가되고 에듀넷·티-클리어 등 외부 자료와의 연계가 가능한 교과용 도서'이다.

현재 디지털교과서 사용을 위한 서비스는 다운로드 및 안내 홈페이지, 뷰어, 위두랑으로 구성되어 있다. 다운로드 및 안내 홈페이지에서는 디지털교과서 사용을 위한 뷰어와 학습 내용 콘텐츠를 다운로드할 수 있고 디지털교과서 활용에 대한 다양한 안내를 제공받을 수 있다.

AI 디지털교과서의 도입

우리나라의 디지털교과서 개발 계획은 정부가 2007년 3월에 발표한 「디지털교과서 상용화 추진 방안」 이후 구체화되었다. 2011년에는 이를 확대하여 「스마트교육 추진 전략 실행계획」을 발표하였는데 디지털교과서 관련 법규와 제도를 2012년까지 정비하고 2013년까지 디지털교과서를 활용한 교수·학습 모형을 개발하며 2015년까지 초·중·고 디지털교과

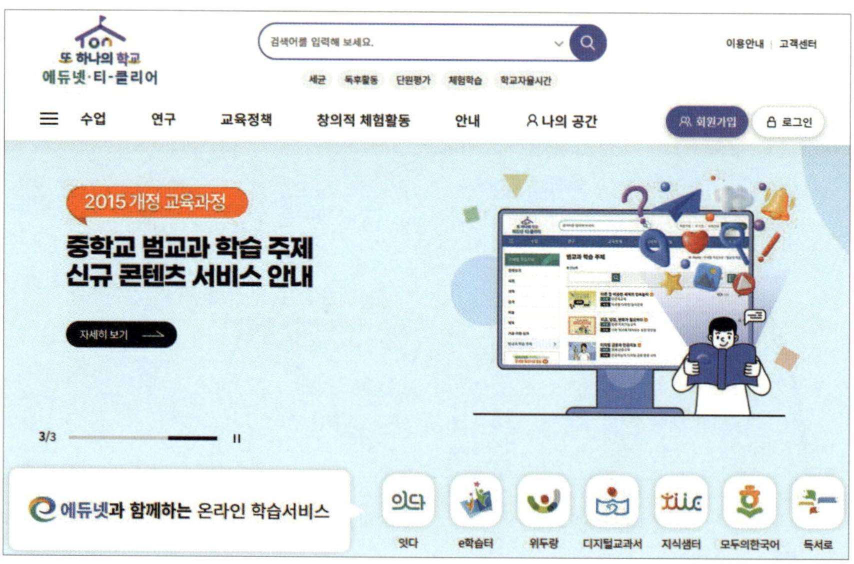

[그림 1-5] 에듀넷·티-클리어 홈페이지

서를 개발 완료하여 서책형 교과서와 병행하는 것이었다. 그러나 2015년부터 디지털교과서를 보급하겠다는 계획은 준비 기간 부족으로 무산되었고, 현재 에듀넷 사이트에서 일부 교과의 디지털교과서를 e-교과서 형태로 내려받아 사용할 수 있도록 하고 있다.

한동안 디지털교과서에 관한 관심이 줄어들었으나 팬데믹을 계기로 온라인 교육에 대한 요구가 급증하였다. 그리하여 2022 개정 교육과정 고시 이후 교육부는 2025년부터 초·중·고교 일부 학년, 일부 과목에 디지털교과서를 도입한다는 「AI 디지털교과서 추진방안」을 발표했다. AI 디지털교과서는 2025년 수학, 영어, 정보, 국어(특수교육) 교과에 우선 도입되며 2028년까지 국어, 사회, 역사, 과학, 기술·가정 등으로 확대한다. AI 디지털교과서를 도입하는 이유는 "초저출산 시대에 에듀테크를 활용하여 교육격차를 완화하고 모두를 인재로 키우는 맞춤 교육 실현"을 위해서다. AI 등 첨단 기술을 활용해 학생 개개인에게 맞는 '일대일 맞춤 교육'이 가능하다는 것이다.

AI 디지털교과서의 개념은 "학생 개인의 능력과 수준에 맞는 다양한 맞춤형 학습 기회를 지원할 수 있도록 인공지능을 포함한 지능정보기술을 활용하여 다양한 학습 자료 및 학습 지원 기능 등을 탑재한 교과서"이다. 현재 적용할 수 있는 AI 기술을 고려해 AI 디지털교과서는 크게 교과 콘텐츠와 AI 튜터로 구성하게 된다. 교과 콘텐츠는 교육과정에 따라 개발되는 교과 내용과 학생의 학습 수준을 진단·평가할 수 있는 평가 문항, 그리고 평가 결과와 학습자의 학습 수준에 따라 개인별로 제공해 주는 학습 개념으로 구성된다. AI 튜터는 학생의 학습 수준에 따라 수준별 보충·심화 자료로 구성된 학습 개념을 추천해 주는 기능, 교과 내용의 학습 활동 과정에 필요한 학습 데이터 및 활동분석 기능, 학생의 질의에 대해 응답을 제공하는 기능 등으로 구성된다.

정부가 디지털교과서 정책을 지속적으로 추진하는 이유는 무엇보다 우리 사회 전반이 디지털 전환의 시대를 맞고 있기 때문이다. 디지털 시대에 대응하기 위해서는 온·오프라인 적응력, 의사소통 능력, 메타버스에서의 정보 활용 능력, 창의적인 문제 해결력 같은 미래의 디지털 역량이 요구되고 있다. 특히 세계적 감염병 이후 삶의 많은 영역에서 디지털 기술 의존도가 높아지고 있으며, 학교 현장에서의 디지털 기술의 사용은 이제 선택이 아니라 필수적인 요소로 인식되고 있다.

학교 현장에서 널리 활용되고 있는 서책형 교과서가 변화된 사회 환경의 요구를 반영하는데 한계가 있다는 점도 디지털교과서의 필요성을 증가시키는 요인이다. 서책형 교과서는 날마다 새롭게 변화하는 지식을 효과적으로 반영하기 어려울 뿐만 아니라 교과서를 개발하고 보급하는 데 많은 시간과 비용이 든다. 이에 반해 디지털교과서는 학습자에게 친숙할 뿐만 아니라 언제 어디서나 누구든지 쉽게 접근 가능하다는 점에서 편의성이 높다. 또한 기능적으로도 정적 학습 자료로 구성되는 서책형 교과서와 달리 사용자가 다양한 방식으로 상호작용할 수 있다는 장점이 있다. 특

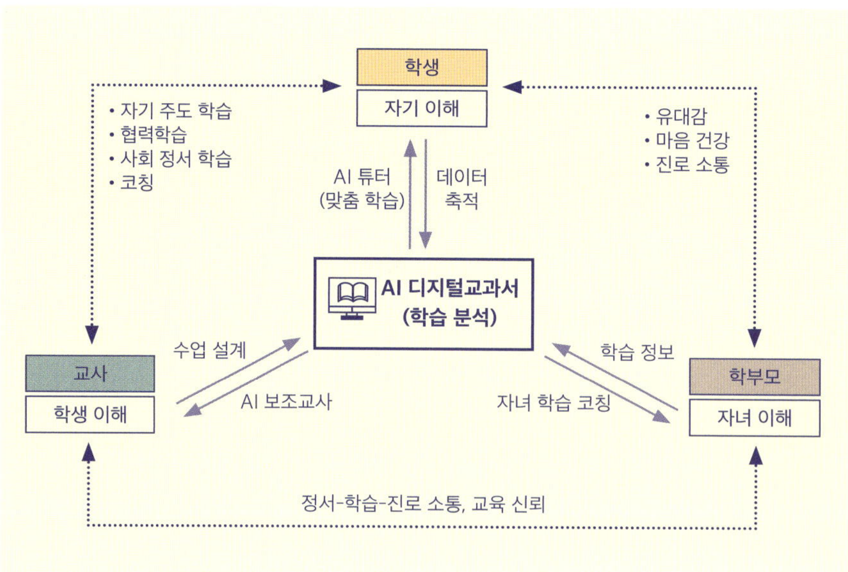

[그림 1-7] AI 디지털교과서 비전 체계도(그림 내용: 교육부)

히 AI나 가상현실과 같은 높은 수준의 디지털 기술이 상용화된다면 교육에 미치는 영향이 매우 클 것이다.

그러나 다른 한편에서는 AI 디지털교과서 정책이 학생들의 학습력을 높일 수 있는가에 대해 비판적 의견을 제기하기도 한다. 초등학교에서부터 AI 디지털교과서를 사용하면 학생들의 디지털 기기 중독을 더욱 부추길 뿐만 아니라 독해력을 저하시킬 수도 있다는 것이다. 최근 많은 나라에서 학교에서 디지털 기기 사용을 억제하는 정책을 펼치고 있는데 이는 디지털 기기가 학생들의 집중력을 떨어뜨릴 수 있다는 지적을 반영한 것이다. 또한 AI 디지털교과서를 활용한 맞춤형 교육이 학생들의 성장 발달에 도움이 된다는 증거가 부족하다는 것도 AI 디지털교과서 정책 도입을 반대하는 이유이기도 하다.

이러한 비판적 여론에도 불구하고 정부에서는 AI 디지털교과서 정책을 계속 추진할 전망이다. 만일 디지털교과서가 본격적으로 등장할 경우 표준화되고 탈맥락화된 지식을 제공하던 전통적인 교과서의 개념은 더 이상 유효하지 않게 된다. 교과서는 교사가 교육과정의 목표를 달성하기 위해 사용하는 여러 교수·학습 자료 중 하나일 뿐이다. 교사는 서책형 교과서뿐만 아니라 다양한 디지털교과서를 활용하여 학생 개개인에게 맞는 맞춤형 수업을 해야 한다. 교과서 중심 수업에서 벗어나 교육과정 중심의 수업을 하지 않을 수 없기 때문에 교사의 교육적 안목과 전문성이 더욱 중요한 시대가 되었다.

학습 활동

1 학교에서 교과서를 선정하려면 '선정 기준'을 마련해야 한다. 다음 검정 기준을 참고하여 교과서 선정 기준을 마련해 보자.

심사 영역	심사 항목	영역별 배점
I. 교육과정의 준수	1. 교육과정에서 제시된 '성격'과 '목표'를 충실히 반영하였는가?	15
	2. 교육과정에서 제시된 '내용 체계'와 '성취기준'을 충실히 반영하였는가?	
	3. 교육과정에 제시된 '교수·학습'과 '평가'를 충실히 반영하였는가?	
II. 내용의 선정 및 조직	4. 교육과정 내용 체계와 성취기준을 고려하여 단원의 수와 각 단원의 학습 분량을 적정하게 구성하였으며, 통합이 가능한 부분은 통합을 지향하여 학습의 효율성을 높이도록 구성하였는가?	35
	5. 학습 목표는 명확하며, 목표에 적합한 내용, 주요 개념과 원리, 자료 등을 선정하여 체계적으로 제시하였는가?	
	6. 학습자의 발달 단계를 고려하여 학습 내용을 선정하였으며, 학습 내용의 수준과 범위를 적정화하였는가?	
	7. 학습자의 자기주도적 학습과 능동적 참여가 가능하도록 내용을 선정하고 조직하였는가?	
	8. 일상생활과 연계하여 학습자의 흥미와 관심을 유발할 수 있도록 다양한 주제, 제재, 소재 등을 선정하였는가?	
	9. 제재는 융복합적 사고를 촉진할 수 있도록 주제, 장르, 시대 등을 고려하였으며, 특정 시대, 지역, 분야, 작가(특정 성 포함) 등에 편중되지 않도록 균형 있게 선정하였는가?	
	10. 교과서 편찬상의 유의점을 준수하여 내용을 선정하고 조직하였는가?	
III. 내용의 정확성 및 공정성	11. 사실, 개념, 이론, 용어 등은 정확하고 공정하며, 그 의미를 학습자가 이해하기 쉽게 기술하였는가?	15
	12. 사진, 삽화, 통계, 도표 및 각종 자료 등은 공신력 있는 최근의 것으로서 출처를 분명히 제시하였으며, 저작권을 위배하지 않았는가?	
	13. 한글, 한자, 로마자, 인명, 지명, 용어, 통계, 도표, 지도, 계량 단위 등의 표기는 정확하며, 편찬상의 유의점에서 제시된 기준을 따랐는가?	
	14. 맞춤법 오류 및 비문 등의 문법 오류가 없도록 정확하게 기술하며 어휘를 적절하게 사용하였는가?	
IV. 학습 활동 및 평가 지원	15. 학습 목표와 내용에 적합하며 다양하고 효과적인 학습 활동과 평가를 구성하였는가?	35
	16. 학습 활동은 실생활 및 다양한 분야와 연계되어 깊이 있는 학습이 가능하도록 구성하였는가?	
	17. 학생의 참여와 협력을 강화하며 성장을 도모하는 학습 활동 및 평가를 구성하였는가?	
합계		100

2 AI 디지털교과서의 도입이 교실 수업에 어떤 영향을 끼칠지 토의해 보자.

교육부는 내년에 초등학교 3·4학년, 중학교 1학년, 고등학교 1학년을 대상으로 수학·영어 과목에 'AI 디지털교과서'를 도입한다. 외국 일부 도시에서 디지털교과서를 도입한 곳은 있지만, 국가 차원에서 전체 학생을 대상으로 도입하는 건 한국이 최초다.

그러나 도입 한 학기를 앞두고 최근 학부모 반발이 수면 위로 드러났다. 지난 5월 27일 국회 '국민동의청원' 사이트에 '교육부의 2025 AI 디지털교과서 도입 유보에 관한 청원'이라는 제목의 글이 올라온 것이다. 해당 청원은 한 달 만인 지난달 27일 동의 수 5만 6000명으로 마감됐다. 국민동의청원은 동의수가 5만 명을 넘으면 소관 국회 상임위원회가 심사해 본회의에 부의할 수 있다. 이 경우 정부는 국회에 대책을 보고해야 한다.

디지털교과서에 대해 학부모들이 가장 걱정하는 것은 자녀의 문해력 저하다. 6·8세 자녀를 둔 서선미(36)씨는 "글 읽는 능력을 길러주려 가정에서는 스마트 기기 사용을 최대한 자제하려고 노력하는데 학교는 물론이고 요즘은 유치원에서도 아이들에게 태블릿을 나눠주고 교육하더라"며 "학교에서까지 태블릿을 사용하는 건 반대"라고 말했다. 회원수 300만 명인 한 인터넷 커뮤니티에도 지난 한 달간 디지털교과서의 부작용을 우려하는 글이 50개 가까이 올라왔다.

종이 교과서를 디지털 기기로 대체하는 정책에 대해 해외 국가들의 선택도 갈리고 있다. 폴란드는 기술 경쟁력 강화를 위해 작년 9월부터 초등학교 4학년 학생들에게 노트북을 지급하기 시작했다. 싱가포르도 2020년 모든 초등·중학교 학생들에게 태블릿 등 디지털 기기를 지급하는 사업을 시작했다. 스웨덴은 일찍부터 초·중·고교에 디지털 기기를 이용한 수업을 의무화했고 2017년 이를 유치원까지 확대했다. 그런데 작년 8월 유치원에는 적용하지 않기로 했다. 너무 어릴 때부터 디지털 기기를 많이 사용하면서 아이들의 읽기 능력이 크게 떨어졌다는 판단 때문이다.

출처: 표태준·윤상진(2024.7.2.), 세계 첫 AI 교과서 준다는데, 부모는 "싫다", 조선일보.

02

국어 교과서의 역사적 변천

국어 교과서는 오랫동안 국어교육의 핵심 내용이자 방법으로 자리매김해 왔다. 1895년에 근대적 개념의 국어 교과서가 처음으로 등장한 이후 국어 교과서의 내용과 형식은 많은 변화를 겪었다. 국어 교과서의 변천 과정은 곧 우리 사회의 변화 과정을 반영한 것이며, 국어교육의 현상이 어떻게 변화해 왔는지를 보여 준다. 따라서 국어 교과서의 역사적 변천 과정을 살펴보는 것은 지금의 국어교육과 국어 교과서의 모습을 이해하는 데 도움이 될 뿐만 아니라 국어교육의 미래를 예측하는 데도 도움을 줄 것이다.

국어교육의 역사를 논할 때는 일반적으로 갑오개혁 이후 1895년에 「소학교령」이 공포되면서 근대적인 개념의 학교가 등장한 시기를 출발점으로 삼는다. 갑오개혁을 통해서 오랫동안 지속되어 왔던 유교 경전 위주의 서당교육이 철폐되고 본격적인 근대적 개념의 학교 교육이 시작되었기 때문이다. 그러나 근대 학교의 국어교육과 국어 교과서는 이전의 한문교육기의 전통에서 완전히 벗어나지 못하였다. 따라서 여기서는 근대 이전의 한문교육기를 국어교육의 맹아기로 규정하고 그 특징을 살펴본 다음, 근대 이후 국어 교과서의 역사적 변천을 살펴보고자 한다.

1 한문교육기의 교과서

조선 시대에도 국어 교과서가 있었을까?

[그림 2-1] 오늘날까지 재간행되고 있는 '사서삼경'

교과서는 학교에서 사용하는 것이기 때문에 학교의 시작과 더불어 교과서가 존재했다고 할 수 있다. 우리나라 최초의 학교는 소수림왕 2년(372)에 설립된 태학으로 알려져 있다. 태학은 중국의 학교 제도를 모방한 것으로 귀족층을 대상으로 한 관료 양성기관이었을 것으로 추정한다. 고구려뿐만 아니라 삼국의 각국은 국가를 경영하는 데 필요한 인재를 양성하기 위한 목적으로 학교를 세웠고 유교의 경전들을 핵심 교재로 가르쳤다. 삼국시대나 고려시대에는 오경(예기, 춘추, 시경, 서경, 역경)과 삼사(사기, 한서, 후한서) 등이 핵심 교재로 사용되었다.

고려 말에 안향과 백이정이 송나라의 성리학을 소개하면서 신진사대부를 중심으로 성리학 열풍이 일었다. 신진사대부가 성리학을 적극적으로 받아들이면서 조선 시대에는 유교 경전이 대중적으로 확산되었고 사서(대학, 논어, 맹자, 중용)가 핵심적인 교과목으로 등장하였다. 이전의 오

[그림 2-2] 한석봉이 쓴 '천자문'과 오늘날 다시 읽히는 '천자문'

경은 내용이 어려워 별로 호응을 얻지 못했는데, 송나라 때 정자라는 사람이 오경 중 공자가 편찬한 『예기』에서 『대학』, 『중용』을 분리해 『논어』, 『맹자』와 함께 읽도록 만든 것이다.

조선 시대 선비들은 먼저 천자문을 공부한 다음에 소학을 배우고, 사서와 오경을 배웠다. 그러고 나서 『이정전서』, 『주자대전』, 『성리대전』 같은 성리학 서적, 『자치통감』, 『역대정사』, 『동국제사』 같은 역사서를 읽었다. 책을 읽을 때도 법도를 지켜야 했는데, 주자의 독서법은 "순서에 따라 점차 나아감에 있으며 깊이 읽고 정밀하게 생각하여 글자는 그 뜻을 구하고 구절은 그 가리킴을 찾아, 앞에서 다 알지 못하고 감히 뒷부분을 구하지 않으며 여기를 통달하지 않는데 저기에 뜻을 두지 말아야" 하는 것이었다. 숙독과 정독은 당연했고 중요한 책들을 거의 외우다시피 거듭해서 읽었다. 조선조의 김득신은 사마천의 『사기』의 「백이열전」을 1억 1천1백 번이나 읽어 그 호를 억만재라고 했다(남태우·김중권, 2012).

한문 교육은 읽기, 강독과 함께 제술, 습자가 중요한 교육 내용이었는데, 제술이란 한시를 짓는 것이었고, 습자는 글자 쓰기였다. 비록 한자를 사

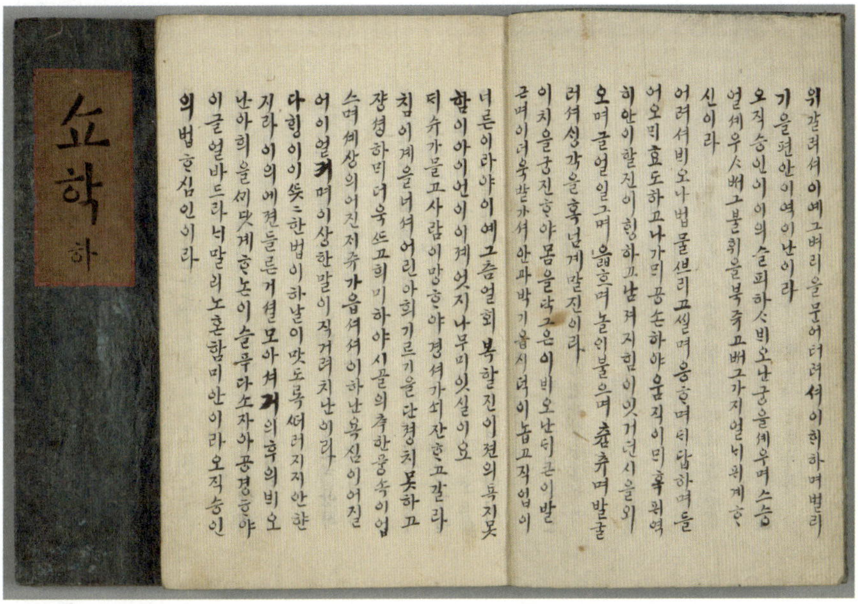

[그림 2-3] '소학'을 한글로 번역한 '소학언해' (그림 출처: 국립중앙박물관)

용하였으나 기본적인 읽기, 쓰기 및 작문 교육이 체계적으로 이루어졌다고 할 수 있다. 한문교육기에 이루어진 읽기, 쓰기, 작문의 전통은 근대 학교 체제에서도 그대로 유지되었다. 예를 들어 최초의 근대적 국어 교과서『국민소학독본』은 명칭에서도 알 수 있는 것처럼 '소학'을 참고한 독본책이었으며, 당시 소학교의 교과목도 독서, 작문, 습자 등으로 이루어져 있었다.

유교 경전 학습의 궁극적인 목적은 조화로운 인격 완성에 있었다. 독서는 선비의 의무이자 특권이었으며, 특히 사림파 지식인은 독서할 때에도 성현의 뜻을 헤아리는 데 목적을 두었다. 그러나 관료 사장파 지식인들은 관계에 진출하여 입신양명하기 위해서 유학의 경전들을 공부하였다. 유학의 경전들은 조선 시대 과거시험의 중요한 교과목이었기 때문에 지방마다 사학이라고 할 수 있는 서당을 만들어 유학의 경전을 공부시켰다. 그러다가 1894년 갑오개혁으로 과거 제도가 폐지됨에 따라 유학 경전 중심의 서당교육은 서서히 힘을 잃게 되었다.

2 개화기와 일제 강점기의 국어 교과서

최초의 근대적 국어 교과서는?

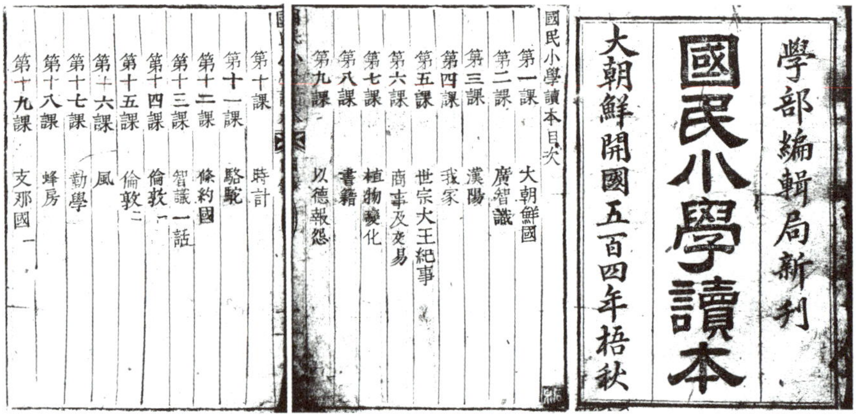

學部編輯局新刊

國民小學讀本

大朝鮮開國五百四年梧秋

國民小學讀本目次

第一課 大朝鮮國
第二課 廣智識
第三課 漢陽
第四課 我家
第五課 世宗大王紀事
第六課 商事及交易
第七課 植物變化
第八課 書籍
第九課 以德報怨
第十課 時計
第十一課 駱駝
第十二課 條約國
第十三課 智識一話
第十四課 倫敦一
第十五課 倫敦二
第十六課 風
第十七課 勤學
第十八課 蜂房
第十九課 支那國一

[그림 2-4] 국민소학독본

『국민소학독본』에는 제1과 '대조선국(大朝鮮國)'과 함께 제5과 '세종대왕기사', 제22과 '을지문덕'처럼 조선이 자주독립국임을 강조하고 민족의식을 강조한 내용이 반영되어 있다. 그리고 제2과 '광지식(廣智識)'에서는 농, 공, 상에 대한 근대적 지식과 교양을 넓히고자 하였으며, 제7과 '식물변화', 제8과 '서적', 제10과 '시계', 제11과 '낙타' 등과 같이 근대 사회의 신문물에 대한 교양과 지식을 넓히고자 한 내용으로 구성되었다. (그림 출처: 국립중앙도서관)

1895년 7월에 소학교령이 발표되면서, 8월에 최초의 국어 교과서라고 할 수 있는 독본형 교재 『국민소학독본』이 발행되었다. 학부 관제가 공포된 지 약 5개월 만이며 소학교령이 공포된 지 1개월 만이다. 『국민소학독본』이 이렇게 빨리 편찬될 수 있었던 것은 일본의 초등용 교재인 『국민소학독본』을 참고해서 개발했기 때문이다. 『국민소학독본』은 국제, 역사, 지리, 기술, 동식물, 경제, 과학, 사회윤리 등 전체 41개 단원으로 구성되었는데 수록 단원의 70% 이상이 일본 교과서를 그대로 베껴 놓았다(강진호, 2017).

그럼에도 불구하고 『국민소학독본』이 최초의 근대적 교과서로 인정받는 이유는 근대 사회에 대한 새로운 인식과 함께 민족주의를 강조했기 때문이다. 이 책은 '소학'이라는 명칭을 사용하고 있지만 한문교육기의 『소학』과는 달리 근대 사회의 신문물을 자세히 소개하고 우리 민족의 자긍심을 높이기 위한 내용으로 구성되었다. 또한 비록 한자에 토만 한글로 붙인 형태지만 국한문혼용체로 기술된 교과서라는 점에서 의의가 있다. 이것은 한글이 공식적인 영역에서 한문과 함께 사용되었다는 점에서 국어에 대한 인식의 변화를 보여 주는 것이었다.

반포 금지당한 교과서『유년필독』

일제의 탄압이 점점 심해져 민족 자강의 기운이 높아가던 1907년 학부 검정도서로 발행된 것이 바로『유년필독(幼年必讀)』이었다. 이 책의 편집 겸 발행자는 저명한 개화파 지식인인 현채로 되어 있다. 현채는 24종에 이르는 교과용도서를 저술 또는 번역 간행한 출판인이며, 그의 아들도 14종의 교과용도서와 일반 교양서를 저·역술한 출판인이었다.『유년필독』은 초등학교용 국어과 교과서로 편찬되었으나, 일종의 국민 교양 독본이었다. 이 책은 우리나라의 역사, 지리, 학습을 통해 민족 주체성을 확립하고, 국제 사회에서 자립 갱생할 수 있는 애국, 자강 정신을 교육할 목적으로 간행되었다.

『유년필독』은 을지문덕 장군으로부터 충정공 민영환에 이르기까지 23인의 민족 영웅, 명신, 학자들을 소개하여 민족사의 명예를 높이고자 했다. 또한 나라의 독립이 왜 중요한지를 일깨우는 단원과 당시의 사회적 정황과 관련하여 한국인의 반성을 촉구한 내용도 반영되어 있어 전국의 사립학교뿐만 아니라 일반 독자들에게도 광범위하게 보급되어 엄청난 반향을 불러일으켰다. 그러나 1908년 일제는 학부를 움직여 교과서를 학부 편찬도서와 학부대신의 검정을 받은 도서로 한정하는 교과용 도서 검정 규정을 제정하였다. 결국 1909년 5월 5일, 이 책은 검정 당국인 학부로부터 '발매 반포 금지' 당했다(이종국, 2008).

개화기 교재들은 표면적으로는 문자 습득을 목적으로 하였지만, 이면

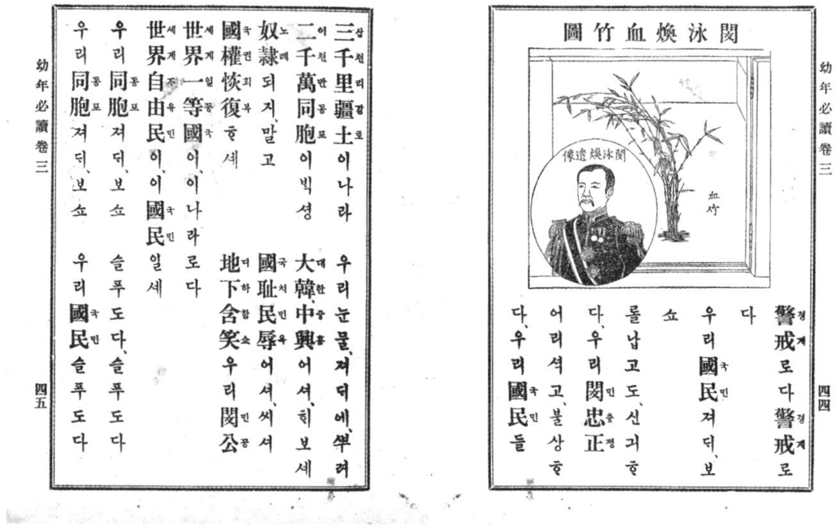
閔泳煥血竹圖

閔泳煥遺像

血竹

警戒로다 警戒로
다
우리國民 져뎌보
쇼
롤납고도 신긔ᄒᆞ
다 우리閔忠正
어리셕고 불상ᄒᆞ
다 우리國民들

幼年必讀卷三 四四

三千里疆土이나라
二千萬同胞이ᄇᆡᆨ셩
奴隷되지 말고
國權恢復ᄒᆞ셰
世界一等國이 이나라로다
世界自由民이 이國民일셰
우리同胞 져뎌보쇼
우리同胞 져뎌보쇼

우리눈물 져뎌에 ᄲᅮ려
大韓中興 어셔어셔 힘보세
國耻民辱 어셔씨셔
地下含笑 우리閔公
슬프도다 슬프도다
우리國民 슬프도다

幼年必讀卷三 四五

[그림 2-5] 금지된 교과서 유년필독

『유년필독』은 현채가 편찬한 책으로 을지문덕 장군부터 충정공 민영환에 이르기까지 23인의 민족 영웅, 명신, 학자들을 소개하여 민족사의 명예를 높이고자 했다. (그림 출처: 〈유년필독 권3〉, 국립중앙도서관 디지털자료실)

적으로는 계몽적 교훈성을 강하게 드러냈다. 이 계몽의 목적은 서구적 과학 지식의 보급과 자주·독립 의식의 고취에 있었다. 개화기 교재들은 논설문이나 설명문 같은 정보 텍스트가 전체의 50%를 넘었는데, 근대적 서구 문물을 설명하고 소개하는 지식 전달 위주의 제재들은 설명문의 형식을 택했고, 자주·독립 및 자강의 내용을 강조하거나 설득하는 의도를 가진 것들은 모두 논설문의 형식을 택했기 때문이다.

외국어 교재가 된 『조선어독본』

1910년 한일합병 이후 일본의 식민지 통치가 본격화하면서 공식어는 일본어가 되었다. 일제 강점기 국어 교과는 '일본어'가 되었으며 조선어 교과서를 빼고 모든 과목이 일본어로 기술되었다. 우리말 교육은 '조선어 및 한문'이라는 과목명으로 개설되었는데, 1910년대의 보통학교 1학년의 주당 시수는 일본어가 10시간, 조선어 및 한문은 6시간에 그쳤다. 그런데

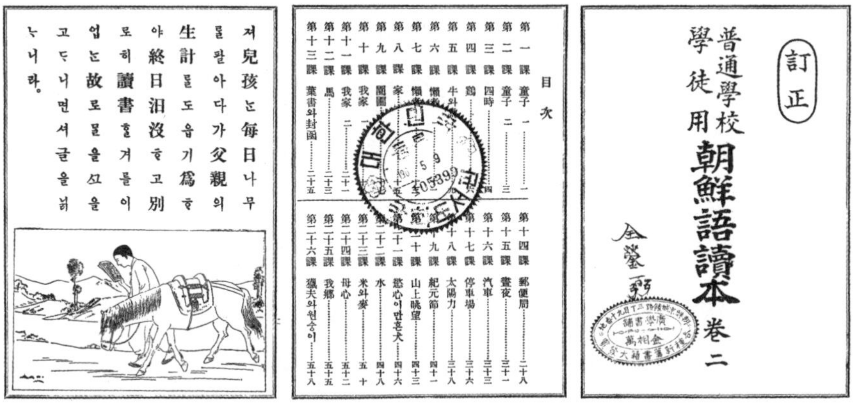

[그림 2-6] 보통학교 학도용 조선어독본

조선총독부에서 발행한 『보통학교 학도용 조선어독본 권2』는 모두 26과로 구성되어 있다. 제1과와 제2과는 동자 편인데, 복동이와 순명이라는 아이들을 등장시켜서 책을 읽고 공부하는 것이 중요하다는 것을 이야기하고 있다. 제21과에는 이솝우화에 나오는 욕심 많은 개 이야기를 통해서 금욕적인 태도를 강조하였고, 제26과에는 포수와 원숭이 이야기를 소개하여 부모와 자식 간의 윤리를 강조하고 있다. 이러한 개인적 윤리, 도덕의 강조는 제19과에 소개된 기원절을 경축하는 마음가짐으로 이어진다. 기원절은 '천황 폐하의 선조되시는 신무천황이 즉위하신 날'이다. (그림 출처: 국립중앙도서관)

과목명이 '조선어 및 한문'이었기 때문에 한문 교육에 배정되는 시간을 빼면 조선어 시수는 더욱 줄어들었다. 이렇게 그나마 명맥이라도 유지되던 조선어는 일제 말기인 1941년 이후에는 아예 수업 시수 자체를 없애고 일본어 교육에만 치중하였다.

일제 강점기 조선총독부에서 발행한 우리말 교과서의 명칭은 『조선어독본』이었는데, 국한문혼용체로 기술되었으며 교훈적인 내용과 근대적인 문물을 소개하는 다양한 종류의 글을 엮었다는 점에서 개화기 교과서와 비슷하다. 그러나 개화기 교과서가 자주·독립 사상과 민족주의 이데올로기를 강조했다면 『조선어독본』에서는 민족주의적인 내용이 배제되었고, 대신에 근면 성실한 태도나 우정, 충효 사상과 같은 개인적 윤리와 내선일체, 황국신민 사상을 강조했다.

통치권을 장악한 일본은 '내선일체'를 최우선의 과업으로 채택했는데, 이것은 내지인 일본과 조선이 하나라는 것을 의미한다. 일본인이나 조선인은 황국신민의 테두리 안에서 공존공영하자는 것으로 조선인을 대상으로 한 교육의 핵심 목표였다. 『조선어독본』에서 가장 큰 비중을 차지하는 것은 수신적 내용이고 이과나 실업, 심지어 문학적인 단원들도 대부분 도덕적 가르침이나 교훈을 전달하고자 하였다. 이는 일본의 식민지 정책에 순응하는 황국신민을 길러 내기 위한 목적이었다.

『조선어독본』에는 '저녁 인사', '아침 인사', '선생님과 생도', '집안일의 조력', '친절한 여생도', '근검', '성실' 등과 같이 예절과 도덕을 강조한 단원들이 큰 비중을 차지한다. 이것은 '황국신민다운 자질과 품성을 구유케 해야 한다.'는 일제의 교육 목표를 반영한 것이다. 이외에도 '솔거', '박혁거세', '한석봉', '이퇴계와 이율곡' 등과 같은 조선의 명사나 신화적인 인물을 소개하는 단원도 있다. 그러나 이들의 이야기는 그저 솔거는 그림을 잘 그리는 사람이고 한석봉은 글씨를 잘 쓰는 사람으로만 단편적으로 소개될 뿐이었다(강진호, 2017).

3 해방 이후 등장한 한글 교과서

베스트셀러가 된 『한글 첫 걸음』

1945년 8·15 해방 이후 제1차 교육과정이 시작되기 전까지의 시기는 미군정청 학무국에서 공포한 교수요목에 따라 교과서 정책이 실행되었기 때문에 이 시기를 교수요목기(1945.9.~1954.4.)라고 한다. '교수요목'이라는 말은 교육과정과 같은 뜻으로 일제 강점기부터 쓰던 것으로, 해방 이후에도 일제 강점기의 여러 가지 관행에서 완전히 벗어나지 못했음을 보여 준다.

8·15 광복 후 가장 먼저 편찬된 국어과 교과용 도서는 『한글 첫 걸음』(1945.11.6.)이었으며, 이어서 『초등 국어 교본』(1945.12.30.)과 『중등 국어 교본』(1946.9.1.)이 잇달아 편찬되었다. 이 국어 교과서들은 미군정청의 위촉을 받아, 일제 강점기에 우리말 연구로 탄압받았던 조선어학회에서 편찬 작업을 주도했다. 조선어학회는 일제 강점기에 억압당했던 우리말을 부활시키기 위해서 우리말 교과서 편찬 작업에 적극 참여하였다.

일제 강점기에는 일본어로 모든 교육을 했기 때문에 해방 후 한글 문맹률이 78%에 달했다. 이러한 상황에서 전 국민을 대상으로 한글 보급을 확대하기 위하여 조선어학회에서 편찬한 한글 교재가 바로 『한글 첫 걸음』이었다. 『한글 첫 걸음』은 각급 학교와 일반 공용의 문자 학습 교재로서 이 책을 통해 문자를 제대로 읽고 쓸 수 있게 된 다음에야 초등 교본이

[표 2-1] 문자 보급 상황(1945~1949) (이종국, 2008에서 인용)

연도	13세 이상 국민 총수	국문 미해득자 수	해득시킨 자 수	미해득률(%)
1945	10,253,138	7,980,902	2,272,236	77.8
1946	13,055,969	9,885,178	2,569,797	56.0
1947	13,087,905	7,315,381	1,488,799	44.5
1948	13,320,913	5,826,582	522,931	40.0
1949	13,568,761	5,303,651	427,563	35.9

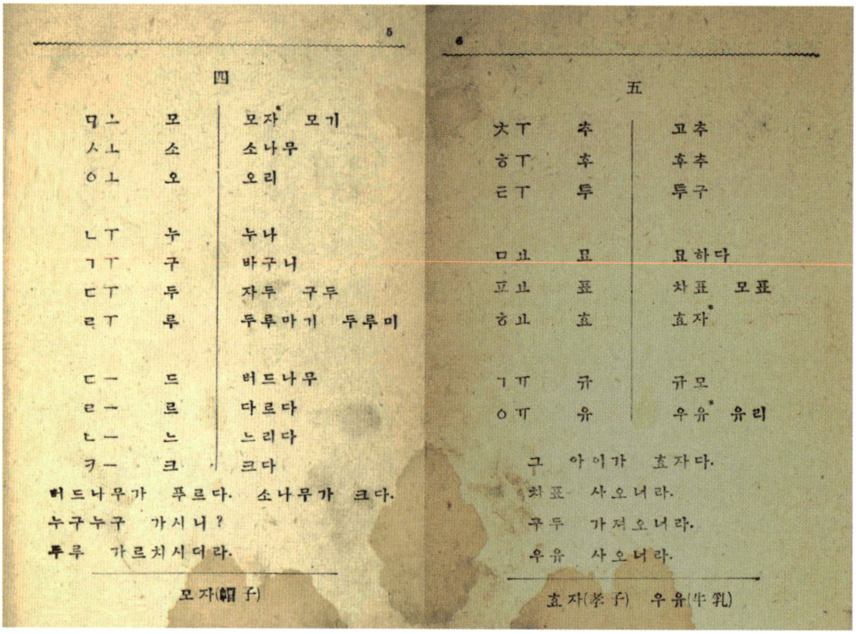

[그림 2-7] 조선어학회의 『한글 첫 걸음』
『한글 첫 걸음』은 해방 후 한글 보급을 위해 조선어학회가 편찬한 책으로 자모식으로 한글을 익히도록 하였다.
(그림 출처: 〈한글 첫 걸음〉, 국립중앙도서관 디지털자료실)

나 중등 교본을 공부할 수 있었다. 『한글 첫 걸음』은 초판이 1백만 부 넘게 보급되었을 뿐만 아니라, 다시 1년 만에 1백만 부 이상 팔리는 베스트셀러였다고 한다.

『초등 국어 교본』은 우리나라 최초의 초등학교 국어 교과서에 해당한다. 그런데 『초등 국어 교본』에는 조선총독부에서 간행한 『조선어독본』에 수록된 단원의 60% 정도를 그대로 재사용하였다. 해방이 되었음에도 불구하고 일제의 유산을 완전히 청산하기가 쉽지 않았다는 것을 알 수 있다. 그럼에도 불구하고 『초등 국어 교본』은 우리말과 우리글을 교육 현장에 복원시키고 민족 정체성을 새롭게 확립하는 데 결정적인 역할을 했다.

또한 이 시기 최초로 발행된 『중등 국어 교본』은 1945년까지 빛을 보지 못했던 국문학 고전 작품과 서구적 현대 문학 작품들을 대거 수록하였다. 특히 현대시, 현대시조, 수필, 전기문, 편지글 등 문학 작품들이 주를 이루었으며, 안창호나 김구 같은 독립운동가의 연설문과 에디슨, 스티븐슨과 같은 미국의 과학자들의 전기문 등이 제재로 선정되었다.

『바둑이와 철수』 교과서 등장

1948년 정부 수립 이후에 문교부에서 발행한 교과서에는 '교본'이라는 용어가 삭제되어 '초등 국어', '중등 국어'라는 명칭으로 편찬되었다. 이 시기에 편찬된 국어 교과서는 철수와 영희 캐릭터가 등장하는 『바둑이와 철수』(초등 국어 1-1)였다. 『한글 첫 걸음』이 한글 자모를 익히고 낱말과 문장을 읽는 자모식 구성으로 되어 있었던 반면에 이 교과서는 철수, 영희, 바둑이가 등장하는 이야기를 통해서 한글을 습득하도록 하는 문장식(의사소통 중심의 접근)으로 구성되었다는 점에서 의의가 있다.

『바둑이와 철수』는 미군정청 편수국장이었던 박창해가 직접 개발한 교과서이다. 그는 조선어학회의 핵심 인물이었던 최현배의 제자였지만, 조선어학회의 민족주의 성향과 달리 '민주주의'를 교육 이념으로 삼았다. 그래서 교과서 내용과 교육 방식 등 다방면에 의사소통 중심 요소와 학습자인 아동들의 생활 요소를 반영하였다. 그 결과 『바둑이와 철수』는 학습자와 비슷한 나이의 어린이들이 한 학기의 일상을 보내는 이야기가 한 학기 분량의 교재와 연결되도록 이야기 방식story method을 사용하여 구성하였다.

교수요목 반포 이후인 1948년 『중등 국어』 1~3이 발행되었으며, 정부 수립 이후 1949~1950년 사이에 『중등 국어』 1~6이 학년별로 한 권씩 개발되면서 내용이 풍부해졌다. 『중등 국어 교본』이나 『중등 국어』 모두 중학교, 고등학교에서 공히 사용되던 교재였는데 전시기인 1952년에 중학교와 고등학교로 학제가 분리되면서 『중등 국어』와 『고등 국어』가 별도로 편찬되었다. 전시 교과서는 '탱크', '군함' 등의 전쟁 수단이 제목이 되기도 하였으며, 초등 교재에도 공산주의에 대한 맹비판과 자유민주주의 국가 수립에 대한 열망 등 반공을 주제로 한 제재가 한 단원 이상 등장하였다.

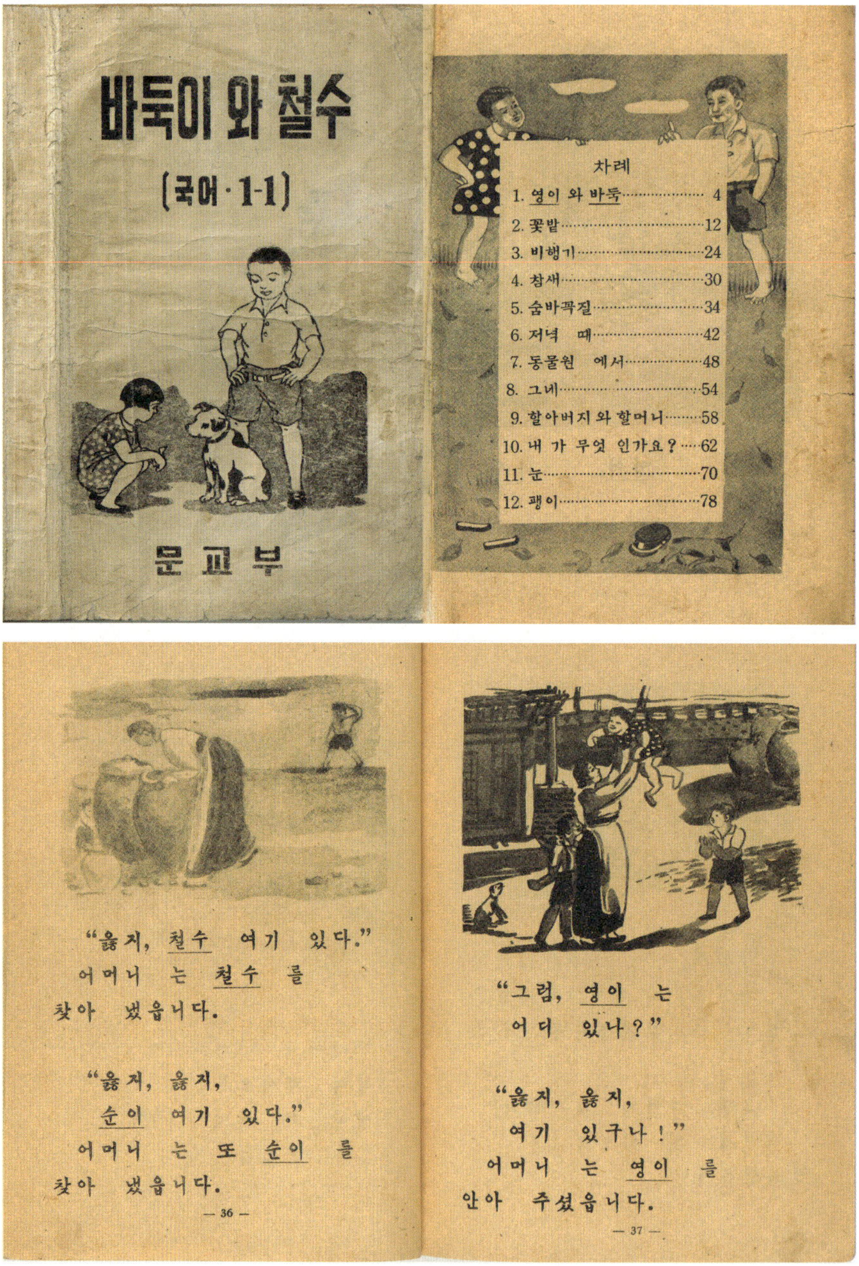

바둑이 와 철수

(국어 · 1-1)

문교부

차례

1. 영이 와 바둑 ········· 4
2. 꽃밭 ········· 12
3. 비행기 ········· 24
4. 참새 ········· 30
5. 숨바꼭질 ········· 34
6. 저녁 때 ········· 42
7. 동물원 에서 ········· 48
8. 그네 ········· 54
9. 할아버지 와 할머니 ········· 58
10. 내 가 무엇 인가요? ········· 62
11. 눈 ········· 70
12. 팽이 ········· 78

"옳지, 철수 여기 있다."
어머니 는 철수 를
찾아 냈읍니다.

"옳지, 옳지,
순이 여기 있다."
어머니 는 또 순이 를
찾아 냈읍니다.

— 36 —

"그럼, 영이 는
어디 있나?"

"옳지, 옳지,
여기 있구나!"
어머니 는 영이 를
안아 주셨읍니다.

— 37 —

[그림 2-8]『바둑이와 철수』

바둑이와 철수는 당시 9월 신학기제를 반영하여 9월에서 12월까지 초등학교 1학년 남학생의 한 학기 일상을 반영하여 12개의 단원으로 구성했다. 1~3단원은 방과 후 집에 돌아온 철수의 일상을, 4~6단원은 아침부터 저녁까지 철수의 일과를, 7~9단원은 동물원, 운동장, 시골 할아버지 댁에서 보내는 시간을, 10~12단원은 수수께끼, 눈싸움, 팽이치기 등의 놀이를 다루었다. (그림 출처: 국립중앙도서관)

4 반공과 애국을 강조한 국어 교과서(제1차~제3차 교육과정)

[그림 2-9] 제1차 교육과정 시기 초등 국어 교과서
(그림 출처: 교과서박물관)

한국전쟁이 끝난 후 전쟁으로 붕괴된 사회 체제 전반을 재건하는 가운데 교육과정도 새롭게 체계화되었다. 제1차 교육과정 시기(1954.4.~1963.2.)부터 제3차 교육과정 시기(1973.4.~1981.12.)까지는 일제의 식민지 수탈과 전쟁으로 폐허가 된 국가를 재건하는 것이 시대적 과제였기 때문에, 학교 교육도 국민국가 형성을 위한 '국민 양성'을 중요한 교육 목표로 설정하였다. 개인의 주체성이나 창의성보다 공동체의 구성원으로서의 자질을 함양하려는 국가주의 이데올로기는 국민교육헌장이 선포(1968년)된 이후 더욱 강화되었으며 제3차 교육과정 시기에 절정에 이르렀다.

이 시기 국어 교과서도 이전 시기의 『초등 국어 교본』이나 『중등 국어 교본』과 같은 독본형 교과서 체제를 유지했다. 다만 이 시기 교과서는 교양과 교훈을 주는 텍스트에다 '익힘 문제'나 '공부할 문제' 등과 같은 질문과 활동을 덧붙였다. 익힘 문제는 "박 대령과 김 일등병이 서로 주고받은 말에는 각각 어떠한 생각이 담겨 있나를 생각하면서, 이 글을 거듭 읽어 보라."라든가, "이 글을 읽고, 깊이 느낀 바를 서로 이야기하여 보라."와 같이 기초적인 내용 이해와 표현 활동에 초점이 맞춰져 있었으며, 말하기와 듣기와 관련된 내용은 다루어지지 않았다.

이 시기 국어 교과서의 중요한 특징은 학생들의 일상생활의 경험을 중요한 교육 내용으로 선정하였다는 점이다. 미군정기 이후 우리나라 교육과정은 미국의 영향을 많이 받게 되는데, 제1차 교육과정은 존 듀이의 생활 중심 교육과정의 영향을 받아 교육 내용으로서 학생들의 '생활과 경험'을 중시하였기 때문이다. 제1차 교육과정의 『중학 국어』에서는 단원별로 여러 가지의 글을 묶고, 한편의 글이 끝날 때마다 익힘 문제를 제시하였다. 단원의 마지막에는 국어 공부의 목적이나 사전 찾는 법, 일기와 편지 쓰는 법을 자세히 소개해서 일상생활의 기초적인 문식 능력을 강조하였다. 제2차 교육과정의 교과서는 제1차 교과서와 크게 다르지 않았으나, 학생 작품으로 구성된 학급회의 자료를 싣는다거나 '즐거운 회화' 단원을 통해 말하기, 듣기와 관련된 교육 내용을 반영하는 등 이전 시기보다 더 체계화되었다.

[표 2-2] 제2차 교육과정 시기 『중학 국어 1-1』 차례

I. 국어 생활	**III. 본 대로 느낀 대로**	**V. 노래하는 마음**
1. 문자와 문화	1. 보리	1. 시란 무엇인가?
2. 국문만 쓰도록 하자.	2. 약수	2. 노래하는 마음
3. 마지막 공부	3. 여름 밤	
4. 국어 공부의 목적	4. 전선의 아침	**VI. 오가는 정**
	5. 애국가의 힘	1. 희망의 언덕길
II. 일기	6. 본 대로 느낀 대로	2. 오가는 정
1. 독서 일기		3. 편지 쓰는 법
2. 작업 일기	**IV. 책이 놓는 다리**	
3. 생활 일기	1. 바닷속의 비밀	
4. 학급 일기	2. 북극을 찾아 낸 피어리	
5. 일기 쓰는 법	3. 책이 놓는 다리	
	4. 사전 사용법	
	5. 큰 사전의 일러두기	

또한 이 시기 국어 교과서의 제재는 서정적인 국문학 작품이나 반공과 애국을 강조하는 텍스트 위주로 선정되었다. 이 시기에는 국어 교과서 시의 정전을 구성한 작가들이 대거 등장하였는데, 김소월, 박목월, 박두진, 노천명, 이은상, 김광균, 박남수 등의 작품이 소개되었다. 박목월의 「물새 알 산새 알」이나 김영랑의 「내 마음은」, 장만영의 「달, 포도, 잎사귀」와 같은 작품은 이후 교과서에서도 지속적으로 실려 정전으로 자리 잡았다.

제3차 교육과정 시기 국어 교과서는 주제별로 단원이 구성되었는데, 그 주제를 보면 '새로운 출발', '언어와 민족', '감사', '나의 조국' 등으로 구성되어 있어 한 눈에도 민족주의, 국가주의적 색채가 강하다는 것을 알 수 있다. 특히 '1. 나라 사랑' 단원에서는 박정희가 쓴 「중단없는 전진」이라는 글을 실었으며, 「우리가 할 일」이라는 글은 비록 학생 글 형태로 서술되었으나 국민교육헌장의 이념을 실천하자는 주장을 노골적으로 표현하고 있다.

국기에 대한 맹세

나는 자랑스런 태극기 앞에
조국과 민족의 무궁한 영광을 위하여
몸과 마음을 바쳐 충성을 다할 것을
굳게 다짐합니다.

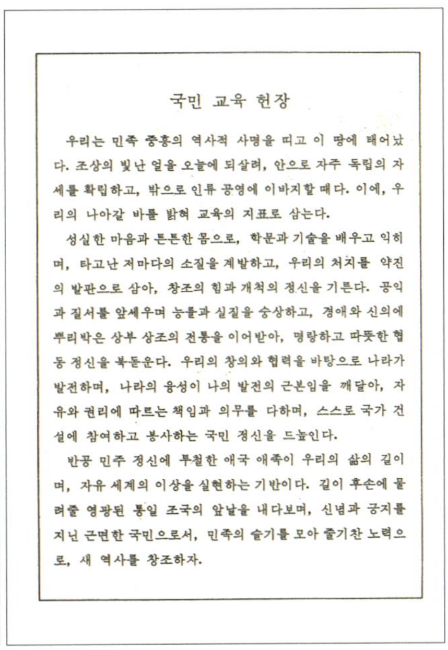
국민 교육 헌장

우리는 민족 중흥의 역사적 사명을 띠고 이 땅에 태어났다. 조상의 빛난 얼을 오늘에 되살려, 안으로 자주 독립의 자세를 확립하고, 밖으로 인류 공영에 이바지할 때다. 이에, 우리의 나아갈 바를 밝혀 교육의 지표로 삼는다.

성실한 마음과 튼튼한 몸으로, 학문과 기술을 배우고 익히며, 타고난 저마다의 소질을 계발하고, 우리의 처지를 약진의 발판으로 삼아, 창조의 힘과 개척의 정신을 기른다. 공익과 질서를 앞세우며 능률과 실질을 숭상하고, 경애와 신의에 뿌리박은 상부 상조의 전통을 이어받아, 명랑하고 따뜻한 협동 정신을 북돋운다. 우리의 창의와 협력을 바탕으로 나라가 발전하며, 나라의 융성이 나의 발전의 근본임을 깨달아, 자유와 권리에 따르는 책임과 의무를 다하며, 스스로 국가 건설에 참여하고 봉사하는 국민 정신을 드높인다.

반공 민주 정신에 투철한 애국 애족이 우리의 삶의 길이며, 자유 세계의 이상을 실현하는 기반이다. 길이 후손에 물려줄 영광된 통일 조국의 앞날을 내다보며, 신념과 긍지를 지닌 근면한 국민으로서, 민족의 슬기를 모아 줄기찬 노력으로, 새 역사를 창조하자.

[그림 2-10] '국기에 대한 맹세'와 '국민 교육 헌장'

박목월의 「물새 알 산새 알」은 3회 연속, 이은상의 「산 찾아 물 따라」는 2회 연속으로 교과서에 실리게 되었고, 박두진의 작품도 계속 실렸다. 국립묘지를 방문하여 무명용사를 기리는 내용의 「이름 없는 별들」을 포함하여, 「5월 단오」, 「폴란드 소녀의 울음」 등도 연속 게재되면서 국어 교과서의 정전으로 자리매김하였다. 교과서 제재 선정의 두 가지 기준인, 순수한 서정과 국가주의 혹은 민족주의 사상 중에서 제3차 교육과정 시기에는 후자의 기준이 더욱 강화되었다는 것을 확인할 수 있다.

5 학문적 지식을 강조한 국어 교과서(제4차 교육과정)

[그림 2-11] 제4차 교육과정 시기의 『중학 국어』와 『국어』 (그림 출처: 〈국어교과서〉, 한국학중앙연구원)

제4차 교육과정 시기(1981.12~1987.6)는 유신 정권의 몰락과 함께 등장한 신군부 세력의 제5공화국 시기에 해당하기 때문에 학교 교육은 여전히 '국민 정신교육'을 강조하였다. 그러나 국어과 교육과정에서는 큰 변화가 있었는데, 타 교과에서는 제3차 교육과정 시기에 벌써 도입되었던 학문 중심 교육과정이 국어과에서는 이 시기에 도입되었다. 제3차 교육과정까지 일상의 언어생활을 중시하여 내용 영역을 '말하기, 듣기, 읽기, 쓰기' 4영역 체제를 유지했으나 이 시기에는 언어 활동 영역을 통합하여 '표현·이해'로 묶고, '문법', '문학' 3영역 체제로 편성하였다.

제4차 국어과 교육과정은 국어 교과의 내용을 학문적 지식 중심으로 체계화하였는데, '표현·이해'는 수사학, '문법'은 국어학, '문학'은 국문학을 그 배경 학문으로 설정하였다. 이에 따라 교과서 단원도 문종별로 편성하였는데, 『중학 국어 1-1』의 대단원을 보면, 시, 일기와 편지, 수필, 설명문, 소설, 전기, 희곡, 논설문과 연설문, 기행문, 문학 이야기 등으로 단원이 구성되어 있다. 시, 소설, 희곡, 수필을 비롯한 문학의 비중이 월등히 높다는 것을 알 수 있다. 문법과 작문은 대단원의 학습 활동으로 반영되어 있고, 말하기와 듣기는 전혀 반영되지 않았다. 이처럼 제4차 교육과정의 교과서는 문학 중심의 독본형 교재라고 할 수 있다.

제4차 교육과정도 여전히 '국민 정신교육'을 강조했기 때문에 국어 교과서의 텍스트도 이전 시기와 크게 다르지 않았다. 『중학 국어 1-1』에는 이전 시기의 정전으로 여겨졌던 작품들이 다시 실렸는데, 박목월의 「물새 알 산새 알」은 4회 연속, 이은상의 「산 찾아 물 따라」, 박성룡의 「풀잎」을 포함하여 「5월 단오」, 「폴란드 소녀의 울음」 등은 3회 연속, 이희승의 「언어와 민족」, 장지영의 「주시경 선생」, 이웅백의 「국어 공부」 등도 2회 연속으로 게재되었다. 오영수의 「요람기」와 빌라드의 「이해의 선물」이 새로운 작품으로 실렸지만 순수 서정과 교훈이라는 선정 기준은 그대로 작동하고 있음을 알 수 있다.

1. 설명문(說明文)
   (1) 우주 탐사 / 조경철(趙慶哲)
   (2) 추석의 민속 놀이 / 최상수(崔常壽)
2. 시나리오
   (1) 등대 / 김승규(金勝珪)
3. 기행문(紀行文)
   (1) 다도해 기행 / 백철(白鐵)
   (2) 스위스 산책 / 이부영(李符永)
4. 시(詩)
   (1) 시의 세계
      새로운 길 / 윤동주(尹東柱)
      가을 / 김윤성(金潤成)
      온실 / 장만영(張萬榮)
      눈 오는 밤에 / 김용호(金容浩)
      샘물 / 김달진(金達鎭)
      부자상(父子像) / 정완영(鄭梡永)
      고시조 / 성삼문(成三問), 박팽년(朴彭年), 김진태(金振泰), 박인로(朴仁老)
5. 국어 이야기
   (1) 언어에 대하여 / 강윤호(康允浩)
   (2) 올바른 발음 생활 / 남광우(南廣祐)
6. 소설(小說)
   (1) 메아리 / 이주홍(李周洪)
   (2) 공양미 삼백 석
7. 논설문(論說文)
   (1) 국어 생활의 향상을 위하여 / 이숭녕(李崇寧)
   (2) 우리의 미래 / 김정흠(金貞欽)
8. 일기(日記)와 편지(便紙)
   (1) 생각하는 생활
   (2) 오가는 예절
9. 전기(傳記)
   (1) 김종서 장군 / 남도영(南都泳)
   (2) 마하트마 간디 / 김형석(金亨錫)
10. 수필(隨筆)
   (1) 엿단지 / 김성배(金聖培)
   (2) 사랑이 있는 생활 / 이영희(李寧熙)
   (3) 일하는 행복 / 안수길(安壽吉)

[그림 2-12] 제4차 교육과정기의 『중학 국어 1-2』의 차례

6 활동 중심 국어 교과서의 등장(제5차~제6차 교육과정)

말하기·듣기, 읽기, 쓰기 교과서 편찬

[그림 2-13] 제6차 교육과정 시기의 초등학교 『읽기』, 『말하기·듣기』, 『쓰기』 교과서

제5차 교육과정은 1987년 3월에 중학교 교육과정 그리고 6월에 초등학교 교육과정이 개정 고시되면서 시작되었고, 제6차 교육과정은 1992년 6월에 중학교 교육과정의 개정으로 시작되어 제7차 교육과정 시작되는 1997년 12월까지 기간이다. 이 시기는 6·10 항쟁으로 이른바 87년 체제라고 하는 민주주의 헌법 체제가 확립된 시기이며 개인용 컴퓨터가 활발하게 보급되면서 우리 사회가 본격적으로 정보화 사회로 접어든 시기이다. 민주화와 함께 진행된 정보 통신 기술의 발달로 인해 교육과정의 기본 방향도 변화하였는데, 국제화, 다양화되어 가는 사회에 대비한 '주체성'과 정보 사회화에 따른 '창조성' 배양을 강조하였다.

이 시기 국어 교과서는 큰 변화가 있었다. 근대 이후 오랫동안 유지되었던 독본형 교재에서 벗어나 영역별로 다양한 활동을 할 수 있는 통합적인 언어 활동형 교재가 등장했다는 점이다. 제4차 교육과정에서는 문학, 문법을 강조했다면 제5차 교육과정에서는 언어 사용 기능을 강조하여 '표현·이해'로 묶었던 말하기, 듣기, 읽기, 쓰기를 풀어서 내용 영역을 말하기, 듣기, 읽기, 쓰기, 언어, 문학 여섯 영역으로 설정했다. 이러한 교육과정의 변화에 맞춰 교과서 체제가 크게 변했는데, 초등학교 국어 교과서는 말하기/듣기, 읽기, 쓰기 영역별로 분책되었고, 중학교 국어는 통합권으로 편성되었으나 말하기/듣기와 쓰기를 독립적인 대단원으로 편성하였다.

읽기 영역의 학습 활동도 이전 시기와 확연히 달라졌다. 제4차까지의 익힘 문제나 공부할 문제를 보면 내용 학습이 중심이 되고 있지만, 제5차 교육과정 이후의 교과서에서는 학습 목표에 충실한 활동으로 구성되었다. 이는 읽기 교육의 목표가 내용의 이해와 주제를 내면화시키는 데 있는 것이 아니라, 읽기의 기능과 전략을 익히는 데 초점이 두어졌다는 것을 의미한다. 독본형 교재가 도덕적, 윤리적인 주제 학습에 치중했다고 한다면 5차 이후의 교과서는 철저히 언어 기능이나 전략을 습득하는 데 학습의 초점을 두고 있다.

1. 소개하기
2. 읽는 즐거움
3. 좋은 글을 쓰려면
4. 단어의 갈래
5. 시와 운율
6. 주제와 소재
7. 정확한 말
8. 글감 찾기
9. 문장의 짜임
10. 소설의 세계
11. 문학 이야기
12. 글의 짜임
13. 자연스러운 대화
14. 주제 정하기
15. 요약하며 읽기
16. 생활과 수필
17. 단어 공부

[그림 2-14] 중학교 『국어 1-1』 목차(제5차 교육과정)

제5차 교육과정 시기 교과서에서는 제재의 변화도 확인되는데, 제4차 시기까지의 교과서가 국문학 작품의 비중이 비교적 높았던 것에 비하면 5차 교육과정의 교과서는 설명문과 일상적인 언어활동 자료의 비중이 높아졌다. 설명문의 비중이 늘어난 것은 말하기·듣기, 읽기, 쓰기 영역에서 활동을 안내하는 글이 많아졌기 때문이다. 또한 학습 활동이나 단원의 마무리에 다양한 일상적인 텍스트가 반영되어 이들 텍스트의 비중이 늘어났다. 이전 시기의 교과서가 국문학 작품 중심의 제재 편성이었다면 5차 이후의 교과서는 일상적인 언어 자료 중심의 제재 편성으로 그 성격이 변화한 것이다.

교과서 작가에 있어서도 변화의 조짐이 드러났는데, 박목월, 박두진, 신석정 등 순수문학 계열 작가의 비중이 여전히 높았지만 친일 작가가 교과서 필자에서 배제되고, 리얼리즘 계열 작가가 등장하기 시작했다. 박성룡의 「풀잎」이나 오영수의 「요람기」 등 서정적인 문학 작품들이 재수록되었으며 유치진의 「원술랑」과 임동권의 「단오」 같은 민족주의와 전통적 정서를 자극하는 이전 시기의 텍스트들도 재수록되었다. 그러나 중학교 『국어 2-1』에는 신경림의 「가난한 사랑 노래」, 중학교 『국어 3-1』에는 유홍준의 「월출산과 남도의 봄」이 실려 교과서 작가군의 변화를 보여 주기 시작했다.

7 국어 교과서의 다양화(제7차 교육과정 이후)

학생 활동 중심의 교과서

[그림 2-15] 제7차 교육과정 초등학교 『국어』 교과서

제7차 교육과정기(1997~2007)는 평화적인 정권 이양으로 한국의 민주주의가 더욱 발전했던 김대중 정부 시기이다. 제7차 교육과정은 '자율과 창의를 바탕으로 한 학생 중심 교육과정'을 표방했으며, 수준별 교육의 개념을 도입했다. 제7차 교육과정 교과서의 경우 중, 고등학교 국어 교과서는 비록 국정제를 유지하였으나 공모제 형식으로 개발하였으며, 2007 개정 교육과정에서는 중등 국어과 교과서가 검정제로 전환되었다. 2022 개정 교육과정에서는 고등학교 선택 과목 교과서가 인정제로 개발되는 등 국어 교과서가 더욱 다양화되었다.

제7차 교육과정 교과서 또한 학생 중심의 활동형 교재로 편찬되었는데, '국어'는 읽기와 문학 영역 중심으로, '생활 국어'는 말하기/듣기, 쓰기, 국어 지식 영역 중심으로 단원을 구성하였다. 단원 구성 방식은 이전과 마찬가지로 영역별 목표별로 구성하였으며, 학습 활동을 읽기 전, 읽기 후 활동을 반영하여 이른바 과정 중심의 읽기 이론을 적용하였다. 학습 활동의 내용 또한 내용 학습, 목표 학습, 적용 학습으로 체계화했으며 학생들의 흥미과 관심을 높이기 위한 여러 가지 전략을 활용하였다.

교과서의 제재 또한 사회적 흐름을 반영하여 다양화되었다. 《육체미 소동》이라는 청소년 드라마, 『소설 동의보감』이라는 당시의 베스트셀러 등 대중적인 인기를 누렸던 텍스트와 매체 자료가 대거 교과서에 반영되었다. 또한 김지하, 정지용, 박완서 등 순수문학 계열이 아닌 리얼리즘 계열의 작가와 월북 작가의 작품이 반영되어 교과서 텍스트에 커다란 변화가 이루어졌다. 이는 교과서 텍스트의 선정에서 학습자의 관심과 흥미가 강조되기 시작했음을 보여 준다. 학습자의 흥미와 관심에 대한 고려는 교과서의 형식에서도 나타났는데, 제7차 교과서부터는 크기가 4×6 배판으로 커지고 컬러 인쇄를 해서 시각적으로 다채로운 교과서가 만들어졌다.

대안교과서 『우리말 우리글』의 등장

제7차 교육과정 시기에는 『우리말 우리글』이라는 국어 대안교과서가 개발되어 국정 교과서 체제에 균열을 가져왔다. 『우리말 우리글』은 전국국

[그림 2-16] 전국국어교사모임에서 개발한 국어 대안교과서

어교사모임의 교사들이 중심이 되어 개발한 교과서로 국어 시간에 보조 교재로 활용되었다. 『우리말 우리글』은 정부만 교과서를 개발 보급할 수 있는 것이 아니라는 것, 또한 교사들이 교과서 개발의 주체가 되어서 교과서를 개발할 수 있다는 것을 보여 주어 사회적으로 큰 반향을 일으켰다. 『우리말 우리글』이 출판된 이후 타 교과에서도 교사들이 주축이 된 대안교과서가 개발되었으며, 이후 교육과정에서는 중등 국어 교과서가 검정제로 전환되었다.

검·인정 교과서의 등장

2007 교육과정에서는 초등은 국정제를 그대로 유지했으나 중등 국어 교과서는 모두 검정제로 전환되었다. 2007 개정 교육과정에서 처음 실시한 중학교 1학년 국어 교과서는 무려 23종에 달했으며, 다음 해에 실시한 검정에서는 중학교 2학년 국어 교과서가 15종, 고등학교 1학년 국어 교과서가 16종이었다. 교과서 자율화를 시작하자 국어 교과서를 개발하려는 출판사와 저자들의 의욕이 폭발적으로 증가했다는 것을 알 수 있다.

국정 교과서도 교육과정이 개정되면서 점차 개선되어 왔으나, 중등 국어 교과서가 검정제로 전환되면서 더욱 다양한 교과서가 개발, 보급되었다. 제재는 더욱 다양해졌고 학생들의 참여와 활동이 강화됐으며, 실생활에 가까운 지문도 많이 실려 학생들이 친숙하게 접근할 수 있게 되었다. 검정 교과서에 대해 국어 교사들의 반응은 "교과서의 내용이 아이들의 눈높이에 맞는 것 같다.", "소설 작품이 요즘 시대와도 잘 맞고 아이들의 흥미를 유발하게끔 내용도 잘 구성되어 있다." 등 긍정적인 반응을 보였다.

그러나 다른 한편에서는 검정 교과서의 종수에 비해 다양성과 창의성이 부족하다는 비판도 있다. 검정 심사를 엄격하게 진행하면 출판사나 저자들이 자유롭고 창의적으로 교과서를 개발하기 어렵다. 또한 교과서 개발 기간이 짧고 학교에서 교과서를 채택해야 하는 시간이 충분하지 않다

[그림 2-17] 2015 개정 중학교 국어 검정 교과서

는 비판도 있다. 그러나 이러한 한계에도 불구하고 2022 개정 교육과정에서는 고등학교 진로 선택과 융합 선택 과목이 인정 교과서로 개발되는 등, 교과서 제도는 점차 자율화하는 방향으로 나아가고 있다.

더구나 디지털교과서가 등장하게 되면 전통적인 교과서의 기능과 역할도 변화가 불가피하다. 교과서는 이제 고정된 인쇄 텍스트로만 존재하는 것이 아니라 디지털 공간으로 확장되기 때문에 수시로 새로운 교육 내용이 업데이트될 수 있다. 이로써 전통적인 교과서의 한계를 극복할 수 있게 되었다. 반면에 디지털교과서는 교과서와 학습 자료의 경계를 불명확하게 하여 전통적인 교과서의 권위를 약화시킬 것으로 보인다.

학습 활동

1 제3차 교육과정 시기 『중학 국어 1-1』의 '나라 사랑' 단원의 제재와 학습 활동을 보고 이 시기 교과서의 특징에 대해 토의해 보자.

2

1. 나라 사랑

더 크신 어머님

어머님

어머님께서는 조금도 저를 위하여 근심하지 마셔요. 지금(1) 우리 나라에는 어머님 같으신 어머니들이 천 분이요 만 분이나 계시지 않습니까?

어머님께서는 이 땅의 이슬을 받고 자라나신, 공로 많고 소중한 따님의 한 분이시고, 저는 어머님보다 더 크신 어머님을 위하여 한 몸을 바치려는, 이 땅의 영광스런 사나이외다.

〈심 훈(沈熏) 선생의 옥중 편지 중에서〉

〔주〕

(1) 3·1 운동 얼마 후.

1. 나라 사랑 —— 3

감 사

한글 문화(文化)의 재건과 민주 교육의 건설과 조국혼 교육의 기초를 닦고자 문교부에 들어가, 36 년간이나 애타게, 그리고 목마르게 기다리던 우리 나라의 재건을 위하여, 나는 나의 충성과 최선을 다하였다.

어떤 때에는 달을 등에 지고, 어떤 때에는 별을 이고 집으로 걸어 돌아가면서, 나는 나에게 제 나라를 몸 바쳐 섬길 기회를 허여하신 하느님께 무한한 감사를 올렸다.

〈최 현배(崔鉉培) 선생의 '나라 사랑의 길'에서〉

4 —— 새로운 출발

중단 없는 전진

민족(民族)의 이상이 성취되지 않고서는 인류의 이상 실현에도 참여할 수 없다는 평범한 진리를 되새기면서, 우리는 민족(民族)의 중흥이 인류의 이상 실현에 기여함을 확신하고, 지혜와 용기로써 전진을 계속할 것이다.

중단하는 자는 승리하지 못하며, 승리하는 자는 중단하지 않는다.

〈박 정희(朴正熙) 대통령의 '민족(民族)의 저력(底力)'에서〉

1. 나라 사랑 —— 5

공부할 문제

1-1. 사전 사용법을 익히고, 뜻을 모르는 말은 사전에서 찾아 알아보자.

1-2. 말을 많이 알도록 항상 노력하자.

1-3. 3 편의 글을 다시 읽고, 그 주제를 알아보자.

1-4. 3 편의 글에서 받은 감명을 오늘의 일기에 적어 두자.

2-1. 다음은 무슨 뜻인가?

(가) 더 크신 어머님

(나) 별을 이고

2-2. 우리 민족의 중흥과 인류의 이상 실현과는 어떤 관계가 있는가?

3-1. 민족 중흥을 위하여 나는 어떻게 해야 할 것인가 생각해 보자.

4-1. 다음 한자를 익히자.

文 化 民 族

2 제5차 교육과정 시기 국어 교과서는 이전 시기 교과서와 어떻게 달라졌는지, 그리고 그러한 변화의 배경이 무엇인지 토의해 보자.

제5차 교육과정의 『중학교 국어 1-1』 목차

1. 소개하기
2. 읽는 즐거움
3. 좋은 글을 쓰려면
4. 단어의 갈래
5. 시와 운율
6. 주제와 소재
7. 정확한 말
8. 글감 찾기
9. 문장의 짜임
10. 소설의 세계
11. 문학 이야기
12. 글의 짜임
13. 자연스러운 대화
14. 주제 정하기
15. 요약하며 읽기
16. 생활과 수필
17. 단어 공부

03

국어 교과서의 제재 텍스트

국어 교과서에서 제재 텍스트는 중요한 비중을 차지한다. 독본형 교과서는 다양한 읽기 자료를 모아 놓은 것이기 때문에 제재 텍스트가 교과서의 전부였다. 책이 별로 없었던 시절에는 국어 교과서의 제재가 학생들에게 유일한 읽기 자료의 역할을 했다. 활동형 교과서에서도 제재는 학습 목표를 효과적으로 달성하는 데 핵심적인 역할을 하고 있다. 교과서의 제재가 재미있으면 학생들이 쉽게 수업에 참여할 수 있기 때문에 제재는 수업 성공의 핵심적인 요소라고 할 수 있다.

국어 교과서의 제재 텍스트는 학생들에게 언어학습의 모범으로서 기능을 할 뿐만 아니라 새로운 지식과 정보를 제공하고 사고를 확장하는 촉매제 역할을 한다. 따라서 교사는 제재 텍스트의 내용과 구조, 표현 등을 정교하게 분석해서 학생들이 텍스트를 깊이 있게 이해할 수 있도록 지원해야 한다. 또한 교사는 제재 텍스트에 대한 이해를 발전시키기 위해서 다양한 자료를 선정하여 상호텍스트적 활동을 준비해야 한다.

1 제재 텍스트의 요건

교수·학습의 수단인가, 목표인가

국어교육의 궁극적인 목표는 학생들의 국어 능력을 길러 주는 데 있다. 그런데 이 국어 능력이란 말과 글, 매체를 활용한 표현과 이해 능력이라고 할 수 있으며, 이것은 텍스트를 통해 실현된다. 따라서 국어교육에서는 특정한 담화 상황과 목적에 맞게 텍스트를 생산하고 수용할 수 있는 능력을 학생들에게 길러 줘야 한다. 국어 교과서에서 항상 텍스트가 큰 비중을 차지하는 이유는 이처럼 텍스트의 생산과 수용이 국어교육의 핵심적인 목표이기 때문이다.

국어 교과서는 다양한 유형의 텍스트로 구성되는데, 크게 메타 텍스트, 서술 텍스트, 자료 텍스트, 활동 텍스트로 구분된다. '메타 텍스트'는 교과서 전체나 단원, 자료, 학습 방법 등에 대해 안내하는 역할을 하고, '활동 텍스트'는 학습 활동을 지시하는 역할을 한다. '서술 텍스트'는 그 단원에서 학습해야 하는 내용 요소에 대해 직접적으로 서술하는 역할을 하는데, 예를 들면 주제 파악하는 방법이나 전략에 대해 직접 서술한 부분이 이에 해당한다. '자료 텍스트'는 학습 활동의 대상이 되면서 그것을 통해 학습 목표를 달성하도록 하는 것으로 흔히 '제재'라고 부르는 것이다(이성영, 2013).

제재(題材)란 특정한 학습 목표를 성취하기 위한 자료 텍스트로서 교수·학습을 위한 수단으로서의 성격을 지니고 있다. 그러나 국어 교과서의 자료 텍스트가 원래부터 제재로 인식된 것은 아니었다. 근대의 국어 교과서는 '독본'이었기 때문에 텍스트 자체가 학습의 목표이자 교육 내용이었다. 해방 이후 교육과정기에 접어들면서 교육과정의 목표를 달성하기 위한 '제재'로서의 성격을 갖기 시작했다. 그러나 제4차 교육과정 시기까지의 국어 교과서는 읽기 자료에다 '공부할 문제'나 '익힘 문제'와 같은 질문과 활동이 더해진 형태였기 때문에 여전히 '독본' 중심의 교과서였다.

제재로서의 성격이 분명해진 것은 제5차 교육과정 이후 국어 교과서가 언어 사용 기능 신장을 위한 '활동 중심 교과서'를 표방하면서부터라고 할 수 있다. 이전까지 국어 교과서의 제재는 학생들을 교화하기 위한 텍스트로서의 기능이 강했으나 제5차 교육과정 시기부터 제재는 읽기나 쓰기, 말하기/듣기 능력을 신장하기 위한 모범 텍스트로서의 역할이 강조되었다. 이에 따라 국어 교과서에 실리는 제재 텍스트도 국가주의 이데올로기나 교훈적인 내용의 텍스트에서 일상적 언어 활동 중심의 텍스트로 변모하게 되었다.

국어 교과서의 제재 텍스트가 학습 목표 달성을 위한 교수·학습 자료로서의 성격이 강조되었다고 해서 학생들의 가치관 형성을 위한 독서 자료의 역할이 경시된 것은 아니다. 국어 교과서의 제재는 다양한 주제를 포함하고 있으며 이는 학생들에게 큰 영향을 미치기 때문에 제재가 담고 있는 내용은 학생들의 가치관 형성과 감수성 발달에 도움이 되는 것이어야 한다. 다만 제5차 교육과정 이전 시기에는 국민 교육을 위한 수단으로서 국가주의 이데올로기와 개인적인 도덕성을 강조했으나, 최근에는 민주주의적 태도나 다문화, 지속 가능한 발전, 양성평등 등과 같은 가치가 강조된다는 점에서 차이가 있다.

이처럼 국어 교과서의 제재 텍스트는 언어 학습을 위한 예시 자료로서 역할뿐만 아니라 그 자체로 학생들에게 공동체의 가치를 내면화시키는 독서 자료의 역할을 한다. 또한 교과서의 제재는 학습자가 관심과 흥미를 갖고 참여할 수 있는 학습 자료의 역할도 해야 한다. 따라서 교사는 국어 교과서의 제재가 학습 목표를 달성하기에 적절한지, 공동체의 가치를 내면화하고 사고를 확장하는 데 도움이 되는지, 학습자의 발달적 특성이나 관심·흥미를 반영하고 있는지 등을 따져 보아야 한다. 이것을 각각 '목표 지향성', '가치 지향성', '학습자 지향성'으로 정리할 수 있다.

목표 지향성

목표 지향성이란 제재가 국어과에서 길러 주고자 하는 지식, 기능, 전략, 태도 등을 학습하는 데 효과적으로 기여해야 한다는 것이다. 국어과에서 학생들이 배워야 할 학습 목표는 국어과 교육과정에 제시되어 있지만, 이것은 매우 추상적인 수준에서 제시된다. 예를 들어 초등학교 3~4학년 과정에 '글을 읽고 사실과 의견을 구별한다.'라는 성취기준이 제시되고 간단한 설명도 제공하고 있지만 이 성취기준의 개념이 무엇인지, 학생들이 왜 이러한 내용을 배워야 하는지, 그리고 학생들은 어느 정도의 수준에 도달해야 하는지 등을 구체적으로 제시하고 있지는 못하다.

따라서 교과서 개발자들은 이 추상적인 성취기준을 나름대로 해석하여 전국의 학생들이 사용하기에 적합하게 일반화, 표준화된 형태로 개발하게 된다. 그렇기 때문에 교과서는 교육과정의 성취기준을 반영하여 개발되지만, 일반적인 수준에서 반영할 수밖에 없다. 그런데 학생들의 배경지식이나 독해력의 수준은 매우 다양하기 때문에 교과서에 제시된 제재가 모든 학생을 만족시키기는 어렵다. 즉, 교과서의 제재는 성취기준을 반영하여 개발되지만, 그것이 교사가 가르치는 학교 학생들에게는 수준이 맞지 않을 수도 있고, 관심과 흥미에 적합하지 않을 수도 있다.

따라서 교사는 먼저 제재가 학습 목표를 어느 정도 수준에서 학생들을 만족시킬 수 있는지를 평가하고 제재의 한계를 보완할 방안을 마련해야 한다. 제재가 성취기준을 달성하는 데는 적합하지만 학생들의 수준에 맞지 않는다면 적절한 비계를 제공하여 제재를 깊이 있게 이해할 수 있도록 지원해야 한다. 그런데 만일 교과서 제재가 성취기준을 달성하는 데 한계가 있다면 제재를 보완할 수 있는 별도의 제재나 상호텍스트적 활동이 가능한 자료를 선정하여 학생들의 학습을 지원할 필요가 있다.

가치 지향성

가치 지향성은 제재의 내용이 공동체의 가치에 부합하고 학습자의 사고나 인식의 확장에 도움이 되어야 한다는 것이다. 국어과도 하나의 교과이기 때문에 교과적 특수성뿐 아니라 교육적 보편성도 갖추어야 한다. 국어과의 교과적 특수성이 국어 능력을 기르는 것이라면 교육적 보편성은 교육과정 총론에 제시된 '홍익인간'으로 대표되는 성숙한 인격 양성에 있다. 2022 교육과정이 추구하는 인간상은 크게 네 가지로 제시되어 있는데, '자신의 진로와 삶을 스스로 개척하는 자기주도적인 사람', '새로운 가치를 창출하는 창의적인 사람', '인류 문화를 향유하고 발전시키는 교양 있는 사람', '민주시민으로서 배려와 나눔, 협력을 실천하는 더불어 사는 사람'이 그것이다. 따라서 국어과 교과서의 제재 또한 이러한 가치를 반영해야 한다.

교과서 제재의 내용이 담고 있는 가치관이 무엇인가도 중요하지만, 그 내용이 학생들에게 어떤 새로운 지식과 경험을 제공하는가도 중요하다. 교과서의 제재는 그 자체로 학생들에게 감동이나 깨달음을 줄 수 있을 뿐만 아니라 새로운 세계에 대한 지식, 정보를 제공할 수 있다. 학생들은 제재 텍스트가 제공하고 있는 문제 상황이 무엇인지, 해결 방안이 타당한 것

[표 3-1] 2022 교육과정이 추구하는 인간상

가. 전인적 성장을 바탕으로 자아정체성을 확립하고 자신의 진로와 삶을 스스로 개척하는 자기주도적인 사람

나. 폭넓은 기초 능력을 바탕으로 진취적 발상과 도전을 통해 새로운 가치를 창출하는 창의적인 사람

다. 문화적 소양과 다원적 가치에 대한 이해를 바탕으로 인류 문화를 향유하고 발전시키는 교양 있는 사람

라. 공동체 의식을 바탕으로 다양성을 이해하고 서로 존중하며 세계와 소통하는 민주시민으로서 배려와 나눔, 협력을 실천하는 더불어 사는 사람

인지 평가하면서 실생활의 문제 해결 능력을 함양하게 된다. 따라서 교과서 제재는 우리 삶의 실제적인 문제를 다룰 수 있어야 하며, 문제를 바라보는 다양한 시각을 제공할 수 있어야 학생들의 인식의 폭을 확장하는 데 도움을 줄 수 있다.

또한 교과서 제재 텍스트는 높은 수준의 언어 사용 능력을 보여 주는 것이어야 한다. 교과서 제재 텍스트는 학생들에게 언어 사용의 모범 텍스트로 기능하기 때문에 가능하면 높은 수준의 언어 사용의 사례를 보여 줄 수 있는 것이어야 한다. 특히 교과서의 문학 작품은 가능하면 문학적 성취가 높은 작품을 수록하는 것이 좋은데, 좋은 문학 작품은 언어 학습을 풍부하게 해 줄 뿐만 아니라 학습자에게 인식적, 정서적 경탄, 감흥, 새로움을 경험하게 할 수 있기 때문이다(이재기, 2022). 따라서 교과서 제재는 학생들의 삶에 대한 경험을 환기하고 세계에 대한 인식을 새롭게 할 수 있는 수준 높은 텍스트로 선정하는 것이 좋다.

[표 3-2] 교과서에 만족하는 이유(김주환, 2014)

	교사		학생	
	빈도수	백분율	빈도수	백분율
① 대단원이 체계적이고 유기적으로 구성되어 있어서	81	16.4	83	22.1
② 제재가 흥미롭고 학생들과 공감하기 쉬워서	208	42.1	89	23.7
③ 교육내용이 학생들의 발전에 도움이 되기 때문에	76	15.4	43	11.5
④ 학습활동이 다양하고 실제적이어서	67	13.6	47	12.5
⑤ 학습량이 고등학생들이 수용하기에 적절해서	50	10.1	74	19.7
⑥ 삽화나 편집 디자인이 세련되어서	12	2.4	30	8.0
⑦ 기타	0	0.0	9	2.4
계	494	100.0	366	99.9

학습자 지향성

학습자 지향성은 국어 교과서의 제재가 학생들의 수준에 맞고, 관심과 흥미를 불러일으킬 수 있어야 한다는 것이다. 교과서는 학습 자료이기 때문에 학생들이 흥미를 갖고 적극적으로 참여할 수 있어야 한다. 특히 국어 교과서의 경우 제재의 비중이 크기 때문에 제재가 흥미로우면 학생들의 학습 동기가 높아지는 반면에 제재가 흥미롭지 않으면 학습 동기가 낮아져 교사는 학생들의 학습 동기를 불러일으키기 위해 가외의 노력을 더하지 않으면 안 된다. 김주환(2014)의 연구에 따르면 고등학교 국어 교사와 학생들이 교과서에 만족하는 이유로 "제재가 흥미롭고 공감하기 쉬워서"라는 응답이 가장 높았다.

독본 교과서 시대에는 제재의 가치 지향성이 강조되었으며, 활동 중심 교과서 시대에는 제재의 목표 지향성이 강조되었다. 그러나 최근에는 학생 활동 중심의 교육을 강조하면서 제재 선정에서도 학습자 지향성이 중시되고 있다. 제재 텍스트가 학습자의 수준에 적합한지, 학생들의 관심과 흥미를 자극할 수 있는지를 판단하기 위해서는 학생들의 특성과 발달 과정에 대한 이해가 필요하다. 어린이 혹은 청소년 학습자들이 어떤 특성을 지니는지 어떤 발달 과정을 거치는지를 알아야 학습자에게 적합한 텍스트를 선정할 수 있기 때문이다.

학습자 특성에 대한 연구 결과(윤준채·류보라, 2018)를 보면 교과서 제재의 흥미 유발 요인으로는 내용과 형식의 새로움(54%), 개인적 관심(19%), 이해의 용이성(10%)이 중요한 요인으로 제시되었다. 교과서의 제재가 학생들에게 새로운 지식 정보를 제공하거나 새로운 경험이나 깨달음을 줄 수 있을 때, 그리고 학생들의 개인적 관심사와 밀접한 관련성이 있을 때 흥미가 유발될 수 있다는 것이다. 또한 지나치게 어렵지 않고 잘 이해될 수 있어야 학생들이 흥미를 갖고 텍스트에 접근할 수 있다.

학습자는 장르, 주제나 소재, 인물, 사건 등이 익숙하면서도 새로울 때 흥미와 재미를 느끼는데, 학습자가 느끼는 익숙함과 새로움을 이해하기 위해서는 학습자 문화, 학습자 감수성에 대한 깊은 고려가 있어야 할 것이다. 특히 학습자는 비슷한 연령의 인물이 드러내는 문화와 감수성에 공감할 가능성이 높다. 미국 교과서 작품에는 소년, 소녀가 주인공인 글이 많은데, 그 이유도 문학성과 함께 학습자의 독서 수준을 함께 고려하여 교과서에 흥미를 잃지 않도록 배려하기 때문이라고 한다(정혜승, 2005).

과거에는 교과서의 제재가 그 자체로 가르쳐야 할 대상이었기 때문에 교사가 임의로 제재의 적합성을 평가하기 어려웠다. 그러나 이제 교과서는 교수·학습의 자료이기 때문에 적절성 여부를 교사가 평가하고 보완·대체할 수 있어야 한다. 목표 지향성, 가치 지향성, 학습자 지향성이라는 준거를 바탕으로 교과서 제재를 평가하고 교과서의 한계를 보완할 수 있도록 교육과정을 재구성하는 것이 교사의 중요한 역할이라고 할 수 있다.

2 교과서 정보 텍스트 분석하기

국어 교과서에는 다양한 유형의 텍스트가 제재로 활용되고 있다. 2015 국어과 교육과정에서는 글의 유형을 의사소통 목적에 따라 '정보 전달의 글', '설득의 글', '친교·정서 표현의 글'로 구분하고 있다. '정서 표현의 글'이 대체로 문학 텍스트에 해당한다면, '정보 전달의 글'이나 '설득의 글'은 지식 정보를 바탕으로 한다는 점에서 정보 텍스트로 분류한다. 정보 텍스트는 일상생활에서 가장 많이 접하는 텍스트일 뿐만 아니라 사회생활의 성공과도 밀접한 관련이 있기 때문에 많은 교육연구자가 정보 텍스트에 대한 교육의 중요성을 강조하고 있다.

국어 교과서의 정보 텍스트는 주로 '정보 전달하는 글'이나 '설득하는 글' 읽기 전략을 학습하기 위한 재료로 활용된다. 그러나 교과서의 정보 텍스트는 학생들에게 읽기 전략을 학습하기 위한 재료로만 사용되는 것은 아니다. 학생들은 정보 텍스트를 통해서 새로운 지식과 정보를 습득하고 인식의 지평을 넓혀나가게 된다. 정보 텍스트의 일차적 기능이 바로 새로운 지식과 정보를 제공하는 것이기 때문에 교과서의 정보 텍스트가 학생들에게 어떤 신정보를 제공할 수 있는지, 학생들이 쉽게 접근할 수 있는 수준의 것인지에 대한 검토도 필요하다.

[표 3-3] 국어 교과서 제재 분석 준거

영역	세부 내용	평점
목표 지향성	• 교육과정의 성취기준을 만족시키는가? • 학습자의 발달 과정에 적합한가?	☆☆☆☆☆
가치 지향성	• 공동체의 가치관에 부합하는가? • 새로운 지식과 경험을 제공하는가?	☆☆☆☆☆
학습자 지향성	• 학습자의 수준에 적합한가? • 학습자의 관심과 흥미에 부합하는가?	☆☆☆☆☆

그렇다면 이제 교과서 정보 텍스트를 목표 지향성, 가치 지향성, 학습자 지향성을 준거로 해서 분석해 보자. 예시 자료는 초등학교 『국어 4-1 (가)』 '4. 일에 대한 의견' 단원에 실린 「묵직한 수박 위로 나비가 훨훨!」이라는 글이다. 이 단원은 '(1) **준비**: 사실과 의견의 차이점 알기, (2) **기본**: 글을 읽고 사실과 의견을 구별하기, (3) **기본**: 사실에 대한 의견 말하기, (4) **실천**: 학급에서 일어난 일에 대해 의견 드러나게 쓰기' 네 개의 소단원으로 구성되어 있다.

학습 목표 분석하기

이 단원과 관련된 2015 국어과 교육과정의 성취기준은 읽기 영역의 '글을 읽고 사실과 의견을 구별한다.'와 쓰기 영역의 '관심 있는 주제에 대해 자신의 의견이 드러나게 글을 쓴다.'이다. 이 단원은 읽기 쓰기 영역을 통합하여 글을 읽으면서 사실과 의견을 구분하고 나아가 사실에 대해 자신의 의견을 드러내는 글을 쓰도록 구성하였다. 국어과 교육과정에서는 관련 성취기준에 대해 다음과 같이 설명하고 있다.

- [4국02-04] **글을 읽고 사실과 의견을 구별한다.**
  이 성취기준은 사실과 의견을 구별하고 이를 바탕으로 하여 글의 내용을 평가하며 읽는 능력을 기르기 위해 설정하였다. 사실과 의견 구별하기를 지도할 때에는 '~라고 생각한다.', '~해야 한다.'와 같이 문장 표현을 중심으로 사실과 의견을 구분하는 데서 더 나아가, 실제 있었던 일이나 이미 알려진 지식 등을 토대로 사실과 의견을 구별하여 판단할 수 있도록 지도한다.
- [4국03-03] **관심 있는 주제에 대해 자신의 의견이 드러나게 글을 쓴다.**
  이 성취기준은 어떤 대상이나 사실에 대해 자신의 의견을 밝히는 글을 쓰는 과정에서 생각을 구체화－명료화－정교화하여 제시하는 능력을 기르기 위해 설정하였다. 주변 현상에 대해 관심 갖기의 중요성을 일깨우고, 주장이 무엇이고 주장을 할 때에는 어떤 점에 주의해야 하는지를 기초적인 수준에서 다루도록 한다. 그리고 주장을 뒷받침하는 근거를 들어 자신의 의견이 뚜렷하게 드러나는 주장하는 글을 쓰게 한다.

읽기 성취기준은 "사실과 의견을 구별하고 이를 바탕으로 하여 글의 내용을 평가하며 읽는 능력을 기르기 위해 설정하였다."라고 하였다. 사실이란 실제 있었던 일이나 이미 알려진 지식으로, 사실과 의견을 구별하는 이유가 글의 내용을 평가하며 읽는 능력을 길러 주기 위한 것임을 알 수 있다. 의견이 무엇인지는 명확하게 설명하고 있지 않지만, 글의 내용을 평가하며 읽는 능력을 기른다는 것을 보면 글쓴이가 제시한 의견이 사실에 기반을 둔 의견인지 그렇지 않은지를 판단할 수 있도록 하는 데 초점을 두고 있다고 할 수 있다.

쓰기 성취기준은 "어떤 대상이나 사실에 대해 자신의 의견을 밝히는 글을 쓰는 과정에서 생각을 구체화－명료화－정교화하여 제시하는 능력을 기르기 위해 설정하였다."라고 하였다. 여기서는 '의견을 밝히는 글'을 '주장하는 글'로 규정하고 있다. 따라서 교육과정에서는 '의견'을 글쓴이의 '주장'과 같은 의미로 사용하고 있다는 것을 알 수 있다. 이 성취기준은 주장을 뒷받침하는 근거를 들어 자신의 의견이 뚜렷하게 드러나는 주장하는 글을 쓰는 것이 목표이다.

읽기와 쓰기 교육과정의 성취기준 해설을 종합해 보면 사실은 '실제 있었던 일이나 이미 알려진 지식'이며 의견은 '글쓴이의 주장'으로, 글쓴이의 주장이 사실에 기반하고 있는지 그렇지 않은지 평가하면서 읽을 수 있어야 하며, 나아가 자신의 주장을 뒷받침하기 위해서 사실적 근거를 갖추어서 주장하는 글을 쓸 수 있어야 한다. 교과서에서는 학습 목표에 대한 설명이나 안내가 충분하지 않기 때문에 교육과정의 성취기준 해설이나 관련 자료를 통해서 학습 목표를 좀 더 깊이 있게 연구해야 한다.

[준비] 사실과 의견의 차이점 알기

1. 정우와 석원이가 박물관에 다녀왔습니다. 정우와 석원이의 대화를 살펴봅시다.

정우: 박물관에 단원 김홍도의 그림이 있었어.

석원: 응, 맞아. 그 가운데에서 나는 씨름하는 장면을 그린 그림이 가장 마음에 들었어. 사람들의 모습과 표정이 실감 났거든.

김홍도, 〈씨름〉 (그림 출처: 국립중앙박물관)

(1) 정우와 석원이는 박물관에서 무엇을 보았나요?

(2) 실제로 있었던 일을 말한 사람은 누구인가요?

(3) 대상이나 일에 대한 생각을 말한 사람은 누구인가요?

4학년 교과서의 준비 학습에서는 학습 목표에 대한 이해를 돕기 위해서 비교적 가벼운 활동을 제시하고 있다. 여기서는 정우와 석원이의 대화 자료를 제시하고 '실제로 있었던 일'과 '대상이나 일에 대한 생각'에 해당하는 것이 무엇인지를 묻고 있다. 정우는 "박물관에 김홍도의 그림이 있었어."라고 말했고, 석원이는 "응, 맞아. 그 가운데에서 나는 씨름하는 장면을 그린 그림이 가장 마음에 들었어. 사람들의 모습과 표정이 실감 났거든."이라고 말하고 있다.

정우의 말은 '실제로 있었던 일'이기 때문에 이것이 사실이라는 것은 쉽게 이해할 수 있다. 그런데 석원이의 대화를 '대상이나 일에 대한 생각'이라고만 하기에는 약간 혼란스러운 부분이 있다. 석원이의 말에는 '가장 마음에 들었어.'와 같이 느낌을 나타낸 말도 있고 '표정이 실감 났거든'처럼 사실 같은 말도 들어 있기 때문이다.

석원이의 대화를 재구성하면 "나는 김홍도 그림 중에서 씨름하는 장면이 가장 좋다고 생각해. 왜냐하면 사람들의 모습과 표정을 실감 나게 표현했기 때문이야."라고 주장 + 이유/근거로 재구성할 수 있다. 김홍도 그림 중에서 씨름하는 장면이 가장 좋았다고 평가한 것은 의견이라고 할 수 있다. 그런데 김홍도가 사람의 모습과 표정을 실감 나게 그렸다는 것은 일반적으로 널리 알려진 지식이기 때문에 이것은 사실에 해당한다. 따라서 석원이의 말에는 의견뿐만 아니라 사실도 반영되어 있다. 석원이는 씨름하는 장면이 좋다는 자신의 의견이 옳다는 것을 입증하기 위해서 사실적 근거를 제시한 것이다. 이처럼 의견은 옳다는 것이 입증되지 않았기 때문에 이를 정당화할 사실적 근거를 요구한다.

그러나 교과서에서는 의견을 단순하게 사전적으로 '대상이나 일에 대한 생각'이라고만 정의하고 있어 학생들이 의견이 무엇인지, 타당한 의견을 제시하려면 어떤 조건을 갖추어야 하는지 깊이 있게 이해하기 어렵다. 따라서 교사는 교과서의 내용을 좀 더 발전시켜 의견이란 '대상이나 일을 헤아리고 판단하는 정신 작용'이며 이러한 의견은 타당한 이유나 근거에 의해서 뒷받침되어야 한다는 것을 알려줄 필요가 있다. 글을 읽을 때도 글쓴이의 주장이 무엇인지 파악하고 이 주장을 뒷받침하는 사실적 근거가 있는지 평가하며 읽고, 글을 쓸 때도 자신의 주장을 뒷받침할 수 있는 사실적 근거를 제시하면서 쓰도록 해야 한다.

제재 분석하기

이처럼 글을 읽을 때 사실과 의견을 구분한다는 것은 곧 글쓴이의 주장을 파악하고 이 주장이 사실적 근거를 갖추었는지 평가하면서 읽는다는 것을 의미한다. 자, 그럼 이러한 개념을 바탕으로 「묵직한 수박 위로 나비가 훨훨!」이라는 제재를 분석해 보자. 이 글은 '(3) 기본: 사실에 대한 의견 말하기'의 제재로 사용되었다.

[기본] 사실에 대한 의견 말하기

1. 사실과 의견을 생각하며 「묵직한 수박 위로 나비가 훨훨!」을 읽어 봅시다.

묵직한 수박 위로 나비가 훨훨!

이광표

「초충도」는 여덟 폭으로 이루어진 병풍 작품입니다. 이 그림들은 섬세한 필체와 부드럽고 세련된 색감이 돋보이지요. 전체적으로 구도가 비슷합니다. 화면의 중앙에 핵심이 되는 식물을 두고, 그 주변에 각 5종 벌레와 곤충을 배치했어요. 그림의 화면은 정사각형에 가깝고 식물과 곤충이 화면을 비교적 꽉 채우고 있습니다. 이 중 '수박과 들쥐' 그림을 자세히 살펴볼까요?

수박과 들쥐

수박과 들쥐

가지와 방아깨비

오이와 개구리

양귀비와 도마뱀

화면 가운데 아래쪽에 큼지막한 수박 두 개가 있습니다. 참으로 당당해 보이는 수박 덩어리이지요. 수박 덩굴줄기가 왼쪽에서 오른쪽으로 휘어져 뻗어 있고, 뻗어 나간 줄기 위에 나비 두 마리가 예쁘고 우아하게 날갯짓을 하고 있네요. 큰 수박 오른쪽에는 패랭이꽃 한 그루가 조용히 피어 있습니다.

수박 옆으로 뻗어 올라간 줄기를 볼까요? 왼쪽 수박에서 위쪽으로 화면 한복판을 가로질러 둥근 곡선을 그리며 뻗어 올라간 줄기가 매우 인상적입니다. 줄기에 작은 수박 하나가 더 매달려 있군요. 수박 밑부분은 검게 표시해 땅임을 알 수 있게 해주고 있네요.

수박 줄기 위로는 예쁜 나비 두 마리가 아름답게 날갯짓을 하고 있어요. 붉은 나비와 호랑나비인데, 모두 사실적으로 묘사되어 있군요. 나비의 색깔이 서로 대비를 이루어 인상적입니다.

이제 아래쪽으로 시선을 옮겨 수박을 자세히 들여다보죠. 수박의 껍질이 요즘 보는 수박과 다르지요? 조선 시대 사람들이 먹었던 수박은 아마도 표면이 이러했던 모양입니다. 같은 땅에서 나온 수박인데도 시대가 흐르면서 그 모습이 바뀌었다는 사실이 참 흥미롭습니다.

당시의 사람들은 수박이 아이를 많이 낳는 것을 상징하고 나비는 화목과 사랑을 상징한다고 생각했습니다. 그렇다면 이 그림 속의 수박과 나비는 아이를 많이 낳아 서로 행복하게 잘 살아가길 바라는 마음을 담고 있는 것으로 생각할 수 있겠지요.

그런데 가장 큰 수박 밑동을 보니 재미있는 일이 벌어졌습니다. 작은 쥐들이 커다란 수박을 열심히 파먹고 있는 게 아니겠어요? 수박껍질을 뚫어 내고 수박씨를 먹고 있는 모습입니다. 그래서 수박의 붉은 속과 씨들이 그대로 드러나 있습니다. 참 재미있는 풍경입니다. 쥐들이 수박을 좋아한다는 것도 흥미로운 사실이지요. 맛있는 수박을 먹고 있기 때문인지 들쥐들의 표정이 매우 만족스러워 보입니다.

맨드라미와 쇠똥벌레

원추리와 개구리

어숭이와 개구리

여뀌와 사마귀

전체적으로 보면 수박 주변에서 벌어지는 다양한 생명체의 움직임을 사실적이고 섬세하게 표현해 놓았습니다.

이번에는 화면의 색감을 볼까요? 수박은 검은 초록, 수박과 꽃의 줄기는 초록이고, 꽃과 나비 한 마리, 쥐들이 파먹고 있는 수박의 속 부분은 붉은색입니다. 초록빛과 붉은빛이 서로 색상의 대비를 이루고 있습니다.

구도도 안정적입니다. 커다란 수박 두 덩어리가 화면의 무게 중심을 잡고 있고 여기에 둥글게 휘어져 올라간 수박 줄기와 오른쪽 패랭이꽃의 반듯한 직선 줄기가 서로 대비를 이룹니다. 그래서 다른 「초충도」에서 발견할 수 없는 모습을 보여 줍니다. 안정감 속에 변화와 생동감이 은근히 배어 있지요.

왼쪽 수박에서 둥글게 뻗어 올라간 줄기는 이 그림의 여러 요소 가운데 단연 눈에 띕니다. 수박의 줄기를 크게 타원형으로 배치해 율동감을 살려냈어요. 반면 오른쪽 패랭이꽃은 곧게 서 있어 화면에 안정감과 생동감을 부여해 주고 있습니다. 또한 두 개의 수박을 아래쪽 한가운데에 배치하지 않고 왼쪽에 치우치게 배치함으로써 화면의 단조로움을 극복하고 변화와 움직임을 주었습니다.

이것이 바로 신사임당이 화가로서 지닌 재능과 감각이라고 할 수 있겠지요.

이 글은 「초충도」라는 그림에 대한 설명과 평가를 담고 있다.

- 처음(1문단): 「초충도」에 대한 개괄적인 설명
- 중간 1(2~7문단): '수박과 들쥐' 그림에 대한 자세한 설명
- 중간 2(8~11문단): '수박과 들쥐' 그림의 차별화된 특징
- 끝(12문단): 화가로서 신사임당의 재능과 감각

글 전체의 내용을 정리해 보면 앞의 내용과 같다. 처음에는 8폭 병풍 그림인 「초충도」에 대해서 개괄적인 설명을 하고 있다. 그리고 중간 1에서는 첫 번째 그림인 '수박과 들쥐' 그림에 대해 자세히 설명한다. 그림에 대한 설명은 대부분 있는 그대로를 소개하는 것이기 때문에 사실에 해당한다. 그런데 중간 2인 8문단부터 신사임당의 그림에 대한 글쓴이의 평가가 제시된다. 첫째, 다양한 생명체의 움직임을 사실적이고 섬세하게 표현했다. 둘째, 초록빛과 붉은빛이 서로 색상의 대비를 이루고 있다. 셋째, 구도가 안정적이다. 넷째, 화면의 단조로움을 극복하고 변화와 움직임을 주었다. 그리고 마지막 문단에 가서야 이 작품의 작가가 신사임당이라는 사실을 밝히고 있다.

이 글의 내용 구조를 다시 정리해 보면 다음과 같다.

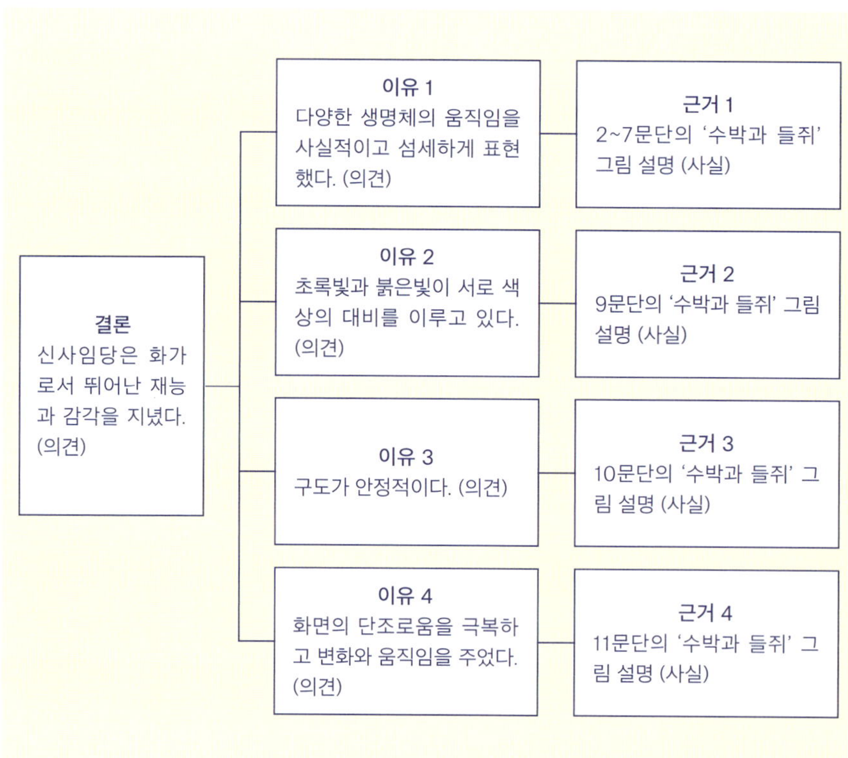

글쓴이의 궁극적인 주장은 '신사임당은 화가로서 뛰어난 재능과 감각을 지녔다.'라는 것이다. 이것은 글쓴이의 의견이기 때문에 옳다는 것을 입증할 필요가 있다. 글쓴이는 초충도를 예로 들어서 신사임당의 그림 솜씨가 얼마나 훌륭한지를 입증하고 있다. 2~7문단에서 자세히 설명한 '수박과 들쥐' 그림의 설명이 바로 8문단에서 제시한 첫 번째 이유의 근거가 된다. 나머지 둘째, 셋째, 넷째 이유는 한 문단 안에 이유와 근거를 같이 제시했다. 이유는 글쓴이의 평가이기 때문에 의견에 해당하고 근거는 그림에 대한 설명이기 때문에 대부분 사실에 해당한다.

따라서 이 글은 주장과 이유, 근거가 잘 갖추어진 논증 텍스트로 사실과 의견에 대해 학습하기에 아주 적합한 작품이다. 내용도 신사임당의 병풍 그림을 소개하고 자세히 분석 및 평가를 하고 있어서 학생들에게 한 편의 그림을 감상하는 새로운 경험을 제공하고 있다. 또한 병풍 그림이나 옛날 사람들의 그림에 대한 새로운 지식을 제공하고 있어 학생들의 인식의 폭을 넓히는 데도 기여할 것으로 보인다. 글의 복잡도에서도 교사의 적절한 안내가 있다면 초등학교 4학년 학생들이 읽기에는 충분히 '도전 가능한 수준'이라고 할 수 있다. 그림에 흥미를 갖고 있는 학생에게는 흥미로

3. 「묵직한 수박 위로 나비가 훨훨!」을 다시 읽고 사실과 의견을 구별해 봅시다.

글	사실/의견
참으로 당당해 보이는 수박 덩어리이지요.	
줄기에 작은 수박 하나가 더 매달려 있군요.	
나비의 색깔이 서로 대비를 이루어 인상적입니다.	
수박 껍질을 뚫어 내고 수박씨를 먹고 있는 모습입니다.	
안정감 속에 변화와 생동감이 은근히 배어 있지요.	

운 제재이고, 그렇지 않은 학생에게도 그림에 대한 관심을 불러일으킬 수 있을 것으로 보인다.

그런데 학습 활동을 보면 이 글에 사용된 문장을 제시하고 사실과 의견을 구분하도록 하고 있다. 글 전체의 논리 구조를 파악하는 방향으로 학습 활동을 구성하지 않고 몇 개의 문장만 따서 사실, 의견 여부를 묻는 것은 교육과정의 방향과도 어긋난다. 국어과 교육과정에서도 분명히 "문장 표현을 중심으로 사실과 의견을 구분하는 데서 더 나아가, 실제 있었던 일이나 이미 알려진 지식 등을 토대로 사실과 의견을 구별하여 판단할 수 있도록 지도한다."라고 제시하고 있기 때문이다. 이 교과서의 제재 자체는 학생들이 학습하기에 적합한 작품이라고 할 수 있는데, 학습 활동은 성취기준의 취지를 충분히 반영하지 못하고 있는 셈이다. 이런 경우에 교사는 제재 분석을 바탕으로 학습 활동을 재구성하여 지도해야 한다.

3 교과서 문학 텍스트 분석하기

국어과 교과서의 문학 텍스트는 주로 문학 영역의 성취기준을 학습하기 위한 재료로 활용된다. 문학 영역의 성취기준은 작품의 이해와 감상, 비평, 창작 등에 필요한 지식이나 기능의 학습을 목표로 설정하고 있다. 따라서 교과서의 문학 텍스트는 이러한 문학적 지식이나 기능 학습을 위한 수단이 될 수 있어야 한다. 그러나 문학 텍스트는 문학적 지식이나 기능 학습을 위한 수단을 넘어 그 자체로서 감상의 대상이 되기도 하며, 특별한 문학적 체험을 가능하게 한다. 문학 텍스트의 선정에서 문학적 가치를 강조하는 이유도 좋은 문학 작품은 그 자체로도 학생들에게 깊은 감동을 줄 수 있기 때문이다.

문학 텍스트 선정에서 목표 지향성과 가치 지향성이 중요한 요소라고 할 수 있으나 최근에는 학습자 지향성이 강조되고 있다. 과거에는 문학사적 가치를 인정받은 이른바 정전 위주로 교과서의 문학 작품이 선정되었으나 최근에는 학생들의 흥미를 자극할 수 있는 대중적인 작품이 많이 선정되고 있다. 대중적인 인기를 누리고 있는 시인이나 소설가의 작품이 교과서에 자주 실리는 것도 학습자의 관심과 흥미를 적극적으로 고려했기 때문이다. 검정 교과서나 인정 교과서 체제가 되면서 이러한 경향은 더욱 강화되고 있다.

자, 그러면 이제 교과서에 실린 문학 작품을 분석해 보고 어떻게 가르치는 것이 좋을지 생각해 보자. 예시 자료는 『중학교 국어 2-1』(C출판사)의 1단원 '문학의 눈'에 실린 백석의 「고향」이다. 이 단원은 '(1) 시의 목소리, (2) 이야기 속 시선' 두 개의 소단원으로 구성되어 있으며 '(1) 시의 목소리'에 기형도의 「엄마 걱정」과 백석의 「고향」 두 작품이 제재로 실려 있다.

학습 목표 분석하기

이 단원의 학습 목표는 "작품에서 보는 이나 말하는 이의 관점에 주목하여 시를 수용할 수 있다."이다. 이 성취기준에 대해 2015 개정 국어과 교육과정은 다음과 같이 해설하고 있다.

> [9국05-04] 작품에서 보는 이나 말하는 이의 관점에 주목하여 시를 수용할 수 있다.
>
> 이 성취기준은 작품 안에 형상화된 세계가 어떠한 관점으로 전달되고 있는지를 파악하며 작품을 깊이 있게 수용하는 능력을 기르기 위해 설정하였다. 동일한 대상이라고 하더라도 보거나 말하는 사람의 관점에 따라 작품 속의 세계는 다르게 형상화된다. 작품에서 보는 이나 말하는 이의 관점이 두드러지게 나타난 표현을 중심으로 작품의 분위기와 주제가 어떻게 드러나고 있는지를 이해하도록 한다.

이 성취기준은 시의 화자 혹은 소설의 시점 및 서술자에 주목하여 작품을 깊이 있게 감상하는 능력을 기르는 데 목표가 있다. 말하는 이가 누구인지, 어떤 특성이 있는지, 말하는 이의 특성이 작품 전체의 주제나 분위기에 어떤 효과를 미치는가에 주목하며 작품을 감상하도록 해야 한다. 시의 화자가 누구인지를 아는 데서 나아서 화자의 특성과 작품에 미치는 효과까지 파악하여 작품을 깊이 있게 읽도록 요구하고 있다. 시는 화자의 내러티브로 구성되기 때문에 화자의 특성을 파악한다는 것은 곧 시 작품 전체를 파악하는 것과 같다. 따라서 교사는 시를 읽을 때 화자에 주목하여 읽는 방법을 제시하고 학생들이 이를 적용하여 능동적으로 작품을 읽을 수 있도록 지도해야 한다.

중학교 국어는 검정 교과서이기 때문에 다수의 교과서가 존재한다. 그러나 검정 교과서는 대부분 내용과 체계가 유사하기 때문에, 이 책에서는 가장 많이 사용되는 C 출판사의 교과서를 예시 자료로 선택했다.

[생각 깨우기] 다음 시에서 말하는 이는 누구인지 이야기해 보자.

낙타

손동연

저런,
등에
혹이
두 개씩이나?

사막을 터벅터벅
무겁겠다 얘

아니야,
이건
내
도시락인걸!

타박타박 사막이
즐겁단다 얘

- 시에서 말하는 이는 어떤 역할을 할까요?
- 말하는 이가 달라지는 것이 시에 어떤 영향을 줄까요?

'생각 깨우기'라는 준비 학습에서는 「낙타」라는 시를 제시하고 있다. 준비 학습은 학습 목표에 대한 배경지식을 제공하기 위한 것이므로 학습 목표가 잘 드러나 있으면서 학생들이 쉽게 이해할 수 있는 작품이어야 한다. 이 시는 사람과 낙타가 대화하는 방식으로 구성되어 있어 시에서 말하는 이가 누구인지 쉽게 파악할 수 있을 뿐만 아니라 말하는 이의 차이가 낙타 등에 달린 혹을 보는 관점의 차이를 잘 드러내고 있어서 화자의 차이가 작품의 분위기나 내용에 미치는 영향을 쉽게 파악할 수 있다. 주제 또한 대상을 보는 관점의 차이를 동화적 상상력을 발휘해서 표현해서 학생들이 흥미롭게 읽을 수 있다. 따라서 이 작품은 목표 지향성이나 가치 지향성, 학습자 지향성 측면에서 적절한 작품이라고 할 수 있다.

그런데 세부 질문을 보면 "시에서 말하는 이는 어떤 역할을 할까요?", "말하는 이가 달라지는 것이 시에 어떤 영향을 줄까요?"라고 묻고 있다.

이 질문들은 학습 목표와 관련된 핵심 질문이라고 할 수 있는데, 교육과정의 성취기준 해설에서 사용된 표현을 거의 그대로 따온 듯하다. 또 질문이 막연하고 추상적이서 학생들이 쉽게 답을 찾을 수 있을지 의문이다. 이 질문에 답을 하려면 시에서 말하는 이란 '독자에게 시적 대상에 대해서 말해주는 전달자'라는 것을 알아야 한다. 두 번째 질문 또한 매우 추상적이어서 배경지식이 없다면 대답하기 어려운 질문이라고 할 수 있다.

시에서 화자를 탐구하기 위해서는 먼저 '이 시에서 말하는 이는 누구일까요?', '그렇게 판단한 근거는 무엇인가요?', '말하는 이는 누구에게 이야기를 하는 걸까요?', '이 시에서 말하는 이가 왜 달라졌을까요?' 등과 같이 작품과 관련된 구체적인 질문을 통해서 말하는 이의 역할과 말하는 이의 차이가 작품에 미치는 영향을 이해할 수 있도록 하는 것이 적절하다. 1, 2연에서는 "저런,", "무겁겠다 얘" 등과 같은 표현을 통해서 말하는 이가 낙타를 보는 사람이라는 추론이, 3, 4연에서는 "내 도시락", "즐겁단다 얘" 등의 표현을 통해서 말하는 이가 낙타라는 것을 추론할 수 있다. 또한 말하는 이가 달라지면서 낙타의 등을 보는 관점이 달라진다는 것을 쉽게 이해할 수 있을 것이다.

이 교과서는 쉽고 재미있는 예시 자료를 선정하여 학습 목표에 대한 준비 학습이 가능하도록 구성했다. 그러나 학생들이 작품을 읽으면서 학습 목표를 탐구할 수 있도록 하는 '탐구 과정' 없이 학습 목표를 직접적으로 제시하고 있어서 아쉬움이 있다. 탐구 과정 없이 학습 목표를 바로 제시하면, 학생들이 스스로 학습 목표를 발견하기가 어렵기 때문에 교사가 직접 학습 목표를 자세히 설명해 줘야 한다. 물론 학습 목표에 대한 교사의 직접적 설명은 반드시 필요하다. 그러나 교사가 직접 설명하기 전에 학생 스스로 학습 목표를 탐색해 볼 기회를 주는 편이 훨씬 효과적이다.

제재 분석하기

자, 그럼 이제 '(1) 시의 목소리' 단원에 실려 있는 본 학습으로 백석의 「고향」이라는 작품을 분석해 보자.

고향

백석

나는 북관(北關)에 혼자 앓어누워서
어느 아츰 의원을 뵈이었다
의원은 여래(如來) 같은 상을 하고 관공(關公)의 수염을 드리워서
먼 옛적 어느 나라 신선 같은데
새끼손톱 길게 돋은 손을 내어
묵묵하니 한참 맥을 짚더니
문득 물어 고향이 어데냐 한다
평안도 정주라는 곳이라 한즉
그러면 아무개 씨 고향이란다
그러면 아무개 씰 아느냐 한즉
의원은 빙긋이 웃음을 띠고
막역지간(莫逆之間)이라며 수염을 쓴다
나는 아버지로 섬기는 이라 한즉
의원은 또다시 넌즈시 웃고
말없이 팔을 잡어 맥을 보는데
손길은 따스하고 부드러워
고향도 아버지도 아버지의 친구도 다 있었다

- **북관** '함경도'의 다른 이름.
- **아츰** '아침'의 방언.
- **여래** '부처'를 달리 이르는 말.
- **관공** '관우'를 높여 부르는 말.
- **막역지간** 서로 거스르지 않는 사이라는 뜻으로, 허물이 없는 아주 친한 사이를 이르는 말.

이 시의 화자는 '나'라는 등장인물이며 '나'는 북관이라는 곳에서 혼자 앓아 누웠다가 급기야 의원을 부르게 된다. 이 의원은 석가여래 같기도 하고 삼국지에 등장하는 관우 같기도 하고 심지어 신선 같이 생겼다. 그런데 의원이 맥을 짚으면서 고향이 어디냐고 물어보고 빙긋이 웃으며 '나'가 아버지로 섬기는 아무개 씨를 잘 안다고 한다. 이에 '나'는 의원의 손길을 따스하고 부드럽게 느끼며 고향과 아버지와 아버지 친구를 떠올리게 된다.

이 시는 화자가 직접적으로 잘 드러나 있어 학생들이 누가 화자인지, 화자가 어떤 상황에 처해 있는지를 쉽게 파악할 수 있다. 화자인 '나'는 고향을 떠나 멀리 북관에 혼자 지내고 있는 처지인데 병까지 들었다. 이런 상황에서는 가족을 그리워하는 마음이 간절할 수밖에 없을 것이다. 그런데 진맥하러 온 의원이 고향이 어디냐고 묻고, 고향에서 아버지처럼 모시는 분을 잘 안다고 하니 화자는 마치 고향의 아버지나 아버지 친구를 만난 것처럼 반가워한다. 고향을 떠나 힘들고 지친 삶을 살고 있는 화자이기에 고향에 대한 이야기만 나와도 반갑고 그리운 마음이 간절한 것이다.

이 시에는 의원을 보는 화자의 관점 변화가 잘 드러나 있는데, 화자가 처음 봤을 때 의원은 '여래(如來) 같은 상을 하고 관공(關公)의 수염을 드리워서 먼 옛적 어느 나라 신선'처럼 비현실적이고 낯선 존재였다. 그런데 그 의원이 고향이 어디냐고 묻고, 고향에서 아버지처럼 모시는 분을 잘 안다고 하자 화자는 마치 아버지나 아버지 친구를 만난 것처럼 가깝게 느끼게 된다. 의원의 정성 어린 손길과 친절한 대화로 인해 의사를 경계하던 환자의 마음이 깊은 신뢰와 애정으로 바뀌는 것을 확인할 수 있다.

따라서 이 시는 화자의 목소리가 잘 드러나 있으며, 화자가 의원을 보는 관점 변화도 잘 드러나 있어서 학습 목표를 달성하기에 효과적인 제재라고 할 수 있다.

또한 이 작품은 일제강점기를 배경으로 한 실향민의 정서를 다루고 있어서 일제강점기에 고향을 떠날 수밖에 없었던 백성들의 고단한 삶과 고향으로 돌아가고 싶어 하는 그들의 간절한 마음을 엿볼 수 있다. 백석뿐만 아니라 이 시대의 많은 시인이 고향을 그리워하는 작품을 썼는데, 그것은 실향민 의식이 나라를 잃은 민족의 서러움을 잘 드러내 주기 때문이라고 할 수 있다. 따라서 이 작품은 일제강점기의 우리 민족의 삶을 이해할 수 있는 사회·문화적 가치가 있는 텍스트라고 할 수 있다.

이렇게 보면 이 제재는 목표 지향성이나 가치 지향성을 충분히 갖춘 작품이다. 그러나 이 시가 다루고 있는 고향 의식이라는 것은 고향을 떠나온 앞선 세대에게는 공감하기 쉽겠지만, 산부인과에서 태어나고 아파트에서 생활하는 요즘 학생들에게는 공감하기 쉽지 않을 수도 있다. 타관에서 만난 낯선 사람이 고향의 누구누구를 안다고 하니까 바로 호형호제하는 사이가 되는 것은 요즘 학생들에게는 낯선 문화일 수 있다. 일제강점기의 우리 민족의 삶에 대해 안내하면 학생들이 어느 정도 시적 상황을 이해할 수는 있겠지만 학생들이 흥미롭게 읽을 수 있는 텍스트라고 하기는 어렵다.

이 교과서에서는 배경지식을 넓히고 학습 목표를 심화하기 위해서 정지용의 「고향」을 학습 활동에 제시해서 상호텍스트적 활동을 하도록 하고 있다. 백석의 「고향」과 정지용의 「고향」을 비교할 경우, 말하는 이가 어떻게 다른지, 말하는 이의 차이가 작품의 분위기에 어떤 영향을 미치는지를 이해하는 학습 목표를 달성하기에는 적합하다고 할 수 있다. 그러나 정지용의 「고향」 또한 일제강점기의 작품이라 학생들의 흥미를 자극하기는 어려울 것으로 보인다. 따라서 학생들이 좀 더 흥미롭게 텍스트에 접근할 수 있도록 하기 위해서는 좀 더 현대적인 작품을 제시하는 것이 좋을 것이다. 비록 최근은 아니지만 고향을 노래한 옛날 대중가요를 같이 엮어 읽도록 한다면 좀 더 학생들의 흥미를 자극할 수 있을 것이다.

(가) 고향초 / 홍민

남쪽 나라 바다 멀리 물새가 날으면
뒷동산에 동백꽃도 곱게 피었네
뽕을 따던 아가씨들 서울로 가네
정든 사람 정든 고향 잊었단 말인가

찔레꽃이 한잎 두잎 물 위에 내리면
내 고향에 봄은 가고 서리도 차네
이 바닥의 정든 사람들 어디로 가네
전해 오던 흙냄새를 잊었단 말인가

(나) 고향 무정 / 오기택

구름도 울고 넘는
울고 넘는 저 산 아래
그 옛날 내가 살던
고향이 있었건만
지금은 어느 누가 살고 있는지
지금은 어느 누가 살고 있는지
산골짝엔 물이 마르고
기름진 문전옥답
잡초에 묻혀 있네.

새들도 집을 찾는
집을 찾는 저 산 아래
그 옛날 내가 살던
고향이 있었건만

지금은 어느 누가 살고 있는지
지금은 어느 누가 살고 있는지
바다에는 배만 떠 있고
어부들 노랫소리
멎은 지 오래일세.

일제강점기의 고향 시와 1960~1970년대 유행한 고향 노래는 시대적 배경도 다르고 말하는 이의 처지나 목소리도 다르기 때문에 다양한 상호텍스트적 활동이 가능하다. 학생들에게 가사와 함께 노래를 들려준다면 훨씬 화자의 정서를 잘 이해할 수 있을 것이다.

홍민의 「고향초」에는 사람들이 모두 고향을 떠난 이유가 제시되어 있는데, '뽕을 따던 아가씨들'이 서울로 갔기 때문이다. 농촌 인구가 대거 도시로 이주하던 시기, 도시화와 산업화가 본격적으로 진행되던 시절에 고향에 대한 그리움을 노래하고 있다. 백석의 「고향」이나 정지용의 「고향」이 일제의 탄압과 착취로 인해 고향을 떠날 수밖에 없었던 실향민의 정서를 노래한 것이라면 홍민의 「고향초」나 오기택의 「고향 무정」은 농촌을 떠나 도시로 이주한 이주민들이 고향을 그리워하는 정서를 노래한 것이다. 이런 상호텍스트적 활동을 통해서 우리의 현대사를 폭넓게 이해하고 화자의 정서도 더 폭넓게 이해할 수 있을 것이다.

학습 활동

1 다음 글이 "사실과 의견을 구분할 수 있다."(초등학교 4학년) 라는 학습 목표 달성을 위한 제재로 적절한지 분석해 보자.

1. 사실과 의견을 생각하며 「독도를 다녀와서」를 읽어 봅시다.

독도를 다녀와서

지난 방학 때 나는 가족과 함께 독도를 다녀왔다. 평소에 독도에 관심이 많아 독도에 대한 책도 읽고 사진도 여러 장 찾아보았다. 그런데 마침 아버지께서 독도를 다녀오자고 하셨다. 책이나 인터넷에서만 보던 독도를 직접 가 보는 것이 좋겠다고 생각했다.

우리는 울릉도에 가서 다시 독도로 가는 배를 탔다. 넓고 푸른 바다가 펼쳐졌다. 우리는 바다를 바라보며 독도에 대한 이야기를 나누었다. 한참을 지나 드디어 독도에 도착했다. 배에서 내려 독도에 발을 내딛는 순간 이상하게 가슴이 떨렸다. 수많은 괭이갈매기가 우리를 반겨 주었다.

독도에는 괭이갈매기뿐만 아니라 슴새, 바다제비 같은 텃새도 산다고 한다. 또 멧도요, 물수리, 노랑지빠귀 들은 독도를 휴식처로 삼아 철마다 머물다 간다고 한다. 책에서만 보던 슴새나 바다제비를 직접 보니 신기하기만 했다.

독도는 화산섬이라서 식물이 잘 자라기 힘든 곳이다. 이러한 자연환경에서도 번행초, 괭이밥, 쇠비름 같은 풀이 잘 자란다고 한다.

독도에서 동해를 바라보니 가슴이 탁 트이는 것 같았다. 우리나라 동쪽 끝 섬인 독도를 아끼고 독도에 관심을 가져야겠다고 생각했다. 아름답고 생명력 넘치는 독도가 우리 땅이라는 것이 아주 자랑스러웠다.

(초등학교 『국어 4-1(가)』)

2 다음 글이 "비유와 상징의 표현 효과를 이해하고, 이를 바탕으로 시를 감상할 수 있다."(중학교 2학년)라는 학습 목표를 달성하기에 적절한지 평가해 보자.

오우가(五友歌)

윤선도

내 벗이 몇이나 하니 수석(水石)과 송죽(松竹)이라.
동산(東山)에 달 오르니 그 더욱 반갑고야.
두어라 이 다섯밖에 또 더하여 무엇하리.

(제1수)

더우면 꽃 피고 추우면 잎 지거늘
솔아 너는 어찌 눈서리를 모르는다.
구천(九泉)에 뿌리 곧은 줄을 그로 하여 아노라.

(제4수)

- **수석** 물과 돌을 아울러 이르는 말.
- **송죽** 소나무와 대나무를 아울러 이르는 말.
- **모르는다** 모르느냐.
- **구천** 땅속 깊은 밑바닥

영역	세부 내용	평점
목표 지향성	• 교육과정의 성취기준을 만족시키는가? • 학습자의 발달 과정에 적합한가?	☆☆☆☆☆
가치 지향성	• 공동체의 가치관에 부합하는가? • 새로운 지식과 경험을 제공하는가?	☆☆☆☆☆
학습자 지향성	• 학습자의 수준에 적합한가? • 학습자의 관심과 흥미에 부합하는가?	☆☆☆☆☆

04

국어 교과서의 단원 구성과 학습 활동

교과서에서 단원은 교육 내용을 일정한 체계에 따라 묶어 놓은 단위라고 할 수 있다. 국어 교과서에서 단원은 대단원과 소단원 체제로 구성되어 있는데, 대단원의 구성 방식은 전통적으로 주제 중심의 구성, 장르 중심의 구성, 목표 중심의 구성으로 변화해 왔다. 제5차 교육과정 시기 이후 국어과 교과서는 목표 중심의 단원 구성 방식을 취하고 있는데, 이것은 교육과정의 성취기준을 구현하기 쉽다는 장점이 있지만 언어 학습의 통합성이나 단원 간의 연계성이 부족하다는 평가를 받고 있다.

국어 교과서의 소단원 구성 체제는 대체로 '도입 – 전개 – 정리'의 수업 전개 방식에 따라 '준비 학습 – 본 학습 – 정리 학습'으로 편성하는 경우가 많다. 그러나 최근의 교과서는 대체로 학생 활동 중심의 교과서를 표방하여 제재와 학습 활동 중심으로 교과서를 구성하는 경우가 많은데, 이런 체제는 학습 내용과 관련된 체계적 지식을 제공하지 못한다는 한계가 있다. 따라서 교사는 교과서의 단원 체제나 학습 활동을 교실 상황에 맞게 재구성하는 수업을 준비해야 한다.

1 단원 구성 방식의 유형

단원은 교육 목표 달성을 위해 교육 내용이나 제재, 학습 활동 등을 일정한 체계로 묶어 놓은 하나의 단위이다. 국어 교과서의 단원 구성은 크게 '단원 구성 방식'과 '단원 구성 체제' 두 개의 층위로 이루어져 있다. '단원 구성 방식'은 한 단원을 구성하는 요소가 어떤 기제에 의해 묶여 있는지, 각각의 단원이 어떤 관계로 배열되었는가와 관련되는 것이며, '단원 구성 체제'는 단원을 구성하는 요소들의 배열 순서로 실제 교수·학습 내용이 조직되는 방식이다. 단원 구성 방식이 단원 간의 문제라고 한다면, 단원 구성 체제는 단원 내의 조직상의 문제라고 할 수 있다(김동욱, 2015).

단원은 교육과정의 성취기준을 구현할 수 있도록 다양한 교수·학습의 요소를 갖추고 있기 때문에 실질적인 교수·학습의 내용과 방향을 결정한다. 교과서 사용 실태에 관한 연구 결과들(김주환, 2011 ; 유승아, 2015)을 보면 교사들은 대부분 구체적인 학습 활동만 재구성할 뿐 대체로 교과서에 제시된 단원 순서에 따라 충실하게 수업하는 경우가 많다. 따라서 교과서의 단원 구성 방식과 단원 구성 체제는 교실 수업의 내용과 방향을 결정하는 데 큰 영향을 미친다.

단원 구성 방식에는 전통적으로 주제 중심, 문종 중심, 목표 중심 방식이 있다. 제1차~제3차 교육과정 시기 교과서들은 대체로 주제 중심의 구성 방식을 채택했다. 제4차 교육과정 시기의 교과서는 설명문, 전기문, 시, 소설 등과 같은 문종, 즉 장르별로 대단원을 편성했다. 제5차 교육과정 이후 교과서들은 대체로 교육과정의 성취기준을 충실히 반영할 수 있도록 목표 중심의 단원 구성 방식을 채택하고 있다. 각각의 단원 구성 방식은 언어학습을 어떻게 할 것인가에 대한 나름의 철학과 방법론을 갖고 있기 때문에 각각의 단원 구성 방식의 장단점을 이해하는 것이 수업을 재구성하는 데 도움이 된다.

주제 중심 단원 구성 방식

주제 중심 단원 구성 방식은 단원을 구성하는 모든 요소가 특정 주제에 의해 응집성 있게 묶이며, 다른 단원들과도 주제 면에서 차별화되는 단원 구성 방식이다(정혜승, 2005). 말하기, 듣기, 읽기, 쓰기와 같은 언어 활동을 위해서는 언어 활동의 내용 즉, 주제가 반드시 필요하다. 주제 중심의 단원 구성은 학생들의 실제 삶(내용, 즉 주제)의 문제에 대해 읽고, 말하고 듣는 활동을 통해서 언어학습 능력을 기르는 것이기 때문에 학습자의 관심과 흥미를 이끌어내기에 용이할 뿐만 아니라, 실제적 맥락에서 언어 사용 경험을 제공할 수 있다는 장점이 있다.

최근 국어과 교육과정에서는 언어 활동 영역 간의 통합, 범교과 학습과의 연계를 강조하고 있다. 주제 중심의 단원 구성은 듣기, 말하기, 읽기, 쓰기, 문법, 문학 영역 간의 통합적 학습에도 유용할 뿐만 아니라 타 교과 학습과 연계하는 데도 효과적이다. 또한 주제 중심의 단원 구성은 실제 삶의 내용을 바탕으로 언어학습이 가능하도록 하기 때문에 역량 중심 교육에서 강조하고 있는 실제 삶과 학문 간의 연계와 통합에도 유용하다. 이처럼 주제 중심의 단원 구성은 통합적 언어 교육 측면에서 장점이 많다.

그러나 주제 중심의 구성은 자칫 지나치게 내용 중심, 가치 중심의 교육으로 흘러 국어 능력 향상이라는 언어 학습의 본질에서 벗어날 우려가 있다. 실제로 제3차 교육과정 교과서는 '새로운 출발', '감사', '나의 조국' 등과 같이 주제 중심으로 단원을 편성했는데, '반공 의식'이나 '국가주의 혹은 민족주의'와 같은 가치관 교육을 강조하여 국어 교육을 도덕 교육으로 전락시켰다는 비판을 받았다. 이러한 단점을 개선하기 위해 대단원을 주제 중심으로 구성하되, 소단원이나 세부 활동에서는 언어 기능이나 전략 학습을 강조하는 '주제+목표'의 통합적 구성 방식이 권장된다. 실제로 대안 교과서로 개발된 『우리말 우리글』은 주제 중심으로 대단원을 편성하면서도 각 단원 내에서 언어 학습이 가능하도록 구성하였다.

[그림 4-1] 『우리말 우리글』 10학년 1단원
'나'에 대한 주제를 탐구하기 위한 자료 글을 제시하고 나의 미래를 탐색하는 활동을 제시했다.

[표 4-1] 8학년 『우리말 우리글』 교과서의 단원 구성 방식

단원	1	2	3	4
주제	친구, 또 하나의 나	우리가 만드는 학교	여행을 떠나요	내 마음 나도 몰라 (사랑)
언어 학습	말하기·듣기, 쓰기	설득하기	정보 전달	문학적 반응과 상상
단원	**5**	**6**	**7**	**8**
주제	사투리와 표준어	마음의 벽을 넘어	만화와 인터넷 게임	노래야, 나오너라
언어 학습	국어 지식, 정보 전달	설득하기	매체 읽기, 매체 표현	문학적 반응과 상상
단원	**9**	**10**	**11**	**12**
주제	말과 세상	사람과 식물	어머니, 아버지와 함께	우리는 싸우면서 큰다
언어 학습	국어 지식	정보 전달	문학적 반응과 상상	문학적 반응과 상상

『우리말 우리글』은 학생들의 삶과 관련된 주제를 선정하여 대단원을 편성하였다. 그리고 주제 탐구와 함께 언어 학습이 가능하도록 단원별로 세부적인 언어 학습 목표를 설정하였다.

장르 중심 단원 구성 방식

장르 중심 단원 구성은 텍스트 유형(장르)에 따라 단원을 구성하는 방식을 말한다. 제4차 교육과정에서는 문종(글의 종류)이라는 용어를 사용했으나 최근에는 글 중심에서 복합양식 텍스트로 글의 성격이 변화하고 있기 때문에 텍스트 유형 또는 담화 유형이라는 용어를 널리 사용하고 있다. 국어과 교육과정에서도 담화 유형이라는 용어를 사용하고 있는데, 목적에 따라 '정보 전달', '설득', '정서 표현' 세 가지로 담화 유형을 구분하였다. 반면에 문학 영역에서는 전통적인 장르라고 할 수 있는 시, 소설, 극, 수필 혹은 서정, 서사, 극, 교술로 담화 유형을 구분하고 있다.

장르 중심 단원 구성 방식은 읽기, 쓰기와 말하기·듣기를 통합적으로 학습할 수 있다는 장점이 있다. 예를 들어 '정보 전달하기' 혹은 '설득하기'라는 단원을 통해서 정보 전달하는 글 읽기와 정보 전달하는 글 쓰기, 정보 전달하는 말하기 등이 함께 이루어질 수 있다. 또한 장르 중심 단원 구성은 교수·학습의 내용을 선정하고 조직하기가 용이하다. 담화 유형이나 장르의 공통된 특성에 대한 학습을 바탕으로 유사한 텍스트를 선정하여 읽거나 쓰는 등 다양한 상호텍스트적 학습이 가능하기 때문이다. 문종 중심의 단원 구성을 교사들이 선호하는 이유도 수업의 용이성 때문이라고 할 수 있다.

그러나 장르 중심 단원 구성 방식은 자칫 장르에 대한 지식을 강조하여 학생들의 창의적 언어 활동을 저해할 우려가 있다. 예를 들어 설명문 쓰기에 대해서 가르칠 경우 설명문이 갖춰야 할 요건을 지나치게 강조하면 자유로운 글쓰기가 어려울 수 있다. 실제로 2007 교육과정 이후 국어과 교육과정에서는 텍스트의 수용과 생산을 강조하여 텍스트 유형이 교육 내용의 중심으로 자리 잡았다. 그러나 학교에서 텍스트 유형에 대한 지도가 장르에 대한 지식을 제공하는 데 그쳐 다양한 상황에서 텍스트를 수용하고 생산하는 능력을 기르는 데 기여하지 못하고 있다는 비판이 있었다.

[표 4-2] 제4차 교육과정 시기 『중학교 국어 1-1』 차례

대단원	소단원	대단원	소단원
1. 시	(1) 시의 세계	6. 전기	(1) 주시경 선생 (2) 폴란드 소녀의 울음
2. 일기와 편지	(1) 생활의 반성 (2) 오가는 마음	7. 희곡	(1) 고구마
3. 수필	(1) 약속 (2) 나의 사랑하는 생활 (3) 삶의 광택	8. 논설문과 연설문	(1) 자연을 보호하자 (2) 언어와 민족
4. 설명문	(1) 국어 공부 (2) 5월 단오	9. 기행문	(1) 행주산성 (2) 산 찾아 물 따라
5. 소설	(1) 요람기 (2) 이해의 선물	10. 문학 이야기	(1) 문학이란 무엇인가 (2) 싱그러운 첫여름 (3) 여름 밤

제4차 교육과정 시기 국어 교과서는 이른바 문종 중심으로 단원을 구성하였다. 이 시기 『중학교 국어 1-1』 교과서를 보면 시, 소설, 극, 수필과 같은 대표적인 문학 장르뿐만 아니라 일기와 편지, 전기문, 기행문 등 다양한 문학적 장르를 중심으로 단원을 편성한 것을 알 수 있다. 그러나 이 시기 교과서는 문학적 지식을 가르치는 데 치중하여 학생들의 언어 사용 능력을 기르는 데 기여하지 못했다는 비판을 받았다. 제5차 교육과정 이후 교과서는 장르 중심의 단원 편성 사례는 드문데, 2007 교육과정 이후 검정 교과서에서는 예를 들면 '정보 전달 글 읽기와 쓰기', '설득하는 글 읽기와 쓰기' 등과 같이 부분적으로 장르 중심 단원 편성을 시도하고 있다.

목표 중심 단원 구성 방식

목표 중심 단원 구성 방식은 교육과정의 성취기준을 학습 목표로 설정하고 이에 따라 단원을 편성하는 것이다. 목표 중심 단원 구성은 학습 목표를 뚜렷이 드러낼 수 있고, 단원 간 중복도 어느 정도 피할 수 있으며, 개별 성취기준 요소들을 균형 있게 다룰 가능성이 크다는 점에서 장점을 지닌다. 그리고 교과서를 만들 때 성취기준 한두 개를 중심으로 단원을 편성하면 되기 때문에 구현하기가 쉬울 뿐만 아니라 교육과정의 성취기준 반영 여부를 명확하게 보여 줄 수 있다는 장점이 있다.

이런 장점 때문에 제5차 이후에는 목표 중심 단원 구성 방식이 주류를 이루었다. 제7차 교육과정기부터는 언어 활동의 총체성을 강조하기 위해 목표 중심형을 보완하기 위한 요소가 일부 포함되어 있지만, 단원 구성

[표 4-3] 2015 개정 교육과정 C출판사 『중학교 국어 1-1』의 차례

대단원	소단원
1. 새로운 시작	(1) 시의 아름다움 I 문학 포근한 봄, 오규원 새로운 길, 윤동주 (2) 산문의 향기 I 문학 꿩, 이오덕
2. 세상과 함께 자라는 꿈	(1) 자료 찾으며 책 읽기 I 읽기 행복중학교 독서 동아리의 책 읽기 (2) 통일성 있게 글쓰기 I 쓰기 아시아의 보물을 찾아 떠나는 여행
3. 언어랑 국어랑 놀자	(1) 언어의 본질과 국어 생활 I 문법 (2) 우리말의 아홉 품사 I 문법
4. 더불어 살아가기	(1) 문학과 갈등 I 문학 하늘은 맑건만, 현덕 (2) 토의하기 I 듣기·말하기 빈곤 국가 학교 짓기 후원 방법 토의하기

2015 개정 교육과정 시기의 『중학교 국어 1-1』(C출판사)의 차례를 보면 교육과정의 영역별 성취기준 하나 혹은 둘, 셋을 합쳐서 대단원을 편성했다. 예를 들어 '1. 새로운 시작' 단원의 경우에는 '비유와 상징의 표현 효과를 이해하고, 이를 바탕으로 하여 작품을 감상하고 창작할 수 있다.'라는 성취기준 하나만으로 대단원을 구성하였으나, '2. 세상과 함께 자라는 꿈'의 경우 '도서관이나 인터넷에서 관련 자료를 찾아 참고하면서 한 편의 글을 읽을 수 있다.'라는 성취기준과 '다양한 자료에서 내용을 선정하여 통일성을 갖춘 글을 쓸 수 있다.'라는 성취기준을 합쳐서 대단원을 구성했다. 그러나 두 가지 성취기준을 통합해서 대단원을 구성한 경우에도 소단원별로 성취기준을 연계시키고 있어서 통합적인 구성이라고 하기는 어렵다. 목표 중심의 단원 구성에서는 모든 단원이 영역별로 나눠진 성취기준에 따라 단원이 구성되기 때문에 소단원 간 혹은 대단원 간의 연계성이나 통합성이 부족하다는 것을 알 수 있다. 이 교과서뿐만 아니라 대부분의 검정 교과서가 이와 비슷하게 목표 중심으로 대단원을 편성하고 있다.

체제가 바뀌었다고 보기는 어렵다. 이처럼 국어 교과서가 오랫동안 목표 중심의 단원 구성 체제를 유지하고 있는 이유는 무엇보다도 목표 중심 단원 구성 방식이 교육과정의 성취기준을 구현하는 데 가장 효과적인 방식이기 때문이다. 검정 체제에서 교육과정 성취기준의 반영은 중요한 심사 요건이 되기 때문에 목표 중심의 단원 구성 체제가 여전히 선호되고 있다.

그러나 목표 중심형 단원 구성은 언어 활동의 총체성을 보장하지 못한다는 면에서 한계가 있다. 개별 성취기준이 단원 학습의 초점이 될 수밖에

없기 때문이다. 예를 들어 등장인물의 성격 파악하기가 학습 목표면, 단원명, 제재, 활동, 평가 모두가 여기에 매몰될 수밖에 없다. 한 편의 글을 온전하게 이해하는 데에는 어휘의 뜻, 줄거리 파악, 주제 파악, 글쓴이의 목적 파악 등이 필요한데, 이들 요소가 들어갈 여지가 거의 없다(이재승, 2022). 통합 단원이라고 해서 쓰기나 문법 성취기준이 그 단원에 들어오는 경우도 있지만, 한 편의 글을 온전하게 이해하게 해야 한다는 점에서 보면 너무 제한적이다.

교과서 대단원의 재구성

단원 구성을 어떻게 할 것인가 하는 것은 곧 교수·학습의 목표와 방향을 어떻게 설정할 것인가 하는 문제이다. 앞서 살펴본 것처럼 주제 중심 구성이나 장르 중심 구성, 목표 중심 구성은 언어 학습에 대한 관점이나 접근법이 다르고, 장단점이 분명하다. 최근의 교과서들은 교육과정의 성취기준 달성을 위해 목표 중심으로 구성하고 있는데, 목표 중심 단원 구성의 한계를 극복하기 위한 방안으로 주제+목표 중심의 구성이나 장르+목표 중심의 구성 등의 통합적 단원 구성 방안이 제시되고 있다.

교과서에 구현된 대단원의 편성 체제에 따라 수업을 진행하는 것이 교사나 학생 모두 편한 방식이다. 그러나 앞서 살펴본 대로 목표 중심의 단원 구성은 언어 학습의 통합성이 부족하고, 단원 간의 연계성이 떨어지기 때문에 학습의 효율성을 극대화하기 어렵다. 이런 경우에는 주제 중심의 접근이나 장르 중심의 접근 방법을 활용하여 전체 소단원을 재구성하여 운영하는 것도 하나의 방법이 될 수 있다. 단원의 순서를 조정하고 재구성하는 것은 같은 학년 수업을 맡은 교사들 간의 협의가 필요한 부분이기 때문에 학기 초 교과협의회를 통해서 공동으로 수업 계획을 마련하는 것이 좋다.

[표 4-4] 장르 + 목표 중심의 대단원 재구성(C출판사 『중학교 국어 1-1』)

대단원	소단원	비고
1. 시 읽기	1-(1). 시의 아름다움 • 포근한 봄, 오규원 • 새로운 길, 윤동주	• 시의 장르적 특징을 탐색하면서 다양한 시를 읽고 감상할 수 있다.
2. 소설 읽기	1-(2). 산문의 향기 • 꿩, 이오덕 4-(1). 문학과 갈등 • 하늘은 맑건만, 현덕	• 소설 장르의 특징을 탐구하면서 학습 목표를 통합적으로 달성할 수 있다.
3. 읽고 말하고 쓰기	2-(1). 자료 찾으며 책 읽기 4-(2). 토의하기 2-(2). 통일성 있게 글쓰기	• 탐구 주제를 정해서 자료를 찾아 읽고 토의한 다음, 이를 글쓰기로 연결한다.
4. 언어의 이해	3. 언어랑 국어랑 놀자	

[표 4-3]에서 살펴본 C 출판사의 『중학교 국어 1-1』 단원의 경우에는 단원명을 보면 주제 중심의 접근을 보이고 있기 때문에 주제+목표 중심의 통합적 구성이라고 할 수 있다. 그렇기 때문에 각 대단원에서 제시하는 주제를 심화 발전시키는 방향으로 각각의 소단원 학습 활동을 운영하는 것도 가능하다. 그러나 대단원의 주제가 너무 포괄적이라서 각 소단원을 주제 중심으로 통합, 연계시키기에는 한계가 있다. 이때는 각 소단원을 분리해서 [표 4-4]처럼 장르 중심으로 통합, 연계시키는 방법도 가능하다. 예를 들어 문학 단원을 분리해서 1-(1)은 그대로 시 읽기/쓰기, 1-(2)와 4-(1)을 통합하여 소설 읽기, 2-(1), 2-(2), 4-(2)를 통합하여 읽고 토의하고 쓰기 활동으로, 그리고 3단원은 문법 중심으로 운영하는 방법도 가능하다.

2 단원 구성 체제와 학습 활동 분석하기

단원은 하나의 목표나 주제, 또는 이를 구체화한 성취기준을 성취하기 위해 일련의 자료 및 교육 내용 요소들이 조직화되어 있는 학습의 단위이다(서혁 외, 2018). 교과서의 단원은 대단원과 소단원으로 구분되며 여러 개의 소단원이 묶여서 대단원을 구성한다. 국어 교과서에서 대단원의 체제가 확립된 시기는 활동 중심 교과서가 본격화된 제5차 교육과정 시기부터다. 대단원의 체제는 수업의 흐름과 같이 도입부, 전개부, 정리부로 구성되는데, 도입부에서 수업에 대한 준비와 안내가 이루어지고, 전개부에서 본격적인 학습 활동이 이루어지며, 정리부에서 학습 활동을 요약하고 마무리한다.

2015 개정 교육과정 C출판사 『중학교 국어 1-2』도 단원의 길잡이 – 소단원 학습 – 단원의 마무리로 이어지는 체제로 구성되어 있다. 단원의 길잡이에는 '들어가기'와 '단원 펼쳐보기'가 있어서 단원 학습 목표를 소개하고 전체 활동 내용을 파악할 수 있다. 소단원 학습은 '준비 학습 – 본 학습 – 정리 학습'의 순서를 따르며 본 학습은 본문(글)과 학습 활동으로 구성된다. 마무리 단계는 창의 융합 활동으로 '여럿이 함께 하기'가 제시되었고 '단원을 마치며', '쉼터' 등으로 구성되어 있다.

[표 4-5] 2015 개정 교육과정 C출판사 『중학교 국어 1-2』 단원 구성 체제

단원의 길잡이	소단원 학습	단원의 마무리
• 들어가며 • 단원 펼쳐보기 • 나의 목표 세우기	**소단원 준비 학습** • 생각 깨우기 / 읽기 전에 **소단원 본 학습** • 본문 • 학습 활동 **소단원 정리 학습** • 생각 넓히기 / 어휘 학습 • 스스로 점검하기	• 여럿이 함께 하기 • 단원을 마치며 • 쉼터

대단원 체제가 정립된 이후 단원의 세부적인 구성 요소들은 더욱 다양화되고 있다. 그러나 모든 단원 구성 요소가 실제 수업에 적극적으로 활용되는 것은 아니다. 국어 교과서 단원 구성 방식에 관한 조사 결과(김동욱, 2015)를 보면 '도입'이나 '정리' 단계 구성 요소의 활용도는 낮은 반면에 소단원 학습 활동의 활용도는 높은 것으로 나타났다. 이를 통해 대단원 구성 체제의 핵심은 '전개'에 해당하는 소단원 학습, 즉 소단원의 '준비 학습 – 본 학습 – 정리 학습'이라는 것을 알 수 있다.

최근의 국어 교과서는 대부분 목표 중심의 단원 구성 방식을 취하고 있는데 대단원이 하나의 성취기준으로 구성된 경우도 있지만, 대부분은 소단원별로 서로 다른 성취기준을 학습 목표로 제시한다. C출판사의 『중학교 국어 1-2』의 4단원 '생활 속의 글과 표현'도 두 개의 소단원으로 구성되어 있으나, 소단원 (1)은 '요약하며 읽기', 소단원 (2)는 '상황에 맞는 어휘와 표현'으로 서로 다른 성취기준을 학습 목표로 설정하고 있다. 따라서 소단원 하나하나가 기본적인 학습 단위라고 할 수 있으며, 한 교과서의 소단원 구성 체제는 대체로 동일한 패턴을 유지한다. 대부분의 검정 교과서가 비슷한 체제로 편성되어 있기 때문에 여기서는 C출판사의 『중학교 국어 1-2』의 4-(1) '요약하며 읽기'를 예시로 분석해 보고자 한다.

학습 목표 분석

교과서의 단원 편성 체제를 분석하기 위해서는 학습 목표에 대한 이해가 선행되어야 한다. 이 단원의 학습 목표는 "읽기 목적이나 글의 특성을 고려하여 글 내용을 요약할 수 있다."로 설정되어 있다. 이 성취기준의 의미가 다소 모호한데, 2015 국어과 교육과정 '중학교 1~3학년 읽기 영역'의 '교수·학습 방법 및 유의 사항'에서는 요약하기와 관련하여 "요약하며 읽기를 지도할 때에는 삭제, 선택, 일반화, 재구성 같은 요약의 규칙을 기계적으로 적용할 것이 아니라, 주장이나 정보의 확인, 내용의 적절성 평가

등 읽기 목적에 따라 글의 구조나 전개 방식 등 글의 특성을 고려하여 효과적으로 요약하는 시범을 보이도록 한다."라고 안내하고 있다.

초등학교 3~4학년군과 5~6학년군에도 요약하며 읽기와 관련된 성취기준이 있다. 3~4학년군에서는 "글의 유형을 고려하여 대강의 내용을 간추린다."가, 5~6학년군에서는 "글의 구조를 고려하여 글 전체의 내용을 요약한다."가 제시되어 있다. 초등학교 5~6학년의 '성취기준 해설'을 보면 "'머리말－본문－맺음말', '서론－본론－결론', '발단－전개－위기－절정－결말' 등 글의 형식상 구조를 고려하여 요약하는 것"을 목표로 한다고 기술하고 있는데, 이를 통해 초등학교에서는 글의 형식적 구조를 바탕으로 요약하는 능력을 기르는 데 초점이 있음을 알 수 있다.

하지만 중학교 교육과정에서는 "주장이나 정보의 확인, 내용의 적절성 평가 등 읽기 목적에 따라 글의 구조나 전개 방식 등 글의 특성을 고려하여" 요약하도록 하고 있다. 선택, 삭제, 일반화, 재구성 같은 요약의 규칙은 문단 수준의 요약 전략이기 때문에 글 전체 수준의 요약에 적용하는 데는 한계가 있다. 글 전체 수준의 요약을 위해서는 읽기의 목적에 따른 글의 내용 조직 방식을 고려해야 하는데, 국어과 교육과정에서는 읽기의 목적에 따라 글의 유형을 크게 '정보 전달, 설득, 친교와 정서 표현' 세 가지로 구분하고 있다. 글의 유형에 따라 내용 전개 방식이 다르므로 이를 고려하여 내용을 요약하는 것이 학습 목표라고 할 수 있다.

단원 구성 체제

이제 『중학교 국어 1-2』의 4-(1) '요약하며 읽기' 단원의 구성 체제를 본격적으로 살펴보자. 이 단원도 '준비 학습－본 학습－정리 학습'으로 구성되어 있는데, 이것은 교실 수업의 전개 방식인 도입－전개－정리 과정을 교과서에 반영한 것이다. 교실 수업은 도입에서 학습 목표를 왜 배워야 하는지 동기 유발을 하고, 전개 단계에서 본격적으로 학습을 진행한 다음,

[표 4-6] 4-(1). '요약하며 읽기' 단원 구성 체제

준비 학습	• 생각 깨우기: 글을 읽고 내용을 요약해 본 경험을 떠올려 보자. • 읽기 전에: '독도' 하면 떠오르는 것을 자유롭게 이야기해 보자.
본 학습	**학습 활동** 제재: 「독도에는 무엇이 있을까」 1. 영진이가 글을 읽고 내용을 요약하는 과정을 살펴보며 요약하는 방법을 알아보자. 2. 읽기 목적에 따라 요약 내용이 어떻게 달라지는지 알아보자. **스스로 해 보기** 제재: 「모두가 즐거운 착한 여행」 1. 내용을 요약하며 글을 읽어 보자. 2. 읽기 목적에 따라 글의 내용을 요약해 보자.
정리 학습	• 생각 모으기: 지금까지의 활동을 통해 학습한 내용을 정리해 보자.

학습한 내용을 확인 점검하면서 수업을 정리하게 된다.

이 교과서에서도 이런 수업의 패턴을 따라 준비 학습 단계에서는 '생각 깨우기'와 '읽기 전에' 활동을 제시하고, 본 학습에서는 두 개의 제재와 학습 활동을 제시했다. 첫 번째 제재 학습에서는 요약의 방법을 제시하면서 요약하는 활동을, 두 번째 제재는 '스스로 해 보기'로 설정하여 학생 스스로 읽고 요약하는 활동으로 구성하였다. 정리 학습에서는 '생각 모으기'를 통해서 이 단원에서 학습한 내용을 확인, 점검하였다.

준비 학습 분석

이 교과서의 준비 학습에서는 학습 목표를 제시한 다음, '생각 깨우기'와 '읽기 전에' 두 가지 활동을 제시하고 있다. '생각 깨우기'에서는 "글을 읽고 내용을 요약해 본 경험을 떠올려 보자."라는 안내와 함께 삽화가 그려져 있다. 그리고 하단에는 "요약이란 무엇일까요?, 글을 읽고 내용을 요약할 때는 어떤 점을 고려해야 할까요?"라는 질문이 제시되어 있다. 요약이란 무엇인지, 요약을 어떻게 해야 하는지에 대한 안내나 설명을 제시하지는 않고 있다. 말 그대로 학습 목표에 대한 환기 정도에 그치고 있다. 학

습 목표에 대한 설명과 안내는 읽기 중이나 활동 중간에 날개 형태로 간략히 제공되는데, 이는 개념 지식을 직접적으로 제공하는 것을 최소화하려는 최근 교과서들의 공통된 경향이라고 할 수 있다.

'읽기 전에'에서는 "독도 하면 떠오른 것을 자유롭게 이야기해 보자." 라고 하여 본문 제재와 관련한 배경지식을 활성화하도록 하고 있다. 본문 제재는 독도에 대한 정보를 전달하고 있지만 글이 짧아서 학생들이 이해하기 어려운 수준이 아니다. 따라서 배경지식 활성화보다는 학습 목표를 고려하여 읽기 목적을 설정하는 것이 필요하다. 즉, 독도에 대해 알고 있는 것, 알고 싶은 것을 생각해 보고, 제재 텍스트를 읽으면서 새로운 정보를 찾아 정리하도록 읽기 목적을 설정하는 것이 좋다. 특히 요약하기를 목적으로 하기 때문에 중심 내용과 세부 내용을 파악해서 내용 구조도를 그리도록 읽기 목적을 제시하는 것이 필요하다.

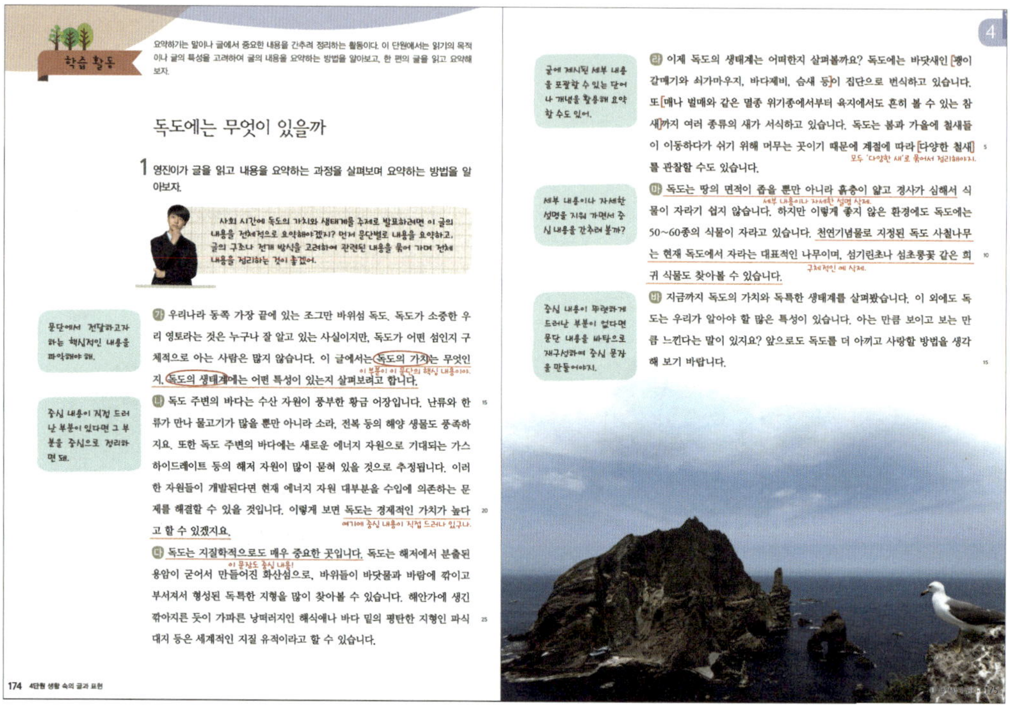
학습 활동

요약하기는 말이나 글에서 중요한 내용을 간추려 정리하는 활동이다. 이 단원에서는 읽기의 목적이나 글의 특성을 고려하여 글의 내용을 요약하는 방법을 알아보고, 한 편의 글을 읽고 요약해 보자.

독도에는 무엇이 있을까

1 영진이가 글을 읽고 내용을 요약하는 과정을 살펴보며 요약하는 방법을 알아보자.

사회 시간에 독도의 가치와 생태계를 주제로 발표하려면 이 글의 내용을 전체적으로 요약해야겠지? 먼저 문단별로 내용을 요약하고, 글의 구조나 전개 방식을 고려하여 관련된 내용을 묶어 가며 전체 내용을 정리하는 것이 좋겠어.

문단에서 전달하고자 하는 핵심적인 내용을 파악해야 해.

가 우리나라 동쪽 가장 끝에 있는 조그만 바위섬 독도. 독도가 소중한 우리 영토라는 것은 누구나 잘 알고 있는 사실이지만, 독도가 어떤 섬인지 구체적으로 아는 사람은 많지 않습니다. 이 글에서는 독도의 가치는 무엇인지, 독도의 생태계에는 어떤 특성이 있는지 살펴보려고 합니다.

이 부분이 이 문단의 핵심 내용이야.

중심 내용이 직접 드러난 부분이 있다면 그 부분을 중심으로 정리하면 돼.

나 독도 주변의 바다는 수산 자원이 풍부한 황금 어장입니다. 난류와 한류가 만나 물고기가 많을 뿐만 아니라 소라, 전복 등의 해양 생물도 풍족하지요. 또한 독도 주변의 바다에는 새로운 에너지 자원으로 기대되는 가스 하이드레이트 등의 해저 자원이 많이 묻혀 있을 것으로 추정됩니다. 이러한 자원들이 개발된다면 현재 에너지 자원 대부분을 수입에 의존하는 문제를 해결할 수 있을 것입니다. 이렇게 보면 독도는 경제적인 가치가 높다고 할 수 있겠지요.

여기에 중심 내용이 직접 드러나 있구나.

다 독도는 지질학적으로도 매우 중요한 곳입니다. 독도는 해저에서 분출된 용암이 굳어서 만들어진 화산섬으로, 바위들이 바닷물과 바람에 깎이고 부서져서 형성된 독특한 지형을 많이 찾아볼 수 있습니다. 해안가에 생긴 깎아지른 듯이 가파른 낭떠러지인 해식애나 바다 밑의 평탄한 지형인 파식대지 등은 세계적인 지질 유적이라고 할 수 있습니다.

이 문장도 중심 내용!

174 4단원 생활 속의 글과 표현

4

글에 제시된 세부 내용을 포괄할 수 있는 단어나 개념을 활용해 요약할 수도 있어.

라 이제 독도의 생태계는 어떠한지 살펴볼까요? 독도에는 바닷새인 [괭이갈매기와 쇠가마우지, 바다제비, 슴새 등]이 집단으로 번식하고 있습니다. 또 [매나 벌매와 같은 멸종 위기종에서부터 육지에서도 흔히 볼 수 있는 참새]까지 여러 종류의 새가 서식하고 있습니다. 독도는 봄과 가을에 철새들이 이동하다가 쉬기 위해 머무는 곳이기 때문에 계절에 따라 [다양한 철새]를 관찰할 수도 있습니다.

모두 '다양한 새'로 묶어서 정리해야지.

세부 내용이나 자세한 설명을 지워 가면서 중심 내용을 간추려 볼까?

마 독도는 땅의 면적이 좁을 뿐만 아니라 흙층이 얇고 경사가 심해서 식물이 자라기 쉽지 않습니다. 하지만 이렇게 좋지 않은 환경에도 독도에는 50~60종의 식물이 자라고 있습니다. 천연기념물로 지정된 독도 사철나무는 현재 독도에서 자라는 대표적인 나무이며, 섬기린초나 섬초롱꽃 같은 희귀 식물도 찾아볼 수 있습니다.

세부 내용이나 자세한 설명 삭제.

구체적인 예 삭제.

중심 내용이 뚜렷하게 드러난 부분이 없다면 문단 내용을 바탕으로 재구성하며 중심 문장을 만들어야지.

바 지금까지 독도의 가치와 독특한 생태계를 살펴봤습니다. 이 외에도 독도는 우리가 알아야 할 많은 특성이 있습니다. 아는 만큼 보이고 보는 만큼 느낀다는 말이 있지요? 앞으로도 독도를 더 아끼고 사랑할 방법을 생각해 보기 바랍니다.

본 학습 분석

본 학습 단계에서는 제재 두 편이 주어진 다음, 읽기 목적과 글의 특성에 따라 글 내용을 요약하도록 하고 있다. 첫 번째 제재의 학습 활동에서는 읽기 중 활동이 제시되고 있는데, 문단 수준의 요약 규칙을 제공하고 이 규칙에 따라 문단 요약을 하도록 하였다. 그리고 읽기 후 활동에서는 문단별로 요약한 내용을 정리한 다음, 처음 – 중간 – 끝의 구조에 따라 내용을 정리하고, 요약문을 완성하도록 학습 활동을 제시하였다. 그리고 마지막에는 '독도의 자연 환경을 소개하려는 목적'에 따라 요약한 내용을 제시하고 앞의 요약과 비교해 보도록 하고 있다.

읽기 후 학습 활동에서 제공하는 요약 방법은 문단 수준의 요약을 한 다음, 처음 – 중간 – 끝의 형식적 구조를 바탕으로 요약하는 것이다. 요약 규칙을 사용하여 문단의 내용을 요약하는 것은 초등학교 수준에서 학습

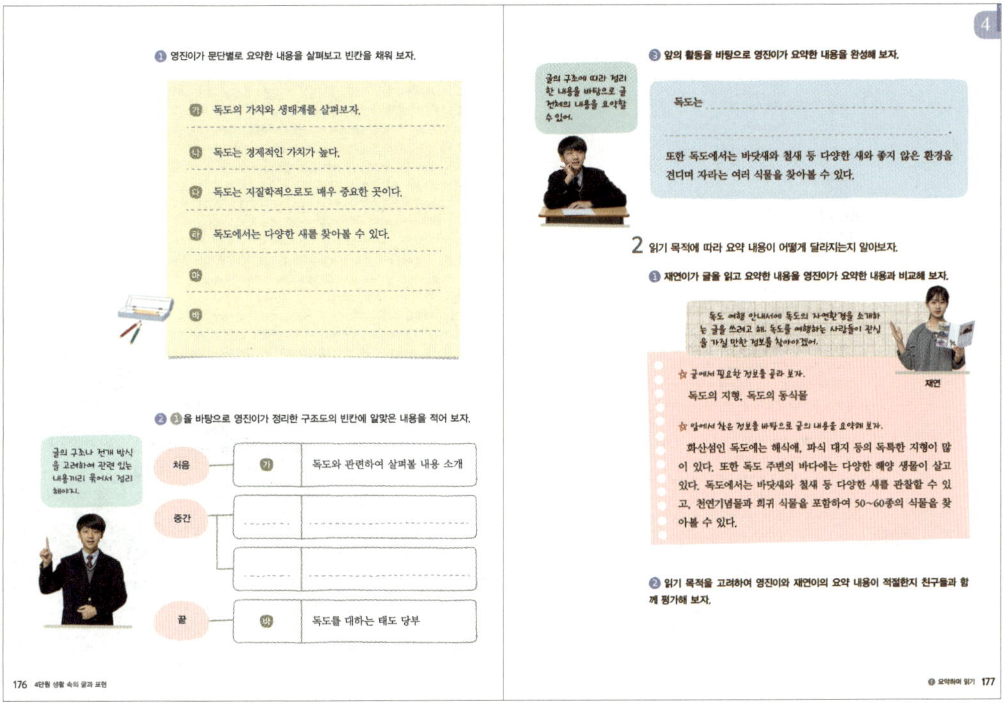

❶ 영진이가 문단별로 요약한 내용을 살펴보고 빈칸을 채워 보자.

㉮ 독도의 가치와 생태계를 살펴보자.

㉯ 독도는 경제적인 가치가 높다.

㉰ 독도는 지질학적으로도 매우 중요한 곳이다.

㉱ 독도에서는 다양한 새를 찾아볼 수 있다.

㉲

㉳

❷ ❶을 바탕으로 영진이가 정리한 구조도의 빈칸에 알맞은 내용을 적어 보자.

글의 구조나 전개 방식을 고려하여 관련 있는 내용끼리 묶어서 정리해야지.

처음	㉮	독도와 관련하여 살펴볼 내용 소개
중간		
끝	㉳	독도를 대하는 태도 당부

176 4단원 생활 속의 글과 표현

4

❸ 앞의 활동을 바탕으로 영진이가 요약한 내용을 완성해 보자.

글의 구조에 따라 정리한 내용을 바탕으로 글 전체의 내용을 요약할 수 있어.

독도는 ....

또한 독도에서는 바닷새와 철새 등 다양한 새와 좋지 않은 환경을 견디며 자라는 여러 식물을 찾아볼 수 있다.

2 읽기 목적에 따라 요약 내용이 어떻게 달라지는지 알아보자.

❶ 재연이가 글을 읽고 요약한 내용을 영진이가 요약한 내용과 비교해 보자.

독도 여행 안내서에 독도의 자연환경을 소개하는 글을 쓰려고 해. 독도를 여행하는 사람들이 관심을 가질 만한 정보를 찾아야겠어.

재연

☆ 글에서 필요한 정보를 골라 보자.

독도의 지형, 독도의 동식물

☆ 앞에서 찾은 정보를 바탕으로 글의 내용을 요약해 보자.

화산섬인 독도에는 해식애, 파식 대지 등의 독특한 지형이 많이 있다. 또한 독도 주변의 바다에는 다양한 해양 생물이 살고 있다. 독도에서는 바닷새와 철새 등 다양한 새를 관찰할 수 있고, 천연기념물과 희귀 식물을 포함하여 50~60종의 식물을 찾아볼 수 있다.

❷ 읽기 목적을 고려하여 영진이와 재연이의 요약 내용이 적절한지 친구들과 함께 평가해 보자.

❶ 요약하며 읽기 177

한 내용이기 때문에 여기서는 반복 학습에 해당한다. 이 단원의 학습 목표와 관련된 요약 전략은 처음-중간-끝의 구조에 맞춰서 요약하는 것이다. 그런데 이 요약 전략 또한 초등학교 5~6학년에서 배운 내용이다. 이 단원에서는 정보 텍스트의 내용 구조를 바탕으로 한 요약 전략을 제시해야 할 필요가 있으나 이는 반영되지 않았다. 이 교과서뿐만 아니라 검정 교과서 대부분이 이처럼 형식적 구조 중심의 요약 전략으로 바탕으로 단원을 편성하고 있다. 또한 읽기 목적에 따른 요약하기를 학습 활동의 마지막에 제시한 것은 학습의 흐름에 배치되기 때문에 실제 수업에서 제대로 활용되기 어렵다. 읽기 목적의 설정은 읽기 전 활동에서 제시해야 실제로 읽기 과정에서 적용할 수 있을 것이다.

두 번째 제재는 문제·해결 구조를 갖춘 설득하는 글이다. 여기서도 문단의 중심 내용을 정리한 다음에 글의 구조도에 맞게 중심 내용을 정리해

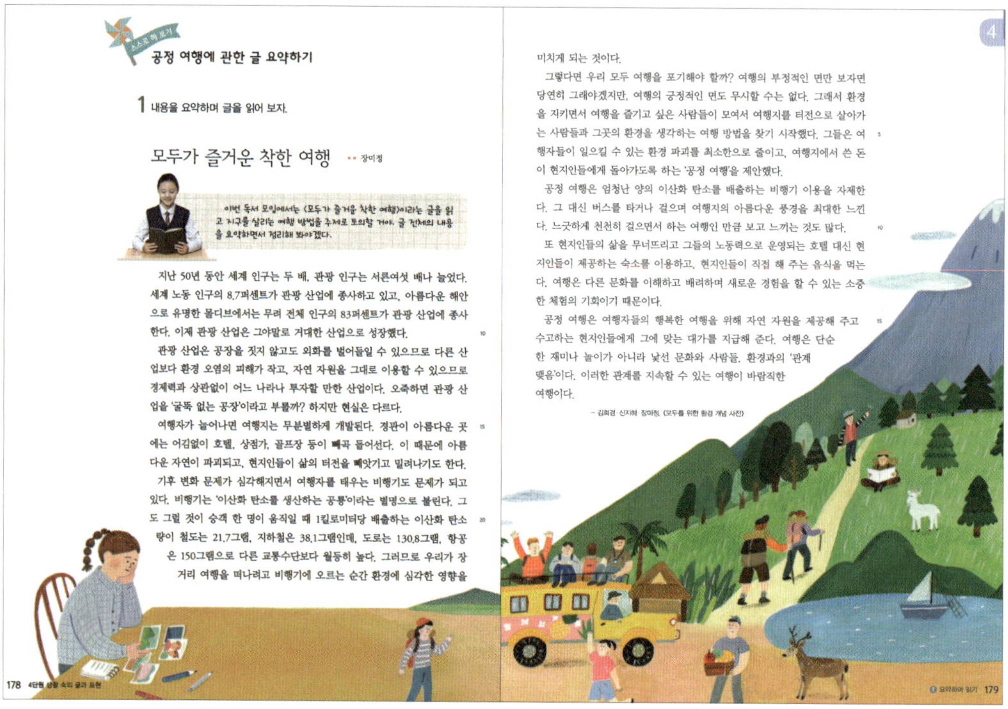

스스로 해 보기

공정 여행에 관한 글 요약하기

1 내용을 요약하며 글을 읽어 보자.

모두가 즐거운 착한 여행 ·· 장미정

이번 독서 모임에서는 〈모두가 즐거운 착한 여행〉이라는 글을 읽고 지구를 살리는 여행 방법을 주제로 토의할 거야. 글 전체의 내용을 요약하면서 정리해 봐야겠다.

지난 50년 동안 세계 인구는 두 배, 관광 인구는 서른여섯 배나 늘었다. 세계 노동 인구의 8.7퍼센트가 관광 산업에 종사하고 있고, 아름다운 해안으로 유명한 몰디브에서는 무려 전체 인구의 83퍼센트가 관광 산업에 종사한다. 이제 관광 산업은 그야말로 거대한 산업으로 성장했다.

관광 산업은 공장을 짓지 않고도 외화를 벌어들일 수 있으므로 다른 산업보다 환경 오염의 피해가 작고, 자연 자원을 그대로 이용할 수 있으므로 경제력과 상관없이 어느 나라나 투자할 만한 산업이다. 오죽하면 관광 산업을 '굴뚝 없는 공장'이라고 부를까? 하지만 현실은 다르다.

여행자가 늘어나면 여행지는 무분별하게 개발된다. 경관이 아름다운 곳에는 어김없이 호텔, 상점가, 골프장 등이 빼곡 들어선다. 이 때문에 아름다운 자연이 파괴되고, 현지인들이 삶의 터전을 빼앗기고 밀려나기도 한다.

기후 변화 문제가 심각해지면서 여행자를 태우는 비행기도 문제가 되고 있다. 비행기는 '이산화 탄소를 생산하는 공룡'이라는 별명으로 불린다. 그도 그럴 것이 승객 한 명이 움직일 때 1킬로미터당 배출하는 이산화 탄소량이 철도는 21.7그램, 지하철은 38.1그램인데, 도로는 130.8그램, 항공은 150그램으로 다른 교통수단보다 월등히 높다. 그러므로 우리가 장거리 여행을 떠나려고 비행기에 오르는 순간 환경에 심각한 영향을 미치게 되는 것이다.

그렇다면 우리 모두 여행을 포기해야 할까? 여행의 부정적인 면만 보자면 당연히 그래야겠지만, 여행의 긍정적인 면도 무시할 수는 없다. 그래서 환경을 지키면서 여행을 즐기고 싶은 사람들이 모여서 여행지를 터전으로 살아가는 사람들과 그곳의 환경을 생각하는 여행 방법을 찾기 시작했다. 그들은 여행자들이 일으킬 수 있는 환경 파괴를 최소한으로 줄이고, 여행지에서 쓴 돈이 현지인들에게 돌아가도록 하는 '공정 여행'을 제안했다.

공정 여행은 엄청난 양의 이산화 탄소를 배출하는 비행기 이용을 자제한다. 그 대신 버스를 타거나 걸으며 여행지의 아름다운 풍경을 최대한 느낀다. 느긋하게 천천히 걸으면서 하는 여행인 만큼 보고 느끼는 것도 많다.

또 현지인들의 삶을 무너뜨리고 그들의 노동력으로 운영되는 호텔 대신 현지인들이 제공하는 숙소를 이용하고, 현지인들이 직접 해 주는 음식을 먹는다. 여행은 다른 문화를 이해하고 배려하며 새로운 경험을 할 수 있는 소중한 체험의 기회이기 때문이다.

공정 여행은 여행자들의 행복한 여행을 위해 자연 자원을 제공해 주고 수고하는 현지인들에게 그에 맞는 대가를 지급해 준다. 여행은 단순한 재미나 놀이가 아니라 낯선 문화와 사람들, 환경과의 '관계 맺음'이다. 이러한 관계를 지속할 수 있는 여행이 바람직한 여행이다.

– 김희경·신지혜·장미정, 《모두를 위한 환경 개념 사전》

178 4단원 상황 속의 글과 표현 | ① 요약하며 읽기 179

보도록 하였다. 그런데 여기서는 형식적인 구조가 아니라 내용 구조라고 할 수 있는 문제·해결 구조에 따라 중심 내용을 정리하도록 하였다. 문단 요약을 바탕으로 문제 상황과 해결 방안을 요약하도록 한 것은 아쉬운 부분이지만 문제·해결 구조로 요약하도록 한 것은 학습 목표에 부합한 활동이다. 설득하는 글은 대체로 사회적 문제를 다룬 것이기 때문에 문제·해결 구조로 구성된 경우가 많다. 따라서 이 글에서 다루고 있는 문제는 무엇인가, 해결 방안은 무엇인가 하는 질문을 중심으로 내용을 요약하는 것은 설득하는 글의 특성이나 내용 구조에 맞는 요약 전략이라고 할 수 있다.

그러나 가능하다면 내용 구조에 관한 질문이나 안내는 읽기 전에 제시해서 질문에 대한 답을 찾으면서 읽도록 하는 것이 좋다. 그렇게 되면 여기에서 읽기 목적은 필자가 제기하는 문제 상황은 무엇인지 문제 해결 방안은 효과적인지 판단하며 읽는 것으로 설정할 수 있다.

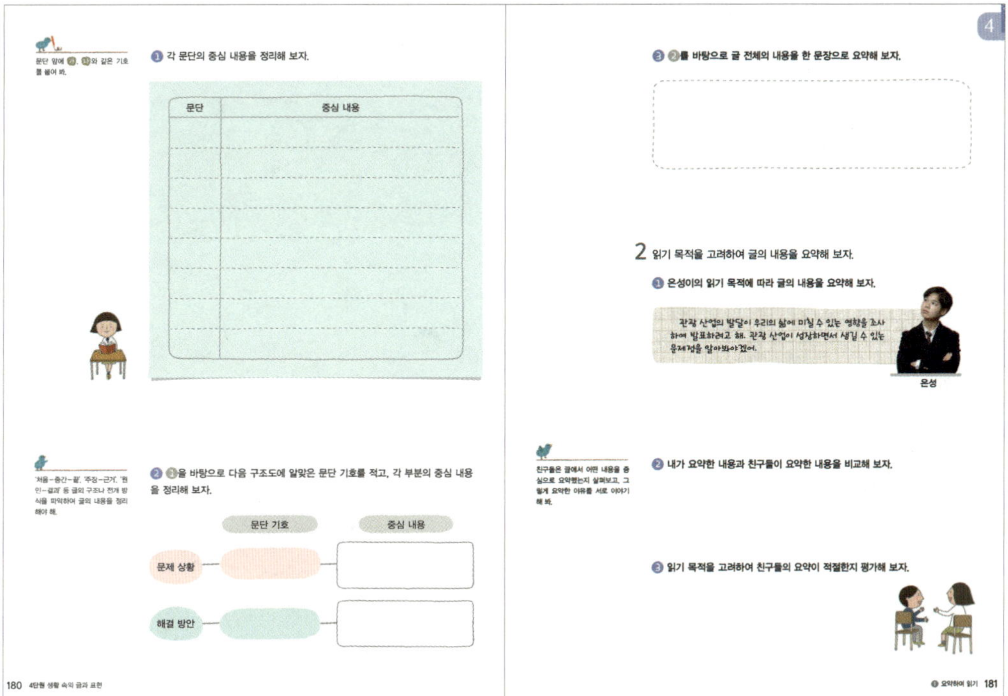

문단 앞에 ㉮, ㉯와 같은 기호를 붙여 봐.

❶ 각 문단의 중심 내용을 정리해 보자.

문단	중심 내용

'처음–중간–끝', '주장–근거', '원인–결과' 등 글의 구조나 전개 방식을 파악하여 글의 내용을 정리해야 해.

❷ ❶을 바탕으로 다음 구조도에 알맞은 문단 기호를 적고, 각 부분의 중심 내용을 정리해 보자.

	문단 기호	중심 내용
문제 상황		
해결 방안		

180 4단원 생활 속의 글과 표현

4

❸ ❷를 바탕으로 글 전체의 내용을 한 문장으로 요약해 보자.

2 읽기 목적을 고려하여 글의 내용을 요약해 보자.

❶ 은성이의 읽기 목적에 따라 글의 내용을 요약해 보자.

관광 산업의 발달이 우리의 삶에 미칠 수 있는 영향을 조사하여 발표하려고 해. 관광 산업이 성장하면서 생길 수 있는 문제점을 알아봐야겠어.

은성

친구들은 글에서 어떤 내용을 중심으로 요약했는지 살펴보고, 그렇게 요약한 이유를 서로 이야기해 봐.

❷ 내가 요약한 내용과 친구들이 요약한 내용을 비교해 보자.

❸ 읽기 목적을 고려하여 친구들의 요약이 적절한지 평가해 보자.

❶ 요약하여 읽기 181

정리 학습 분석

정리 학습에는 '생각 모으기'와 '생각 넓히기', '어휘 학습', '스스로 점검하기' 등의 코너가 마련되어 있다. '생각 모으기'에서는 "이 단원에서 학습한 내용을 떠올리며 빈칸에 들어갈 적절한 말을 보기에서 찾아보자."라고 하여 빈칸 메우기 활동을 제시하였는데 이 내용은 학습 목표 진술을 반복하거나 요약 규칙을 확인하는 선에서 머물러 있어서 교사 입장에서는 중요한 활동으로 다루지 않을 가능성이 높다. '생각 넓히기'에서는 "독도나 환경 보호와 관련된 글을 찾아 읽고, 그 내용을 요약해 보자."라고 하여 새로운 과제를 제시하고 있는데 마무리 학습으로는 부담이 큰 활동이다. 어휘 학습이나 스스로 점검하기도 학습 목표와 관련된 용어를 확인하는 것이어서 교사나 학생 모두 정리 학습을 생략할 가능성이 높다.

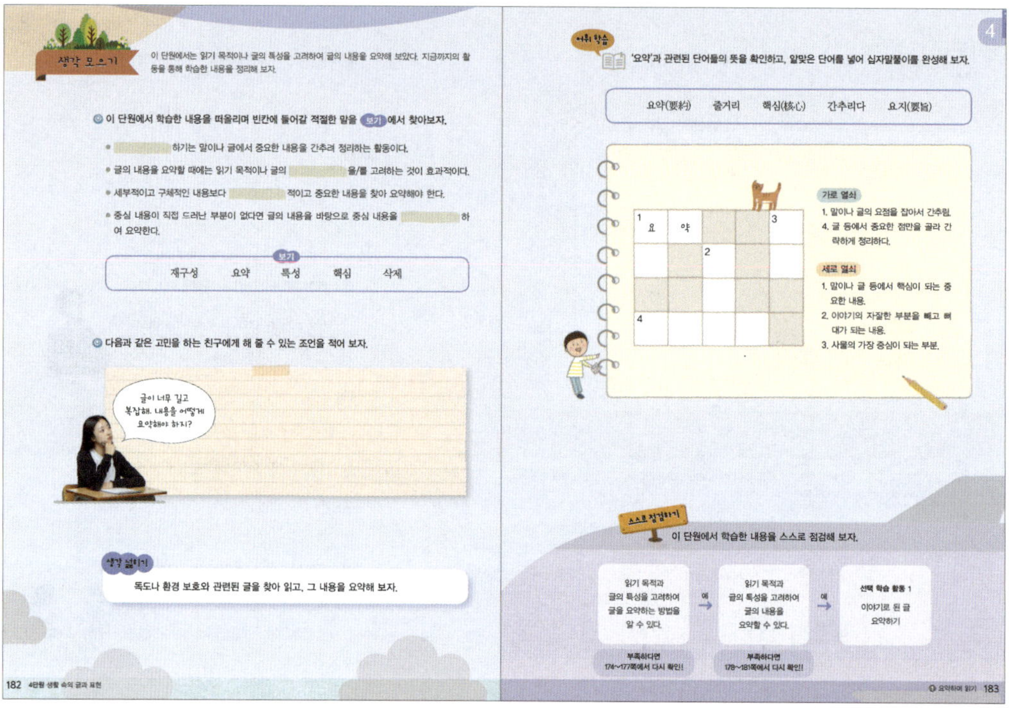

생각 모으기

이 단원에서는 읽기 목적이나 글의 특성을 고려하여 글의 내용을 요약해 보았다. 지금까지의 활동을 통해 학습한 내용을 정리해 보자.

◎ 이 단원에서 학습한 내용을 떠올리며 빈칸에 들어갈 적절한 말을 보기 에서 찾아보자.

- ______하기는 말이나 글에서 중요한 내용을 간추려 정리하는 활동이다.
- 글의 내용을 요약할 때에는 읽기 목적이나 글의 ______을/를 고려하는 것이 효과적이다.
- 세부적이고 구체적인 내용보다 ______적이고 중요한 내용을 찾아 요약해야 한다.
- 중심 내용이 직접 드러난 부분이 없다면 글의 내용을 바탕으로 중심 내용을 ______하여 요약한다.

보기

재구성 요약 특성 핵심 삭제

◎ 다음과 같은 고민을 하는 친구에게 해 줄 수 있는 조언을 적어 보자.

생각 넓히기

독도나 환경 보호와 관련된 글을 찾아 읽고, 그 내용을 요약해 보자.

182 4단원 생활 속의 글과 표현

4

어휘 학습

'요약'과 관련된 단어들의 뜻을 확인하고, 알맞은 단어를 넣어 십자말풀이를 완성해 보자.

요약(要約) 줄거리 핵심(核心) 간추리다 요지(要旨)

가로 열쇠

1. 말이나 글의 요점을 잡아서 간추림.
4. 글 등에서 중요한 점만을 골라 간략하게 정리하다.

세로 열쇠

1. 말이나 글 등에서 핵심이 되는 중요한 내용.
2. 이야기의 자잘한 부분을 빼고 뼈대가 되는 내용.
3. 사물의 가장 중심이 되는 부분.

스스로 점검하기

이 단원에서 학습한 내용을 스스로 점검해 보자.

읽기 목적과 글의 특성을 고려하여 글을 요약하는 방법을 알 수 있다. → 예 → 읽기 목적과 글의 특성을 고려하여 글의 내용을 요약할 수 있다. → 예 → 선택 학습 활동 1 이야기로 된 글 요약하기

부족하다면 174~177쪽에서 다시 확인!

부족하다면 178~181쪽에서 다시 확인!

① 요약하며 읽기 183

종합하면 이 교과서의 단원 구성 체제는 준비 학습 - 본 학습 - 정리 학습으로 편성되어 있지만, 준비 학습이나 정리 학습은 학생들이 학습 목표를 학습하는 데 큰 도움을 주지 못하고 있다. 특히 준비 학습에서 학생들이 학습 목표의 개념을 이해하고 간단히 연습할 기회가 주어져야 하는데, 이런 학습의 준비가 전혀 이루어지지 않고 있다. 그리고 본 학습에서도 모든 활동이 읽기 후에 집중되고 있는데, 읽기 목적을 고려하여 읽기 위해서는 읽기 전, 중, 후 학습을 구분해서 제시하는 것이 효과적이다.

그러나 이 교과서의 단원 구성 체제가 안고 있는 문제는 비단 이 교과서만의 문제는 아니다. 거의 모든 검정 교과서가 이 교과서와 유사하게 단원을 구성하고 있고, 성취기준에 대한 해석도 거의 동일하기 때문이다. 이 때문에 교과서의 종수가 많음에도 불구하고 교육과정에 대한 해석은 천편일률적이기 때문에 검정 교과서의 다양성이 부족하다는 비판이 제기된다.

3 단원 학습 활동 재구성하기

교과서의 단원과 학습 활동을 분석했다면, 해당 교과서의 장점을 극대화하고 단점을 보완할 수 있도록 교과서를 재구성해야 한다. 현재의 교과서는 활동 중심의 교과서이기 때문에 학생들에게 다양한 활동을 제공하는 장점이 있으나 학습 내용에 대한 자세한 지식을 제공하지 않는다는 점, 학습 과정을 반복 심화의 원리에 따라 조직하지 못하고 있다는 점에서 한계가 있다. 따라서 교사는 교과서의 활동 자료를 적절히 활용하되, 학생들에게 필요한 개념적 지식을 제공하고 계열화의 원리에 따라 활동을 재구성하여 수업의 절차를 운영할 필요가 있다.

[표 4-7] '요약하며 읽기' 단원의 학습 활동 재구성

준비 학습	• 글의 특성에 따른 내용 조직 방식 안내 ◦ 정보 텍스트의 구조 ◦ 나열, 서사, 과정, 비교·대조, 원인·결과, 문제·해결 • 글의 특성에 따라 내용 요약하기 연습 ◦ 짧은 글 요약하기 ◦ 나열과 문제·해결 구조
본 학습	• 정보 전달 글 요약하기 제재: 「독도에는 무엇이 있을까」 ◦ 읽기 전: 목적 설정—독도에 대해 궁금한 것을 찾아보자. ◦ 읽기 중: 중심 내용과 세부 내용 파악하기 ◦ 읽기 후: 나열식 구조를 활용하여 내용 요약하기 • 설득하는 글 요약하기 제재: 「모두가 즐거운 착한 여행」 ◦ 읽기 전: 목적 설정—글쓴이의 주장은 무엇일까? 글쓴이는 왜 이런 주장을 할까? ◦ 읽기 중: 문제와 해결 방안을 찾으며 읽기 ◦ 읽기 후: 문제·해결 구조에 따라 내용 요약하기
정리 학습	• 글의 특성에 따른 내용 조직 방법 확인하기 ◦ 나열식 구조, 문제·해결 구조 확인

이 단원의 교과서를 재구성하기 위해서는 먼저 '준비 학습'을 보완하는 것이 필요하다. '준비 학습'이 말 그대로 학생들에게 학습할 준비를 갖추도록 하기 위해서는 가벼운 동기 유발로 그칠 것이 아니라 학습 목표 달성에 필요한 지식을 제공하고 이것을 연습할 기회를 제공해야 한다. 이 단원의 학습 목표는 읽기의 목적에 따른 글의 유형의 특성을 고려하여 요약하는 능력을 기르는 것이기 때문에 정보 텍스트의 내용 조직 방식에 대한 지식을 제공하고, 짧은 글을 예시로 활용하여 요약하는 연습의 기회를 제공하는 것이 필요하다.

준비 학습 단계에서 학습할 준비가 어느 정도 된 다음에 본 학습 단계로 들어가면 교과서에 제시된 제재를 활용해서 학습 활동을 할 수 있다. 본 학습에서도 제재를 학생 스스로 요약하기 위해서는 글의 내용 구조에 대한 지식을 적절히 제공해야 한다. 즉, 읽기 전에 읽기의 목적을 설정하고, 읽기 중에서는 중심 내용과 세부 내용을 구분하면서 읽도록 하고, 읽기 후에서는 정보 텍스트의 구조에 대한 지식을 활용해서 구조도를 그려 보도록 한다. 읽기 전, 중, 후로 교사가 이러한 비계를 제공했을 때 학생들은 스스로 제재를 읽고 요약하는 연습을 할 수 있다.

정리 학습 단계에서는 이 단원에서 배운 내용을 확인 점검한다. 이 단원에서는 정보 텍스트의 내용 조직 방법 중에서 나열식 구조와 문제·해결 구조에 대해 학습하였다. 따라서 정리 학습에서도 정보 전달 글에서 자주 사용되는 나열식 구조, 설득하는 글에서 자주 사용하는 문제·해결 구조에 대해 정확히 이해했는지 확인 점검할 필요가 있다. 필요하다면 이러한 구조 지식을 활용하여 배운 내용이나 기존의 지식을 재구성해 보는 활동을 하는 것도 가능할 것이다. 정리 학습을 형식적으로만 제시하기보다는 배운 지식을 다지고 확장할 수 있도록 할 필요가 있다.

준비 학습 재구성

이 단원에서 가르쳐야 할 지식은 읽기 목적에 따른 글의 특성과 내용 조직 방식을 이해하는 것이다. 특히 정보 텍스트의 내용 조직 방식을 이해하고 이 구조에 대한 지식을 활용하여 글의 내용을 요약할 수 있어야 한다. 정보 텍스트는 다양한 정보를 담고 있으며, 이러한 정보들은 상위 구조－거시 구조－미시 구조로 위계적으로 조직되어 있다. 예를 들어 구기 종목의 종류를 설명한 다음 글은 겉으로 보면 단어와 문장의 나열로 이루어져 있지만 내용을 보면 위계적으로 나무를 거꾸로 세운 구조를 띠고 있다.

> 구기 운동은 사용하는 공과 목적에 따라 종류가 나뉩니다. 크게 골형, 배트형, 네트형, 타깃형이 있는데요. 골형은 골대에 넣는 걸 목적으로 하고, 축구, 농구, 핸드볼, 수구 등이 포함됩니다. 배트형은 도구를 이용해 공을 때리는 종목으로써 대표적으로 야구가 있습니다. 네트형은 두 선수 사이에 네트가 있어 공을 넘기는 종목으로써 테니스, 배드민턴, 탁구, 족구 등이 있습니다. 타깃형은 도구로 정해진 타깃을 맞추거나 가까이 가는 종목으로써 골프, 당구, 볼링 등이 있습니다.

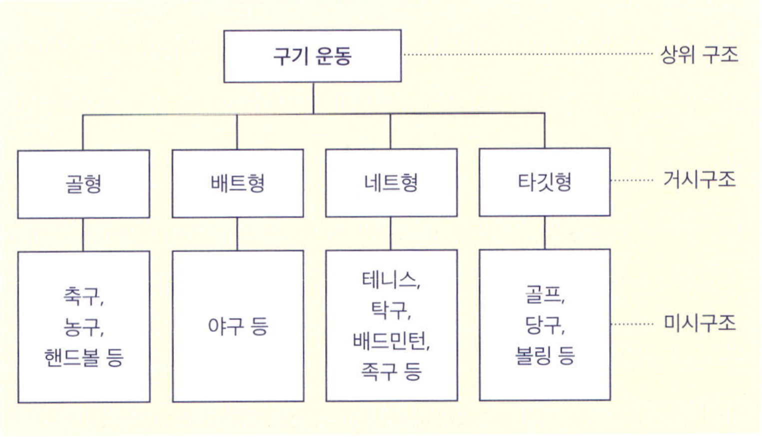

이 글은 '구기 운동의 종류'에 대해 설명하고 있으며, 구기 운동의 종류를 골형, 배트형, 네트형, 타깃형 네 가지로 구분해서 설명하고 구체적인 사례를 소개하고 있다. '구기 운동의 종류'가 상위 구조라면 '골형, 배트형, 네트형, 타깃형'이 거시 구조, 각각의 세부 내용이 미시 구조를 형성하고 있기 때문에 위계적으로 조직되어 있다고 하는 것이다.

한편 글의 내용 조직에서 중요한 것은 세부 내용을 조직하는 거시 구조인데, 거시 구조의 내용 조직 방식을 파악해야 글의 핵심 내용을 잘 이해할 수 있다. 앞의 글은 구기 운동의 종류를 네 가지 유형으로 나열하고 있기 때문에 나열식 구조라고 한다. 나열식 구조는 항목을 임의로 몇 가지 범주로 나눠서 설명하는 방식으로 설명하는 글에서 널리 쓰이는 조직 방식이다. 이러한 설명글의 내용 조직 방식은 다양한데 대체로 나열, 서사(시간적 흐름), 과정(절차와 과정), 비교·대조, 원인·결과, 문제·해결 등이 있다.

특히 설득하는 글에 널리 쓰이는 조직 방식은 문제·해결 구조이다. 설득하는 글은 어떤 사회적인 문제를 발견하고 이를 해결할 방안을 제시하는 경우가 많기 때문에 문제·해결 구조를 띤다. 그럼 이제 다음 글의 구조를 분석해 보자.

> 집단 따돌림은 집단 내에서 다수가 개인이나 소수에게 신체적, 정신적 위해를 가하는 행위이다. 집단 따돌림은 그 결과가 피해자 개인뿐만 아니라 공동체에도 큰 악영향을 끼친다. 집단 따돌림의 피해자가 극단적인 선택을 하는 경우도 있을 뿐만 아니라 정신적 피해로 인해 사회 활동을 못하는 경우도 적지 않기 때문이다. 집단 따돌림 문제를 해결하기 위해서는 학교나 직장에서 다양성을 존중하는 문화가 형성되어야 한다. 나와 다른 것을 무시하기보다는 존중하는 태도를 갖는다면 우리와 다르다는 이유로 한 사람을 따돌리지는 않을 것이기 때문이다.

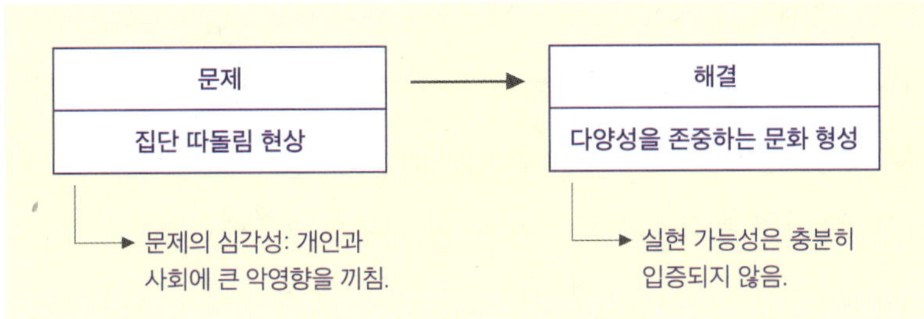

이 글의 구조를 분석해 보면 문제·해결 구조로 짜여져 있다는 것을 알 수 있다. 문제는 '집단 따돌림' 현상이며, 이 문제를 해결하는 방안으로 '다양성을 존중하는 문화 형성'을 제시하고 있다. 그런데 문제를 제시할 때는 그 문제가 얼마나 심각한 것인지를 입증해야 한다. 그리고 해결 방안을 제시할 때는 그 해결 방안이 실현 가능성이 있는지, 문제를 실질적으로 해결할 수 있는지를 따져 봐야 한다. 이렇게 준비 학습 단계에서 기본적인 글의 내용 구조에 대한 학습이 이루어져야 본 학습에서 학생들 스스로 글을 읽고 어떤 구조가 사용되었는지 발견할 수 있다.

본 학습 재구성

본 학습의 첫 번째 제재인 「독도에는 무엇이 있을까」를 읽기 전에 먼저 글의 특성을 파악하고 읽기 목적을 설정하도록 해야 한다. 이 글은 독도에 대한 다양한 정보를 제공하는 정보 전달 목적의 글이다. 따라서 학생들에게 독도에 대해 알고 있는 것과 알고 싶은 것이 무엇인지 토의하도록 한 다음에 본문을 읽고 독도에 대한 새로운 정보를 찾아보도록 '읽기 목적'을 설정해야 한다. 또한 정보 전달 글은 다양한 정보가 위계적으로 조직되어 있기 때문에 상위 구조－거시 구조－미시 구조로 내용 구조를 파악하며 읽도록 안내한다.

교사가 학생들이 글을 읽기 전에 글의 구조도, 즉 상위 구조-거시 구조-미시 구조를 제시하고 각각의 층위에 해당하는 내용을 채워가도록 하는 것도 좋은 방법이다. 글의 구조도를 읽기 전이 아닌 읽기 후에 제시하면 학생들은 다시 글을 읽으면서 글의 구조도를 작성해야 한다. 따라서 읽기 전에 학생들에게 글 구조에 대한 배경지식을 제공하고 글을 읽으면서 구조 개념에 따라 세부 내용을 정리할 수 있도록 하는 것이 좋다. 이렇게 하면 학생들이 글을 다 읽으면 자동적으로 글의 구조도가 완성된다.

이 글의 상위 구조는 '독도의 가치와 생태계'이고, 거시 구조는 '독도의 가치'와 '독도의 생태계' 두 가지 범주로 나열식 구조를 갖추고 있다. 독도의 가치에는 경제적 가치와 지질학적 가치가 있으며, 경제적 가치에는 해양 생물과 해저 자원이 많다는 것, 지질학적 가치는 독도가 화산섬이라 해식애, 파식 대지 등의 독특한 지형이 있다는 것이다. 이 글은 비교적 단순한 구조를 갖추고 있기 때문에 교사가 적절한 비계를 제공하면 학생들이 쉽게 내용 구조를 파악하여 정리할 수 있을 것이다.

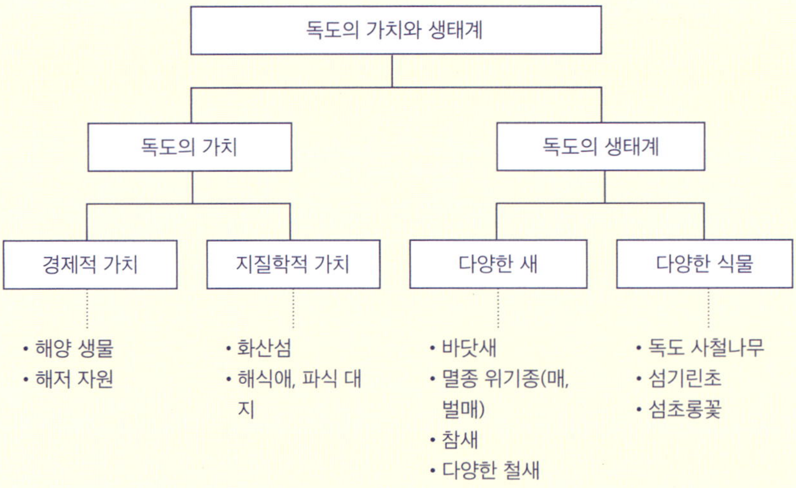

읽기 후 활동에서는 글의 내용 구조도를 그린 다음에 요약문을 작성하면 된다. 학생들이 그린 내용 구조도는 다양할 수 있기 때문에 결과물을 발표하고 토론하는 과정이 필요하다. 교사가 적절한 비계를 제공해도 학생들이 완성하는 글 구조도는 교사의 기대와 다를 수 있다. 이때 교사는 학생들이 그린 구조도를 틀렸다고 지적해서는 안 되고, 왜 그렇게 그렸는지 질문을 해야 한다. 그래야만 글 구조에 대한 학생들의 인식을 파악할 수 있다. 글 구조도가 완성되면 이를 바탕으로 요약문을 작성하는데, 간단히 요약하려면 거시 구조 중심으로 기술하고, 자세히 요약하려면 미시 구조까지 반영해서 기술하면 된다.

본 학습의 두 번째 제재 또한 읽기 전-중-후 활동으로 구성해서 진행하면 될 것이다. 두 번째 글은 사회적 문제를 다룬 설득하는 글이기 때문에 읽기 전에 문제가 무엇인지 해결 방안이 무엇인지를 찾으면서 읽도록 안내하는 것이 좋다. 이 글은 첫 번째 글보다 더 실제적인 텍스트라 좀 더 복잡한 구조를 띠고 있어 학생들이 심화 학습을 하기에 적절하다. 이렇게 반복 심화 학습을 하게 되면 학생들의 머릿속에는 글의 내용 구조에 대한 인식이 자리 잡을 것이다.

정리 학습 재구성

정리 학습에서는 학생들이 습득한 이러한 지식을 다시 한번 확인 점검하도록 한다. 정리 학습을 간단히 빈칸 채우기 형식으로 제시할 수도 있으나 배운 내용을 나무 구조도로 정리하는 간단한 활동을 제시할 수도 있다. 단원 구성 체제에 대한 교사들의 응답 결과를 보면 정리 학습을 활용하지 않은 경우가 많은데 이는 교과서의 정리 학습이 형식적이기 때문이다. 이 단원에서 배운 글의 내용 구조에 대한 지식을 활용해서 글 내용을 나무 구조도로 표현하는 심화 활동을 제시해도 좋다.

학습 활동

1 본문에 소개된 '요약하며 읽기' 단원의 두 번째 제재인 「모두가 즐거운 착한 여행」을 활용하여 읽기 전, 중, 후 세부 활동을 재구성해 보자.

모두가 즐거운 착한 여행

장미정

지난 50년 동안 세계 인구는 두 배, 관광 인구는 서른여섯 배나 늘었다. 세계 노동 인구의 8.7퍼센트가 관광 산업에 종사하고 있고, 아름다운 해안으로 유명한 몰디브에서는 무려 전체 인구의 83퍼센트가 관광 산업에 종사한다. 이제 관광 산업은 그야말로 거대한 산업으로 성장했다.

관광 산업은 공장을 짓지 않고도 외화를 벌어들일 수 있으므로 다른 산업보다 환경 오염의 피해가 작고, 자연 자원을 그대로 이용할 수 있으므로 경제력과 상관없이 어느 나라나 투자할 만한 산업이다. 오죽하면 관광 산업을 '굴뚝 없는 공장'이라고 부를까? 하지만 현실은 다르다.

여행자가 늘어나면 여행지는 무분별하게 개발된다. 경관이 아름다운 곳에는 어김없이 호텔, 상점가, 골프장 등이 빼곡 들어선다. 이 때문에 아름다운 자연이 파괴되고, 현지인들이 삶의 터전을 빼앗기고 밀려나기도 한다.

기후 변화 문제가 심각해지면서 여행자를 태우는 비행기도 문제가 되고 있다. 비행기는 '이산화 탄소를 생산하는 공룡'이라는 별명으로 불린다. 그도 그럴 것이 승객 한 명이 움직일 때 1킬로미터당 배출하는 이산화 탄소량이 철도는 21.7그램, 지하철은 38.1그램인데, 도로는 130.8그램, 항공은 150그램으로 다른 교통수단보다 월등히 높다. 그러므로 우리가 장거리 여행을 떠나려고 비행기에 오르는 순간 환경에 심각한 영향을 미치게 되는 것이다.

그렇다면 우리 모두 여행을 포기해야 할까? 여행의 부정적인 면만 보자면 당연히 그래야겠지만, 여행의 긍정적인 면도 무시할 수는 없다. 그래서 환경을 지키면서 여행을 즐기고 싶은 사람들이 모여서 여행지를 터전으로 살아가는 사람들과 그곳의 환경을 생각하는 여행 방법을 찾기 시작했다. 그들은 여행자들이 일으킬 수 있는 환경 파괴를 최소한으로 줄이고, 여행지에서 쓴 돈이 현지인들에게 돌아가도록 하는 '공정 여행'을 제안했다.

공정 여행은 엄청난 양의 이산화 탄소를 배출하는 비행기 이용을 자제한다. 그 대신 버스를 타거나 걸으며 여행지의 아름다운 풍경을 최대한 느낀다. 느긋하게 천천히 걸으면서 하는 여행인 만큼 보고 느끼는 것도 많다.

또 현지인들의 삶을 무너뜨리고 그들의 노동력으로 운영되는 호텔 대신 현지인들이 제공하는 숙소를 이용하고, 현지인들이 직접 해 주는 음식을 먹는다. 여행은 다른 문화를 이해하고 배려하며 새로운 경험을 할 수 있는 소중한 체험의 기회이기 때문이다.

공정 여행은 여행자들의 행복한 여행을 위해 자연 자원을 제공해 주고 수고하는 현지인들에게 그에 맞는 대가를 지급해 준다. 여행은 단순한 재미나 놀이가 아니라 낯선 문화와 사람들, 환경과의 '관계 맺음'이다. 이러한 관계를 지속할 수 있는 여행이 바람직한 여행이다.

– 김희경·신지혜·장미정, 《모두를 위한 환경 개념 사전》

2 초·중·고등학교의 국어 교과서 하나를 선정하여 단원 구성 체제를 분석해 보자.

1. 학습 목표 분석	
2. 준비 학습 분석	
3. 본 학습 분석	
4. 정리 학습 분석	

05

국어과 교수학습의 원리와 수업 지도안

교수·학습이란 교수teaching, introduction와 학습learning을 묶어서 부르는 말이다. 교수의 주체가 교사라면 학습의 주체는 학생이며, 교사가 가르치는 일이 학생이 배우는 일과 늘 같지는 않다. 교수와 학습은 독립적인 성격을 띠고 있지만, 교사의 교수 없는 학생의 학습은 맹목적이기 쉽고, 학생의 학습이 없는 교수는 공허하다. 즉, 교수와 학습이 별개로 진행되기보다는 긴밀하게 상호작용할 때 교수, 또는 학습의 효과가 배가된다. 교수와 학습을 나누지 않고 '교수·학습'과 같이 하나의 용어로 사용하는 이유도 교수와 학습이 상호의존적인 관계에 있음을 강조하기 위한 것이다.

교사와 학생의 상호작용 방식에서 보면 누가 주도적인 역할을 하는가에 따라 교사가 주도적인 역할을 하고 학생이 따라가는 방식이 있고, 반대로 학생이 주도적인 역할을 하고 교사가 보조적인 역할을 하는 방식이 있다. 과거에는 전통적인 교사 중심 수업의 비중이 높았으나 최근에는 문제해결식 수업이나 프로젝트형 수업과 같은 학습자 참여형 수업을 강조하고 있다. 그러나 올바른 교수·학습이 이루어지려면 교사의 적극적인 지도와 학생의 능동적인 참여가 함께 이루어져야 한다. 이 장에서는 국어과 교수·학습의 원리라고 할 수 있는 점진적 책임 이양 모형에 대해서 살펴본 다음, 국어과 수업 지도안을 작성하는 방법을 알아볼 것이다.

1 국어 교과의 교수학습 방향

전통적인 수업 방식은 교사가 해당 분야의 내용을 설명하고 안내하면 학생들은 교사의 설명을 듣고 따라 하는 것이었다. 교사는 해당 분야의 전문적 지식과 지혜를 갖추고 있기 때문에 이것을 학생에게 잘 전달하는 것이 핵심적인 교육 방법이었다. 이러한 태도는 절대적 진리가 존재한다는 관점에 기반한다. 즉, 교사는 진리의 담지자이고 학생은 백지상태이기 때문에 학생은 교사의 지식을 잘 받아들여 내면화해야 한다. 스승의 말과 행동을 관찰하고 모방하면서 배우는 도제식 교육은 동서양 어디에서나 오랜 전통을 갖고 있으며, 지금도 학교 교육의 근간을 이루고 있다.

그러나 교사 중심의 수업은 학습자의 능동성과 자발성을 존중하지 않는다는 비판을 받는다. 전통적 관점에서 아동은 '미성숙한 존재'로 인식되었으며 미성숙한 아동을 성인으로, 불완전한 인격체를 완전한 인격체로 만드는 것이 교육의 임무였다. 그러나 장 자크 루소는 "자연의 질서 속에서 인간은 모두 다 평등하다."라고 하면서 아동을 불완전한 인격체가 아닌 완전한 인격체로 봐야 한다고 주장했다. 존 듀이 또한 인간은 환경 속에서 스스로 학습하는 존재임을 강조하면서 학생들에게 학습할 수 있는 적절한 환경을 제공하는 것이 교육의 역할이라고 주장했다.

'아동의 발견'이라는 근대교육학의 성과를 바탕으로 학생 중심의 교육이 등장했다. 학생 중심 교육은 구성주의 인식론으로 인해 더욱 지배적인 교육적 태도로 자리 잡았다. 구성주의적 관점에 따르면 교사가 똑같은 지식을 전달해도 학생들의 배경지식이나 태도에 따라 받아들이는 지식이 다를 수 있다. 이 때문에 교육의 핵심적인 문제는 '교사가 어떻게 지식을 전달하느냐?'로부터 '학생들이 지식을 어떻게 구성하는가?'하는 문제로 이동했다. 이제 교사는 '지식을 전달하는 존재'에서 '학생이 지식을 생성할 수 있도록 촉진하는 존재'로 그 위상이 변했다.

국어과 교수·학습 방법 또한 교육과정의 변화에 발맞추어 변화를 거듭해왔다. 국어과 교육과정에서 교수·학습 방법을 본격적으로 제시하기 시작한 것은 제6차 교육과정 시기부터였다. 그 이전 시기까지는 '지도 및 평가상의 유의점' 이라는 이름으로 학습 지도의 방향을 간단히 제시했을 뿐 교수·학습 방법이나 모형을 별도로 제시하지는 않았다. 그런데 제6차 교육과정에서는 국어 사용 능력 신장을 위해서는 표현 및 이해 기능 수행의 세부 과정을 명시적으로 드러내어 지도해야 한다고 하면서 다음과 같은 교수·학습의 원리를 제시했다.

제6차 교육과정의 직접교수법

(1) 설명하기: 주어진 학습 목표를 달성하거나 학습 과제를 해결하는 데 필요한 지식, 원리, 과정 등에 대하여 구체적으로 설명한다.

(2) 시범 보이기: 주어진 학습 과제를 해결하는 데 필요한 사고의 과정을 구체적인 예를 통하여 교사가 직접 시범을 보여 주거나 모형을 제시한다.

(3) 질문하기: 질문하기 단계에서는 설명한 내용 및 시범 보인 내용을 더욱 구체적으로 이해시키기 위하여, 주어진 학습 과제를 해결하는 데 필요한 지식, 원리, 과정 등에 관하여 세부 단계별로 명시적으로 질문하고 대답하는 활동을 한다.

(4) 활동하기: 주어진 학습 목표를 달성하기 위하여, 이미 학습한 지식 및 원리를 사용하여 일정한 절차에 따라 실제로 이해하거나 표현하는 활동을 한다.

이 교수·학습의 원리는 이후 교육과정에서 '직접교수법'이라는 이름으로 소개되었으며, 이후 교육과정에서 빠짐없이 제시되었을 뿐만 아니라 교사용 지도서, 국어과 교수·학습 방법론을 다룬 대부분의 책에서 가장 우선적으로 다루는 대표적인 교수·학습 방법이 되었다. 그런데 이 직접교수법의 절차를 보면 설명하기, 시범 보이기, 질문하기 단계가 대부분 교사 중심의 활동이고, 마지막 활동하기만이 학생의 활동으로 설정되어 있다. 따라서 현장에서 국어를 가르치는 교사 중에는 이 직접교수법을 전통적인 강의식 교수법과 차이가 없는 것으로 파악하는 분들이 많았다(이성영, 1996).

이처럼 제6차 교육과정에서 소개한 직접교수법은 전통적인 교사 중심의 수업 방법에 가까운 것이었다. 그런데 제7차 교육과정에 들어서면서 수준별 교육 등 학생 활동 중심의 교육을 강조함에 따라 국어과의 교수·학습 방향도 학습자 참여형 수업을 강조하였다. 제7차 교육과정의 국어과 교수·학습 방향을 보면 제6차 교육과정의 직접교수의 원리와 함께 문제 해결 학습법과 토의, 토론, 현장 학습, 협동 학습 등과 같은 학습자 참여형 교수법을 적극적으로 활용하도록 안내하고 있다.

제7차 교육과정의 국어과 교수·학습 방향

- 언어수행에 필요한 원리 및 전략으로는 '체계적 설명, 시범, 질문, 학습자의 독자적 연습, 자기 점검과 평가 과정'을 유기적으로 관련지어 지도.
- 문제 해결 과정(문제 인식, 문제 이해, 해결 계획 수립, 해결 시행, 반성 등)과 구체적인 해결 전략을 적절하게 사용하도록 하고, 문제 해결 결과뿐 아니라 해결 과정과 그 방법도 지도.
- 강의, 토의, 토론, 현장 학습, 협동 학습 등 학습 내용과 학습 목표에 적합한 수업 모형을 적용하여 교수·학습을 전개하도록 지도.

2007 교육과정에서는 7차 교육과정보다 더욱 다양한 교수·학습 방법들이 소개되었는데, '직접교수법, 문제 해결 학습법, 창의성 계발 학습법, 반응 중심 학습법, 탐구 학습법, 현장 학습법, 개별화 학습법, ICT 활용 학습법, 가치 탐구 학습법, 토의·토론식 교수법, 협동 학습법' 등 무려 11가지의 교수·학습 방법을 소개했다. 그리고 2009 교육과정에서는 '직접교수법, 문제 해결 학습법, 창의성 계발 학습법, 반응 중심 학습법, 탐구 학습법, 토의·토론 학습법, 협동 학습법' 7가지를 선정해서 제시했고, 2015 교육과정에서는 직접교수법, 토의·토론 학습, 탐구 학습, 문제 해결 학습, 프로젝트 학습, 역할 놀이 학습, 거꾸로 학습' 7가지를 제시했다.

2007 교육과정 이후 제시된 국어과 교수·학습 방법들을 보면 직접교수법을 제외하고는 대부분 학습자 참여형 수업 모형이라는 것을 알 수 있다. 특히 문제 해결 학습법이나 프로젝트 학습법, 토의·토론 학습법 등은 빠짐없이 등장하고 있다. 또 하나 주목할 점은 디지털 기술의 발전에 따라 다양한 멀티미디어를 활용한 수업이 권장되고 있다는 점이다. 2022 교육과정에서는 구체적인 교수·학습 방법을 제시하는 데서 벗어나 교수·학습 방향을 제시하는 방식으로 바뀌었는데, 여기서는 오랫동안 국어과의 대표적인 교수·학습 방법으로 인식되었던 직접교수법이 언급조차 되지 않고 프로젝트 수업이나 토의·토론 및 협동 수업, 디지털 도구를 활용한 수업만 강조하고 있다.

2022 개정 교육과정의 국어과 교수·학습 방법

(가) '국어'를 통해 학습자의 자기주도적인 학습이 가능하도록 학습자가 적극적으로 자신의 학습 계획을 수립하고, 학습자 스스로 자신의 학습 상황을 점검 및 조정하는 **개별화 수업**을 활용할 수 있다.

(나) '국어'를 통해 학습자가 실생활과 연계된 국어 학습 경험을 하게 하고, 학습한 내용을 자신의 언어생활에 적용하는 역량을 갖추게

하며, 학습자가 주도적으로 국어과 교수·학습에 참여하게 하기 위해서는 **프로젝트 기반의 수업**을 활용할 수 있다.

(다) '국어'를 통해 다양한 정보를 분석·평가·종합하여 대안을 제시하는 문제 해결 능력을 신장하고 학습자의 적극적인 참여와 상호작용을 독려하기 위해서는 **토의·토론 및 협동 수업**을 활용할 수 있다.

(라) '국어' 수업 환경 및 학습자의 실제적인 언어 사용 환경을 고려하여 **온·오프라인 연계 수업** 및 디지털 도구를 적극적으로 활용할 수 있다.

(마) '국어'의 교수·학습을 통해서 학습자가 최소 수준 이상의 학습 능력을 갖출 수 있도록 기초학력을 보장하고, 타 교과 학습의 기본이 되는 국어 능력을 신장시킬 수 있도록 지도한다.

(바) '국어' 학습 과정에서 학습자의 깊이 있는 학습이 이루어질 수 있도록 영역별 성취기준의 특성을 고려하여 효과적인 교수·학습 방법을 적용한다.

이처럼 제6차 교육과정 이후 국어과 교육과정에서는 매우 다양한 교수·학습 방법들을 소개해 왔다. 그러나 이 중에서 교사 중심의 교수·학습 방법이라고 할 수 있는 것은 직접교수법뿐이고 대부분은 학생 중심의 교수·학습 방법이라고 할 수 있다. 최근 교육과정에서도 학습자 참여형 교육을 강조하고 있는데, 학생 활동 중심의 교육이 일반화되면서 그 폐해도 드러나고 있다. 학생 중심 교육에서는 실제적 문제 상황에서 학생들이 문제를 해결하도록 하는 다양한 활동을 제공한다. 그러나 개념을 이해하고 연습할 충분한 기회 없이 학생들에게 학습의 책임을 전적으로 부과한다면 오히려 학생들의 학습 의욕을 떨어뜨릴 수 있다. 뿐만 아니라 교사의 자세한 안내와 연습이 없을 경우, 잘하는 학생은 잘하지만 못하는 학생은 계속 못하는 상황이 반복될 가능성이 높다. 따라서 효과적인 학습이 이루어지려면 학생의 활동과 교사의 직접적인 지도가 균형을 갖추어야 한다.

2 국어과 수업의 원리로서 점진적 책임 이양 모형

오랫동안 국어 교과의 대표적인 교수·학습 방법은 직접교수법이었다. 직접교수법direct instruction은 광범위한 연구를 통해서 학습의 효과가 입증된 교수·학습 방법으로 일반적으로는 교사의 직접적 지도를 강조하는 수업을 의미하지만 특정한 교수 절차를 의미하기도 한다. 특정한 교수 절차로서의 직접교수법도 다양한데 크게 두 가지, 엥겔만 등의 직접교수법 'DI'과 로젠샤인 등의 직접교수법 'di'로 구분할 수 있다. 엥겔만의 직접교수법 DI은 기능적 숙달이 요구되는 초기 읽기, 수학 등에서 효과가 입증된 교수 프로그램으로 행동주의적 특성을 지닌다. 반면에 로젠샤인의 직접교수법 di은 독해 지도와 같은 전략 지도의 방법이라고 할 수 있으며 인지주의적인 특성을 지닌다. 제6차 교육과정에서는 로젠샤인 등의 직접교수법을 소개한 것으로 알려졌는데, 로젠샤인(Rosenshine, 2008)은 직접교수법의 특징을 다음과 같이 크게 네 가지로 제시하였다.

1. 초기 활동에서 과제의 어려움을 줄이기
    - 작은 부분으로 나눠서 자료를 제공할 것
2. 비계나 지원을 제공하기
    - 교사가 절차나 과정을 시범 보이기
    - 교사가 사고 구술을 통해 보여 주기
    - 큐 카드로 학생의 초기 연습을 안내하기
3. 적절한 피드백을 제공하기
    - 체계적인 교정과 피드백 제공하기
    - 단계적인 전략을 제공하기
    - 과제의 모범 결과물 보여 주기
4. 학생의 확장된 독립적인 연습 제공하기

로젠샤인이 제시한 직접교수법을 보면 첫째, 학습 과제를 학생들이 학습할 수 있는 수준으로 세분화해서 단계적으로 제시해야 한다. 복잡한 기능과 전략을 한 번에 익히기는 어렵지만 과정을 세분화해서 단계화하면 아무리 복잡한 기능이나 전략이라도 쉽게 익힐 수 있기 때문이다. 둘째, 학생들이 활동을 하기 전에 비계나 지원 제공하기 단계에서 교사가 학생들에게 설명하거나 시범을 보이는 과정이 선행되어야 한다. 셋째, 적절한 피드백 제공하기 단계에서는 학생이 직접 활동을 하고 교사는 학생의 수행이 적절한지를 피드백한다. 이러한 과정을 거쳐서 마지막에는 교사의 지원 없이 학생 스스로 활동을 하게 된다.

이러한 로젠샤인의 직접교수법과 제6차 교육과정에서 소개하고 있는 직접교수법 간에는 상당한 차이가 있다. 제6차 교육과정의 직접교수법에서는 학생이 성취해야 할 과제에 대한 분석이 제시되어 있지 않다. 그리고 교사의 지도 행위인 '설명하기, 시범 보이기, 질문하기' 등과 같은 요소가 강조되어 있는 반면에 학생이 스스로 활동을 할 수 있도록 지원하는 비계나 피드백 제공과 같은 요소들은 반영되어 있지 않다. 이 때문에 제6차 교육과정에서 제시하고 있는 직접교수법을 전통적인 교사 중심의 수업으로 이해한 교사들이 많았던 것이다.

직접교수법은 학생들의 성취도를 높이는 데 가장 효과적이라는 연구 결과들이 많다. 그러나 로젠샤인은 직접교수법의 효과에 대한 연구 결과를 분석한 다음 직접교수법이 모든 영역에 효과가 있는 것이 아니라 복잡한 기능들을 하위기능들로 쪼개서 지도할 수 있는 영역들, 즉 해독이나 수학과 같은 기능 영역들에서만 성취도 향상의 효과가 있다는 결론을 내렸다. 따라서 독해나 작문, 창의성 지도와 같이 '애매한 영역', 즉 하위기능으로 쪼개서 단계적으로 학습하기 어려운 영역에서 직접교수법을 사용하는 것에는 회의적인 태도를 나타냈다(Rosenshine, 1979).

피어슨과 갤러거(Pearson & Gallagher, 1983)는 로젠샤인이 '애매한 영역'이라고 언급한 독해 지도에 대한 선행 연구들을 분석했다. 직접교수법을 적용하여 성공적인 독해 지도를 수행한 프로그램들을 분석해 본 결과 직접교수법의 원리와는 다른 요소들을 발견하였다. 이 프로그램들은 학습자 중심의 발견적 접근을 활용하여 독해 능력을 증진시키는데, 잘 구성한 질문을 던지면 학생 스스로 텍스트를 읽을 때 무엇에 주의해야 하는지 배우게 된다는 것이다.

피어슨과 갤러거는 이러한 연구 결과를 바탕으로 점진적 책임 이양 모형Gradual Release of Responsibility, GRR을 제안했다. 이 모형은 학습의 책임이 어디에 있느냐에 따라서 '시범 보이기modeling – 안내된 연습guided practice – 연습과 적용practicing or applying' 세 단계로 구분된다. 시범 보이기 단계에서는 교사가 학생들에게 배워야 할 전략을 시범 보이거나 설명하며, 학습의 책임이 전적으로 교사에게 있다. 안내된 연습 단계에서는 학생이 스스로 해 나갈 수 있도록 교사가 비계를 제공하거나 적절한 지원을 하며, 학습의 책임이 교사로부터 학생으로 점진적으로 이양된다. 연습이나 적용 단계에서는 학생에게 전적으로 책임이 있다.

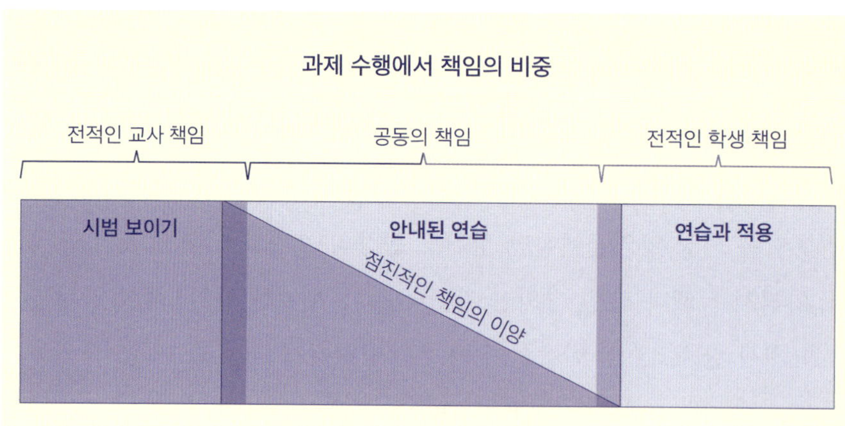

[그림 5-1] 점진적 책임 이양 모형(Pearson & Gallagher, 1983)

피어슨과 갤러거(1983)의 연구 이후 점진적 책임 이양 모형은 리터러시 분야의 가장 영향력 있는 모형이 되었다(Duke & Pearson, 2002). 구글 스칼라에서는 2019년 초에 점진적 책임 이양이라는 용어가 217,000번 검색되었으며, 구글 이미지에서는 이 모형과 관련된 이미지가 수백 가지 뜬다. 점진적 책임 이양 모형은 피어슨 등의 연구뿐만 아니라 다양한 연구자들에 의해서 발전했는데, 최근에 가장 널리 알려진 모형은 피셔와 프레이(Fisher & Frey, 2021)의 모형이다. 이들은 누가 역할을 하느냐를 기준으로 교사와 학생의 영역을 'I do, We do, You do' 영역으로 구분했다. 또한 피어슨의 모형과 달리 이들은 여기에 협력적 영역You do together을 추가했다. 그래서 이 모형은 '초점화된 지도I do it – 안내된 지도We do it – 협력적 학습You do it together – 독립적인 학습You do it alone'의 4단계로 구성된다.

점진적 책임 이양 모형의 절차가 4단계로 구성된다고 해서 학습을 시작할 때 초점화된 지도를 하고 그다음에 안내된 지도, 협력적 학습, 독립적 학습 순으로만 해야 하는 것은 아니다. 교사들은 얼마든지 이 순서를 바꾸어서 할 수 있는데, 예를 들어 처음에 독립적인 과제를 수행하거나 협

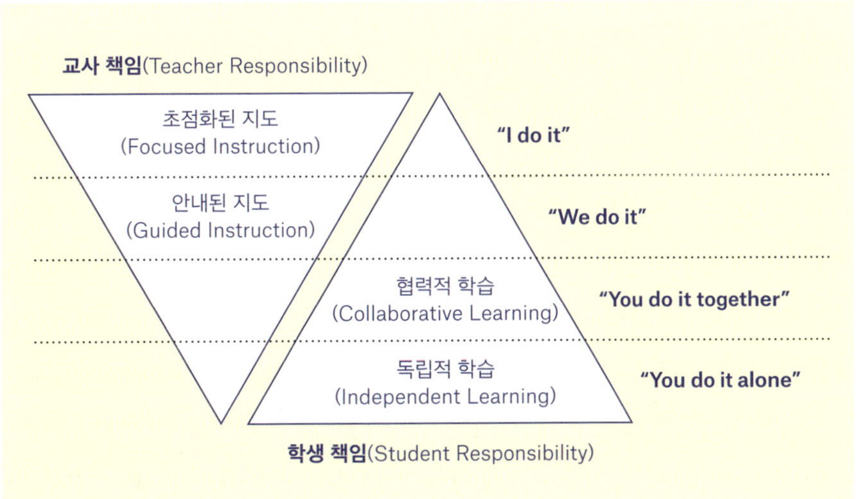

[그림 5-2] 피셔와 프레이(2021)의 점진적 책임 이양 모형

력적 활동을 하고 나서 교사의 시범 보이기를 제공하는 것도 가능하다. 중요한 것은 학생들이 새로운 내용을 깊이 있게 학습하기 위해서는 네 가지의 학습 경험을 할 필요가 있다는 것이다.

초점화된 지도(focused instruction)

이 단계에서 교사는 학습 목표를 설정하고 성취기준을 제시한 다음, 시범 보이기와 설명하기를 통해서 학생들이 학습 목표에 대한 이해를 발전시킬 수 있도록 한다. 학생은 교사의 설명이나 사고 구술을 듣고 학습 목표를 파악하고 성취기준에 도달하기 위한 사고 모델을 발전시킨다. 그리고 공부할 것을 메모하고 친구들과 학습 목표에 관해 이야기를 나눈다. 초점화된 지도는 학생들이 목표를 명확히 설정하고 학습 목표에 대한 사고 모델을 만들기에 충분한 정도로 보통 전체 학습에서 15분 안팎으로 진행한다. 초점화된 지도를 한 단원 수업에서 한 번으로만 한정할 필요는 없다. 점진적 책임 이양 모형은 회귀적이기 때문에 교사는 수업 시간 동안 여러 차례 학습 목표를 재설정하고 추가적인 사례를 제공하는 것이 가능하다.

안내된 지도(guided instruction)

이 단계에서 교사는 학생들을 그룹별로 만나서 질문을 하거나, 안내, 단서, 직접적 설명을 활용해서 학생들이 능동적으로 사고할 수 있도록 비계를 제공한다. 교사는 학생들에게 답을 주거나 단순히 정보를 제공하는 것이 아니라 질문이나 안내, 단서 등을 이용하여 학생들 스스로 학습할 수 있도록 지원해야 한다. 그리고 학생들의 성취 과정을 점검하고 학습한 것을 기록한다. 학생은 교사의 질문에 반응하거나 비계에 기반해서 생각하고 관찰하며, 의미 있는 성공 경험을 쌓아 나가도록 한다.

안내된 지도는 개인이나 그룹별로 진행하는 경우가 많은데 그것은 학생마다 학습의 속도와 관심 정도에서 차이가 있기 때문이다. 학생들의 수준이나 관심사가 다양하기 때문에 교사는 학습 자료의 활용, 질문이나 안내의 수준, 기대하는 성취 결과를 다양화함으로써 학생들에게 다양한 학습 경험을 제공해야 한다. 교사는 한 가지 종류가 아니라 다양한 종류의 안내된 지도를 활용해서 다양한 수준의 학생들에게 복잡한 사고를 촉진할 수 있도록 해야 한다. 다시 말하면 안내된 지도는 교사가 학생들에게 높은 기대를 설정하고 그 기대에 도달하도록 필요한 지원을 제공하는 것이다.

협력적 학습(collaborative learning)

이 단계는 대체로 일반적인 지도의 과정이라기보다는 특별한 이벤트로 활용되는 경우가 많다. 그러나 올바로 사용된다면 협력적 학습은 학생들의 사고를 촉진하고 이해를 확장할 수 있는 방법이다. 동료들과 협상하거나 아이디어와 정보에 대해 토의하고 다른 사람들과 탐구에 몰입하는 것은 학생들에게 초점화된 지도나 안내된 지도에서 배운 것을 사용할 기회를 제공한다. 협력적 학습 상황에서 학생들은 자연스럽게 학습한 내용을 실제 상황에 적용할 수 있으며 동료로부터 서로 도움을 받을 수 있다.

피셔와 프레이의 협력적 학습은 우리나라에서 많이 하고 있는 모둠 활동과 비슷하다. 그러나 우리나라 교실에서 이루어지는 모둠 활동은 새로운 문제를 해결하는 프로젝트 학습의 성격이 강한 반면에 협력적 학습은 학생들이 이전 시간에 배운 내용을 새로운 상황에 적용하는 방식으로 진행된다는 점에서 차이가 있다. 즉, 협력적 학습은 안내된 지도를 통해서 학습한 내용을 학생 간의 상호작용을 통해 더욱 심화시키는 것으로 점진적으로 책임 이양 과정의 하나이다.

독립적 학습(independent learning)

이 단계의 궁극적인 목표는 학생들이 학습한 정보, 아이디어, 내용, 기능과 전략을 새로운 상황에서 독립적으로 적용할 수 있도록 하는 것이다. 교육은 다른 사람들에게 의존하지 않는 학습자를 기르는 데 목적이 있다. 이를 위해 학생들은 독립적인 과제를 완수하는 연습이 필요하다. 여기서 중요한 것은 독립적인 학습 과제가 학생들이 이미 지도받은 내용과 관련되어야 할 뿐만 아니라 새로운 방식으로 지식을 적용할 기회를 제공해야 한다는 것이다. 그런데 동일한 과제로 수행을 확인하는 것은 학생들의 다양한 요구 수준에는 부합하지 않는다. 따라서 독립적 과제는 학생들의 수준에 따라 다양하게 제시되어야 한다. 독립적 연습의 목표는 학생들이 더 높은 수준의 과제에 도전하도록 격려하는 데 있기 때문이다.

점진적 책임 이양 모형은 교실 수업에 대한 진단과 평가에도 도움이 된다. 문식성 수업에서 교사와 학생의 역할이 어떻게 배분되어 있는지를 살펴보면 그 수업의 장단점을 파악하고 개선 방향을 모색할 수 있다. 좋은 수업이라는 평가를 받은 경우에도 교사로부터 학생에게로 학습에 대한 책임이 점진적으로 이양되는 경우는 많지 않다. 많은 교실 수업이 점진적

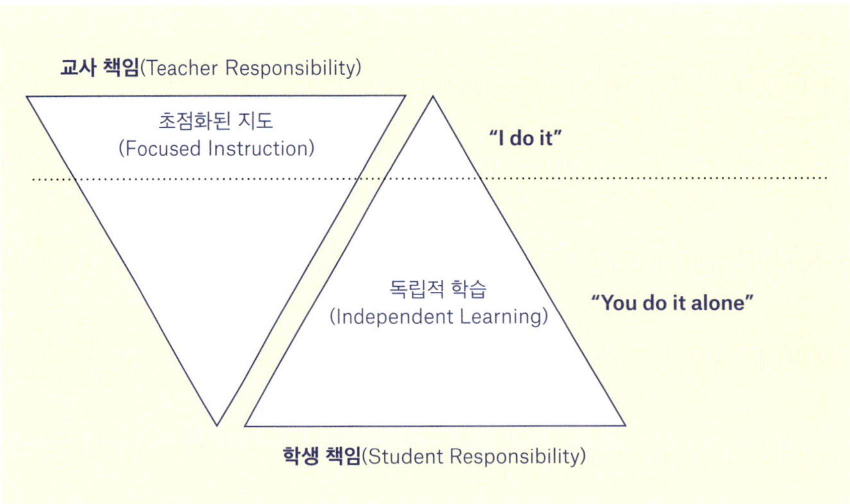

[그림 5-3] 교사의 책임이 학생에게 갑자기 이양되는 교실

책임 이양 모형에서 언급한 어떤 단계는 있으나 다른 단계들은 누락되어 의미 있는 학습이 이루어지지 않는 경우가 많다.

어떤 교실에서는 교사가 설명한 다음 바로 학생에게 독립적 과제를 수행하도록 한다. 교사가 학습 목표에 대해 설명한 다음, 바로 학생들에게 활동지를 제공하고 완성하도록 하는 경우가 많다. 이 경우 교사는 안내된 지도를 통해 학생들의 이해 능력을 발전시키지 못하게 된다. 이것은 교사가 학생에게 점진적으로 책임을 이양하는 것이 아니라 갑작스럽게 책임을 이양하는 것이다. 이런 교실 수업의 구조는 이미 내용을 알고 있는 학생들에게는 유리하지만, 아직 내용에 익숙하지 않은 학생들에게는 불리하다. 이런 교실에서는 잘하는 학생은 잘하지만 못하는 학생은 더욱 못하게 된다.

그러나 교수·학습의 측면에서 이보다 더 나쁜 경우도 있다. 교사의 설명이나 안내조차도 없이 학생 스스로 모든 것을 학습하도록 하는 것이다. 학생들은 미리 준비된 활동지나 온라인 과제를 완성하거나 교과서에 제시된 과제를 읽고 질문에 답을 한다. 학생들은 매일 이러한 패턴을 반복하

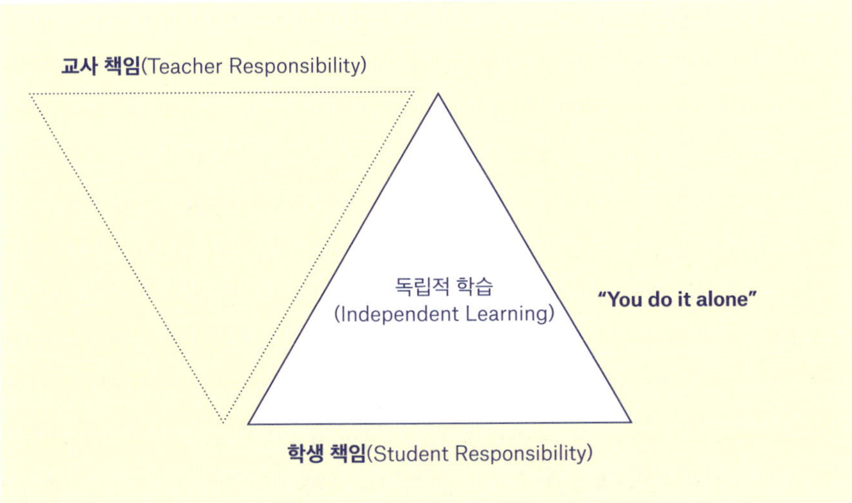

[그림 5-4] 학생에게 전적으로 책임을 부여하는 교실

는데 이러한 교실에서는 가르치는 것은 없고 과제나 활동만 있을 뿐이다. 실제로 활동 중심 수업이라는 이름으로 진행되는 많은 수업이 전적으로 학생들에게만 책임이 부여되는 경우가 많다.

물론 학교에서 학생들은 프로젝트를 완성하거나, 에세이를 작성하는 등 독립적인 활동에 상당한 시간을 투자해야 한다. 그러나 이런 독립적인 활동은 학생들에게 많은 부담을 주기 때문에 이런 일이 매일 반복되어서는 안 된다. 독립적인 활동을 해야 하는 경우 교사는 수업의 목적을 상기시키고, 전문가적 사고 과정을 시범 보이기 형태로 보여 줘서 학생들이 사전에 연습할 수 있도록 해야 하며, 동료들과 상호작용할 수 있도록 지원해야 한다.

참고 왜 직접교수법이 국어과의 대표적인 교수학습 방법이 되었을까?(김주환, 2022)

제6차 교육과정에서 직접교수법을 소개했을 당시에도 언어 기능 학습의 대표적인 교수·학습 방법으로 연구자들이 소개한 것은 피어슨과 갤러거의 '점진적 책임 이양 모형'이었다(노명완, 1988). 노명완은 '언어 기능이 지식으로 배워야 할 학습의 대상이 아니라 직접 획득하고 신장해야 할 지적 기능'이라는 점을 강조하면서 피어슨과 갤러거의 점진적 책임 이양 모형을 자세히 소개했다. 그는 국어교육에서의 모든 교수·학습 활동은 학생 위주로 이루어져야 한다는 점에서 이 모형을 언어 기능 학습의 원리로 제시했다.

그런데 당시 연구자들은 '점진적 책임 이양 모형'을 직접교수법과 유사한 교수법으로 인식하고 소개했다. 최현섭 등(1995: 264)에서는 "직접 교수가 교사의 효율성에 그 초점을 두고 있다면, 현시적 교수explicit instruction는 직접 교수에서의 선언적이며 절차적인 지식 요인뿐만 아니라 효율적인 전략 이용에 필요한 조건적 지식에 대해서도 관심을 갖는다. 이런 점에서 현시적 교수는 직접 교수보다 유연하다."라고 하면서 피어슨과 갤러거의 점진적 책임 이양 모형을 현시적 교수법의 한 유형으로 설명하고 있다.

교수 절차에서 보면 피어슨과 갤러거가 제시한 점진적 책임 이양 모형은 직접교수법과 유사한 면이 많은 것이 사실이다. 그러나 점진적 책임 이양 모형의 중요한 특징은 직접적 지도나 현시적 교수가 아니라 점진적 책임 이양 과정에 있으며 이 과정에서 교사의 안내된 지도, 교사와 학생의 협력, 학생의 독립적 활동에 강조점이 있다. 따라서 점진적 책임 이양 모형은 교사 중심의 접근과 학생 중심 접근을 통합한 균형을 갖춘 교수·학습 방법이라고 할 수 있다.

3 국어과 수업 지도안 작성하기

수업을 준비하기 위해서는 지도안을 작성해야 한다. 국어과 수업 지도안의 양식은 다양하지만 대체로 [표 5-5]처럼, '학습 목표', '학습자 특성', '교수·학습 활동'이 기본적인 요소라고 할 수 있다. '교수·학습 활동'을 교수와 학습으로 나눠서 수업 대화까지 반영해서 기술하면 세안이 되고, 내용 중심으로 간략하게 기술하면 약안이 된다. 수업 지도안의 핵심 내용은 '교수·학습 활동'이라고 할 수 있지만, 교수·학습의 기반이 되는 것이 '학습 목표'와 '학습자'이기 때문에 이에 대한 분석이 치밀하게 이루어져야 한다. 특히 학습 목표는 학습자가 성취해야 할 능력이 무엇인가를 보여 주

[표 5-5] 국어과 수업 지도안의 기본 양식

국어과 수업 지도안

1. 학습 목표

2. 학습자의 특성

3. 교수·학습 활동

과정	교수·학습 활동	자료
도입	• 동기유발 • 학습 목표 안내	
전개	• 핵심 개념 설명(명시적 지도) • 안내된 학생 활동(안내된 지도) • 자율적인 학생 활동(협력적 활동 + 독립적 활동)	
마무리	• 점검 및 평가	

는 것이기 때문에 교육과정뿐만 아니라 전공 서적을 참고해서 깊이 있게 연구해야 교수·학습 활동을 효과적으로 작성할 수 있다.

교육과정을 편성하는 방법에는 내용 중심의 접근과 목표 중심의 접근이 있다. 내용 중심의 접근은 가르쳐야 할 교육 내용인 지식이 선정되면 그 지식을 학생들이 잘 이해하도록 하는 것으로 지식 중심의 접근이라고 할 수 있다. 반면에 목표 중심의 접근에서는 학생이 도달해야 할 성취 목표를 설정하고 이 목표에 도달할 수 있도록 교육 내용을 선정하고 학생 활동을 조직한다. 목표 중심의 접근은 교과의 지식보다는 학생이 습득하게 될 능력을 중시하기 때문에 학생 중심의 접근이라고 할 수 있다.

예를 들어 비유와 상징에 대해서 가르친다고 할 때, 내용 중심의 접근에서는 비유와 상징의 개념을 설명하고 예시를 들어 보여서 학생들이 이 개념을 '이해'했다면 수업은 완성된다고 할 수 있다. 학생들이 개념을 제대로 '이해'했는지는 객관식 시험이나 주관식 시험을 통해서 평가할 수 있다. 반면에 목표 중심의 접근에서는 학생들이 비유와 상징의 개념을 '이해'하는 데서 끝나지 않고 이 개념을 다른 텍스트를 읽고 쓰는 데 '활용할 수 있는 능력'을 기르는 데 목표가 있다. 이해에서 끝나지 않고 활용할 수 있도록 하기 위해서는 실제적인 활동이 필요하다.

따라서 목표 중심의 수업을 구성하기 위해서는 교육 내용으로서 지식을 이해할 수 있도록 개념 정의와 예시 등을 제공해야 할 뿐만 아니라 학생들이 실제 상황에서 '적용할 수 있도록' 적절한 활동 자료를 제공해야 한다. 교사가 학생들에게 개념 설명이나 예시를 적절히 제공하기 위해서 혹은 학생들이 활동을 할 수 있도록 하기 위해서는 학습자의 수준이나 특성에 대한 분석이 선행되어야 한다. 학생들이 관련 지식에 대한 배경지식이 얼마나 있는지를 확인한 다음, 학습자의 경험 범위 안에서 적절한 개념 설명과 예시, 활동을 제공해야 한다.

교수·학습 활동은 크게 도입 – 전개 – 마무리의 구성을 갖는데, 도입 단계에서는 학습 목표를 제시하고, 전개 과정에서 본격적인 학습이 이루어지며, 마무리 단계에서 학습한 것을 확인 점검하는 과정으로 이루어진다. 교수·학습 활동의 핵심적인 부분은 전개 과정이라고 할 수 있는데, 이 과정은 점진적 책임 이양의 원리에 따라 구성하는 것이 적절하다. 즉, 교사의 명시적인 지도와 안내된 활동 및 학생의 독립적 활동으로 구성하도록 한다. 이 세 가지 요소가 제대로 갖춰질 경우 학습이 효과적으로 진행될 수 있다.

도입	• **학습 목표 제시**: 학생들이 무엇을 배워야 하는지 명시적으로 제시해야 함. • **동기유발**: 학생들이 학습 목표를 왜 배워야 하는지 이해하도록 하는 것이 목적임. 학생들의 삶 속에서 '학습 목표'의 필요성을 느낄 수 있도록 구체적인 사례를 제시하는 것이 효과적임.

도입 단계에서 교사가 해야 할 일은 학습 목표를 안내하고 동기 유발을 하는 것이다. 동기 유발은 흥미 유발과 달리 학습 목표를 왜 배워야 하는지 그 필요성을 느끼도록 하는 것이다. 도입에서 동영상을 사용하는 경우 학습자의 흥미를 유발할 수 있을지 모르나 동기 유발이 되지는 않는다. 학습자의 막연한 감정에 호소하기보다는 학습 목표가 자신에게 필요하다는 것을 이해할 수 있도록 하는 것이 중요하다. 예를 들어 요약하기에 대해서 배운다고 할 경우, 요약하기를 왜 배워야 하는지 학생들의 삶에 어떤 도움이 되는지 이해할 수 있도록 구체적인 사례를 통해서 필요성을 이끌어 내야 한다.

전개	• **명시적 지도**: 학습 목표에 대한 명확하고 구체적으로 설명하기, 전략 사용의 과정을 시범 보이기, 질문과 응답하기 등 • **안내된 활동**: 교사의 비계 지원을 바탕으로 학생 스스로 활동하기, 교사는 적절한 단서를 제공하여 학생들이 스스로 문제를 해결할 수 있는 경험을 쌓도록 함. • **독립적 활동**: 학생 스스로 새로운 문제 상황에 적용해 보도록 함. 모둠 활동으로 진행할 수도 있고 개인별 활동으로 진행할 수도 있으나 최종적으로는 개인별 성취도 확인이 필요함.

전개 과정에서는 교수와 학습이 본격적으로 이루어지는데, 교사와 학생의 상호작용을 통해서 교사의 지식이 학생의 지식으로 이양되는 과정으로 진행되어야 한다. 점진적 책임 이양 모형에 의하면 이 과정은 교사의 명시적 지도, 안내된 활동, 독립적인 활동 세 단계로 이루어진다. 이 세 단계의 교수·학습 활동 중 어느 부분이라도 누락하면 좋은 수업이 이루어지기 어렵기 때문에 지도안을 작성할 때 처음부터 세 가지 항목을 내용 조직자로 활용하는 것이 좋다.

'명시적 지도' 단계는 교사가 전적으로 책임을 지는 단계로 학습 목표에 대해서 교사가 직접적으로 설명하거나, 전략 사용의 시범을 보이는 것이다. 전통적인 수업에서는 명시적 지도가 많은 비중을 차지하는 반면에 활동 중심 수업에서는 명시적 지도가 제대로 이루어지지 않는 경우가 많다. 교사의 직접적 지도는 학생들의 성장과 발달에 필수적인 요인이기 때문에 교사의 명시적 지도는 활동 전이든 혹은 활동 후에든 충분히 제공되어야 한다.

'안내된 활동'은 교사와 학생이 서로 협력하는 단계로 교사의 안내를 바탕으로 학생이 활동을 하는 과정이다. 학생들은 '명시적 지도' 단계에서 전략에 대해 이해하고 어떻게 사용하는지를 관찰할 수 있었다. 이 단계에서 학생들은 교사의 비계 지원을 바탕으로 전략을 직접 사용하는 경험을 하게 된다. 교사는 학생들이 전략을 사용할 수 있는 적절한 활동을 제공하고, 교사와 함께 문제를 해결하는 경험을 쌓을 수 있도록 지원한다. 이 과정은 전체 활동으로 진행하는 것이 효과적이나 학생 수준에 따라 모둠별로 진행할 수도 있다.

'독립적인 활동'은 교사의 안내나 지원 없이 학생 스스로 전략을 사용해 보도록 하는 것이다. 피셔와 프레이는 협력적 활동과 독립적 활동을 구분하고 있는데, 모둠 활동을 통해서 연습을 충분히 한 다음 개인 과제를 해결하도록 하는 것이 이상적이다. 그러나 우리나라 교실에서처럼 학생의 독립적인 활동 없이 모둠 활동으로만 끝나는 경우, 개개인의 성취 정도를 확인하기 어렵다. 이 단계에서 중요한 것은 학생 개개인이 모두 지식이나 기능을 완전히 습득할 수 있도록 하는 것이기 때문에 개인차를 고려해서 과제를 부여해야 한다.

마무리	• 점검과 평가: 학습 목표를 학생들이 제대로 습득했는지 확인 점검. 한 차시에 모든 학습이 완료되지 않으므로 당일 배운 것을 확인 점검하는 것이 필요함.

마무리 단계는 학습 목표를 학생들이 달성했는지를 확인 점검하는 과정이다. 간단한 퀴즈나 활동으로 배운 내용을 다지고 심화할 수 있다. 교사는 수업 초반에 명시적으로 지도한 내용을 다시 한번 학생의 진술을 통해서 확인할 수도 있다. 이 단계는 시험이나 평가를 통해서 점검하기도 하는데, 형성 평가의 목적은 학생들의 도달 수준을 점검하고 피드백을 제공하기 위한 것이다.

(예시)국어과 수업 지도안: 상대를 배려하는 말하기

1. 학습 목표 분석

- 학습 목표: [9국01-12] 언어폭력의 문제점을 인식하고 상대를 배려하며 말하는 태도를 지닌다(2015 교육과정).
- 단원 설정의 이유(학습의 필요성): 이 단원은 상대방을 배려하는 말하기 태도를 익히는 데 목적이 있다. 학생들은 평소에 자기중심적인 언어를 사용함으로써 상대방에게 상처를 주는 일이 많다. 따라서 학생들이 자주 사용하는 언어폭력의 유형을 살펴보고 문제점을 파악한 다음, 상대방을 배려하는 말하기 방법을 익히도록 활동을 구성해야 한다.
- 학습 목표의 이론적 근거: 이 단원의 학습 목표와 관련된 이론은 '나-전달법'과 '너-전달법'이다. '너-전달법'으로 말하면 상대방에게 책임을 전가하기 때문에 불쾌해져서 갈등을 일으키기 쉽다. 반면에 '나-전달법'을 사용하면 나의 감정이나 희망을 표현하는 데 초점을 두고 상대방을 배려할 수 있다. '나-전달법'에 기초한 비폭력 대화에 대해서도 탐구할 필요가 있다.

2. 학습자 특성

- 선행 학습: 이전 과정에서 학습한 상대방을 존중하는 대화, 즉 공손성의 원리를 바탕으로 나-전달법을 학습할 수 있다.
- 학습자 특성: 중학교 1~3학년 학생들로 SNS나 정보·통신 매체에서의 자극적인 표현과 너-전달법 대화에 노출되어 있다. 이러한 언어가 일상적 언어로 사용되고 있어서 그에 따른 문제점을 인식하지 못할 수도 있다. 따라서 너-전달법의 문제점을 인식시키는 것이 중요하다. 또한 학습에 금방 실증을 느낄 수 있는 나이이므로 일상과 밀접한 예시를 들어 수업을 진행해야 하며, 지속적인 상호작용이 필요하다.

3. 교수·학습 활동

과정	교수·학습 활동	자료
도입	**〈동기 유발〉** - 학생들에게 갈등 상황의 대화를 걸어 너-전달법과 나-전달법으로 각각 대화를 함. - 대답을 듣고 학생들에게 어떤 느낌이었는지 물어보기. - 너-전달법 학생은 '무섭다', '혼나는 것 같았다' 등의 반응. 나-전달법 학생은 비교하였을 때 그러지 않았다는 반응을 이끌어 냄. - 각각의 대화법을 소개해 주고 갈등 상황에서 어떤 대화법을 써야 하는지와 그 이유를 물어보아 나-전달법의 필요성과 너-전달법의 문제점을 인식시켜 줌. 예) 철수야 너 오늘 왜 지각했어?! 너 자꾸 이럴 거야? - 대답 듣고 다음 학생에게 영희야 선생님은 영희가 늦게 와서 많이 걱정했어. 다음부터 일찍 와줄 수 있겠어? - 대답 듣고 각각의 학생에게 어땠는지 물어보기 - 철수야, 선생님이 이렇게 말을 했을 때 어땠어? - 무서웠다, 혼나는 것 같았다 등. 아무렇지 않았다고 할 경우 다른 친구들에게 물어보기 혹은 영희한테 말한 거랑 비교했을 때 어떠냐 물어보기 **〈학습 목표 제시〉** - 나-전달법을 사용하려면 그 방법을 알아야겠죠? 그래서 오늘은 선생님이랑 같이 나-전달법을 알고 사용하여 갈등을 조정할 수 있도록 해 볼 거예요.	판서1 너-전달법 나-전달법 판서2 학습 목표-나-전달법을 알고 사용하여 갈등을 조정할 수 있다.
전개	**〈명시적 지도〉** **• 나 전달법의 개념 설명** ◦ 개념: '나-전달법'이란 일인칭인 '나'를 주어로 시작하는 말을 하여 상대방의 행동에 대한 자신의 생각이나 감정을 구체적으로 표현하는 대화 방법을 말한다. ◦ 나-전달법과 너-전달법 비교하여 설명 예) 그럼 나-전달법은 무엇일까요? 어떻게 하는 걸까요? 아까 선생님이 철수한테 한 게 너-전달법이고 영희한테 한 게 나-전달법이라고 했잖아요. - 판서3 - 이 둘을 비교해 보면 되겠다. 이 둘을 봤을 때 어떤 점이 달라요? - 질문을 통한 키워드 뽑아내기 키워드 - (나, 생각, 감정, 부탁/기대, 사건) 답 없을시 - 너-전달법엔 없고 나-전달법엔 있는 것이 무엇일까요?, 시작을 어떻게 했죠? 등 질문. 그래도 안 나오면 그 부분 지목(다음부턴 늦지 않았음 좋겠어-부탁/기대). 뽑아낸 키워드로 개념 설명.	

과정	교수·학습 활동	자료
전개	**• 나 전달법의 방법 설명** ◦ 개념 설명에서 사용한 키워드로 방법(구성) 설명. 나-전달법은 사건, 감정, 기대 3가지로 구성되어 있음. 각각의 예시를 들고, 학생들에게 어떤 예시가 있는지 질문 예) 또 어떤 감정을 느낄 수 있을까요? ◦ 사건: 자신이 문제로 인식한 상대방의 행동이나 상황 예) (아까 선생님이 얘기한) 지각을 해서, 수업 시간에 자서 학생들의 예) - 때려서, 물건을 가져가서 ◦ 감정: 사건에 대한 자신의 감정 예) 걱정했어, 슬펐어, 화가 났어 ◦ 기대: 자신이 바라는 상대방의 행동 예) 다음부턴 늦지 않아 줬음 좋겠어, 때리지 않아 줬음 좋겠어	판서3 너-전달법 예시 나-전달법 예시 판서4 나-전달법 개념 판서5 나-전달법 방법(구성)
	〈안내된 활동〉 **• 나-전달법 사용해 보기** 너-전달법 사용한 갈등 상황 제시 후 대화의 문제점 찾고 나-전달법으로 표현해 보기 질문) 어떤 상황이냐? - 어떤 느낌이 들 것 같냐 - 앞으로 바라는 점은 무엇이냐 예) 〈책을 던져 두고 간 상황〉 [사건] 나는 빌려 간 책을 나에게 직접 안 주고 책상 위에 아무렇게나 던져 두고 가서 [감정] 기분이 많이 언짢았어. [기대] 다음에는 수업이 끝나면 나에게 직접 돌려주겠니?	PPT 1 갈등 상황 제시
	〈독립적 활동〉 - 모둠을 구성하여 너-전달법 때문에 갈등이 있었던 경험을 이야기해 보고(직접 경험이 아니어도 영상 매체나 SNS 등 간접 경험 포함), 경험 중 하나를 골라 대본으로 구성. - 개개인이 나-전달법으로 바꾸어 보기. - 모둠원들과 비교해 보고 느낀 점 말하기 (앞으로 나-전달법을 사용하도록 노력해야겠다는 뉘앙스로)	
마무리	**• 점검 및 평가** 앞에 배운 개념들을 다시 한번 질문을 통해 점검하고 평가하기. PPT나 퀴즈 프로그램 등으로 개념 확인 퀴즈 제공.	PPT, 카훗(Kahoot!)

학습 활동

1 다음 예비 교사의 수업 실연 소감문을 참고하여 실제 수업 실연에서 필요한 것이 무엇인지 토의해 보자.

> 이번 수업을 준비하면서 나 전달법이라는 개념을 어떻게 구조화시켜서 가르칠지, 어떤 활동을 구상해야 학습자로 하여금 나 전달법 역량을 효과적으로 함양시킬 수 있을지 등을 주안점으로 삼아 고민을 하였다.
>
> 동기 유발 단계에서 학생들에게 학습의 필요성을 일깨워 주기 위해서 교수자가 나 전달법과 너 전달법을 사용하여 학생들에게 말을 한 후 어떤 말이 더 듣기 좋았는지 물어보고, 이것을 통해 학생들로 하여 나 전달법이 더 듣기 좋으며, 나 전달법을 사용해야 함을 일깨워 주려고 했다. 그러나 실제 수업에서는 자신감이 부족하여 너 전달법을 확실하게 사용하지 못하고, 이 대비 효과가 효과적으로 드러나지 않았던 것 같다.
>
> 그리고 수업 전개 단계에서 학생들과의 대화를 통해 개념 설명을 하였다. 구체적으로 학생들에게 나 전달법과 너 전달법의 예문을 가지고 비교 분석을 통하여 나 전달법의 개념을 학습하도록 구성하였다. 하지만 학습자의 예상치 못한 반응과 긴장이 맞물려 당황하게 되어 제대로 된 설명이 불가하였다. 앞으로 더욱 준비를 철저히 하여 긴장감을 줄이고 자신감을 가진 채 더 명시적으로 명확하게 전달하도록 노력해야겠다.
>
> 안내된 활동 단계에서 나 전달법이 이루어지지 않아 생긴 문제점과 어떤 말로 바꿀 수 있을지 등을 질문하는 활동을 구성했다. 이 또한 학습자가 직접 대화 상황의 문제점을 찾고 나 전달법을 통하여 대화를 개선해 나가는 활동으로 적절하다고 생각했다. 다만 느낀 점은 좀더 적절한 예시를 가져오거나 만들 수 있어야겠다고 생각했다.
>
> 마지막으로 학생들의 독립적 활동 단계에선 짝 활동을 통해 서로에게 서운한 점이나 부탁하는 말을 나 전달법을 사용하여 말하는 활동을 구성하였다. 이 활동을 통하여 나 전달법의 사용 방법을 명확히 익히고, 서로에게 서운한 점을 말하며 친구 사이의 유대감 및 친밀감 형성에도 기여할 수 있을 것으로 생각했다.

2 국어과 교육과정에서 성취기준을 선정해서 다음 양식에 맞춰 수업 지도안을 작성해 보자.

국어과 수업 지도안

1. 학습 목표

2. 학습자의 특성

3. 교수·학습 활동

과정	교수·학습 활동	자료
도입	• 동기유발 • 학습 목표 안내	
전개	• 핵심 개념 설명(명시적 지도) • 시범 보이기 혹은 예시 • 안내된 학생 활동(안내된 지도) • 자율적인 학생 활동	
마무리	• 점검 및 평가	

1부 참고 문헌

01 교과서의 위상과 역할

강현숙(2021), 「자유발행제, 무엇을 담고 어떤 준비를 해야 하나?」, 『교과와교과서연구』 1(1), 76-94.
김중수(2023), 「국어 교과서의 국정, 검정, 자유발행제에 대한 중등학교 국어 교사의 인식 연구」, 『청람어문교육』 95, 111-144.
김혜정(2023), 「미국의 자국어 교과서 개발 맥락에 대한 이해와 국어과 교과서 개발 전망」, 『국어교육』 181, 1-48.
노명완(1996), 「교과서 제도와 개발 과정의 문제」, 『함께 여는 국어교육』, 전국국어교사모임.
박창언(2023), 「2022 개정 교육과정에 따른 교과서 정책의 방향 탐색」, 『교과와 교과서연구』 3(1), 23-37.
이돈희(1987) 「새로운 교과서의 개념」, 『2000년대 한국 교과서의 미래상: 교과서 개선 연구 세미나 보고서』, 한국2종교과서협회.
이동엽·권영락·김정효·박진용(2015), 「미래 교과서 위상 및 역할 연구」, 『교육학연구』 53(3), 161-193.
이수진(2018), 「국어과 디지털교과서의 개발 현황과 과제: 초등학교를 중심으로」, 『청람어문교육』 68, 35-59.
정혜승(2006), 「좋은 국어 교과서의 요건과 단원 구성의 방향」, 『어문연구』 34(4), 379-400.
정혜승·서수현(2016), 「핀란드 국어 교육과 초등학교 국어 교과서의 특징 분석」, 『독서연구』 38, 65-96.
표태준·윤상진(2024.7.2), 「세계 첫 AI 교과서 준다는데, 부모는 "싫다"」, 조선일보.
한국교육학술정보원(2023), 「AI 디지털교과서 개발 가이드라인」(GM 2023-11).

02 국어 교과서의 역사적 변천

강진호(2017), 『국어 교과서의 탄생』, 글누림.
강진호·허재영(2010), 『조선어독본 1』, 제이앤씨.
김남돈(2006), 「개화기 국어교과서의 국어교육사적 의의」, 『새국어교육』 82, 5-24.
김주환(2011), 『사회적 요구 조사를 통해 본 국어 교과의 정체성』, 고려대학교 대학원 박사 학위 논문.
김혜정(2005), 「국어 교재의 문종 및 지은이 변천에 대한 통사적 검토: 현대 교육과정기 전후 변화를 중심으로」, 『국어교육』 116, 35-66.
남태우·김중권(2012), 『한국의 독서문화사』(개정증보판), 태일사.
이순영·최숙기·김주환·서혁·박영민(2015), 『독서교육론』, 사회평론.
이종국(2008), 『한국의 교과서 변천사: 근대 교과서 백년, 다시 새 세기를 넘어』, 대한교과서주식회사.

03 국어 교과서의 제재 텍스트

교육부(2018), 『(초등학교 3~4학년군 국어) 국어 4-1 (가)』, 미래엔.
교육인적자원부(2005), 『고등학교 국어 (상)』, 교학사.
김주환(2014), 「고등 『국어』교과서 텍스트에 대한 교사와 학생들의 반응 연구: 2007 고등 『국어』

(상), (하)를 중심으로」, 『국어교육』 144, 341-368.
노미숙 외(2019), 『중학교 국어 2-1』, 천재교육.
윤준채·류보라(2018), 「국어 교과서 제재에 대한 고등학생의 흥미 연구」, 『한국어문교육』 25, 103-125.
이경화(2021), 「2015 개정 초등 국어 교과서의 특징과 과제」, 『새국어교육』 127, 9-32.
이성영(2013), 「국어과 제재 텍스트의 요건」, 『국어교육학연구』 48, 65-94.
이순영(2011), 「교사들의 텍스트 유형별 선호와 인식 연구: "정보 텍스트"에 대한 논의를 중심으로」, 『국어교육학연구』 42(2), 499-532.
이재기(2019), 「질문 그리고 읽기 전략으로서의 국어 교과서 '날개' 분석: 중학교 국어 교과서 읽기 단원을 중심으로」, 『청람어문교육』 69, 77-114.
이재기(2022), 「국어 교과서, 보이는 기능과 안 보이는 사람: 국어 활동의 인간화, 예술화를 위한 교과서 개발 방안 탐색」, 『청람어문교육』 90, 7-49.
정재림(2016), 「(기획논문) 국어교육, 어떤 텍스트로 가르칠 것인가: 국어교과서에서 문학 제재의 위상과 중요성」, 『한국어문교육』 19, 1-22.
천경록(2014), 「읽기 제재 선정의 기준과 쟁점」, 『국어교육연구』 54, 27-52.
천경록(2020), 「국어 교과서와 대안 텍스트 활동」, 『새국어교육』 124, 37-61.

04 국어 교과서의 단원 구성과 학습 활동

김동욱(2015), 「국어 교과서 단원 구성 방식과 체제에 대한 교사 인식 연구: 2011 고등 『국어 Ⅰ, Ⅱ』를 중심으로」, 『청람어문교육』 56, 7-36.
김주환(2011), 『사회적 요구 조사를 통해 본 국어 교과의 정체성』, 고려대학교 대학원 박사 학위 논문.
노미숙 외(2018), 『중학교 국어 1-2』, 천재교육
박창흠(2013), 「국어교과서 읽기 영역 '단원 활동' 변화 양상 연구: 제1~7차 교육과정기의 중1 국어 교과서 '읽기 영역' 소단원을 대상으로」, 『독서연구』 30, 419-463.
서혁·이흠·양은비(2018), 「중등 국어과 교과서에 대한 회고와 전망 : 문제점과 개선 방안을 중심으로」, 『청람어문교육』 68, 209-234.
유승아(2015), 「초등교사의 국어 교과서 사용에 대한 인식과 실제」, 『새국어교육』 102, 79-106.
이재승(2021), 「국어 교과서 단원 구성 방안 연구」, 『서울교육대학교 한국초등교육연구』 32, 175-188.
이재승(2022), 「텍스트 중심형 국어 교과서 단원 구성 방안」, 『한국초등국어교육』 74, 317-337.
정혜승(2005), 「미국의 국어 교과서 분석 연구: 교과서의 기능을 중심으로」, 『독서연구』 14, 335-371.
정혜승(2011), 「외국의 국어 교과서 체제 분석: 미국과 프랑스 초등학교 교과서를 중심으로」, 『청람어문교육』 44, 85-120.

05 국어과 교수학습의 원리와 수업 지도안

김주환(2022), 「문식성 교수법으로서 점진적 책임 이양 모형(GRR)의 재조명: 직접교수법과의 차이를 중심으로」, 『독서연구』 63, 45-74.
노명완(1988), 『국어교육론』, 한샘.
노명완·손영애·이인제·남미영·허천행(1986), 「제5차 초·중학교 국어과 교육과정 시안 연구 개발」. [연구보고 RR86-45]. 한국교육개발원.
이성영(1996), 「직접 교수법에 대한 비판적 고찰」, 『한국초등국어교육』 12, 123-147.

최현섭·최명환·신헌재·노명완·박인기(1995),『국어교육학의 이론화 탐색』, 일지사.

천경록(2003),「직접교수법 단계에 대한 고찰」,『독서연구』 9, 269-293.

Duke, N., & Pearson, P. D.(2002), Effective practices for developing reading comprehension. In Nell K. Duke &P. David Pearson. (Eds.), *What research has to say about reading instruction.* (3rd), Newark, DE: International Reading Association.

Fisher, D. & Frey, N.(2021), *Better Learning Through Structured Teaching-A Framework for the Gradual Release of Responsibility.* 3rd edition. ASCD.

Pearson, P. D., & Gallagher, M. C.(1983), *The instruction of reading comprehension.* [Technical Report No. 297.]. University of Illinois, Center for the Study of Reading, Urbana, IL.

Rosenshine, B.(1979), Content, time, and direct instruction. In Penelope L. Peterson & Herbert J. Walberg. (Eds.), *Research on teaching: Concepts, findings, and implications.* Berkeley, Calif.: McCutchan Publishing Co.

Rosenshine, B.(2008), Five meanings of direct instruction. *Center on Innovation & Improvement, Lincoln,* 1-10.

2부

49가지 국어과 교수학습 전략

06 듣기·말하기 교수학습 전략

07 정보 텍스트 읽기 교수학습 전략

08 문학 텍스트 읽기 교수학습 전략

09 쓰기 교수학습 전략

10 문법 교수학습 전략

11 미디어 리터러시 교수학습 전략

06

듣기·말하기 교수학습 전략

인간이 태어나면서 가장 먼저, 그리고 자주 접하는 언어 경험이 듣기와 말하기다. 새로운 인식 주체로서 외부의 소리와 부모의 말을 듣고 반응을 보이거나 주변 소리의 모방을 통해 자신의 생각과 느낌을 언어로 표현한다. 이렇듯 인간은 본능적으로 자신의 생각을 적절한 도구를 통해 표현하려는 욕구를 가지며, 다른 사람의 말을 듣고 그 의도를 알아내기 위해 다양한 해석을 시도하고 수용을 통해 의미를 이해하는 과정을 거치게 된다.

이 장은 듣기와 말하기 활동의 개념과 특성을 이해하고 듣기와 말하기를 어떻게 가르치고 배울지에 대한 방법을 다룬다. 그동안 듣기와 말하기는 학령기 이전부터 일상생활에서 의사소통 경험을 통해 자연스럽게 습득한다는 성숙적 관점 때문에 학교 교육에서 특별한 교육적 처치를 제공하지 않았고, 읽기와 쓰기 등 다른 언어 영역에 비해 소홀히 다뤄져 왔다. 그러나 현대 사회에서는 다양한 인간관계 속에서 구어적 의사소통을 통한 사회적 상호작용이 중요하며 따라서 문자 언어 기반의 읽기와 쓰기 활동 못지않게 화법의 관계적 목표도 강조되고 있다. 이 장에서는 듣기와 말하기 교수·학습 방법을 개관한 후 주요 전략을 세 범주로 나누어 학습하고, 이를 반영한 수업 사례를 살펴볼 것이다.

듣기·말하기의 개념과 특성

일상생활에서 개인의 의사소통은 보통 말하기에서 시작하여 듣기로 마무리된다. 물론 이러한 상황은 고정적이지 않고 상호 관계적이어서 말하는 이와 듣는 이의 역할이 수시로 바뀌며 정보의 생산과 수용이 이루어진다. 이때 말하기는 말하는 이가 음성 언어를 통해 자신의 생각과 감정을 표현하는 과정이며, 듣기는 음성 언어를 통해 전달되는 의미를 이해하는 과정이다. 이처럼 듣기와 말하기는 음성 언어를 매개로 새로운 의미를 형성·이해하는 인지적 과정cognitive process으로 볼 수 있다.

기호화된 언어적 정보가 중심인 읽기와 쓰기에 비해 음성 언어와 반언어, 비언어 표현도 고려해야 하는 듣기와 말하기 활동은 일상생활에서 큰 어려움과 불편함 없이 사용한다고 해서 그 능력을 적절히 갖추었다고 보기 어렵다. 음성 언어적인 특성이 화자와 청자 사이 의미의 수용과 생산에 큰 영향을 미치며 참여자들의 직접적인 반응과 소통의 맥락이 의미의 교섭 과정에서 중요한 역할을 담당하기 때문이다.

듣기와 말하기 활동의 특성은 크게 세 가지로 살펴볼 수 있다. 첫째, 듣기와 말하기 활동은 구두 언어적인 성격을 지닌다. 이는 음성 언어 의사소통이 문자 언어 의사소통에 비해 비언어적인 의사소통 비중이 크고, 주고받는 정보의 내용이 구체적, 개방적, 일시성을 띤다는 의미이다. 둘째, 듣기·말하기는 의미의 공유 과정이다. 듣기와 말하기 상황은 공시적으로 발생하여, 참여자들은 말하고 듣는 과정에서 의도를 전달하고, 상대의 의도를 해석하며, 서로에게 반응하는데 이 모든 과정은 상호 간 일련의 의미를 공유하는 활동이다. 셋째, 듣기와 말하기 활동은 사회·문화적 성격을 지닌다. 하나의 말을 공통으로 사용하는 사회구성원은 문화적 전통, 인간관계 형성, 인격 수양 등과 같은 행동 양식 및 정신적 가치를 공유하며, 듣기와 말하기 활동은 공동체의 사회·문화와 밀접한 영향을 주고받는다.

듣기·말하기 활동과 교육과정

현대 사회에서 듣기와 말하기는 단순한 의사소통 수단을 넘어 개인과 사회의 경쟁력을 판단하는 중요한 기준이 되고 있다. 개인의 의사소통은 외부 주체와 정보를 주고받으면서 의미를 구성해 간다는 점에서 담화공동체의 특성과 밀접한 연관이 있으며, 담화공동체 구성원들이 사용하는 언어적 소통 장치는 사회·문화적 현상으로서 중요한 가치를 지닌다.

우리나라 듣기·말하기 교육과정의 큰 흐름을 보면 1954년 제1차 교육과정부터 1973년 제3차 교육과정까지 경험 중심의 관점을 바탕으로 학습자의 언어 기능 신장에 목표를 두었다. 1981년 제4차 교육과정은 학문 중심의 관점이 채택되어 듣기, 말하기, 읽기, 쓰기가 '표현·이해' 영역으로 통합되어 다뤄졌다. 이후 제5차 교육과정 시기에 이르러 다시 말하기와 듣기로 분리되어 학습자의 국어사용 능력 신장에 중점을 둔 학생과 활동 중심의 교수·학습을 강조하였다.

[표 6-1]은 2022 교육과정 내 듣기·말하기 교육 내용을 정리한 것으로, 의사소통 맥락과 유형을 중심으로 '지식·이해' 범주를 구성하고 의사소통의 과정과 전략을 중심으로 '과정·기능' 범주로, 소통의 주체와 태도를 중심으로 '가치·태도'로 구분하였다. 특히, 화자와 청자 간 상호교섭을 통해 역동적으로 전개되는 구어 의사소통의 본질을 고려하여 '상호작용' 범주를 신설하였다. 더불어, 타 교과 학습에 필요한 듣기·말하기 영역의 도구적 특성을 고려하고, 학습자가 구어 의사소통 능력을 적기에 갖추도록 하기 위해 발표와 토의 등 담화 관련 학습 시기를 하향 조정하였다.

큰 틀에서 2022 교육과정 듣기·말하기 영역의 특징은 첫째, 듣기·말하기의 지식과 기능을 통합하여 창의적, 비판적인 국어 활동을 중시하였다. 둘째, 다양한 의사소통 목적에 따른 담화 유형과 실제 담화 활동 과정을 중심으로 교육 내용을 체계화하였다. 셋째, 학습자의 총체적 국어 능력 신장을 위해 듣기·말하기 하위 영역의 균형 있는 학습을 강조하고 있다.

[표 6-1] 2022 개정 국어과 교육과정 내 듣기·말하기 관련 내용

<table>
<tr><th colspan="2">범주</th><th colspan="2">초등학교</th><th>중학교</th><th>고등학교</th></tr>
<tr><td colspan="2">듣기·
말하기
강조점</td><td colspan="2">구어 의사소통</td><td>의미의 공유 과정</td><td>사회·문화적 성격</td></tr>
<tr><td rowspan="6">지
식
·
이
해</td><td rowspan="2">맥락</td><td>상황 맥락</td><td>→</td><td>→</td><td>→</td></tr>
<tr><td></td><td>사회·문화적 맥락</td><td>→</td><td>→</td></tr>
<tr><td rowspan="4">담화
유형</td><td colspan="2">대화·발표</td><td>→</td><td>→</td></tr>
<tr><td></td><td>토의·토론·면담·발표</td><td>→</td><td>→</td></tr>
<tr><td colspan="2"></td><td>연설</td><td>→</td></tr>
<tr><td colspan="2"></td><td></td><td>협상</td></tr>
<tr><td rowspan="4">과
정
·
기
능</td><td>내용
확인·
추론·
평가</td><td colspan="2">중요한 내용 확인하기
일이 일어난 순서 파악하기
내용 예측하기
주장, 이유, 근거 평가하기</td><td>의도와 관점 추론하기
설득 전략 평가하기</td><td>쟁점 파악하기
논증의 타당성 평가하기</td></tr>
<tr><td>내용
생성·
조직·
표현</td><td colspan="2">경험과 배경지식 활용하기
목적과 주제 고려하기
준언어·비언어적 표현 활용하기
매체 활용하여 전달하기</td><td>담화 공동체 고려하기
체계적으로 내용 구성하기
말하기 불안 대처하기</td><td>청자의 관심과 요구 분석하기
쟁점별 논증 구성하기</td></tr>
<tr><td>상호
작용</td><td colspan="2">말차례 지키기
예의를 지키며 듣고 말하기
절차와 규칙 준수하기</td><td>경청과 공감적 반응하기
대안 탐색하기
갈등 조정하기</td><td>질문하기와 답변하기
대안 탐색을 통해 문제
해결하기</td></tr>
<tr><td>점검·
조정</td><td></td><td colspan="3">듣기·말하기 과정과 전략에 대해 점검 및 조정하기</td></tr>
<tr><td colspan="2">가치·태도</td><td colspan="2">듣기·말하기에 대한 흥미
듣기·말하기에 대한 적극적 참여</td><td>듣기·말하기에 대한 성찰
공감적 소통 문화 형성</td><td>담화 관습에 대한 성찰
사회적 참여와 책임</td></tr>
</table>

듣기와 말하기의 교수·학습 방향

듣기와 말하기 교육 목적은 듣기·말하기 특성과 원리를 이해하고 기능을 체계적으로 익혀, 다양한 의사소통에 활용하는 능력을 키우는 것이다. 특히 듣기와 말하기 수업은 한쪽의 일방적인 생각과 느낌을 전달하고 다른 한쪽이 이해하는 과정이 아닌, 참여자 간 상호 교섭 활동을 통해 의미

를 구성하는 협력적인 활동이 필요하다. 교수·학습 또한 교사가 일방적으로 지시하고 학습자가 수행하는 식으로 진행되기보다 학습자가 학습 목표를 명확하게 인지하고 교사 또는 동료와 활발한 상호작용을 통해 능동적으로 참여할 수 있어야 한다. 이 장에서는 과제 제시 형태로 실제적 경험을 다루는 과제 중심 학습법과 개인의 이야기를 점차 확장하여 듣기와 말하기를 통합하여 다루는 언어 경험 접근법, 특정 의사소통 상황에서 듣기·말하기 수행 기능을 익히는 상황 모형을 소개한다.

1) **과제 중심 학습법**: 학습자의 일상적 언어 사용 환경과 비슷한 담화 상황을 구현하고 유의미한 듣기·말하기 과제task를 중심으로 학습 내용을 구성하여 화법 능력을 기르는 전략이다. 기존 교수법이 언어 규범이나 문법 항목 등을 기본적인 학습 내용으로 삼았다면 과제 중심 교수법은 유의미한 교육적 경험을 통해 학습 이후 교실 밖에서의 실제 듣기·말하기 수행 능력을 높이는 것이 목적이다. 과제는 교사가 의도적으로 선정하거나, 참여자가 경험해 보고 싶은 상황을 스스로 정할 수 있다. 이때 과제는 실생활에서 수행 가능성은 다소 낮지만 기초적이고 단순한 변인을 다루는 교육적 과제와 학습자에게 친숙하고 실생활과 동일하거나 비슷한 내용을 다루는 실제적 과제로 구분할 수 있다. 과제 중심 학습은 배운 것과 실제 삶을 자연스럽게 연결 짓는 태도를 기르는 데 효과적이며 다양한 문제 상황을 해결하는 방법을 간단한 원리로 익힐 수 있는 장점이 있다.

2) **언어 경험 접근법**Language Experience Approach, LEA: 학습자의 실제 경험과 관련하여 교사가 질문 형식으로 단서를 제공하여 이야기를 확장해 가는 언어 학습 전략이다. 학습자의 개인적 경험을 이야깃거리로 삼아 자신의 언어로 표현해 봄으로써 자연스럽게 듣기·말하기를 다른 언어 기능과 연계할 수 있는 통합적인 문해 활동이다. 특별한 교육적 훈련이나 처치 없

이 개인의 말하는 내용을 담화 자료로 활용한다는 점에서 학습자의 경험이 언어 경험 이야기language experience story가 될 수 있다. 책이나 드라마에서 본 이야기, 음식 레시피, 체육 대회, 취미 등 모든 경험이 이야기 대상이 되기 때문에 학습자의 흥미나 동기부여는 물론 자발적인 참여를 이끌어 내는 데도 효과적이다. 이때 교사는 학습자의 음성 언어 수준에 맞는 공통의 언어 경험이 드러나도록 사진이나 이미지 등을 활용해 유도elicitation하는 과정이 필요하다. 그리고 서툴더라도 학생이 자신의 언어로 표현하도록 동작이나 발문으로 단서를 제시하고, 학생의 말을 칠판에 받아 적으며 말과 글을 자연스럽게 연결 짓고, 나아가 의미를 구성하는 총체적인 언어 학습으로 연계할 수도 있다.

3) **상황 모형**: 담화가 이루어지는 의사소통 상황에 초점을 두어 교육하는 방법이다. 듣기와 말하기는 언어 기능 가운데서도 가장 즉시적, 실제적인 활동이어서 수용과 생산이라는 언어적 기능의 꾸준한 연습과 노출 없이 해당 능력을 기르기 어렵다. 그러므로 수업에서 실제와 유사한 대화, 면접, 토의, 토론, 협상, 발표, 연설 등 다양한 장면을 제시하고 학습자가 다양한 담화 유형을 경험하게 해야 한다. 수업 절차는 대화 상황 설정 → 역할 정하기 → 듣기, 말하기 수행 → 수행 상황 점검 및 토의 → 다시 말하기 순으로 진행되며, 이때 교사는 다양한 언어 수행 경험을 실제적인 과제authentic tasks 수준으로 제공하고 학생들에게 해당 장면의 중요성을 인식시킬 필요가 있다.

1 내 생각을 말해 봐

우리는 평소 다른 사람과 대화하며 쉽게 말로 표현하지 못하고 머뭇거릴 때가 있다. 자신이 의도한 내용을 분명하게 전하고 있는지, 어떤 방법으로 전달하는 것이 효과적인지를 늘 고민하게 된다. 화법은 구두 언어를 매개로 하는 실제적인 활동으로 언어 사용에 대한 꾸준한 연습 없이 늘기 어려운 특성이 있다. 듣기와 말하기 능력을 기르기 위한 교수·학습 전략도 다양한 담화 상황에 맞는 학습자의 적극적인 사고와 지식의 창조 활동이 강조되기 때문에 듣기와 말하기 학습 내용이 실제 의사소통을 통해 유의미한 경험으로 획득될 때 다른 언어 활동으로 전이되기 쉽다. 결국 듣기와 말하기를 잘하기 위해서는 일상에서의 빈번한 의사소통 상황과 관련된 언어 과제를 수행해 봄으로써 자신이 표현하고자 하는 의도에 맞게 유창하고 정확하게 드러냈는지, 또한 듣는 이가 관련 내용을 적절하게 이해하고 받아들였는지를 점검하는 활동이 필요하다.

인간의 일상생활에서 가장 흔하게 이뤄지는 대화의 경우, 즉흥적으로 말하고 듣는 활동의 연속으로 볼 수 있다. 이때는 특별한 어떤 사전 준비도 없이 짧은 시간 안에 생각을 정리하여 말할 내용을 정하고 효과적인 전달 방법을 결정해야 한다. 들을 때도 마찬가지로 상대방의 의사를 적절히 파악하여 다음의 대화를 이어가야 한다. 즉, 단순하고 쉬워 보이지만 이 모든 것이 대화가 이뤄지는 짧은 순간에 학습자의 사고 과정, 듣기·말하기를 위한 사고 조절 능력이 요구된다. 관련하여 이 장에서는 생각이나 감정을 쉽고 효과적으로 전달하기 위한 연습 방법에 초점을 맞춰 '본 대로 말해 줘!', '맞다! 틀리다?', '내재적 수행법' 전략을 소개하고 지도 방법을 알아보기로 한다.

전략 1 본 대로 말해 줘!

개념·목적 그림이나 사진의 다양한 정보를 개인의 관점에 따라 얼마나 효과적으로 전달하는지 살펴볼 수 있는 전략. 말하는 이의 생각이 언어로 어떻게 정교화되는지 점검하는 데 효과적임.

절차·과정 ① 그림과 사진의 정보를 꼼꼼히 살펴보기
② 보고 느낀 점을 상대방에게 구체적으로 설명하기
③ 설명에 대해 궁금한 점 묻고 답하며 이미지 구체화하기
④ 원래 이미지와 떠올린 이미지 비교하며 의견 공유하기

적용 대상·상황 초등학교 전체 학년, 주위의 다양한 이미지 자료

전략 2 맞다! 틀리다?

개념·목적 어떤 사실이나 현상에 대해 자신의 입장을 정리하고 생각을 논리적으로 표현해 보는 활동. 자신과 타인의 입장과 의견이 논리적으로 표현되었는지를 점검해 보는 효과적인 전략.

절차·과정 ① 해당 수업에 대해 교사의 시범 보이기
② 특정 사실에 대한 다양한 정보 제공하기
③ 참여자의 입장에 따라 관련 정보에 대한 논리 마련하기
④ 순서를 정해 '맞다, 틀리다'에 대한 판단 근거 제시하기
⑤ 제시된 내용을 토대로 참여자 의견을 종합해 판단하기

적용 대상·상황 초등학교 3~6학년, 일상생활의 소재나 현상

전략 3 내재적 수행법

개념·목적 실제 의사소통 상황이 아닌 가상의 담화 상황을 설정하여 성공적인 언어 수행 장면을 떠올리며 긴장감을 완화하는 전략. 다양한 언어 수행 상황에 전이 가능성이 높고 긍정적 언어 태도를 갖는 데 효과적임.

절차·과정 ① 다양한 담화 상황 설정하기(말하기 상황, 청중 유형 구분)
② 본인의 말하기 목적, 대상, 장면 등을 머릿속으로 떠올리기
③ 성공적인 언어수행 상황 연상하며 머릿속에서 구체화하기
④ 수행 결과를 바탕으로 의사소통 전·후 비교하여 내면화하기

적용 대상·상황 초등학교 고학년부터 고등학교까지, 다양한 담화 유형

전략 1 본 대로 말해 줘!

'본 대로 말해 줘!'는 그림이나 사진의 이미지 정보를 다른 사람에게 설명하는 과정에서 말하는 이의 생각이 어떻게 언어로 구체화 되고 듣는 이가 해당 정보를 어떻게 상상하고 형상화하는지를 비교해 볼 수 있는 전략이다. 그림과 사진이라는 시각적 단서를 제시하여 내용 이해 중심의 교수·학습 활동에서 정보를 기억하고 구체화하는 데 효과적이다. 듣기와 말하기 교육에 활용되는 그림이나 사진은 크게 ① 단독 구성 그림, ② 두 장 이상의 양립 구성 그림, ③ 두 장 이상의 연속 구성(서사 구조)으로 구분할 수 있고, 학습 참여자의 인원과 수준을 고려하여 다양한 활동을 구성할 수 있다. ① 그림을 보고 생생하고 구체적으로 설명하기, ② 설명하는 내용을 듣고 듣는 이가 상상하는 이미지와 비교하기, ③ 이어진 그림을 통해 여러 사람이 릴레이로 말하기, ④ 이어진 그림을 보고 원인과 결과, 또는 시간과 공간의 변화가 드러나도록 말하기 등을 진행할 수 있다.

절차와 과정

① 그림이나 사진 제시하기
② 그림과 사진이 갖는 정보를 개인적 기준이나 관점에 맞게 탐색하기
③ 보고 느낀 점을 상대방에게 구체적으로 설명하기
④ 설명을 듣고 궁금한 점 묻고 답하며 이미지 구체화하기
⑤ 원본 이미지와 설명을 듣고 떠올린 이미지 비교하며 의견 공유하기

발문과 활동

- 그림이나 사진을 충분히 살펴보고 최대한 구체적으로 설명해 주세요.
- 그림과 사진을 설명하는 자신만의 기준은 무엇인가요?
- 설명을 듣고 어떤 점이 궁금했나요? 답변을 듣고 궁금한 점은 해소되었나요?
- 동일한 이미지에 대해 어떤 공통점과 차이점이 있었는지 정리해 봅시다.

교수·학습 길잡이

- 전체적이고 포괄적인 것부터 자세하고 구체적인 순으로 설명하도록 안내한다.
- 학습자 특성을 고려하여 단독형, 양립형, 연속형 그림·사진을 제시할 수 있다.
- 말하는 이가 표현한 정보와 듣는 이가 이해한 정보 사이에 어떤 연관성과 차이점이 있는지를 공유하도록 한다.
- 연속형 그림·사진은 시공간의 변화 또는 원인과 결과를 어떻게 조직하여 전달하는지 점검한다.

"본대로 말해줘!"

• 어느 가정의 거실인것 같다. • 장남감이 널려 있다. • 바닥에 쓰레기가 많이 있다. • 정리정돈이 되지않아 너저분하다.	사진에 대한 정보	• 바닥이 깔끔하다. • 가구들이 정리되어 있다. • 장남감들이 가지런이 놓여있다.

information 추가적으로 제공하고 싶은 정보

• 어떤 일에 대한 전과후의 내용이다.
• 주변 정리정돈에 대한 이야기를 담고 있다.
• 거실이라는 공간은 변하지 않고 동일한 곳에서 일어난 일이다.
• 놀고 난 후 청소를 마치고 깨끗하게 정리된 거실을 상상할 수 있다.

> 1. 그림을 보고 가장 먼저 떠오른 것은 무엇인가요?
> 2. 그림에 나타난 정보를 설명할 때 가장 신경 쓴 점은 무엇인가요?

설명을 듣고난 후 상대방의 반응

• 대체로 설명했던 의도를 알아차렸다.
• 설명 내용을 듣고 사건이 일어난 전후관계를 궁금해 했다.
• 설명한 내용과 상상한 이미지가 비슷한 점을 긍정적으로 평가했다.

전략 2 맞다! 틀리다?

'맞다! 틀리다?'는 어떤 사실이나 현상에 대한 정보를 접했을 때, 그 정보가 맞거나 틀리다는 한 가지 의견을 선택하고, 구체적인 근거를 들어 주장하는 전략이다. 이 활동은 어떤 정보든지 옳고 그르다는 이분법적 사고를 넘어 다양한 시각이나 관점에서 해석될 수 있다는 가정에서 시작한다. 예를 들어 키가 175cm인 남학생 사진과 '키가 크다'라는 정보가 주어졌을 때, 이 정보가 맞는지 틀린지를 선택하고, 자신의 판단 과정을 돌이켜 그 근거가 적절하고 타당한지를 점검하는 활동이다. 활동 시작 단계에서는 고정된 사물, 이미지 등 구체적이고 분명한 정보를 제시하여 간단한 논리를 세울 수 있도록 하고, 점차 다양한 관점이 존재하는 정보를 제공하여 복잡한 논리를 구성해 보게 한다. 다른 사람의 생각이나 주장에 어떤 근거가 담겨 있는지를 검토하여 자신의 의견과 비교하는 활동도 함께 진행할 수 있다.

절차와 과정

① 해당 수업의 원리와 절차에 대해 안내하기(교사의 시범 보이기)
② 어떤 사실이나 현상에 대한 기본 정보 제시하기
③ 충분한 시간을 통해 해당 정보에 대한 참여자의 입장을 정하고 논리 마련하기
④ 순서를 정해 '맞다'와 '틀리다'를 판단한 근거를 말하고 듣기
⑤ 제시된 모든 내용을 토대로 참여자의 판단에 대한 결론 내리기

발문과 활동

- 제시한 정보에 대해 평소 어떤 생각이나 경험을 해 본 적이 있나요?
- 해당 정보에 대한 평소 자신의 생각과 입장을 검토하여 한 가지를 선택해 봅시다.
- 나의 판단에 영향을 미친 결정적인 것은 무엇인가요?
- 제시한 정보에 대한 판단은 언제든 바뀔 수 있으니 사고의 유연성을 길러 봅시다.

교수·학습 길잡이

- 사진이나 그림에 대한 정보는 쉽고 친숙한 것부터 어렵고 추상적인 순으로 제시한다.
- 낯설고 어려운 주제는 학생의 이해를 돕는 보조 자료를 준비한다.
- 상대방의 의견에 대한 비판과 반박이 주된 목적이 아니며 자신의 판단에 대한 구체적이고 논리적인 근거 제시가 중요함을 안내한다.

Yes! or No? 맞다? 틀리다?

3kg

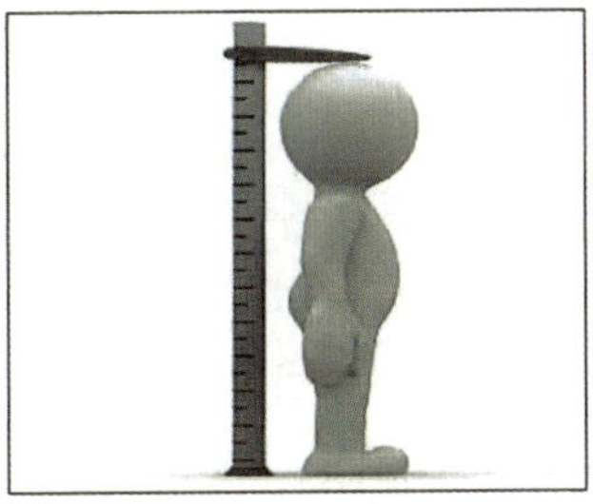

남자 키 175cm

· 무게를 재는 저울의 모양이다. · 단단한 쇠의 이미지가 떠오른다. · 무게 단위 중의 하나인 Kg이 표시되어 있어서 작은 무게는 파악이 안됨	보이는 대로 말하기	· 신체검사를 받는 장면이 떠오른다. · 캐릭터의 신장비율이 3등신을 갖고 있다. · 키를 잴때 긴장감이 느껴진다. · 요즘은 작은 키보다 큰 키를 대체로 선호하는 것 같다.
3Kg은 가볍다. · 3Kg은 1.8L 물 두개정도 무게임 · 10Kg 정도 되어야 무겁다고 할 수 있다. · 두 손을 빌리지 않고 한 손으로 들 수 있는 무게이다.	나의 관점은	남자 키 175cm는 작다. · 최근 통계자료에 한국 남자의 평균 키가 176cm 라고 한다. · 사회적으로 큰 키가 호감도가 더 높다. · 작다고 말하기는 어렵지만, 큰 키는 아니다.
* 한 손으로 들기에는 다소 묵직함이 있어 절대 가볍다고 볼 수는 없다. * 남자와 여자, 어린이나 노인의 입장에 따라 달라질 수 있다.	상대방의 입장	* 일반적인 기준으로 작다고 판단하기는 어려우므로 크다고 볼 수 있다. * 충분히 매력적인 신장으로, 몸 관리에 따라 크게 보일 수도 있다.
사람마다 자신의 경험이나 생각에 따라 기준이 달라질 수 있다.	최종 결론	어떤 기준을 가지고 키를 판단하느냐에 따라 서로의 입장이 달라질 수 있다.

전략 3 내재적 수행법

내재적 수행법covert behavior은 말하는 이가 실제 말하기 상황을 맞닥뜨리기 전에 다양한 담화 상황을 가상으로 설정하여 해당 언어 수행을 성공적으로 마치는 자신의 모습을 연상해 보는 전략이다. 이때 말하는 이는 자신의 말하기 상황을 신중하게 관찰하고 관련 문제점을 찾아서 문제 행동을 수정하고 조절해 가야 한다. 이 전략은 실제 담화 상황으로 전이 가능성이 높고, 다른 사람 앞에서 쉽게 말문을 열지 못해 힘들어하는 말하기 불안 증상이 있을 때 불안감을 최소화하는 대처 방법으로 활용할 수 있다. 말하는 이가 자기 완성적 예언을 통해 말하기 성공에 대한 긍정적 암시와 인식을 갖는 데도 효과적이다. 말하기 불안을 점검하는 체크리스트를 활용하면 좀 더 쉽게 접근할 수 있으며, 언어 수행 과제를 실감 나게 경험하는 과정에서 만족감, 즐거움, 흥미를 느낄 수 있어 학습의 내재적 동기와 연관된 음성 언어 수행 성취도 측면에서도 큰 효과를 가져올 수 있다.

절차와 과정

① 말하기 상황과 청중의 유형을 달리하여 다양한 담화 상황 설정하기
② 눈을 감고 묵상 등의 방법으로 자신의 내면 상태를 평온하게 유지하기
③ 자신의 말하기 목적, 대상, 장면 등을 머릿속으로 연상하기
④ 자신이 말하기를 성공적으로 수행하는 모습을 떠올리며 머릿속에서 구체화하기
⑤ 내재적으로 진행한 결과를 바탕으로 말하기 수행 전·후 비교하여 내면화하기

발문과 활동

- 다른 사람에게 말하며 말하기 불안을 느낄 때 어떤 점 때문에 힘들었나요?
- 자신의 마음이 평온해질 때까지 눈을 감고 명상해 봅시다.
- 내재적인 말하기 성공 경험을 돌이켜보고 어떻게 불안에서 벗어날 수 있었는지 말해 봅시다.

교수·학습 길잡이

- 말하기 불안은 누구나 경험하고 겪을 수 있는 현상임을 안내한다.
- 말하기 불안을 점검하는 체크리스트를 활용해 나의 말하기 불안 정도를 확인한다.
- 실제 언어생활에서 불안을 겪거나 자주 경험하는 담화 상황을 유형별로 제시하고 각각의 상황을 연상할 수 있도록 준비한다.

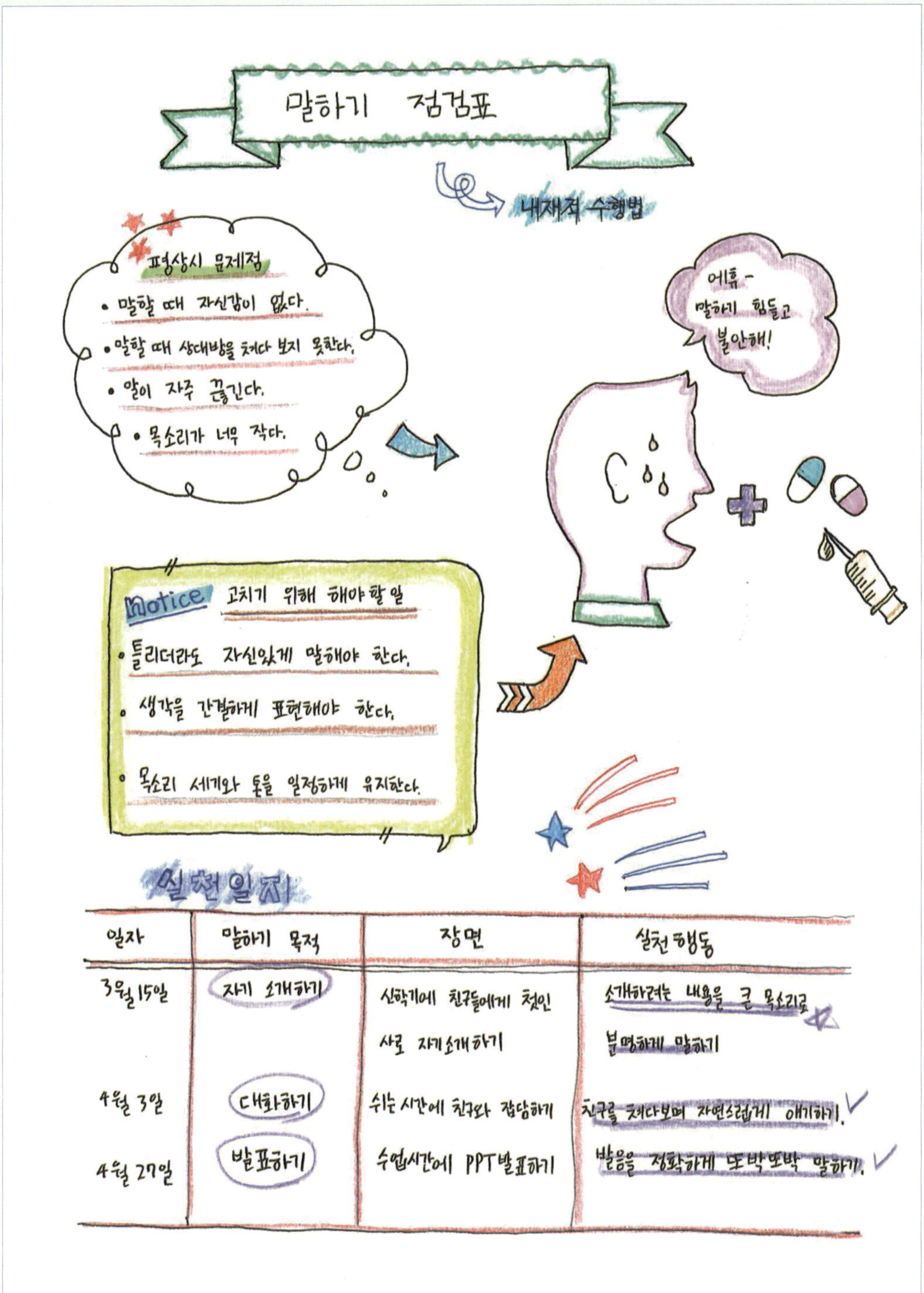

말하기 점검표

내재적 수행법

평상시 문제점

- 말할 때 자신감이 없다.
- 말할 때 상대방을 쳐다 보지 못한다.
- 말이 자주 끊긴다.
- 목소리가 너무 작다.

어휴 - 말하기 힘들고 불안해!

Notice 고치기 위해 해야 할 일

- 틀리더라도 자신있게 말해야 한다.
- 생각을 간결하게 표현해야 한다.
- 목소리 세기와 톤을 일정하게 유지한다.

실천 일지

일자	말하기 목적	장면	실천 행동
3월15일	자기 소개하기	신학기에 친구들에게 첫인사로 자기소개하기	소개하려는 내용을 큰 목소리로 분명하게 말하기
4월 3일	대화하기	쉬는 시간에 친구와 잡담하기	친구를 쳐다보며 자연스럽게 얘기하기.
4월 27일	발표하기	수업시간에 PPT발표하기	발음을 정확하게 또박또박 말하기.

2 타인을 설득하기

집단과 사회를 구성하는 개인은 각기 생각과 가치관이 다르기 때문에 의견 충돌과 갈등이 빚어지며, 이를 해결하기 위해서는 토론이 필요하다. 물론 다른 사람과 의사소통에서도 토론을 염두에 두고 대화를 시작하는 경우는 드물다. 그러나 사람이 모이는 곳에는 자연스럽게 대화가 오가고, 서로의 의견에 차이가 있어 논쟁이 생기면 토론을 벌이게 된다. 점심 메뉴를 무엇으로 할지, 여행지를 국내로 할지 해외로 할지 등 시대와 세대를 넘어, 형식에 구애받지 않고, 설득하는 말하기는 인간의 의사소통에서 친숙한 듣기·말하기 방식이다.

설득하는 말하기로서 토론debate은 어떤 논제에 대해 찬성과 반대 의견을 가진 사람들이 각자의 논거를 들어 자신의 의견과 주장이 옳음을 내세우고, 상대방의 논거가 부당하다는 것을 따져보는 화법의 한 형태이다. 실제 참여자 간의 협력적 상호작용을 통해 문제의 해결 방안을 찾아가는 토의와 달리, 참여자 간 경쟁적 상호작용을 통해 논제에 대한 이해를 심화하는 과정으로 볼 수 있다. 따라서 흔히 토론의 목적을 설득으로 생각하는 것과 달리 토론의 결과를 설득으로 보는 것이 적절하다.

토론에서 중요한 것은 증거 자료인 논거이다. 우리가 학교 교육에서 중점적으로 다루는 토론 유형인 교육 토론에서도 그렇지만, 그 외 널리 쓰이는 표준 토론(고전적 토론), 교차 심문 토론(반대 신문식 토론), 링컨·더글라스 토론, 의회식 토론, 칼 포퍼 토론 등도 모두 각자의 논거에 대한 질문과 반론을 주고받으며 주장의 타당성과 신뢰성을 검증하는 과정을 거치게 된다. 이를 통해 서로의 논리를 좀 더 깊이 있게 이해하고 사고를 확장하여 비판적이고 창의적인 사고 능력을 기를 수 있기 때문이다.

이 절에서는 2인 이상의 설득하는 말하기 전략으로 '나는 면접관', '두 마음 토론', 'PREP 토론'을 소개하고 지도 방법을 다루기로 한다.

전략 4 나는 면접관

개념·목적 진학 또는 취업 상황을 설정하여 지원자는 구체적인 근거를 통해 지원 의도를 밝히고, 심사자는 질문을 통해 해당 내용을 공정하고 합리적으로 따져 보는 활동. 지원자와 심사자 주장이 간결하고 분명한지를 점검하는 데 효과적인 전략.

절차·과정 ① 지원자와 심사자 역할 정하기
② 면접 준비 자료 작성하기
③ 지원 의도를 분명히 말하고 심사자는 질문을 통해 판단하기
④ '합격, 보류, 탈락' 등 심사 의견 정하여 제시하기
⑤ 심사가 공정하고 합리적으로 진행되었는지 검토하기

적용 대상·상황 중학교부터 고등학교까지, 자기소개와 면접 활동 포함

전략 5 두 마음 토론

개념·목적 토론 역할 2명과 심판 역할의 학생이 모여 앉아 친숙한 주제로 토론을 진행하는 토론 입문기에 활용할 수 있는 전략. 토론 참여자의 호기심을 자극하고 참여를 유도하는 데 효과적인 전략.

절차·과정 ① 3명씩 모둠을 지어 토론자와 심판자 역할 배정하기
② 토론 주제 제시하기(친숙한 것부터 복잡한 순으로 제시)
③ 서로의 의견과 주장을 3~4회 간결하게 말하고 듣기
④ 전체 의견을 종합하여 심판이 우승자 결정하기

적용 대상·상황 초등학교 고학년, 토론에 흥미를 이끄는 친숙한 화제

전략 6 PREP 토론

개념·목적 자신의 생각을 막연하게 전달하지 않고 PREP의 절차를 지켜 주장-이유-사례-주장 순서대로 의견을 간결하고 분명하게 전달하는 전략.

절차·과정 ① PREP의 특성과 절차에 대한 간단한 수업 제공
② 정해진 주제 또는 참여자들 스스로 주제 선정하기
③ 관련 내용을 선정하여 절차에 맞게 논리적으로 말하기
④ 다른 발표자 의견을 주의 깊게 듣고 반론 검토하기
⑤ 발표 내용을 토대로 토론하고 참여자 간 의견 공유하기

적용 대상·상황 초등학교 고학년부터 고등학교까지, 다양한 담화 유형

전략 4 나는 면접관

'나는 면접관'은 상급학교 진학이나 취업이라는 가상의 상황을 설정해, 일정한 기준에 따라 지원자의 자기소개 내용을 심사하고 지원자의 의견이나 주장의 근거가 적절한지를 판단해 보는 전략이다. 영어로 interview인 면접面接은 상호 간에inter 본다view는 의미로, 지원자의 인성과 역량, 직무 자질 등을 질문으로 정확하게 판단하는 것이 중요하다. 이 활동 역시 '질문과 답변'의 내용과 절차를 따라야 하며, 효과적인 질문으로 심사 기준에 따른 명확한 답변을 주고받는 것이 중요하다. 지원자 역할은 자신의 지원 의도를 구체적인 근거를 내세워 분명하게 말해야 하고, 심사자 역할은 지원자의 답변 내용을 일정한 기준에 따라 주관적인 견해를 최소화하여 공정하고 합리적으로 따져보아야 한다. 짧은 시간에 상대방의 의도를 파악하여 분명하게 반응해야 하므로 참여자 모두에게 고차원적인 사고 활동이 요구된다.

절차와 과정

① 지원자와 심사자 역할 정하기
② 면접 준비자료(내 친구를 소개할게, 10문 10답 등) 작성하기
③ 지원자는 지원 의도를 구체적으로 말하고 심사자는 질문을 통해 판단하기
④ '합격, 보류, 탈락' 등 심사 의견을 결정하여 제시하기
⑤ 심사 내용에 대해 공정하고 합리적인 의사 결정 과정인지 함께 검토하기

발문과 활동

- 지원자와 심사자는 어떤 목적으로 해당 역할을 수행하는지 알고 있나요?
- 질문과 답변 내용이 지나치게 주관적, 비판적이지 않도록 유의해야 합니다.
- 질문과 답변의 의도가 분명하고 구체적으로 전달되었는지 확인해 봅시다.
- 지원자, 심사자의 역할을 서로 바꾸어 각자의 입장을 확인하고 살펴봅시다.

교수·학습 길잡이

- 면접 자료를 직접 준비할 수도 있고 사전에 완성된 소개서를 제공할 수 있다.
- 지원자 및 심사자 역할을 미리 정하여 서로의 역할을 이해하게 한다.
- 참여 학생 모두가 면접 평가지를 공동 제작하고 검토한다.
- 참여자 모두 심사 결과에 동의하지 못하면 다시 검토할 수 있도록 안내한다.

나는 면접관
면접 준비 check List
· 옷차림은 단정하고 깨끗한가
· 예의를 갖추고 바른 태도를 보이는가
· 의사를 바르고 정확하게 표현하는가
· 공정하고 합리적으로 평가하기
면접을 통해 알고자 하는 것은 무엇인가?
Q1, 하고자하는 분명한 목표가 있는가?
2, 자신의 능력과 의지에 대해 확신이 있는가?
3, 긍정적인 사고와 태도를 갖고 있는가?
4, 대인관계는 적절하고 분명한 기준이 있는가?
5, 타인을 존중하고 화합할 수 있는가?
?
10문 10답 (나의 장점과 특징 알아가기)
1. 나를 한 마디로 표현하면? 당당하게, 하지만 부드럽게!
2. 가장 자신있는 일은? 맡겨진 일에 최선을 다하는 태도
3. 그 동안 가장 행복했던 순간은? 누구도 안된다고 포기한 프로젝트를 끝까지 완수
4. 슬럼프를 벗어나기 위해 하는 일은? 명상을 즐기며 클래식 음악을 몰아듣기
5. 힘들었지만 도전하여 성공한 경험은? 개성강한 조원들을 설득해 최고의 결과물 완성
6. 관심있는 분야와 원하는 진로는? 경제와 비지니스 분야
7. 목표를 위해 준비하고 있는 것은? 다양한 자격증을 준비하고 계획 철저히 세우기
8. 50년 후 나에게 해주고 싶은 말은? 충분히 잘 살아왔어!
9. 인생의 좌우명은? 가장 늦었다고 생각할 때가 가장 빠른 때이다.
Q
A

전략 5 두 마음 토론

'두 마음 토론'은 어떤 사실에 대해 찬·반 의견 또는 딜레마 상황을 제시하여 토론 참여자 2인과 이를 판단하는 심판까지 3인이 정삼각형 형태로 앉아 토론하는 활동이다. 특징은 친숙한 일상 문제를 주제로 제시하여 토론 형식과 내용에 부담감을 가지는 학생이 쉽고 재미있게 토론 활동에 접근하게 한다는 점이다. 예를 들어 '몸은 피곤한데 쉬는 시간에 매점에 갈 것인가, 잠깐 엎드려 잠을 잘 것인가?' 등의 주제를 제시한다. 진행 과정에서 다양한 변형이 가능한데, 한 팀을 선정해 토론을 진행하고 다른 참여자들이 이를 지켜보게 하거나, 한 가지 주제를 여러 모둠이 동일하게 적용해 서로 같은 입장을 가진 학생끼리 사전에 주장할 내용의 근거를 마련하고 각 모둠으로 돌아가 토론을 진행할 수 있다. 각자 의견을 3~4회 정도로 짧게 발언하고 이를 중재하는 심판이 서로의 의견을 종합해 승자를 결정하게 된다.

절차와 과정

① 3명씩 모둠을 만들고 토론자와 심판자 역할을 배정하기(각 역할에 대한 안내 필요. 특히 심판 역할이 중요하므로 공정한 진행을 위한 사전 교육 실시)
② 토론 주제 제시하기(친숙하고 쉬운 것부터 생소하고 복잡한 순으로 제시)
③ 심판의 권한으로 발언자 우선권 선정하여 의견 듣기
④ 각자의 의견을 번갈아 가며 서너 차례 간결하게 말하고 듣기
⑤ 전체 의견을 종합하여 심판이 우승자 결정하기

발문과 활동

- 정해진 주제에 대해 나는 얼마나 많은 것을 알고 있나요?
- 자신의 생각을 정리하여 논리적이고 타당한 근거를 갖춰 말해 보세요.
- 상대방의 의견을 주의 깊게 듣고 타당하지 않은 부분을 반박해 봅시다.
- 심판은 각자의 의견을 충분히 듣고 합리적이고 공정하게 판단해야 합니다..

교수·학습 길잡이

- 각자의 역할을 이해하고 활동이 진행되도록 사전 교육을 실시한다.
- 발언의 순서를 지켜 자신의 생각을 논리적으로 밝히고 상대방의 의견을 존중하며 들을 수 있도록 안내한다.
- 우승자를 정해 토론을 매듭짓고 활동에 대한 의견과 소감을 공유한다.

두 마음 토론

"내 마음 들여다 보기"

토론주제 (오늘의 딜레마는?)	많이 지친 당신, 1 쉬는 시간에 매점에 갈 것인가 2 잠깐 엎드려 잠을 잘 것인가	
참여자 명단	김정민 박지훈 황병훈	
나의 역할	☐ 심판 ☑ 매점에 간다 ☐ 잠을 잔다	
토론자 의견 	**내 결정에 대한 이유**	**상대방 결정에 대한 이유**
	• 몇 분 엎드려 쉬는 것이 피로회복에 크게 도움되지 않는다. • 몸을 움직이는 것이 잠을 깨는데 더 효과적인 방법이다. • 친구들과 군것질하며 수다 떠는 것이 기분전환에 더 도움이 된다. • 간식으로 영양을 보충하는 것이 수업에 도움이 될 수 있다.	VS • 잠깐만 눈을 붙여도 피로를 푸는데 도움될 때가 많다. • 몸을 움직이지 않고 쉬는 것이 체력회복에 도움이 된다. • 매점을 이용하기 위해 줄을 서고 시간이 걸려 더 피곤할 때가 많다. • 사람이 많고 시끄러워서 정신이 없다.
심판 판결 	오늘의 승자는?	매점에 간다 (김정민)
	판정 이유	1. 쉬는 시간을 활기차게 보내는 것이 수업시간의 긴장감도 풀어주고 휴식을 취하는데 효과적이다. 2. 토론하는 동안 자신의 입장을 차분하고 논리정연하게 펼쳐 나갔다. 3 청중의 태도와 반응 면에서 더 많은 호응을 이끌어 냈다. 4 토론에 임하는 자세면에서 시종일관 여유로운 태도를 보였다.

전략 6 PREP 토론

'PREP(프렙) 토론'은 의사소통 과정에서 상대방에게 자신의 의견을 구체적으로 전달하는 데 효과적인 논증 전략이다. 의견이 충돌하는 모든 사안에서 복잡한 논증을 거쳐 토론하기는 어려운데, PREP 토론은 일상에서도 근거를 들어 효율적이고 효과적으로 의견을 제시할 수 있게 한다. PREP의 절차는 툴민Toulmin의 6단 논법을 간소화하여 주장Point – 이유Reason – 사례Example – 주장Point으로 의견을 전달한다. 예를 들어 "[P]용돈 좀 올려주세요! [R]요즘 고등학생 누구나 10만 원 이상은 받는다고요. [E]성준이도 은주도 모두 15만 원은 받아요. [P]그러니까 용돈 올려 주세요."처럼 활용될 수 있다. 일상적인 의사소통에서는 물론, 복잡한 사안에서도 자신의 주장을 하나씩 간결하게 끊어서 전달할 수 있는 것이 특징이며, 학습자에게 친숙한 주제를 통해 접근하면 주의 집중력과 학습 효과를 높일 수 있다. 상대의 감정을 자극하지 않고 효과적으로 대처하는 반론 기법인 'AREA' 전략, 즉 주장Assertion – 이유Reason – 증거/예시Evidence/Example – 주장Assertion과 연계하여 다루면 더욱 효과를 거둘 수 있다.

절차와 과정

① PREP의 특성과 절차에 대한 간단한 수업 제공하기
② 정해진 주제를 미리 제시하거나 참여자들 스스로 주제 선정하기
③ 주제에 따른 내용을 선정하여 절차에 맞게 논리적으로 말하기
④ 다른 발표자의 의견을 주의 깊게 듣고 반론 검토하기
⑤ 발표된 내용을 중심으로 토론하고 참여자 간 피드백 공유하기

발문과 활동

- 자신의 생각을 주장하는 말하기에서 자주 활용하는 방식은 무엇인가요?
- PREP 절차에 맞게 내용을 선정할 때 유의할 점은 무엇인가요?
- 상대방의 말에 논리적 허점을 찾아 정리하고 PREP 방식으로 반박해 봅시다.

교수·학습 길잡이

- PREP 절차를 고려하여 주장 내용을 간결하게 정리하는 연습을 한다.
- 활동 주제를 친숙한 일상적 소재부터 사회적인 내용 순으로 확대한다.
- PREP 전략과 AREA 전략을 적절히 연계하면 상대방의 주장에 대해 효과적으로 대처할 수 있음을 안내한다.

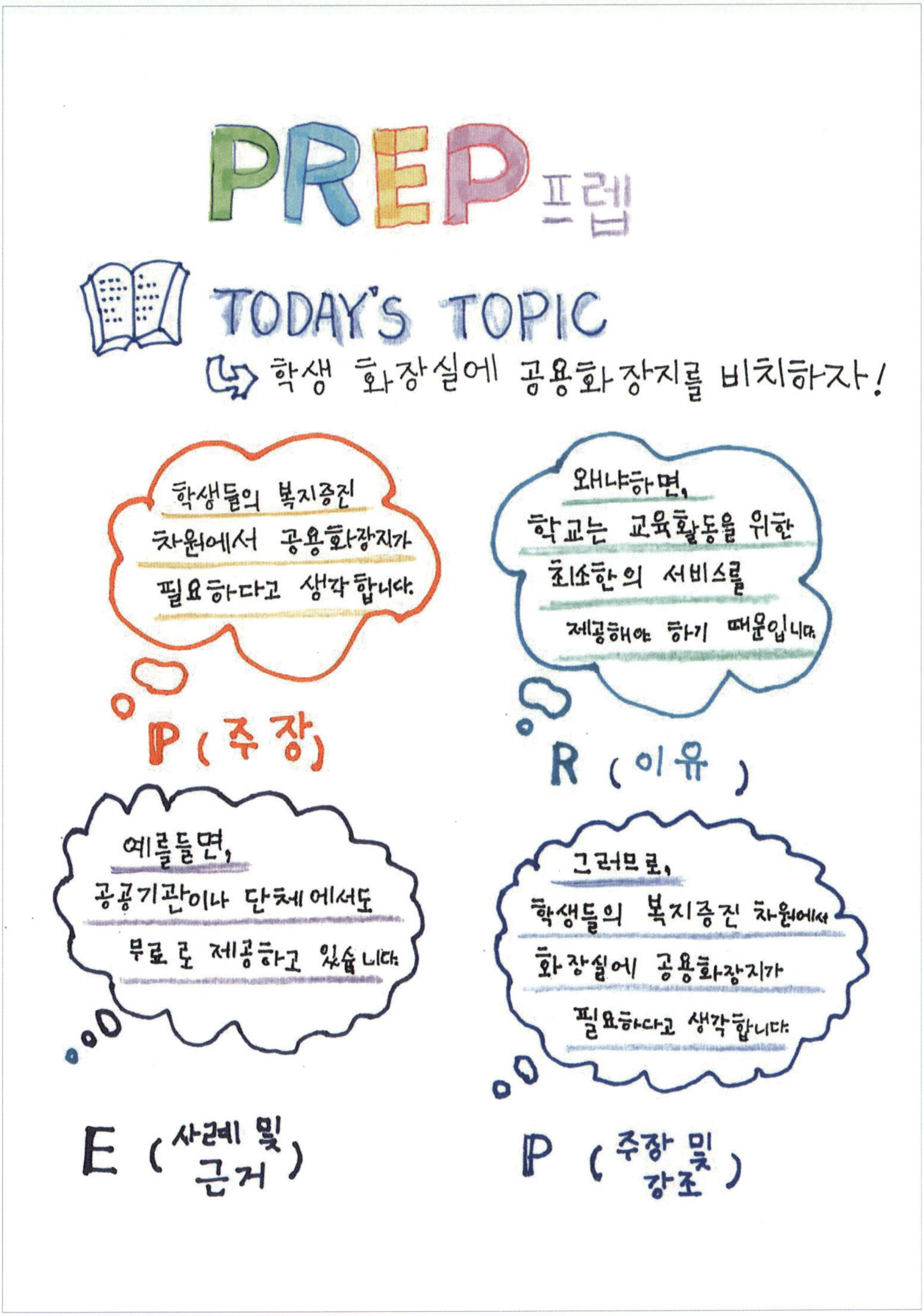
PREP 프렙
TODAY'S TOPIC
학생 화장실에 공용화장지를 비치하자!
학생들의 복지증진 차원에서 공용화장지가 필요하다고 생각합니다.
P (주장)
왜냐하면, 학교는 교육활동을 위한 최소한의 서비스를 제공해야 하기 때문입니다.
R (이유)
예를들면, 공공기관이나 단체에서도 무료로 제공하고 있습니다.
E (사례 및 근거)
그러므로, 학생들의 복지증진 차원에서 화장실에 공용화장지가 필요하다고 생각합니다.
P (주장 및 강조)

3 어떤 상황에서도 자유자재로, 커뮤니케이션 전략

우리가 담화 공동체의 일원으로 살아가며 배우고 터득하는 음성 언어의 습득과 발달은 사고 주체로서 인간이 갖는 생리적, 인지적, 정서적 그리고 사회적인 모든 영역의 발달 및 학습과 깊은 관련을 맺는다. 기본적으로 태어나면서부터 말소리를 내는 성대의 발달과 외부 소리와 의미를 연계하는 신경계 기능 발달은 물론, 타인과의 의사소통 경험 모두 사회·문화적 맥락과 밀접하게 맞닿아 작용하기 마련이다. 이 과정에서 기호를 매개로 하는 정보의 생산 및 교환은 언어적 소통뿐만 아니라 비언어적 의사소통을 포함한 개인의 커뮤니케이션 활동에서 메시지의 역동성을 통해 더욱 풍부한 언어 경험을 가능하게 해준다.

현대 사회는 음성과 문자 등 전통적인 의사소통 방식과 함께 과학기술 발달과 디지털 시대 전환으로 인간의 소통 방식을 계속 확장해 가고 있다. 즉, 텍스트나 음성만으로 전달하기 어려운 정보나 인간의 감정들을 시각적으로 표현하여 자신의 의도를 상대방에게 더욱 쉽고 효과적으로 전달할 수 있다. 이것은 우리 일상과 깊이 연관되어 있을 뿐만 아니라, 다양한 담화 상황에서 각기 다른 언어 수행을 통해 문제를 해결하는 경험은 학습자의 자동화된 인지 처리 능력 및 언어 발달에 중요한 영향을 미치며 창의적인 의사소통 능력을 기르는 데도 필요하다. 이 장에서는 담화 상황에 따라 소통의 방법도 달라져야 하고 메시지의 일방적 전달보다 상호교류적인 의미구성 과정이 우선되어야 함을 전제로, 생생하고 재미있는 이야기를 들려 주어 듣는 사람의 공감을 이끌어 내기에 효과적인 '스토리텔링 방법', 발표나 보고, 설명, 홍보 등 다양한 분야에서 활용할 수 있는 '프레젠테이션 활동', 가상의 상황 설정을 통해 상대방의 입장을 이해하고 공감하는 데 초점을 맞춘 '모의 수행법' 전략을 학습하고자 한다.

전략 7 스토리텔링의 힘

개념·목적 재미있고 생생한 이야기로 사람의 마음을 움직여 정서적 몰입과 공감을 이끌어 내는 의사소통 전략. 학습자의 경험과 상상, 지식을 다양한 형태로 결합하여 확장 가능함.

절차·과정 ① 이야기하는 목적 결정하기
② 듣는 대상을 선정하여 관심사 탐색하기
③ 이야기를 도입, 전개, 마무리 단계에 맞춰 완성하기
④ 효과적인 전달 방식을 정해 이야기하기

적용 대상·상황 전체 학교급에 적용, 주변의 모든 경험과 화제

전략 8 프레젠테이션 달인

개념·목적 선명한 메시지 내용과 전달력, 청중과 교감, 설득력과 호소력이 요구되는 효과적인 의사소통 전략. 보고, 설명, 홍보 등 다양한 분야에서 누구나 쉽게 활용 가능하다는 장점이 있음.

절차·과정 ① 프레젠테이션 목적, 주제를 정하고 핵심 키워드 선정하기
② 청중의 이해 수준, 흥미, 관심 사항 파악하고 분석하기
③ 단계별 내용 선정하고 간결하게 슬라이드 작성하기
④ 리허설을 통해 최종 내용 점검하고 시연하기

적용 대상·상황 전체 학교급에 적용, 타인을 설득하기 위한 모든 담화

전략 9 모의 수행법

개념·목적 가상 상황을 정해 학습자가 타인의 역할을 수행 또는 경험해 봄으로써 상대방의 입장, 심정, 태도 등을 객관적으로 바라보고 자신과 타인을 이해하는 데 효과적인 언어 수행 전략.

절차·과정 ① 학습 목표에 따른 적절한 모의 상황 선정하기
② 상황을 소개 후 참여자 역할에 대해 준비하기
③ 주어진 상황에 맞춰 실연하기
④ 진행 상황을 참여자 간 공유하고 중간 점검·평가하기
⑤ 평가 내용을 바탕으로 역할을 바꾸어 재실연하기

적용 대상·상황 전체 학교급에 적용, 모든 담화 유형, 상황 특성에 따라 독립 구성 또는 다른 교수·학습과 연계하여 모듈식 구성 가능

전략 7 스토리텔링의 힘

스토리텔링storytelling은 단어 그대로 이야기story와 말하기telling를 합성한 말로, 상대방에게 전하고자 하는 내용을 재미있고 생생한 이야기로 설득력 있게 전달하는 행위이다. 이야기는 사실적 정보의 나열이나 논리적인 설득보다 쉽게 이해하고 기억할 수 있고 정서적 몰입과 공감을 이끌어 내어 사람의 마음을 움직이는 힘이 강력하다는 특성이 있다. 효과적인 스토리텔링을 위해서는 이야기의 중심 소재, 내용의 구성 방식, 전달 방식이 긴밀하게 연결되어야 한다. 첫째, 이야기는 너무 추상적이거나 과장되지 않고 청중의 공감을 얻을 수 있도록 하나의 분명한 메시지로 구체화할 필요가 있다. 둘째, 이야기를 구성할 때는 도입과 전개, 마무리 단계에서 흥미 요소가 적절하게 드러나도록 긴장과 이완의 구조를 활용하여 이야기를 각색하는 것이 중요하다. 마지막으로 이야기를 전달하는 목적과 맥락에 맞게 어조와 말투, 표현 방식, 맺고 끊음, 표정과 몸짓 등 말하는 이의 감정을 충분히 드러내어 생생하고 현장감 있게 표현해야 한다.

절차와 과정

① 이야기하는 목적 결정하기
② 이야기를 듣는 대상을 정하고 그들의 관심사가 무엇인지 탐색하기
③ 전하려는 이야기의 내용을 탐색하고 이야기 완성하기
④ 짜임새 있는 도입, 전개, 마무리 내용을 통해 효과적인 구성 방식 결정하기
⑤ 효과적인 전달 방식을 정하여 연습하고 이야기 전달하기

발문과 활동

- 다른 사람에게 꼭 하고 싶은 이야기가 있는지 생각해 봅시다.
- 상대방이 내 이야기에 호기심을 갖고 관심을 가질 만한 이야기인지 점검해 봅시다.
- 이야기를 효과적으로 전달하기 위해 어떤 형식과 매체가 좋을지 생각해 봅시다.

교수·학습 길잡이

- 하나의 스토리텔링에 다양한 주제를 다루기보다 한 가지 주제에 초점을 맞춰야 한다.
- 새로운 아이디어나 이야기를 찾기보다, 평소 보고 듣고 경험한 자신의 삶에서 하고 싶은 이야기를 발굴하는 것이 필요하다.
- 이야기가 너무 길어 산만하지 않도록 간결하고 짧게 작성한다.

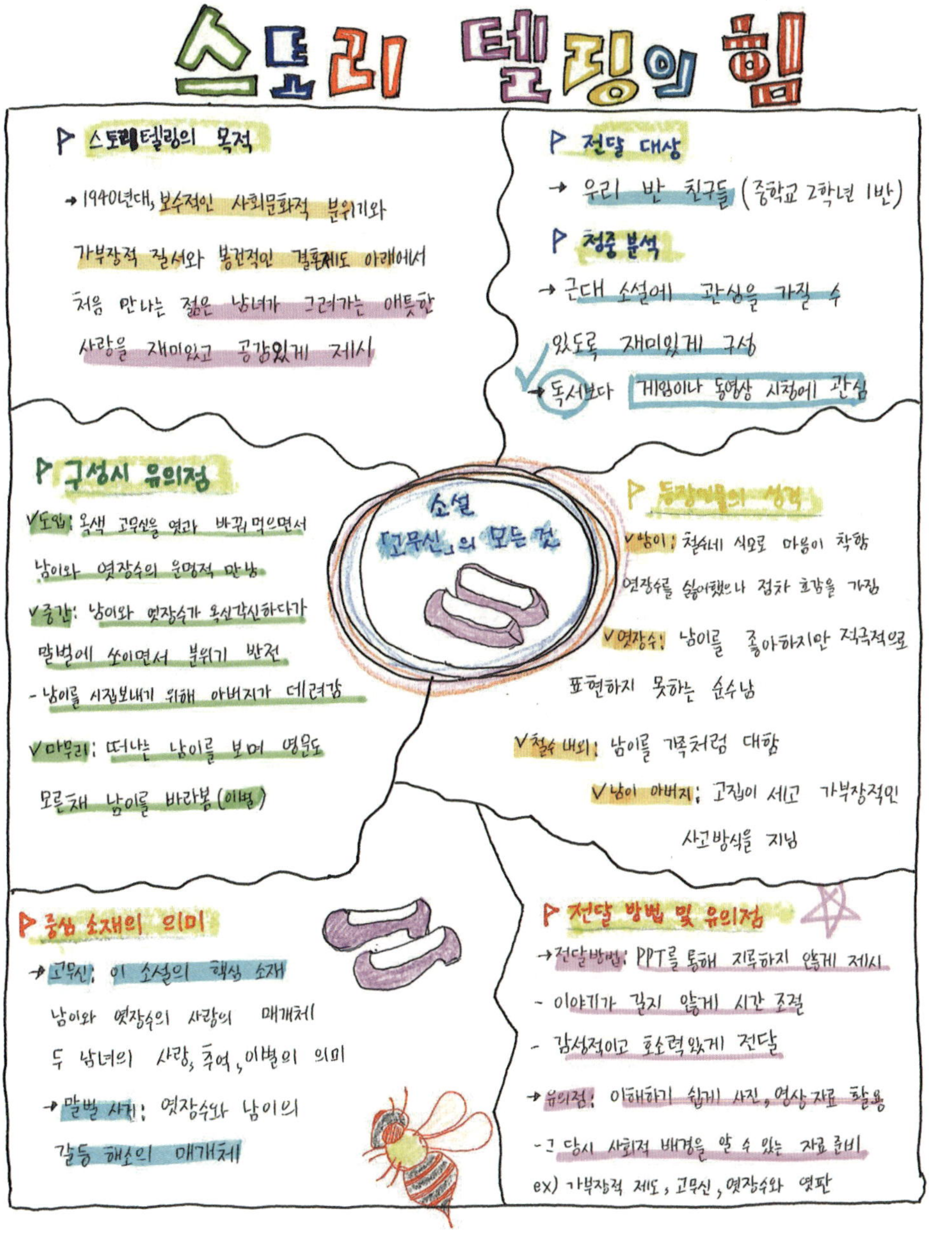
스토리 텔링의 힘
스토리텔링의 목적
→ 1940년대, 보수적인 사회문화적 분위기와 가부장적 질서와 봉건적인 결혼제도 아래에서 처음 만나는 젊은 남녀가 그려가는 애틋한 사랑을 재미있고 공감있게 제시
전달 대상
→ 우리 반 친구들 (중학교 2학년 1반)
청중 분석
→ 근대 소설에 관심을 가질 수 있도록 재미있게 구성
→ 독서보다 게임이나 동영상 시청에 관심
구성시 유의점
✓도입: 옥색 고무신을 엿과 바꿔 먹으면서 남이와 엿장수의 운명적 만남
✓중간: 남이와 엿장수가 옥신각신하다가 말벌에 쏘이면서 분위기 반전
- 남이를 시집보내기 위해 아버지가 데려감
✓마무리: 떠나는 남이를 보며 영문도 모른채 남이를 바라봄(이별)
소설 「고무신」의 모든 것
등장인물의 성격
✓남이: 철수네 식모로 마음이 착함 엿장수를 싫어했으나 점차 호감을 가짐
✓엿장수: 남이를 좋아하지만 적극적으로 표현하지 못하는 순수남
✓철수 내외: 남이를 가족처럼 대함
✓남이 아버지: 고집이 세고 가부장적인 사고방식을 지님
중심 소재의 의미
→ 고무신: 이 소설의 핵심 소재 남이와 엿장수의 사랑의 매개체 두 남녀의 사랑, 추억, 이별의 의미
→ 말벌 사건: 엿장수와 남이의 갈등 해소의 매개체
전달 방법 및 유의점
→ 전달방법: PPT를 통해 지루하지 않게 제시
- 이야기가 길지 않게 시간 조절
- 감성적이고 호소력있게 전달
→ 유의점: 이해하기 쉽게 사진, 영상 자료 활용
- 그 당시 사회적 배경을 알 수 있는 자료 준비
ex) 가부장적 제도, 고무신, 엿장수와 엿판

전략 8 프레젠테이션 달인

프레젠테이션presentation은 선명한 메시지 내용과 전달력, 청중과의 교감, 설득력과 호소력이 모두 요구되는 고차원적인 의사소통 전략으로, 발표나 보고, 설명, 기획, 홍보 등 다양한 분야에서 누구나 자주 접하는 공적인 말하기 방법이다. 좋은 프레젠테이션을 위해서는 발표자, 메시지, 청중, 전달 방법, 피드백을 적절히 고려해야 한다. 발표자는 발표의 목적과 동기가 분명해야 한다. 메시지는 청중을 끌어당길 수 있는 핵심어를 중심으로 제시해야 하며, 도입, 전개, 마무리는 유기적으로 구성해야 한다. 청중이 주제에 대해 얼마나 알고 있고 관심이 있는지도 꼼꼼히 분석해야 한다. 방법은 메시지를 전달할 때 사용하는 모든 수단으로, 프레젠테이션을 할 때는 슬라이드 구성, 음량, 제스처, 기기 활용 등 언어적, 비언어적 방법을 종합적으로 고려해야 한다. 진행 과정에서 청중과 교감을 위해 상대의 반응을 살피고 적절한 호응과 순발력 있는 조치가 필요하다.

절차와 과정

① 프레젠테이션의 목적과 주제를 정하고 핵심 키워드 선정하기
② 주제에 대한 참여자의 이해 수준, 흥미, 관심 사항 등을 파악하고 분석하기
③ 구성 단계별 내용을 선정하고 간결하게 슬라이드 작성하기
④ 리허설을 통해 발표 내용을 종합적으로 점검하여 수정하고 시연하기

발문과 활동

- 주제를 전달하기 위한 핵심 키워드는 간결하고 알기 쉽게 선정되었나요?
- 발표하는 동안 두려움을 극복하는 방법에는 무엇이 있을까요?
- 프레젠테이션에서 청중과 적극적인 교감을 위해 어떻게 반응을 살피고 호응해야 할지 생각해 보고 준비 사항을 정리해 봅시다.

교수·학습 길잡이

- 전달하려는 내용이 내가 하고 싶은 이야기인지, 청중이 듣고 싶은 이야기인지를 고민하고 청중 특성에 대한 꼼꼼한 분석이 필요함을 강조한다.
- 프레젠테이션의 성공을 위해 무엇보다 반복된 연습과 리허설의 중요성을 강조하고 적극적인 태도와 마음가짐을 요구한다.
- 프레젠테이션 시나리오를 준비해 그대로 진행하기보다 핵심 메지시를 전달하기 위한 대화의 시간으로 받아들여 부담감을 가지지 않도록 안내한다.

프레젠테이션 달인

Ⅰ. 목 적(메시지) — 학생 회장 선거 공약 발표 (홍보)

Ⅱ. 핵심 키워드 — 투표, 학생 자치, 학교 축제, 점심시간 확대

Ⅲ. 대상 및 청중 분석 — 전교생, 학생의 입장 대변, 진솔하게 접근

Ⅳ. 전달 방법 및 유의점 — PPT(간결하게 구성), 자신 있고 여유롭게, 유머있게 전달

구성	시나리오	슬라이드 구성 유의점
도입	1 안녕하세요. 재학생 여러분! 점심 식사는 맛있게 드셨습니까? 기호 2번, 영생고 학생회장 후보 김영호입니다. 나른한 오후 공부 시간을 틈내 학생회장 공약발표회에 와 주셔서 진심으로 감사합니다. 2 기호 2번, 으뜸 학생회장단의 당당한 학생, 멋진 학교생활이라는 주제로 여러분들께 저희 공약을 소개 드리려 합니다.	√ 학교 배너와 학생 회장단 사진을 배경으로 제시
전개 	1 새로운 한 해를 맞이하기 위해 지금 필요한 일이 무엇인지 아십니까? 바로 여러분의 소중한 한 표를 성실히 행사하는 투표 입니다. 여러분의 그 결정을 어렵지 않게 해드리기 위한 공약을 이제 말씀드리고자 합니다. 2 저희는 학교생활 모든 분야에 선생님들과 학부모와 동등하게 저희 의견이 반영될 수 있도록 당당한 학생 자치를 실현하겠습니다. 첫째, 기존의 학교에서 짜놓은 프로그램을 그대로 따르지 않고 학생회 스스로가 기획하고 실행하는 축제를 진행하겠습니다. 3 이상 ○○고등학교 2024년 '으뜸 학생회장단 예비 후보'의 공약 사업에 대해 말씀드렸습니다. 학교의 주인은 바로 우리입니다. 학생이 당당한 학교, 우리가 교육활동의 중심이 되는 학생 자치를 실행하겠습니다. 저희에게 여러분의 소중한 한 투표해 주시기 간곡히 부탁드립니다.	√ 핵심 키워드 중심으로 간결하게 내용 제시 √ 한심한 학교 축제 사진과 복잡한 급식실 사진을 참고자료로 제시

전략 9 모의 수행법

'모의 수행법'은 학습자가 가상의 상황에서 타인의 역할을 수행해 봄으로써 상대방의 입장, 심정, 태도 등을 객관적으로 바라보고 자신과 타인을 이해하도록 돕는 언어 수행 전략이다. 모의 상황 속 인물의 입장에서 말하고 들으며, 행동의 과정과 결과에 대해 생각해 보고, 직면한 문제를 해결할 방법을 탐색해 볼 수 있다. 모의 수행법은 학습자 측면에서는 삶과 관련된 의미를 발견하여 개인적인 딜레마를 해결하는 데 유용하며, 사회적 측면에서는 다양한 인간관계에서 발생하는 갈등 상황을 원만한 해결을 통해 사회적 의사소통의 순기능을 확대할 수 있다. 또한 학습자의 실제 삶을 학습에 연계하여 가상의 역할을 수행하기 때문에 학습의 전이성이 높다는 것이 장점이다. 학습 목표에 부합한 상황을 어떻게 설정하느냐에 따라 듣기와 말하기 외에 다른 언어 기능을 통합적으로 다룰 수 있기에 의사소통 능력을 신장하는 데도 효과적인 전략이다. 이 전략은 다른 교수·학습 방법에 연계하여 모듈식 구성도 가능하다.

절차와 과정

① 학습 목표에 따른 적절한 모의 상황을 선정하기
② 상황에 대한 소개 및 참여자가 맡은 역할에 대해 준비하기
③ 주어진 상황에 맞춰 실연하기
④ 진행된 상황에 대해 참여자 간 의견을 공유하고 중간 평가하기
⑤ 공유하고 평가한 내용을 바탕으로 역할을 바꾸어 재실연하기

발문과 활동

- 모의 수행에서 다양한 역할을 통해 새롭게 느낀 점이 있나요?
- 표정이나 동작 같은 연기적 요소보다 경험적 가치에 조금 더 집중해 봅시다.

교수·학습 길잡이

- 설정한 모의 상황이 언어생활에 실제적이며 교육적 경험으로 적합한지 점검한다.
- 학습 목표 도달을 위해 참여자의 적극적인 동참이 필요하므로 상황이나 실연 시 유의점 등을 사전에 꼼꼼히 안내한다.
- 모든 역할에 관심을 가지고 진지한 참여 태도의 중요성을 강조한다.
- 계획된 모의 상황을 마친 후 역할을 바꾸어 다시 실연하는 기회를 부여하여 상대방의 입장에 대해 이해하고 공감하는 기회를 제공한다.

모의 수행 제작 기획서

제목	바야흐로, 만정시대
상황 설정	외딴 시골 마을의 중학교에 도시에서 전학생이 내려온다. 중학교의 일진이었던 정태는 새로운 전학생의 등장에 위기감을 느끼고 사사건건 갈등이 시작되는데...
역할 설정	김현세 (시골 중학교 일진, 김정태역) 송선교 (도시 전학생, 이정우역) 김원중 (담임교사역), 이태양·이환·김사우(반 친구역)

이야기 대본

각자의 역할에 대해 이해하고 상대방의 입장을 충분히 고려할 것

무대에 불이 켜지면 쉬는 시간 교실의 모습이 보인다. 아이들의 웃음소리와 말소리로 떠들썩하다. 수업시작을 알리는 종이 울리고 교실 문이 열리면서 담임 선생님과 전학생 '정우'가 등장한다.

(행동 지시문)

담임교사 (떠들고 있는 아이들을 무섭게 바라보며) 자리에 앉아라! 새로운 전학생이 왔다. 싸우지들 말고 사이좋게 지내! 친구들에게 인사해야지.

정우 나. 서울서 전학 온 이정우다. 잘 지내보자. 모두!

인사를 하며 좌우를 둘러보는 중, 정태의 못마땅한 얼굴을 발견하고 서로 눈이 마주친다. 두 사람 사이 긴장감이 흐른다.

담임교사 (정태 앞자리의 빈 책상을 가리키며) 저기 가서 앉아라!

담임 선생님의 수업이 시작되고 자리에 앉은 정우의 뒤통수를 정태가 무섭게 쏘아 본다. 무슨 분위기를 느꼈는지 정우가 뒤돌아보며 눈이 마주친다.

(행동 지시문)

정태 (입꼬리를 실룩거리며) 뭐 하다 온 놈이냐? 수업 끝나고 따로 얼굴 좀 찬찬히 보자!

정우는 별 신경도 쓰지 않고 피식 웃으며 무시한다

상대방의 입장과 태도 등을 고려해야해!

정태 이 새끼 봐라! 형님이 얘기를 하는데 실실 쪼개네

정태는 주먹으로 정우의 등을 세게 내려친다. 정우는 순간 자리를 박차고 일어나 정태의 멱살을 잡아챈다. 주위가 소란해진다.

담임교사 거기, 뭐야? 너희 둘 뭐하는 거지. 수업 시간에 겁도 없이 장난을 쳐! 둘 다 앞으로 나와!

07

정보 텍스트 읽기 교수학습 전략

이 장은 정보 텍스트를 읽고 이해하기 위한 교수·학습 방법을 다룬다. '정보 텍스트informational text'는 지식·정보의 전달을 주목적으로 하는 텍스트로, 인간과 자연과 사회 각 분야의 다양한 소재를 객관적으로 다루는 점이 특징이다. 읽기의 대상이 되는 텍스트에는 시나 소설과 같은 문학 텍스트literary text도 있지만 온라인 기사, 게시문, 제품 사용 설명서에서 각종 교과서에 이르기까지 수없이 다양한 분야의 지식·정보를 다루는 정보 텍스트가 있다. 정보 텍스트는 문학 텍스트와 함께 읽기 자료의 양대 축을 이루며, 그 양과 하위 장르의 다양성은 문학 텍스트와 비교할 수 없을 정도로 압도적이다. 온라인상에서 만나는 텍스트나 학업·직무·전문 분야에서 다루어야 하는 텍스트는 대부분 정보 텍스트이다. 그러므로 학생들이 정보 텍스트의 속성을 이해하고 효과적으로 독해하도록 지도하는 일은 매우 중요하다. 정보 텍스트는 지식·정보의 전달을 기본 목적으로 하며 일정한 특성을 갖는데, 독해할 때는 이 점에 유의할 필요가 있다. 이 장에서는 정보 텍스트 읽기 교수·학습 방법을 개관한 후 주요 읽기 전략을 세 범주(지식·정보의 확인과 요약, 지식·정보의 구조 파악 및 시각화, 적극적 독해 및 반응 전략)로 나누어 살펴볼 것이다.

정보 텍스트의 개념과 특성

오늘날 정보 텍스트는 독서 생태계 안에서 영유아부터 전 연령의 독자를 대상으로, 교양과 상식의 차원부터 첨단 분야의 전문 지식에 이르기까지 광대한 스펙트럼을 이루며 생산 및 소비되고 있다. 전통적 장르의 개념으로 보면 특정 대상에 대해 독자가 이해할 수 있도록 객관적이고 논리적으로 서술한 '설명문expository/explanatory text'이 정보 텍스트의 대표 격이라 할 수 있다. 그러나 특정 주제에 관하여 자신의 의견이나 주장을 조리 있게 설명하는 '논설문'도 정보 텍스트에 포함될 수 있다. 논설문의 궁극적 목적은 설득이다. 그러나 이를 위해서는 자신의 주장을 독자에게 효과적으로 전달(설명)해야만 하며, 특히 논증이 설득의 힘을 발휘하기 위해서는 신뢰할 수 있는 사실 근거가 필요하다. 이외에도 '기행문(여행기)'이나 '일기', '시' 중에서도 정보를 기록하고 전달하는 성격이 강한 텍스트가 있다. 이처럼 장르는 언중의 합의에 따라 형성되는 유동적 개념이다. 그러므로 장르가 아닌 개별 텍스트의 속성과 담화 목적에 근거하여 정보 텍스트 여부를 판단할 수 있고, 그 판단이 절대적이지 않음을 이해할 필요가 있다.

일반적으로 정보 텍스트는 특정한 글 구조와 언어 표현적 특성을 가진다. 시간흐름·비교대조·문제해결·인과·개념서술 방식의 글 구조, 화제에 대한 사실적이고 항구적인 정보 제공, 시간성이 없는 시제 표현, 구체적 서술이나 단어 표현이 그 예이다. 정보 텍스트에는 복합양식 텍스트multimodal text가 많은데, 이미지(사진)는 물론 표·그래프·의미지도·목록처럼 정보를 구조화하여 시각적으로 제시하는 도해 조직자graphic organizer를 사용하는 점도 특징이다.

정보 텍스트 읽기와 교육과정

정보 텍스트가 읽기 자료로서 인식되기 시작한 것은 비교적 최근의 일이고, 가정과 학교에서의 관심과 교육도 매우 부족한 상황이다. 미국에서는 초등 1학년 교실에서 정보 텍스트를 읽는 활동이 하루 평균 3.6분에 불과하며, 학급 문고 중 정보 텍스트는 10% 미만이라는 사실이 밝혀져 사회적 파장을 일으켰다(Duke, 2000). 우리나라도 초·중·고 교사들의 텍스트 선호나 인식이 문학에 편향된 것으로 확인되었다(이순영, 2011). 학생들에게 다양한 텍스트를 제공하고 지도하기 위해서는 '독서 = 문학 작품 읽기'라는 인식과 '문학 대 비문학'으로 굳어진 문학 중심의 명명부터 바꾸어 나가야 한다. 세계 각국이 21세기 교육을 지향하며 개편한 교육과정에서도 주목한 내용이 정보 텍스트 읽기였다. 예를 들어 미국의 공통핵심교육과정CCSS에서는 정보 텍스트와 문학 텍스트를 균형 있게 다루되, 고학년에서는 정보 텍스트의 비중이 70% 이상 높아져야 한다고 안내하였다. 또한 복잡한 정보 텍스트를 효과적으로 이해하고 새 지식을 생산할 수 있는 문식력을 21세기 핵심 역량으로 강조하였다.

우리나라의 국어과 교육과정에서 '읽기' 영역의 교육 내용은 모두 정보 텍스트 읽기를 전제로 한다. 정보 텍스트 관련 내용은 제1차 교육과정기 때 '문자 언어(읽기, 쓰기)의 경험' 영역 내에 '읽기, 편지, 게시(광고, 고시, 간판, 명패), 설명(논설, 보고, 해설), 신문·잡지'로 포함된 이래 현재까지 중요한 교육 내용으로 다루어지고 있다. [표 7-1]은 2022 교육과정 내 정보 텍스트 읽기 교육 내용을 정리한 것이다. 정보 텍스트 읽기 교육 내용은 네 범주(읽기 본질·목적, 글 유형, 읽기 과정·전략, 읽기 태도)로 체계화되어 있다. 읽기의 본질·목적에 한글 학습과 음독 유창성 습득에 해당하는 읽기 학습learning to read이 포함된 점도 특징이다. 그리고 여가 읽기와 학습 읽기를 거쳐 다양한 층위의 문제 해결 읽기를 제시하고 있다. 본래 읽기 교육에서 '문제 해결'은 읽기의 인지적 사고 과정 중에 독자가 봉착하는 어려움의 해결을 의미하였으나, 이번 교육과정에서는 읽기를 통해 현실의 문제해결(개인, 사회적, 진로·공동체 층위)을 제시하는 것이 특징이다.

[표 7-1]의 '글 유형'과 '읽기 과정·전략'이 실제 독해 실행에 관련된 교

[표 7-1] 2022 개정 국어과 교육과정 내 '정보 텍스트 읽기' 관련 내용

범주	초등학교	중학교	고등학교
읽기 본질·목적	읽기 학습(해독, 읽기 유창성)		
	여가, 학습 목적의 읽기		
	문제 해결을 위한 읽기(개인/사회적)	→ 문제 해결을 위한 읽기(진로/공동체)	
글의 유형	친숙한 화제	→ 주제 탐구, 통합적 읽기(인문, 사회, 과학 등)	
	명시적 내용	→ 다양한 설명 방식을 활용해 주제를 제시한 글	
	주장이 명료하고 근거가 단순한 글	→ 주장이 명료하고 논증 방법이 다양한 글	
	생각·감정이 함축적인 글	→ 생각·감정이 복합적이고 함축적인 글	
읽기 과정·전략	중심 내용 파악/요약하기	→ 목적을 고려한 요약, 다문서 내용 파악하기	
	사실과 의견 구별하기	→ 숨겨진 의도나 관점을 추론하기	
	글 구조 파악하기	→ 글 구조(설명,논증) 파악하기	
	평가하며 읽기(신뢰성, 타당성, 적절성)	→ 논증 타당성 평가와 재구성, 대안 제시하기	
	읽기 과정·전략에 대한 점검 및 조정하기	→ 다양한 읽기 전략을 사용하기	
읽기 태도	읽기 흥미와 즐거움, 읽기 효능감, 읽기 습관 형성, 능동성, 사회성	성찰적 태도	주체적, 협력적, 유연한 태도

육 내용인데, 다양한 읽기 전략을 활용해 여러 유형 및 수준의 글을 효과적으로 독해하는 능력의 신장을 도모하고 있다. 학년이 높아질수록 독해하기 어려운 텍스트(화제의 친숙도, 내용의 명시성, 글 구조나 설명·논증 방식의 복잡도)로, 상위 수준의 읽기 전략(주제 통합적 읽기, 복잡한 글의 구조 파악, 논증의 타당성 평가 및 논증 재구성, 주제 관련 대안 제시 등)을 습득하도록 설정되어 있다. '태도'는 읽기 흥미와 같은 전통적 내용에, 독자 주체성과 타 독자와의 협력적 소통을 더하고 있다. 이외에 '다문서와 복합양식 텍스트의 읽기, 진로 탐구 읽기, 주제 탐구 및 주제 통합적 읽기 학습'을 강조하고 있다. 이러한 변화에 맞추어 최근에는 초·중등학교에서 진로나 주제 탐구 읽기 교수·학습 방법에 대한 요구가 많고 그에 호응하는 성과(예: 권이은 외, 2024)가 축적되고 있다.

정보 텍스트 읽기 교수·학습의 방향

정보 텍스트를 효과적으로 독해하기 위해서는 체계적인 지도가 필수적이다. 인지심리학자들은 능숙한 독자의 독해 과정과 전략을 분석하여 미숙한 독자에게 능숙한 독자가 사용하는 독해 방법을 지도하고자 하였다. 구체적으로 교사는 미숙한 독자(학생)에게 전략을 설명하고 전략을 적용하는 시범을 보인 후, 학생이 실제로 전략을 사용해 보도록 하였다. 또한 학생이 교사의 안내에 따라 전략을 배우고 능숙하게 사용할 수 있을 때까지 교사는 점진적으로 책임을 이양하였다. 정보 텍스트 읽기 교수·학습법은 다양하지만, 능숙한 독자의 읽기 과정을 이해하고 따라 해보도록 하는 과정 중심 읽기 지도, 교사가 학생의 읽기 활동을 안내해 나가는 DRA, 학생이 읽기 목적을 정하고 먼저 읽기 수행을 시도해 본 후에 이를 관찰한 교사가 개입하여 학생의 사고를 촉진하는 DRTA가 대표적이다.

1) 과정 중심 읽기 지도: 인지심리학자들이 능숙한 독자의 독서 방법을 연구한 결과로 개발되었다. 능숙한 독자는 읽기 목적에 맞는 배경지식을 활용하여 텍스트의 의미를 구성하며, 자신의 읽기 과정을 점검하고 조정하여 그 의미를 정교화하고, 자신의 지식 체계(스키마)를 재구성하는 과정을 거쳤다. 과정 중심 읽기 지도는 능숙한 독자가 텍스트를 읽기 전, 중, 후에 수행하는 사고 과정을 이해하고 따라 해보도록 하는 교수법이다. 일반적으로 '읽기 전'에는 읽기 동기와 독해 촉진 활동(표지·목차·삽화 훑어보기, 예측하기, 질문 만들기, 배경지식 활성화, 어휘와 목표 안내), '읽기 중'에는 텍스트 내용 확인과 요약하기, 글 구조 파악 및 시각화하기 등 다양한 전략을 활용해 독해를 지원한다. '읽기 후'에는 독해 결과를 정리(내용 요약, 주제 파악)하고, 토론이나 엮어 읽기로 의미를 심화·확장해 나가도록 지도한다. 과정 중심 읽기 지도는 정보 텍스트는 물론 문학 텍스트 지도에도 유용하며, 대부분의 국어 교과서의 구성 방식(단원 구성 체계)도 이를 따르고 있다.

2) 안내된 읽기 활동 Directed Reading Activity, DRA: 1946년 에밋 베츠Emmett A. Betts가 초등학생을 위한 독본 읽기 교수법을 종합, 정리한 교수법이다. 이후 다양하게 변형되어 중등 읽기 지도법으로도 제시되었다. DRA의 절차는 다양하지만, 대체로 '읽기 전 활동(배경지식·어휘·읽기 목적 확인) → 안내된 읽기(묵독) → 토론·질문 → 추수 활동(기능 지도, 연습, 강화)'을 포함한다. 읽기 전 활동은 과정 중심 읽기 지도의 사전 활동과 유사하며 교사가 읽기 목적에 연계된 질문을 제시하면, 학생은 이 질문을 염두에 두고 묵독을 해 나간다. 교사는 독해가 힘든 학생에게 추가 안내와 지원을 제공한다. 독후 토론은 교사가 읽기 전에 제시했던 질문에 학생들이 답하는 활동이다. 교사는 추가 질문으로 정교화를 유도하고, 필요한 추수 활동과 지도를 진행한다. DRA는 직접 교수법과 연계하여 '직접적 읽기 지도'나 '직접 읽기 활동'으로도 번역된다. 그러나 폰타스와 핀넬Fountas & Pinnell이 개발한 '안내된 읽기 지도Guided Reading Instruction'와는 명칭이 유사하더라도 상이한 교수법이므로 변별할 필요가 있다.

3) 안내된 읽기-사고 활동 Directed Reading-Thinking Activity, DRTA: '사고 중심 읽기 활동'으로도 번역되는데 러셀 스타우퍼Russell G. Stauffer가 중등 학생의 독해력(목적 설정, 정보 추출·이해·통합, 판단을 유보하고 정보에 근거해 의사 결정하기) 신장을 위해 개발한 교수법이다. 목적에 따라 읽기 과정을 조절해 보는 부분(글 선택, 속도 조절, 목적에 유의하며 읽기, 독해 중 이해 점검하기)과 독해 결과 부분(예측이 맞았는지 확인하며 사고를 심화·확장하기)으로 구성된다. 읽기 지도는 '목적 설정하기 → 교사가 텍스트를 읽고 사고하는 과정 안내하기(예측하고 예측이 맞았는지 확인하기) → 학생이 읽고 사고하기(교사는 관찰하기) → 교사가 독해를 확인하고 정교화 유도(질문 활용) → 기능 지도'로 진행된다. DRTA는 DRA에 비해 학생이 목적을 설정하고 자신의 읽기를 점검하는 능동성을 강조한다.

1 정보 확인과 요약 전략

이 절에서는 정보 텍스트 읽기의 기본 단계인 '정보의 확인, 평가, 요약하기' 관련 전략을 소개하고 지도 방법을 습득한다. 세상의 모든 텍스트는 일정한 정보의 집합체라고 볼 수 있다. 그중 일부는 독자가 이미 알고 있는 정보(舊 정보)이고, 일부는 새로운 정보(新 정보)일 것이다. 독자는 자신이 이미 알고 있는 정보를 활용해 새로운 정보를 이해하고 습득해 나간다. 독자가 이미 알고 있는 정보만으로 구성된 텍스트는 지루하고 읽을 가치가 떨어진다. 반면 새로운 정보가 많은 텍스트는 흥미롭지만 이해하기가 어렵다. 또한 텍스트에 포함된 정보에는 중요한 것도 있고, 사소한 것들도 있다. 심지어 읽기 목적에 따라 동일한 정보의 중요도가 달라지기도 한다. 정보 텍스트 독해의 본질은 바로 이 복잡다단한 과정, 즉 '독자가 읽기 목적에 따라 텍스트에 포함된 다양한 성격의 정보들을 얼마나 효율적으로 다루어 정교한 의미를 만들어 내는가'에 있다.

능숙한 독자들은 정보 텍스트를 읽을 때 기본적으로 정보에 주목한다. 텍스트에 포함된 정보에 주목하여 신/구 정보를 확인해 나간다. 텍스트에 포함된 정보의 정확성이나 모호함, 오류 여부를 평가하는 작업도 중요하다. 그리고 자신의 읽기 목적에 따라 정보의 중요도를 평가(중심 내용 vs 세부 내용)하고, 중요한 정보를 중심으로 텍스트의 내용을 구조화하여 이해한다. 텍스트는 많은 정보가 선형적으로 나열된 덩이글인데, 텍스트 표면에 드러난 외형적 구조와 텍스트의 실제 내용·주제 구조topical structure가 상이한 경우가 많다. 텍스트의 내용·주제 구조를 시각적으로 정리하면 '이해(내용·주제 파악)'와 '기억(회상)'에 모두 도움이 된다. 마지막으로 정리한 내용을 바탕으로 텍스트의 핵심 내용을 요약하면 독해가 일단락된다. 이 장에서는 효율적으로 정보를 확인하고 요약하기 위해 크게 세 가지 읽기 전략을 학습하고자 한다.

전략 10 '기호'를 사용한 메모하기

개념·목적 기억과 이해를 위해서 텍스트에 일정한 기호를 표기하는 메모 전략. 텍스트의 주요 정보를 다시 찾기 쉽게 만들어 주며 독자의 읽기 중 반응이나 질문을 확인하는 효과적 방법임.

절차·과정 ① 텍스트 읽기: 가볍게 훑어 읽기
② 기호 정하기: 내용에 따라 필요한 기호 정하기
③ 기호 표시 및 메모하기: 다시 읽으며 표시하기

적용 대상·상황 초등학교 2학년 이상, 모든 텍스트

전략 11 중요도 평정 및 요약하기

개념·목적 텍스트에 제시된 각 문장이나 문단 단위로 그 중요도를 일정한 척도에 따라 판별하고, 그 결과를 활용해서 텍스트의 중심 내용을 요약하는 전략. 이 전략은 독해력 증진에 도움이 됨.

절차·과정 ① 중요도 판정의 개념, 등급 척도 안내하기
② 텍스트의 각 문장(문단)을 읽으며 중요도 평정하기(상 - 중 - 하 평정하기 또는 4~6단 척도 평정 가능)
③ 중요도 평정 결과를 정리하기(중요도 순으로 나열하기)
④ 중요도 평정 결과를 활용해 내용 요약하기, 요약문 쓰기

적용 대상·상황 초등학교 1학년 이상, 정보 텍스트

전략 12 '주제 – 하위 주제 – 세부 내용' 정리하기

개념·목적 텍스트의 주제 - 하위 주제 - 세부 내용을 구별하고 시각적으로 구조화하여 정리하는 전략. 텍스트의 중심 내용과 세부 사항을 구별하고, 텍스트 내 정보(내용)의 층위를 변별하는 전략.

절차·과정 ① 텍스트를 읽으며 중요한 내용과 덜 중요한 내용 판별하기
② 중요한 내용 중에서 주제와 하위 주제를 정리하기
③ 주제 및 하위 주제에 관련된 세부 정보를 정리하기
④ '주제 - 하위 주제 - 세부 내용' 표를 가지고 구두 설명하기

적용 대상·상황 초등학교 2학년 이상, 정보 텍스트

전략 10 '기호'를 활용한 메모하기

'기호를 활용한 메모하기'는 텍스트에 포함된 주요 정보를 효과적으로 이해하고 기억할 수 있도록 텍스트에 일정한 기호를 표기하는 전략이다. 이 전략은 읽기 중 독해를 촉진하여 학생들이 텍스트 내 정보에 주목하면서 읽도록 유도하며, 적합한 기호를 선택해 부여함으로써 정보의 유형과 중요도를 평가하는 능력을 증진하도록 한다. 기호는 크게 두 범주로 나누어 ① 텍스트 내 정보에 관련된 것과 ② 독자의 생각·반응에 관한 것으로 설정할 수 있다. 독자가 남긴 각종 기호와 메모는 텍스트의 주요 정보를 다시 찾을 때도 유용하다. 특히 긴 글을 읽을 때 이 전략을 활용하면 전편을 다시 읽지 않아도 주요 부분을 확인하거나, 해당 부분을 읽을 때 독자가 생각했던 바를 쉽게 떠올릴 수 있다. 교사는 학생이 남긴 기호와 메모를 통해서 학생이 독해 중에 주목한 부분을 확인하고, 학생의 독해 수준에 대한 정보도 얻을 수 있다. 초등학교 2~3학년부터 개인이나 모둠 단위로 텍스트 내 정보에 주목하도록 하는 활동이 가능하다.

절차와 과정

① 기호 확인하기: 기호의 종류와 의미를 확인하기
② 텍스트 읽기: 기호를 염두에 두며 가볍게 훑어 읽기(③부터 시작 가능)
③ 기호 표시하기: 적절한 기호를 선택해서 해당 부분에 표시하기
④ 메모하기: 독자의 생각이나 반응을 메모하기

발문과 활동

- 기호 목록을 봅시다. 이 부분에는 어떤 기호가 적합할까요?
- 한 문단(부분)씩 끊어서 읽어 봅시다. 잠시 멈춰서 적합한 기호를 표기해 보세요.
- 내가 남긴 기호들을 훑어봅시다. 그리고 읽은 내용을 떠올려 봅시다.
- 지금까지 읽은 내용이 잘 정리되면 다음 부분으로 넘어갑시다.
- 지금까지 남긴 기호 외에 더 기록하고 싶은 것이 있나요? 메모해 봅시다.

교수·학습 길잡이

- 첫 활동 때는 교사가 3개 정도의 기호를 소개하여 이를 활용하도록 한다.
  학생들이 익숙해지면 개인이나 모둠에서 새로운 기호를 만들어 보도록 한다.
- 기호를 보고 텍스트의 내용과 자기 생각을 회상하는 활동도 해 본다.

[기호]	★ 핵심어	주제문	요약 핵심정리
	Q 질문	I 내 생각	! 느낌, 감상

마술을 배우려면 마술사에게 직접 가르침을 받는 방법이나, 마술 공연을 Q 보고 트릭을 파헤치는 것 말고는 방법이 없던 과거와는 다르게, 요즘에는 아주 쉽게 마술의 해법에 접근할 수 있다. 마술을 배워보길 원하는 당신을 위해, 대표적인 인터넷 마술샵과 커뮤니티를 소개한다. ! 마술을 쉽게 배울 수 있다니, 재밌겠다.

★ 렉쳐노트는 다양한 디자인의 트럼프 카드와 마술 해법을 판매하고 있다. 이 사이트는 마술 초보자를 위해 무료로 마술 영상을 찍어, 해법과 함께 공유하고 있어 무료로 몇십 개의 트릭에 접근할 수 있다. 주로 손기술 없이도 가능하거나, 쉬운 수준의 손기술만을 필요로 하는 셀프워킹 위주의 마술 해법을 공유하고 있으므로, 당장 마술을 시연해 보고 싶은 사람에게 추천한다. Q walking or working? Q FISM에서 우승을 차지한 한국인 마술사의 트릭도, DVD 형식으로 제작되어 판매되고 있으니 수준 높은 마술을 해 보고 싶거나 무대 공연을 준비하고 싶다면 해당 사이트에서 구매할 수 있다. I 초급 정보만 무료 (고급 정보는 유료)

다른 마술샵으로는 ★ 투배럴매직 사이트가 있다. 마술샵이기 때문에 렉쳐노트 사이트처럼 여러 가지 마술 도구를 판매하고 있고, 무료 마술 강의도 진행 중이다. 하지만 렉쳐노트와 비교해서 손기술과 관련한 마술 시연 영상과 해법 영상이 많기 때문에 화려한 연출을 뽐내고 싶거나, 장기적으로 연습에 투자할 시간이 있는 이에게 추천한다. I 렉쳐노트보다 고급 기술

요약 인터넷 마술샵, 커뮤니티 소개

렉쳐노트	투배럴매직
· 마술 초보용	· 중급용
· 셀프워킹 (손기술 x)	· 손기술 관련 마술시연 + 해법

전략 11 중요도 평정 및 요약하기

'중요도 평정 및 요약하기'는 텍스트에 제시된 각 문장(문단) 단위로 그 중요도를 판별하고, 그 결과를 활용해서 글의 내용을 요약하는 전략이다. 텍스트를 읽고 이해하는 행위는 텍스트에 포함된 정보를 처리하여 새로운 지식을 구성하는 사고 과정인데, 이때 텍스트에 포함된 정보의 의미를 이해하고, 그 중요도를 평가하고, 이들 간의 관계를 종합하여 주제를 추출하는 작업이 수반된다. 이런 이유로 중요도 평정하기는 글의 내용을 요약하기 위해서 꼭 필요한 사전 활동이라 할 수 있다. 요약하려면 텍스트에 포함된 정보의 중요도를 판정하고, 그중에서 주요 내용을 선별하는 작업이 선행되어야 하기 때문이다. 요약은 그 초점을 어디에 두는가에 따라 글 구조 중심의 요약하기와 특정 목적·과제 중심의 요약하기가 있다. 또한 요약의 양식에 따라 중심 내용을 간략히 나열하는 개조식, 1문장 요약, 일정 분량의 완결된 요약문 쓰기 등이 있다. 요약문 쓰기는 글쓰기 활동이지만 중요도 평정이나 주제 찾기와 같은 독해 활동을 전제로 한다는 점에 유의할 필요가 있다.

절차와 과정

① 중요도 판정의 개념, 등급 척도 안내하기(짧은 글을 가지고 시범 보이기)
② 텍스트의 각 문장(문단)을 읽으며 중요도 평정하기: 3~6단 척도 평정
* 3단 척도: 상 - 중 - 하
* 4단 척도: 매우 중요함 - 약간 중요함 - 약간 덜 중요함 - 전혀 중요하지 않음
③ 중요도 평정 결과를 정리하기:
중요도 순으로 나열하기, 가장 중요한 문장(주제문) 확인하기
④ 중요도 평정 결과를 활용해 주요 내용을 요약하기, 요약문 쓰기

발문과 활동

- 방금 읽은 문장(문단)은 얼마나 중요한가요?
이 글 전체에서 이 문장(문단)이 갖는 중요성을 '상 - 중 - 하'로 평가해 보세요.
- 각 문장의 중요도는 상대적인 거예요.
더 중요한 문장이 나오면 이전에 평가한 문장의 중요도를 조정해도 됩니다.
- 지금까지 판정한 결과를 살펴봅시다. 가장 중요한 정보들만 따로 적어 봅시다.
- 가장 중요한 정보들을 정리해서 3줄짜리 요약문을 적어 봅시다.

[텍스트]	[중요도 평정]
① '삼겹살은 바짝 구워 먹어야 한다.'는 말이 있다.	상 - 중 - 하
② 옛날에는 인분을 먹여서 돼지를 키우는 경우가 많아, 돼지에 '갈고리촌충', 그리고 그 유충인 '유구낭미충'이 기생했기 때문이다.	상 - 중 - 하
③ 유구낭미충은 인간의 심장이나 뇌로 전이되면 생명까지 위협한다.	상 - 중 - 하
④ 그래서 기생충이 죽도록 고기를 충분히 높은 온도에서 바짝 구워 먹었다.	상 - 중 - 하
⑤ 그러나 80년대 이후 우리나라에서는 돼지를 사육할 때 사료를 사용하기 때문에 유구낭미충이 기생하는 일이 없다.	상 - 중 - 하
⑥ 또한 유구낭미충의 유행지에서는 돼지고기를 수입하지도 않는다.	상 - 중 - 하
⑦ 고기를 너무 구우면 수분이 빠져 식감이 나빠진다.	상 - 중 - 하
⑧ 이제는 삼겹살을 바짝 구워 먹을 필요가 없다. 주제문	상 - 중 - 하

(요약) 요즘에는 사료로 돼지를 키우니 기생충 때문에 고기를 바짝 구울 필요가 없다.

교수·학습 길잡이

- 첫 활동 때는 5~7개 문장으로 구성된 짧은 글을 준비한다.
  각 문장 앞에 숫자(①~⑦)를 붙이고, 한 문장씩 줄을 바꾸어서 제시한다(예시 자료 참조).
- 특정 문장의 중요도 판정 결과가 다르면, 함께 이야기를 나누도록 한다.

전략 12 '주제-하위 주제-세부 내용' 정리하기

'주제topic – 하위 주제subtopic – 세부 내용details 정리하기'는 텍스트를 읽으면서 텍스트에 포함된 정보의 층위를 변별해 보는 전략이다. 정보 텍스트에는 다양한 정보가 나열되어 있는데, 각 정보의 중요도가 다르다. 그리고 이 정보들은 내용이나 주제적 측면에서는 일정한 내적 구조를 갖추고 있다. 이를 텍스트의 내용 구조 또는 주제 구조라고 한다. 그러므로 정보 텍스트를 잘 이해하기 위해서는 텍스트의 각 정보가 어떤 주제와 어떻게 연계되어 있는지를 파악하는 것이 중요하다. 특히 텍스트 전체를 아우르는 최상위 구조top-level structure의 주제를 파악하면 독해가 수월하다. 한 문단 이상의 길이를 갖춘 정보 텍스트의 주제는 1개 이상의 하위 주제로 나뉘기도 한다. 하위 주제는 다시 이를 설명하는 더 작은 단위의 세부 내용을 포함한다. 세부 내용은 상대적으로 중요도가 낮은 정보이나, 정보 텍스트에 구체성과 실제성을 부여해 준다. 텍스트의 주제 구조는 매우 다양하지만, 글을 읽어 나가면서 '주제 – 하위 주제 – 세부 정보'를 변별해서 정리해 나가면 글의 내용을 효과적으로 이해하고 기억하는 데 도움이 된다. 앞서 학습한 '중요도 평정 및 요약하기'와 연계하여 후속 전략으로 지도할 수 있다.

절차와 과정

① 텍스트를 훑어 읽으며 중요한 내용과 덜 중요한 내용을 변별해 보기
② 텍스트를 다시 읽으며 중요한 내용 중에 '주제'와 '하위 주제'를 찾아보기
③ 주제 및 하위 주제에 관련된 '세부 내용들'을 정리하기
④ '주제 - 하위 주제 - 세부 내용'을 정리한 표를 가지고 자신의 말로 설명하기

발문과 활동

- 글의 '제목, 부제목, 장/절 제목'에 주목합시다. 필자가 준 힌트랍니다.
- 이 부분의 '주제'는 무엇일까요? 이 부분은 무엇에 관해 설명하고 있나요?
- 이 글에서 가장 중요한 내용은 무엇일까요? 가장 중요한 내용을 말해 봅시다.
- 이 주제는 어떤 '하위 주제'로 설명되고 있나요? 하위 주제는 몇 개인가요?
- 하위 주제를 뒷받침하는 '세부 내용'을 정리해 봅시다.
- '주제 - 하위 주제 - 세부 내용'을 정리한 표를 보면서 나의 말로 설명해 봅시다.

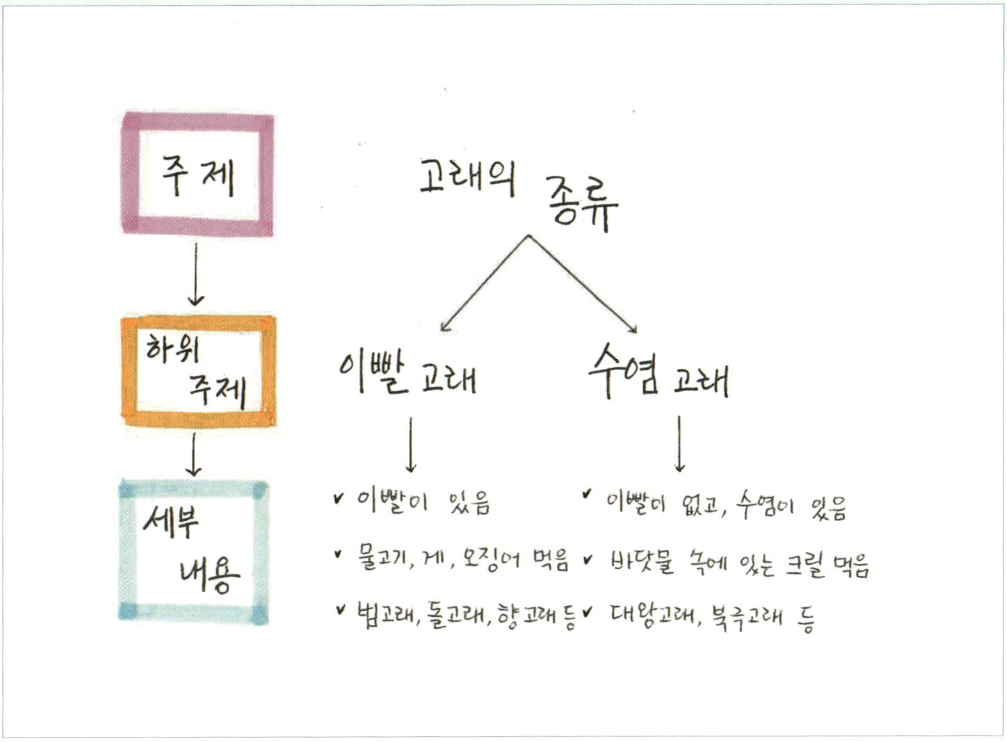

교수·학습 길잡이

- 첫 활동 때는 1~2문단의 짧은 글을 가지고 주제와 세부 내용만 변별해 본다.
- 기록표를 제공하되 초기에는 일부 정보를 기입해서 제시한다.
  점차 표만 제공하거나 학생들이 새로운 방식으로 각 칸의 내용을 구조화하도록 한다.
- 이 전략은 독해 전략인 동시에 글쓰기 전략(개요 짜기)으로 활용될 수 있다.

2 글 구조 파악 및 시각화 전략

이 절에서는 정보 텍스트 읽기의 기본 단계 중 '텍스트 구조text structure' 파악과 관련된 전략을 소개하고 지도 방법을 습득한다. 정보 텍스트는 수많은 정보(내용, 아이디어)의 집합체인데, 하나의 텍스트를 구성하는 각 정보는 서로 연계되고 유기적으로 조직되어 일정 수준 이상의 결속성coherence을 갖춘다. 이처럼 하나의 텍스트를 구성하는 정보들이 특정한 의사소통 목적을 달성하기 위해 형성한 조직이나 짜임을 텍스트 구조라 한다. 여기서 텍스트 구조는 외형적 구조(형식 구조)가 아니라, 독자가 글을 읽으면서 텍스트의 정보, 특히 핵심 정보(주요 내용이나 아이디어) 간의 관계를 인식하여 머릿속에 표상한 '의미 구조semantic structure'를 가리킨다. 이런 이유로 동일한 텍스트를 읽어도 개별 독자가 인식하는 텍스트 구조는 상이할 수 있으며, 많은 이가 텍스트의 의미 구조를 효과적으로 구성해 내는 데 어려움을 겪는다.

텍스트 구조 전략은 텍스트 구조에 대한 지식을 제공하고, 텍스트 구조를 인식할 수 있는 능력을 길러 주기 위해 개발되었다. 텍스트의 정보가 어떻게 조직되었는가를 아는 독자는 텍스트를 개별 정보의 나열로 인식하는 독자보다 읽기 성취가 높으며, 독자의 텍스트 구조 파악 능력은 이해와 회상에도 영향을 미친다(Meyer & Poon, 2001). 이런 맥락에서 보니 마이어Bonnie J.F. Meyer 등은 정보 텍스트, 특히 설명 텍스트에 나타나는 대표적 구조(비교·대조, 원인·결과, 문제·해결, 서술, 절차)와 텍스트 구조를 알려 주는 표지어signal words에 주목하였고 이를 단서로 지도하는 교수법을 제안하였다. 텍스트 구조 파악은 고등 수준의 사고 활동으로, 관련 지식을 습득한 후에도 많은 연습이 필요하다. 이 과정에서 도해 조직자를 이용하면 독자가 머릿속에 표상한 구조를 시각적으로 확인할 수 있다. 이 절에서는 '개념 지도' 전략을 통해 텍스트 구조 파악 능력을 지도해 보자.

전략 13

글 구조를 고려한 '개념 지도' 그리기

개념·목적 텍스트의 전체 구조(의미 구조)를 시각적으로 드러내서 효과적으로 파악하기 위한 전략. 주요 구조를 설명한 후 실제 텍스트를 읽고 구조를 파악해 개념 지도를 만들어 보는 활동.

절차·과정 ① 텍스트의 주요 구조 설명하기: 시간 관계, 인과 관계, 비교·대조 관계, 문제·해결 관계, 개념·서술 관계 등

② 특정 구조에 대한 설명 및 개념 지도 그리기 연습

③ 하향식 - 상향식 활용이 가능함(세부 정보 vs 주제 찾기)

적용 대상·상황 초등학교 3학년 이상, 설명 텍스트

① 시간 흐름, 절차형 구조

- 개념: 시간 흐름이나 절차가 강조된 텍스트 구조
- 예시: 인물의 일대기, 역사적 사건의 발생과 전개, 과학 실험의 절차 등
- 도식: 순서가 드러나도록 '화살표/숫자'를 이용한 선형적 도식

② 비교·대조 구조

- 개념: 대상들의 공통점/차이점이 주요 항목 단위로 제시된 텍스트 구조
- 예시: 대통령 후보의 공약 비교표, 두 약물의 대비표(성분, 기전, 효과) 등
- 도식: 좌우 2행 기록표, 두 원이 일부 겹쳐 있는 벤다이어그램

③ 원인·결과 구조

- 개념: 대상·주제의 인과 관계를 중심으로 서술된 텍스트 구조
- 예시: 제1차 세계 대전 발발의 원인과 결과, 지구온난화의 원인과 결과 등
- 도식: 원인·결과 2행 기록표, 인과 관계를 화살표로 명기한 도식

④ 문제·해결 구조

- 개념: 텍스트에서 다루는 문제(이슈)와 그 해결 방법이 강조된 텍스트 구조
- 예시: 물 부족 해결 방안, 혐오범죄 없는 사회를 만드는 방법 등
- 도식: 문제 분석 칸 - 해법 제안 칸(복수의 해결책, 우선순위 제안 가능)

⑤ 개념·서술 구조

- 개념: 대상을 개념적으로 규정하거나 그 속성을 서술하는 텍스트 구조
- 예시: 비판적 읽기란 무엇인가, 뇌졸중의 개념과 증상 등
- 도식: 대상(주제) - 하위 정보(개념, 예시, 특성, 구성 요소) 정리 칸

전략 13 글 구조를 고려한 '개념 지도' 그리기

글 구조를 고려한 '개념 지도Idea Mapping' 그리기는 도해 조직자를 이용해 텍스트의 내용(의미) 구조를 명시적으로 정리하는 전략이다. 텍스트는 일정한 내용과 형식의 결집체인데, 텍스트의 형식 구조가 명확하고 그 내용을 드러내기에 적합한 경우에는 이해가 쉽다. 그러나 실제 텍스트 중에는 형식 구조가 모호하거나, 형식 구조와 내용 구조가 일치하지 않거나, 여러 형식 구조와 내용 구조가 얽혀 있는 경우가 많다. 이때 능숙한 독자는 텍스트의 형식에 집착하지 않고 그 내용이 구성된 방식을 이해하려고 노력한다. 독자가 구성한 의미는 텍스트의 내용을 구조화해서 이해한 결과물이다.

본 전략에서 말하는 '개념idea'은 텍스트의 내용을 구성하는 개별 '정보'를 의미한다. 정보 텍스트 읽기는 이러한 개념(정보) 간의 관계를 이해하는 작업이다. 그런데 정보 텍스트에 제시된 개념들은 시간 흐름, 비교·대조, 원인·결과, 문제·해결, 개념·서술 관계를 취하는 경우가 많다. '개념 지도'는 시각적 장치인 도해 조직자를 이용해서, 텍스트의 내용을 구성하는 개념들의 관계를 시각적·공간적으로 정리하는 전략이다. 이 전략은 학생들이 정보 텍스트의 주요 내용 구조를 알고, 이를 고려하여 독해하도록 개발되었다.

절차와 과정

① 정보 텍스트의 주요 구조 이해하기: 예시 글 + 도해 조직자 제공
② 텍스트를 가볍게 훑어 읽기
③ 텍스트의 내용(정보)이 제시된 방식 파악하기
④ 텍스트의 내용을 정리하기 위한 도해 조직자 선택/구성하기
⑤ 완성된 도해 조직자의 내용을 공유, 비교하기: 다양한 글을 가지고 연습하기

시간 흐름

표지어: 첫 번째, 두 번째, 그다음으로, 그 이후로, 마지막으로, 전후로

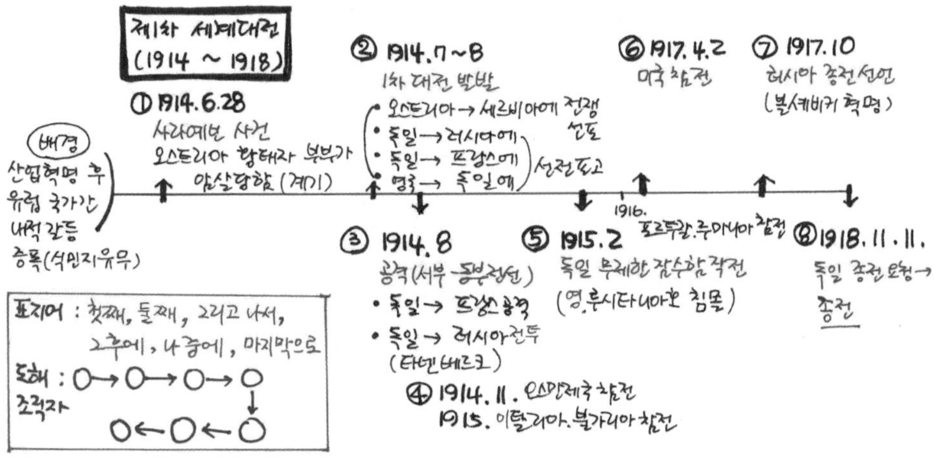

발문과 활동

- 글을 훑어보면서 이 글의 정보가 어떤 방식으로 제시되어 있는지 파악해 보세요.
- 글에 명시된 구조(형식 구조)는 어떠한가요?
- 글에서 다루는 내용은 어떻게 구성되어 있나요(내용 구조는 어떠한가요)?
- 5대 구조(시간 흐름, 비교·대조, 원인·결과, 문제·해결, 서술) 중에 사용된 것이 있나요? 각 구조에서 자주 사용되는 표지어를 찾아봅시다.
- 적합한 도해 조직자의 유형을 골랐으면, 이제 키워드로 정리해 봅시다.
- 도해 조직자를 완성했으면, 도해 조직자를 보면서 글의 내용을 설명해 봅시다.
- 친구들의 도해 조직자를 모아서 비슷한지, 다른지 비교해 봅시다.
- 한 편의 글 안에 2개 이상의 내용 구조가 존재할 수도 있어요.

교수·학습 길잡이

- 한 번에 하나의 구조만 다루고, 형식과 내용 구조가 일치하는 글로 시작한다.
- 구조를 드러내는 '표지어'를 안내하고, 글에서 찾도록 한다

비교·대조

표지어: A와 B, A는 ~하고 B는 ~하다, 공통점/차이점, 비슷하다/다르다, 한편

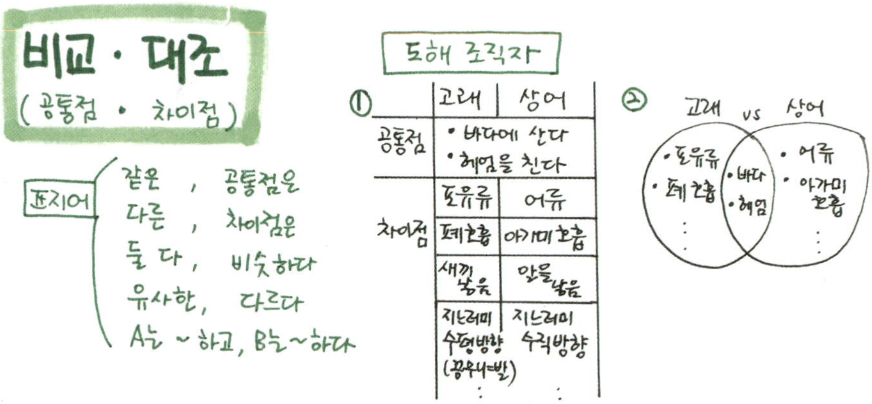

원인·결과

표지어: 원인은/이유는 ~이다, 결과적으로, ~하기 때문에, 그래서, 그러므로

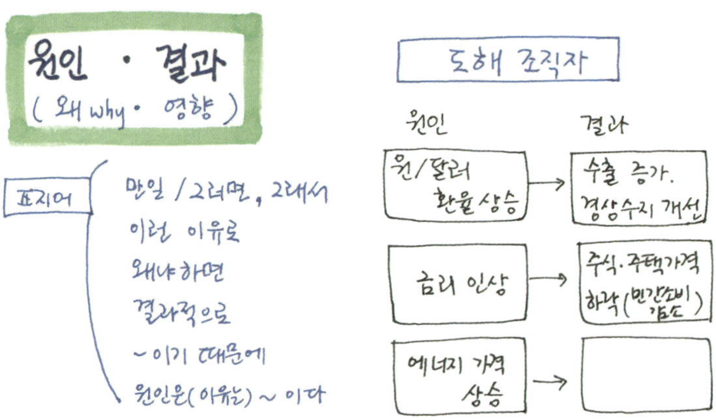

문제·해결

표지어: 문제는 ~이다, 이를 해결하려면, ~가 필요하다, ~해야 한다

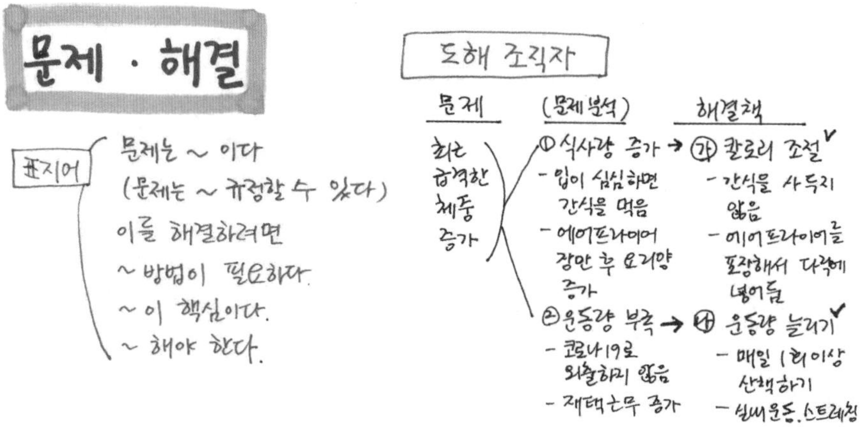

개념·서술

표지어: A는 ~이다, 그 개념/이유는 ~이다, 예를 들어, 설명하면, 구체적으로

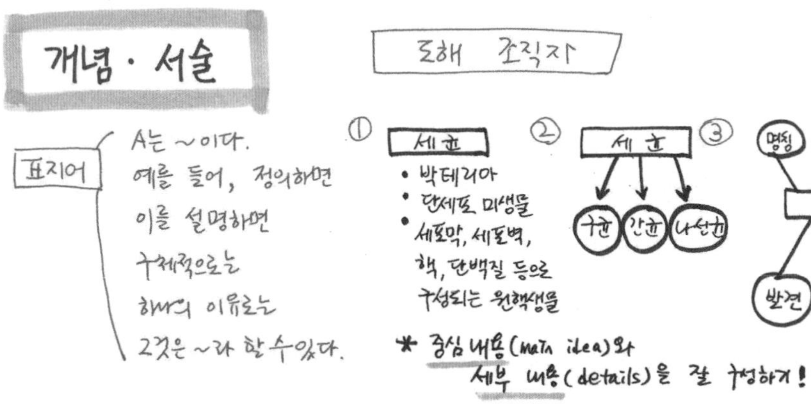

3 적극적 독해 및 반응 전략

이 절에서는 정보 텍스트를 적극적으로 읽고 반응하는 전략을 다룬다. 과거에는 읽기 교육의 의미가 곧 해독decoding이나 유창성reading fluency 지도에 있었다. 한글 낱자와 소리의 관계를 이해하고, 단어나 문장을 틀리지 않게 음독하는 읽기 학습이 읽기 교육의 전부였고, 다음 단계인, 읽은 내용을 제대로 이해하고 적극적으로 반응하는 것은 개인의 몫이었다. '독서백편의자현讀書百遍意自見'이 가장 좋은 독서법이자 학습법이었던 때, 학생들은 정전을 암송하고 그 뜻을 스스로 깨우칠 때까지 고군분투해야 했다. 문제는 구체적인 안내나 지도 없이 시행착오를 통해서 독해의 경지에 오르는 이 과정이 지난하여 대부분 낙오한다는 데 있었다.

현대의 읽기 교육가들은 읽기의 본질인 '독해와 반응'에 주목하여 그 실행 방법을 지도한다. 텍스트를 읽기 전에는 목적을 확인하고, 예측하기를 통해 텍스트의 유형과 주제에 맞는 배경지식을 활성화하며, 읽기 중에는 적절한 읽기 전략을 활용해 읽기 과정을 점검·조절하고, 읽기 후에는 텍스트의 의미와 자신의 반응을 정리하고 공유함으로써 독서 경험을 심화·확장해 나가게 한다. 국가 수준 교육과정에서 강조하는 사실적·추론적·비판적·창의적 독해는 모두 적극적 읽기를 전제로 한다. 적극적 읽기는 '타인과의 소통'을 필요로 하는데, 독자는 텍스트를 매개로 타인과 소통하면서 텍스트를 새롭게 보기도 하고, 텍스트 – 자신 – 타인(사회와 세상)에 대한 이해를 심화할 수 있다. 또한 적극적 읽기는 한 편의 텍스트 독해에 머무르지 않고 다른 텍스트를 엮어 읽는 주제 통합적 읽기나, 독해의 결과를 기반으로 삼아 새로운 지식 생산의 방향으로 나아갈 수도 있다.

정보 텍스트를 읽는 새롭고 다양한 방법을 제공하여, 학생들이 유용한 정보를 습득하고 지적 호기심을 충족하며 세상에 대한 이해를 확장하고 새로운 지식 창조의 기쁨을 맛볼 수 있도록 지도해 보자.

전략 14 'K-W-L Plus' 활동

개념·목적 K-W-L(알고 있는 내용-알고픈 내용-알게 된 내용)에 Plus(도식 그리기+요약하기) 활동을 더해 읽기 전-중-후에 적극적 독해를 유도하는 전략. 배경지식 활성화, 주제 관련 흥미 유발, 질문 형성, 신정보를 확인하고 요약하는 능력 증진 목적.

절차·과정 ① K열 채우기: 배경지식 활성화(읽기 전)
② W열 채우기: 질문 만들기, 알고픈 내용 정리(읽기 전)
③ L열 채우기: 텍스트를 읽으며 알게 된 내용 정리(읽기 후)
④ Plus: 텍스트 전체 내용을 도식화하고 요약하기(읽기 후)
⑤ 공유·소통하기: K-W-L Plus 결과 발표, 질문, 토론하기

적용 대상·상황 초등학교 1학년 이상, 정보 텍스트

전략 15 '대화 놀이판'을 이용해 대화·토론하기

개념·목적 이야기할 만한 소재, 주제, 질문들을 제공해 독후 대화나 토론을 촉진하는 활동. 보드게임형 놀이판, 질문 막대를 통에서 뽑는 방식, 이야깃거리 게시판이나 룰렛 등 다양한 방식. 제공하는 이야깃거리의 수준/형식에 따라 활동의 난도 조절.

절차·과정 ① 대화 놀이판에 이야깃거리 채우기, 놀이 규칙 확인하기
② 순서별로 이야깃거리를 뽑아서 이야기 시작하기
③ 새 이야깃거리를 뽑거나 자유롭게 이야기 나누기

적용 대상·상황 초등학교 2학년 이상, 모든 텍스트

전략 16 '탐구 차트'를 활용해 주제 탐구하기

개념·목적 안내 질문을 가지고 여러 읽기 자료를 탐구해 나가는 주제 탐구 전략. 주제 통합적 읽기로 비판적, 적극적 독해를 촉진함.

절차·과정 ① 계획하기: 주제, 탐구 질문, 읽기 자료, 차트 확인
② 탐구하기: 배경지식과 읽기 자료를 활용한 탐구 활동-주제 관련 배경지식과 신념 공유하기-탐구 중 발견하는 사실, 새로운 질문 공유하기-자료를 읽으며 질문에 대한 탐구 결과 정리하기
③ 통합하기와 평가하기: 탐구 차트 완성 및 결론 공유하기

적용 대상·상황 초등학교 5학년 이상, 설명 텍스트

전략 14 'K-W-L Plus' 활동

'K-W-L Plus'는 카Eileen M. Carr와 오글Danna Ogle이 기존의 K-W-L에 두 가지 Plus 활동(도식 그리기mapping, 요약하기)을 더한 교수법이다. K-W-L은 ① 텍스트를 읽기 전에 주제 관련 배경지식을 활성화하고Know, ② 알고 싶은 내용을 브레인스토밍Wonder/Want to learn한 후, ③ 텍스트를 읽으며 배운 내용Learned을 정리하는 활동이다. KWL Plus는 학생들이 정보 텍스트를 읽을 때 적절한 지식에 접근하고, 텍스트에서 확인한 새롭고 중요한 지식에 주목하여 효과적으로 요약하는 능력을 기르도록 개발되었다. 읽기 전 활동(K-W)과 읽기 후 활동(L-Plus)으로 구성되며, KWL보다 독후 활동이 보강된 점이 특징이다. 또한 배경지식 활성화, 주제 관련 흥미 유발, 질문 생성, 신정보의 정리 및 요약 활동을 포함한다는 점에서 적극적 독해를 유도한다. KWL-W2(추가 질문하기)나 KWL-W2-L2 등 다양한 변이가 가능하다.

절차와 과정

① K열 채우기(배경지식 활성화): 주제와 관련해 내가 이미 아는 내용 정리하기
② W열 채우기(질문 만들기): 주제 관련 더 알고픈 내용 정리하기
③ L열 채우기(학습 결과 정리): 텍스트를 읽고 새롭게 배운 내용을 정리하기
④ Plus 활동(도식·요약하기): 텍스트의 주요 내용을 도식을 활용해 요약하기
⑤ 공유·소통하기: K-W-L Plus 활동의 결과를 발표하고 소통하기(질문, 토론)

발문과 활동

- K: 제목, 소제목, 삽화를 보니 '무엇'에 대한 글인가요?
  이와 관련해 내가 이미 아는 것을 K칸에 적어 봅시다.
- W: 이것과 관련해 궁금한 점은 무엇인가요? W칸에 질문을 적어 봅시다.
- L: 글을 읽으며 어떤 내용을 알게 되었나요? L칸에 적어 봅시다.
  아까 내가 적었던 질문(W)과 관련해서 알게 된 점도 적어 봅시다.
- Plus: 이 글의 주요 내용을 그림(도식)의 형태로 정리해 봅시다.
  내 도식을 보면서, 글의 내용을 요약해서 말하거나 글로 써 봅시다.

교수·학습 길잡이

- K-W-L을 먼저 연습한 후 학생들이 익숙해지면 Plus 활동을 안내한다.
- 동일한 글에 대해 학생들이 작성한 K-W-L Plus의 내용을 비교할 수 있다.
- Plus 활동 후 엮어 읽기를 통해 '주제 탐구' 활동을 진행할 수 있다.

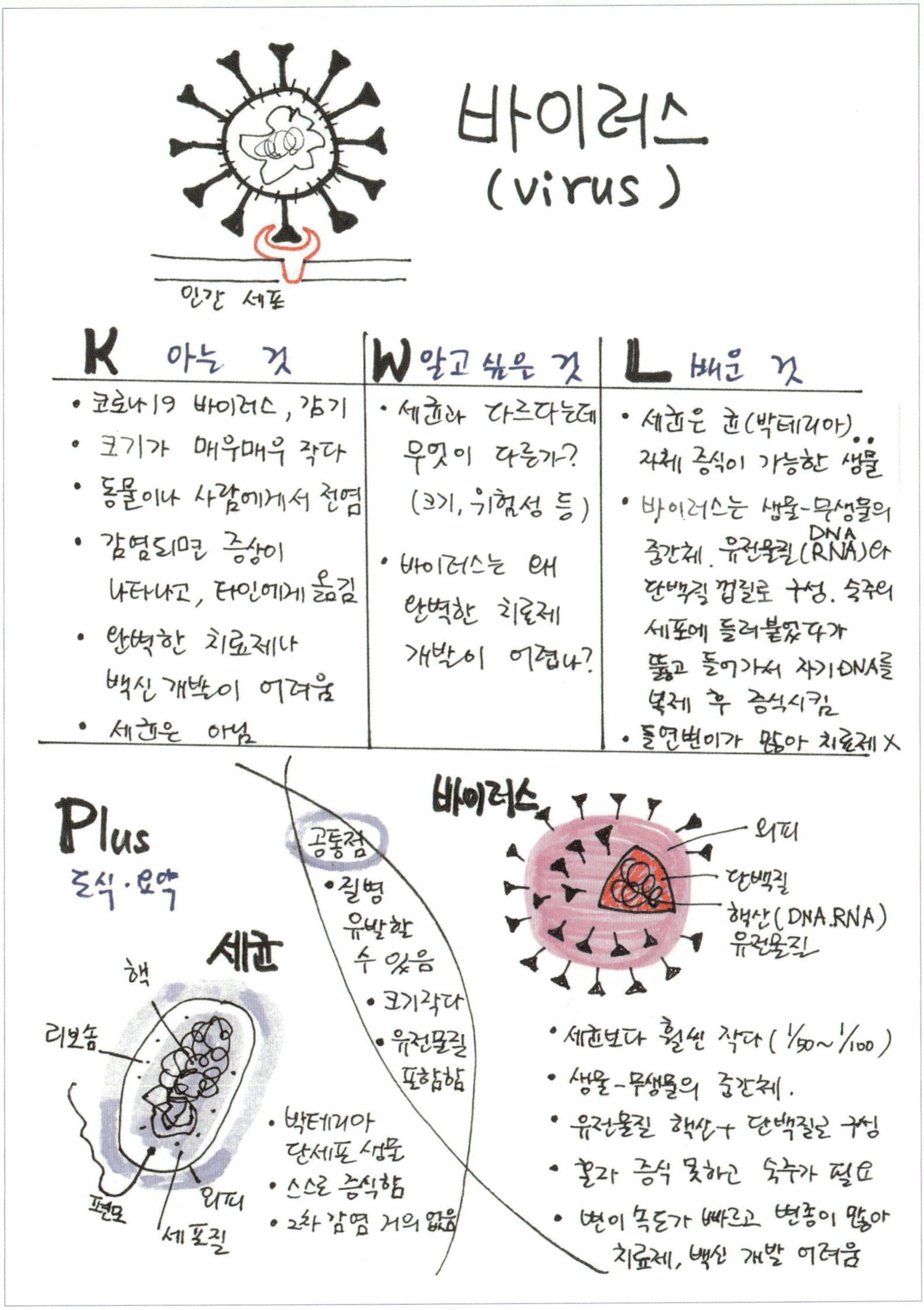
바이러스
(virus)
인간 세포
K 아는 것
• 코로나19 바이러스, 감기
• 크기가 매우매우 작다
• 동물이나 사람에게서 전염
• 감염되면 증상이 나타나고, 타인에게 옮김
• 완벽한 치료제나 백신 개발이 어려움
• 세균은 아님
W 알고 싶은 것
• 세균과 다르다는데 무엇이 다른가? (크기, 위험성 등)
• 바이러스는 왜 완벽한 치료제 개발이 어렵나?
L 배운 것
• 세균은 균(박테리아).. 자체 증식이 가능한 생물
• 바이러스는 생물-무생물의 중간체. 유전물질(RNA, DNA)와 단백질 껍질로 구성. 숙주의 세포에 들러붙었다가 뚫고 들어가서 자기DNA를 복제 후 증식시킴
• 돌연변이가 많아 치료제 X
Plus
도식·요약
바이러스
외피
단백질
핵산(DNA.RNA) 유전물질
공통점
• 질병 유발할 수 있음
• 크기작다
• 유전물질 포함함
세균
핵
리보솜
편모
외피
세포질
• 박테리아 단세포 생물
• 스스로 증식함
• 2차 감염 거의 없음
• 세균보다 훨씬 작다 (1/50~1/100)
• 생물-무생물의 중간체.
• 유전물질 핵산+단백질로 구성
• 홀로 증식 못하고 숙주가 필요
• 변이 속도가 빠르고 변종이 많아 치료제, 백신 개발 어려움

전략 15 '대화 놀이판'을 이용해 대화·토론하기

놀이판 형태로 텍스트와 관련해서 이야기할 만한 소재나 질문prompts을 다양하게 제공해서, 독후 대화나 토론을 촉진하는 활동이다. 놀이판은 보드게임형(게임판), 질문 막대 뽑기, 이야깃거리 게시판, 룰렛 등 다양하게 설정할 수 있다. 학생들이 책 대화book talk나 토론에 부담을 느끼는 이유는 ① 책 이야기를 나누는 활동 자체가 낯선 경우(경험 부족), ② 무슨 이야기를 어떻게 시작해야 할지를 모르는 경우(콘텐츠, 아이디어 부족), ③ 내 이야기에 대해 타인이 보일 반응이 부담스러운 경우 등이 있다. 이 활동은 특히 앞의 두 경우에 도움이 되며, 제공하는 이야깃거리의 수준과 형식에 따라 독후 활동의 성격과 난도를 조절할 수 있다. 초기에는 다양한 층위의 독해와 반응을 촉진하는 질문을 제시하여 게임 형식으로 운영하다가 학생들이 익숙해지면 비판적 독해나 다른 텍스트·매체·사회적 이슈 관련 반응을 촉진하는 질문을 제공할 수도 있다. 놀이판을 이용하기 때문에 전통적 독후 활동에 비해 참여자의 심리적 부담이 적고 자유로운 대화 환경을 조성할 수 있다. 이 활동으로 학생들의 독해와 감상을 촉진한 후 다른 지도를 연계할 수 있다.

절차와 과정

① 대화 놀이판에 이야깃거리 채우기(교사나 학생), 놀이 규칙 확인하기
② 순서별로 이야깃거리를 뽑아서 이야기 시작하기
③ 새 이야깃거리를 뽑거나 자유롭게 이야기 나누기

발문과 활동

- 여러분, 보드게임 해 봤죠? 주사위를 던져서 나온 숫자만큼 칸을 이동한 후 그 칸에 적힌 질문을 읽어 봅시다. 그 질문을 이용해서 이야기를 시작하면 됩니다.
- 문장의 첫 구절이 적힌 칸에서는 그 구절을 이용해 문장을 만들어 보세요.
- 친구가 이야기한 내용과 관련해 어떤 이야기를 할 수 있을지 생각해 봅시다.
- 친구에게 질문을 받거나 친구를 지정해서 질문해 볼 수도 있어요.
- 모두 이야기한 후에는 새 판을 진행하거나 자유롭게 책 이야기를 나누세요.
- 여러분이 직접 다양한 이야깃거리 질문을 만들어서 게임판을 구성해 봅시다.

교수·학습 길잡이

- 첫 활동 때는 교사가 사실적·추론적 독해 및 자유 반응 유도 질문을 던진다.
- 놀이 형식을 취하지만 제시된 '질문'에 근거해서 이야기를 나누도록 지도한다.

♣ 다음 문구를 이용해서 이야기를 시작해 봅시다.

- 나는 동의한다.
- 나는 생각했다.
- 제일 좋았던 부분은
- 이 부분 모르겠어, 왜냐면
- 나는 반대한다.
- 내 마음이 움직였다.
- 이 부분, 어떻게 생각해?
- 이 이야기를 나누고 싶어.
- 나는 좋았어.
- 인상적인 부분은 ~
- 이 부분이 싫었어.
- 저자에게 묻고 싶어.

♣ 텍스트 전반에 대한 질문, 이야깃거리

- 이 글의 목적은 무엇일까요? 그것을 어떻게 알 수 있을까요?
- 이 글에서 다루는 내용과 연관되는 경험을 한 적이 있나요? 어떤 경험인가요?
- 이 글을 읽으면서 어떤 배경지식을 동원했나요? 그 지식을 어떻게 활용했나요?
- 이 글에서 흥미로운 지식이나 새로운 정보가 있었나요? 어떤 것이었나요?
- 이 글에서 가장 중요한 부분은 어디일까요? 그 부분이 중요한 이유는요?
- 이 글에서 가정하고 있는 바가 있나요? 그 가정은 타당한가요?
- 이 글에 문제가 있는 내용이 있나요? 있다면 어떤 문제인가요?
- 이 글을 쓴 필자의 주장에 동의하나요? 그 이유는 무엇인가요?
- 이 글은 어떤 사람에게 추천할 만할까요? 그 이유는 무엇인가요?
- 이 글을 읽으며 떠올린 다른 글이나 영화, 노래가 있나요? 소개해 주세요.

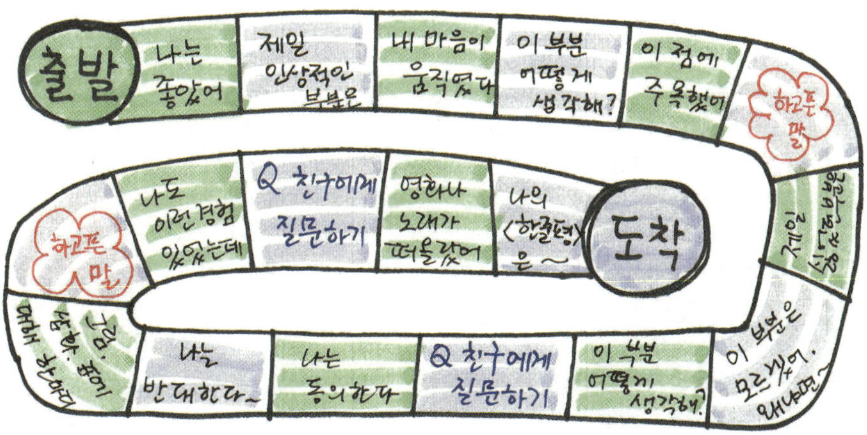

전략 16 '탐구 차트'를 활용해 주제 탐구하기

'탐구 차트Inquiry Chart, I-Chart를 활용해 주제 탐구하기'는 안내 질문과 다양한 읽기 자료resources를 제공하여 주제 탐구를 유도하는 읽기 전략이다. 제임스 호프만James V. Hoffman이 개발한 이 전략은 주제 탐구 과정을 돕기 위해 '탐구 주제, 안내 질문들, 다양한 자료 출처 기록칸' 등으로 구성된 탐구 차트를 제공한다. 역사, 지리, 과학, 기술, 예술 등 다양한 내용 교과의 주제를 탐구하는 활동에 적합하며, 복잡한 개념이나 논쟁적 주제를 다룰 수도 있다. 특정 주제를 다루는 다양한 텍스트를, 질문을 고려하면서, 탐구해 나간다(분석·평가·종합)는 점에서 내비게이션 기능navigation skill, 다문서 읽기multiple text reading, 주제 통합적 읽기syntopical reading, 담화 종합discourse synthesis, 비판적 읽기critical reading 능력의 증진을 도모한다. 주제 탐구 및 주제 통합적 읽기 능력은 2022 교육과정의 읽기 영역에서 가장 강조하는 교육 내용일 뿐만 아니라, 중등 수준 이상의 학문적 읽기나 직무 읽기 역량의 중핵적 요소이다. 탐구 차트 전략은 비판적이고 독립적인 지식 탐구의 기반을 마련한다는 점에서 정보 텍스트 읽기 학습의 정수라 할 수 있다.

절차와 과정

① 계획하기: 주제 확인, 탐구 질문 형성, 읽기 자료 출처 확인, 차트 확인

② 탐구하기: 배경지식과 읽기 자료를 활용한 탐구(탐구 차트 채우기)

* 주제 관련 배경지식과 신념에 대한 탐색 및 공유하기
* 탐구 중 발견한 흥미로운 사실, 새로운 질문들 공유하기
* 다양한 자료를 읽으며 탐구 질문에 대한 학생들의 반응·생각 기록하기

③ 통합하기와 평가하기: 탐구 차트의 완성 및 결론 공유하기

* 요약하기: 차트에 기록된 모든 정보를 활용(요약)해 각 질문에 답 정리하기
* 비교하기: 요약한 정보, 배경지식 및 신념, 개인 자료를 비교해 오개념 수정
* 연구하기: 탐구 과정에서 도출된 새로운 질문을 정리하고 추가 연구하기
* 보고하기: 학급 전체에 탐구 결과, 기존에 다루지 못했던(미해결) 질문 보고

발문과 활동

- 탐구 차트에 적힌 '탐구 주제'와 '안내 질문들'을 집중해서 잘 읽어 봅시다. 그리고 정확하게 무엇을 탐구하여야 하는지 이야기해 봅시다.
- 각 질문과 관련해 '이미 아는 사실'이나 '가지고 있는 생각'을 적어 봅시다.
- 차트의 자료 출처를 보세요. 어떤 자료가 제시되어 있는지 훑어 봅시다. 여러분이 원하면 자료 출처는 더 추가해도 됩니다.

탐구 차트 (I-Chart)	탐구 주제: 스페인			
	위치·국토·인구	역사	문화·문화재	언어·여행
이미 아는 것	• 서유럽 끝 • 포르투갈 옆		• 축구 • 가우디 건축물	• 스페인어 • 바르셀로나 • 산티아고 순례길
출처 1 서희석·호세 안토니오 팔마(2015), 『스페인: 처음 만나는 스페인의 역사와 전설』, 을유문화사.	• 이베리아 반도 • 약 4675만 명	• 알타미라 동굴 벽화(엄청 긴 역사) • 이슬람이 7백 년 이상 지배→레콩키스타 • 16~17C 전성기	• 알함브라 궁전(이슬람 문화) • 코르도바 모스크	• 지역어: 카스티야어, 아라곤어, 바스크어, 갈리시아어 등
출처 2 김희곤(2014), 『스페인은 건축이다 : 인간이 만든 최고의 아름다움』, 오브제.			• 가우디: 구엘공원, 성가족 성당 외 • 고대 로마 유적지: 수도교, 극장	• 마드리드 왕궁 • 도시별 대성당 • 지역별 축제 발달
출처 3 위키백과(웹)	• 서유럽에서 두 번째로 큰 나라 • 우리나라 면적의 약 5배 크기	• 16C 식민지 정복: 아즈텍, 잉카, 마야 문명 등등	• 파블로 피카소	• 빠에야(해산물) • 감바스, 하몽, 와인, 이베리코 돼지고기 • 투우사, 투우 경기
요약				

- 이제 1번 질문에 주목하면서 제시된 자료들을 읽어 봅시다.
  그리고 질문에 대한 답을 찾으면 차트에 기록해 보세요.
  1번 질문에 대해 자료를 다 읽고 답을 적은 후에는 〈요약〉 칸도 채워 봅시다.
- 각 자료를 읽으며 '흥미로운 점'과 새로 떠오른 '질문'도 적어 봅시다.
- 결과 보고를 위해서 완성된 탐구 차트에 내용을 정리해 봅시다.
  탐구 주제와 질문별 요약 내용을 중심으로 보고하되, 더 탐구할 내용도 소개할 수 있습니다.

교수·학습 길잡이

- 본 전략은 안내 질문과 자료 출처의 일부만 제공하거나 탐구 주제부터 선택하도록 설정하여 학생들의 선택권 및 자율성 수준을 조정할 수 있다.
- 학생들이 경험하는 문제 상황(질문 생성, 요약하기 등)을 이해하고 지원한다.

08

문학 텍스트 읽기 교수학습 전략

이 장은 문학 텍스트를 읽고 해석하기 위한 교수·학습 방법을 다룬다. '텍스트'라는 용어는 라틴어 동사 'textere'에서 온 것으로 '어떤 요소가 서로 엮여 있음' 또는 '짜여 있음'을 뜻한다. 형식 면에서 문자, 단어, 문단이 모여서 한 편의 글을 이루는 것과 의미 면에서 관련된 내용이 서로 연계되어 있다는 점을 아우른다(이순영 외, 2017: 168-169). 결국 텍스트는 기호적 체계를 지닌 모든 소통 매개물을 의미한다. 문학 텍스트literary text는 독자에게 소통되고 해석되기 이전의 문학 원전을 가리키는 용어로서 인간 삶의 총체성을 다루고 독자에게 정신적 즐거움과 함께 인생의 의미를 깨닫게 한다. 문학 텍스트는 독자에 의해 다양한 의미로 해석될 수 있는 가변성을 내포한다는 특징이 있다.

문학 텍스트 읽기는 문학 텍스트에 대한 지식을 이해하고 적용할 수 있어야 하며, 다양한 반응을 인정하되 근거 있고 타당한 해석에 이르도록 해야 한다. 이를 위해서는 문학 텍스트를 해석하는 방법과 전략을 알고, 생각과 느낌을 공유하고 소통하는 과정을 경험할 필요가 있다. 이를 통해 학생들의 주체적인 문학 향유 능력을 신장시키는 데 목적을 둔다.

이 장에서는 문학 텍스트 중에서 서사 텍스트(이야기, 소설)를 중심으로 인물 이해 전략, 사건 이해 전략, 문학적 소통 전략을 다루고자 한다.

문학 텍스트의 개념과 특성

문학 텍스트는 독서 행위나 비평 행위를 통해 독자에게 소통되고 해석되기 이전의 문학 원전을 가리키는 용어로 독자에 의해 다양한 의미로 해석될 수 있는 가변성을 내포한다. 현대 문학 연구에서도 '텍스트'라는 용어를 보편적으로 사용하는데, 문학 장르의 명칭을 대신하여 이야기 텍스트, 시 텍스트, 드라마 텍스트 등으로 사용되기도 한다(한용환, 1999: 448-450).

국어과 교육과정은 문학의 갈래를 서정, 서사, 극, 교술로 제시한다. 서정 텍스트는 자연이나 인간의 삶에 대한 사상이나 정서 등을 함축적이고 운율적인 언어로 표현한 텍스트로 시, 시조, 민요, 향가, 고려속요, 한시 등이 이에 속한다. 운율, 이미지, 주제나 정서를 담고 있으며, 이와 관련하여 음악성, 회화성, 의미성과 같은 특성을 가진다. 서사 텍스트는 상상하여 꾸며 낸 허구의 이야기로, 사건을 미적으로 질서화하여 통일적인 의미를 구현한 산문 형식의 문학이다. 작가의 상상에 의해 꾸며지므로 '허구성'을 특징으로 하며, 인물, 사건, 배경을 갖추고 일정한 시간의 흐름에 따라 진행되는 이야기 형식의 문학으로서 '서사성'이 있다. 또한 허구의 세계이지만 인생의 참모습과 진실을 추구하며 인생의 의미를 깨닫게 한다는 의미에서 '진실성'을 담고 있다. 극 텍스트는 무대 위에서 상연될 것을 전제하므로 모든 이야기를 현재화하여 독자에게 전달한다는 특징이 있다. 희곡, 시나리오, 탈춤 등이 이에 속한다. 교술 텍스트는 객관적으로 존재하는 사실을 서술하여 독자에게 전달하되 작가가 직접 개입하여 주관적 생각을 표현하며, 형식의 제약을 받지 않고 개인적인 서정이나 사색, 성찰 등을 표현하여 독자의 공감을 얻고자 한다. 개성적이며 고백적인 문학으로 작가의 개성이 짙게 드러나는 특징이 있다. 수필이나 가사가 이에 속한다.

정리하면, 문학 텍스트는 인간 삶의 총체적인 영역을 다룬 글로서 독자에게 정신적 즐거움을 주는 동시에 인생의 의미를 경험하게 하는 글이라 할 수 있다. 인간의 삶을 언어로 형상화한 것으로 장르에 따라 특정한 구조와 고유한 문체적 특성을 보이며, 텍스트 이면에는 의미와 주제를 내포한다. 또한 독자에 의해 다양한 의미로 해석될 수 있는 가변성을 가진다.

문학 텍스트 읽기와 교육과정

국어과 교육과정에서 문학 영역은 4차 교육과정(1981년 고시)에서 처음 신설되었다. 4차부터 6차 교육과정까지는 문학 텍스트의 이해와 감상에 초점이 있었으나 7차 교육과정(1997년 고시)부터 문학 창작 교육이 본격적으로 도입되었고, 이후 문학의 수용 및 생산을 주요 내용으로 다루고 있다. 문학의 수용·생산 능력은 문학의 해석, 감상, 비평, 창작 활동을 통해 향상될 수 있다. 또한 문학의 '소통'을 강조하는데, 문학 텍스트를 통해 개별 독자가 즐거움과 깨달음을 얻는 데서 나아가 다른 독자나 공동체와 소통할 수 있는 능력을 길러 줄 필요가 있다.

[표 8-1]은 2022 개정 교육과정 내 문학 텍스트 읽기를 정리한 것이다. 문학 영역의 범주는 지식·이해, 과정·기능, 가치·태도로 체계화되어 있다.

지식·이해 범주는 '갈래'와 '맥락'으로 나뉜다. 문학 작품의 텍스트적 성격을 이해하기 위해서는 '갈래'에 관한 지식과 문학 작품이 하나의 텍스트로 생산되고 수용되는 과정에서 텍스트를 둘러싼 여러 '맥락'을 함께 파악해야 한다. 초등 단계에서는 개별 갈래에 주목한다면 중고등 단계에서는 서정, 서사, 극, 교술 같은 거시 장르의 개념을 사용한다. 맥락의 범위는 독자·작가 맥락에서 사회·문화적 맥락으로 확장하여 다룬다.

과정·기능 범주는 문학 텍스트 읽기의 주요 내용이다. '작품 읽기와 이해'는 문학 텍스트를 맥락과 관련지어 읽는 데 초점을 둔다. '해석'은 문학 텍스트가 실현하는 다양한 의미를 읽어 내는 과정이자, 그 과정을 통해 의미에 도달하는 과정이다(최미숙 외, 2023: 109). '감상'은 해석과 함께 이루어지는 수용의 과정으로 독자의 주관적인 느낌이나 감정, 판단까지를 아우르는 활동이자 결과이다. '비평'은 해석과 감상을 바탕으로 작품에 대해

[표 8-1] 2022 개정 국어과 교육과정 내 '문학 텍스트 읽기' 관련 내용

범주		초등학교	중학교	고등학교
지식·이해	갈래	시, 노래	→ 시, 서정	
		이야기, 그림책	→ 소설, 서사	
		극	→ 극	
		수필	→ 교술	
	맥락	독자 맥락, 작가 맥락	→ 독자 맥락, 작가 맥락, 사회·문화적 맥락	
과정·기능	작품 읽기와 이해	경험 살려 읽기, 작가 의도 읽기	→ 사회·문화적 읽기, 상호텍스트적 읽기	
		사실과 허구 이해하기 갈래의 기본 특성 이해하기	→ 연관 작품 관계 이해하기	
	해석과 감상	이야기 흐름 파악하기 인물 사건 배경 파악하기	→ 갈등의 진행과 해결 과정 파악하기	
		느낀 점 말하기 인물 상상하기 인물의 성격 파악하기	→ 근거를 바탕으로 작품 해석하기	
		비유적 표현 알기	→ 운율, 비유, 상징 알기	
	비평	작품 소개하기 인상적인 부분 의견 나누기	→ 다양한 해석 비교 평가하기	→ 문학 소통하기
	창작	다양한 형식으로 표현하기 감각적으로 표현하기 갈래 특성에 따라 표현하기	→ 개성적 발상과 표현으로 형상화하기	→ 문학 작품 재구성·창작하기
가치·태도		문학에 대한 흥미 작품 감상과 소통의 즐거움 문학을 통한 자아 성찰	문학을 통한 타자 이해 문학과 공동체 참여 문학의 가치 내면화 / 문학의 생활화	

평가한 결과로, 좋았거나 마음에 들었던 점, 인상 깊게 보았거나 즐겼던 부분 등을 다른 사람에게 전하여 문학 작품을 매개로 능동적인 소통에 참여하는 활동이다. '창작'은 문학의 특성을 지닌 표현을 쓰는 경험을 축적할 수 있는 내용으로 구성된다.

가치·태도 범주는 문학에 대한 흥미와 즐거움, 자아성찰과 가치 내면화, 문학의 생활화 등을 다룬다.

문학 텍스트 읽기 교수·학습의 방향

문학 교수·학습의 목적은 주체적인 문학 향유 능력의 신장에 있다(최지현 외, 2009; 정재찬 외, 2014; 최미숙 외, 2016). '학습자의 주체적인 작품 해석', '근거를 바탕으로 한 타당한 작품 해석과 평가' 등은 독자의 주체적인 문학 능력 신장과 관련된다. 또한 문학을 스스로 찾아 읽고 즐길 수 있어야 하는데, 이는 문학 향유 능력에 해당한다. 주체적인 문학 향유 능력을 기르기 위한 문학 텍스트 읽기 교수·학습 방향은 다음과 같다.

첫째, 문학 텍스트에 대한 지식을 이해하고 이를 문학 텍스트에 적용할 수 있어야 한다. 운율, 비유, 상징이나 반어, 역설, 풍자와 같은 개념적 지식은 문학 경험이나 활동에 유의미하게 활용되어 학습자의 '주체적 시각'을 심화 확장하는 데 기여할 수 있다. 예를 들어 서사 텍스트의 구성 요소인 인물, 사건, 배경에 대한 지식을 단순히 알고 있는 것이 아니라 그 지식을 실제 서사 텍스트에 적용하고 인물, 사건, 배경을 파악하여 텍스트를 온전히 이해할 수 있어야 한다. 이처럼 배경지식, 비평 이론과 같은 문학적 지식을 알고 있다면 작품 읽기를 풍요롭게 할 수 있는 기본 토대가 된다. 동시에 작품 읽기를 통해 지식이 구체화되기도 한다는 점에서 지식과 활동은 상호보완적 관계에 있다(정재찬 외, 2014: 327-328).

둘째, 문학 텍스트에 대한 다양한 반응을 존중하면서도 근거 있고 타당한 해석을 할 수 있어야 한다. 학습자에 따라 관심사, 스키마, 경험이 다르므로 같은 문학 텍스트를 읽더라도 반응은 다양하다. 문학 작품에 대한 반응은 작품을 읽고 느끼는 감정, 작품의 주제와 작가의 메시지 파악, 작품의 내용과 형식에 관한 분석 등 다양한 층위와 양상으로 나타낼 수 있다. 문학 수업에서는 독자의 다양한 반응을 수용하되, 문학 텍스트를 토대로 한 해석으로 나아갈 수 있게 진행해야 한다. 자신의 해석을 텍스트의 특성이나 요소를 통해 설명하는 방향으로 지도할 필요가 있다.

셋째, 문학 텍스트의 해석과 감상이 공유되고 소통되도록 한다. 공유와 소통을 통해서 반응의 다양성을 알게 되고, 자신의 반응과 해석을 확장하고 심화할 기회를 가지게 된다. 문학을 소통적 관점에서 바라보는 것은 문학 텍스트를 정태적인 산물로 보지 않고 '작가 – 작품 – 독자'의 역동적 구조를 지니는 작용태로 이해하는 것이다. 작품 속 인물 간에 일어나는 소통, 작품을 중심으로 한 작가와 독자 사이의 소통, 그리고 문학 작품에 대한 교사와 학습자 사이의 메타적 소통 등이 문학 수업에서 활성화될 필요가 있다(정재찬 외, 2014: 222).

여기서는 문학 교수·학습 모형으로 '반응 중심 교수·학습'과 꼼꼼하게 읽기를 적용한 '텍스트 중심 질문 교수·학습'에 대해 살펴보고자 한다.

1) **반응 중심 교수·학습**: 로젠블랫의 독자 반응 이론을 문학 교수·학습에 적용하여 고안된 것이다(경규진, 1993). 로젠블랫은 문학 작품의 의미가 독자와 텍스트 사이의 '심미적 거래'를 통해 형성되며, 독자가 문학 작품을 읽고 해석하는 과정에서 다양한 의미를 만들어 낼 수 있다고 보았다. 여기서 '거래transaction'라는 용어는 독자와 텍스트의 상호작용을 강조하는 개념이다(Rosenbaltt, 1995, 김혜리·엄혜영 역, 2006).

경규진(1993)은 로젠블랫의 '거래' 개념을 문학 수업에 적용하여 반응 중심 문학 수업이라 하고, '텍스트와 학생의 거래: 반응의 형성 → 학생과 학생 사이의 거래: 반응의 명료화 → 텍스트와 텍스트의 상호 관련: 반응의 심화'의 단계로 제시하였다. 1단계는 텍스트와 학생 사이의 거래를 촉진하여 반응을 형성하고, 작품 자체의 재미와 감동을 즐기는 심미적 독서에 해당한다. 2단계는 학생들이 서로의 반응을 공유함으로써 자신의 반응을 명료화하고 자신과 다른 반응을 접하여 반응을 확장하는 단계이다. 3단계에서는 상호텍스트성을 살려 반응을 더 심화하게 된다.

반응 중심 문학 수업은 국어과 교수·학습 유형의 하나로 대표적인 문학 교수·학습 모형으로 활용되고 있다. 반응 중심 교수·학습 모형을 제시

[표 8-2] 반응 중심 교수·학습 모형 (2015 개정 국어과 교사용 지도서)

단계	주요 활동
반응 준비하기	• 동기 유발 • 학습 문제 확인 • 학습의 필요성 또는 중요성 확인 • 배경지식 활성화
반응 형성하기	• 작품 읽기 • 작품에 대한 개인 반응 정리
반응 명료화하기	• 작품에 대한 개인 반응 공유 및 상호작용 • 자신의 반응 정교화 및 재정리
반응 심화하기	• 다른 작품과 관련짓기 • 일반화하기

하면 [표 8-2]와 같다. 반응 중심 교수·학습 모형은 독자의 반응을 문학 수업의 중심에 놓고, 학생들이 자신의 생각과 감정을 자유롭게 표현하고 교실에서 동료 학생들과 소통하는 과정을 통해 반응을 성장시키는 것을 목적으로 한다(최미숙 외, 2023: 269).

2) **텍스트 중심 질문 교수·학습**: 그간 읽기 지도에서는 독해 지도가 지나치게 독자의 개인적 경험이나 주관적인 반응을 공유하는 데 집중되었다는 점이 지적되어 왔다. 또한 텍스트에 근거하지 않는 자유로운 감상 나누기나 토론이 공허한 독후 활동이 되기 쉽다는 지적도 있다(이순영, 2015:40). 문학 지도도 마찬가지이다. 학생들의 반응을 수용하다 보면 텍스트에 근거를 두지 않는 자유로운 감상 나누기에 그치거나 텍스트의 내용을 잘못 해석한 오독이 묵인되는 경우도 종종 있다. 이 한계를 극복하기 위해서는 문학 텍스트의 내용을 온전하게 파악하고 작품의 구조를 이해하는 것이 필수적이며, 학습자가 문학 텍스트의 세부 사항을 이해하고 작품의 각 요소를 정교하게 분석하는 것이 필요하다.

텍스트 중심 질문 교수·학습은 이순영(2015)에서 제시된 꼼꼼하게 읽기의 지도 방법 중의 하나인 텍스트 기반 질문을 활용한 반복 읽기를 문학 텍스트에 적용한 것이다. 꼼꼼하게 읽기에 초점을 두어 문학 텍스트의 구조를 파악하고 텍스트에 근거한 질문하기와 반복 읽기를 실시한다. 텍스트 중심 질문 교수·학습의 절차는 '문학 텍스트의 목적 확인 → 개별 학생의 텍스트 읽기(1차 읽기) → 텍스트 기반 질문을 활용한 반복 읽기(2차 읽기) → 독후 활동'으로 진행된다. 문학 텍스트의 목적 확인하기에서는 문학 텍스트의 구조 파악에 목표를 두어, 세부적으로 인물 이해하기, 사건 이해하기, 사건과 배경과의 관계 이해하기 등으로 접근한다. 개별 학생의 텍스트 읽기는 학생이 독립적으로 텍스트를 읽고 전체적인 의미를 파악하는 것이다. 텍스트 기반 질문을 활용한 반복 읽기에서는 질문하기를 통해 '누가, 언제 어디서, 무슨 일이 어떻게 일어났는지'를 알 수 있도록 파악하고, 인물 이해하기 전략이나 사건 이해하기 전략 등을 적용하여 서사의 구조를 이해하도록 한다. 그리고 반복 읽기를 통하여 텍스트의 세부 내용을 꼼꼼하게 파악하고 확인하도록 한다. 이후 다양한 독후 활동을 전개할 수 있다.

1 인물 이해 전략

인물에 대한 이해는 소설의 구성 요소인 '인물'이 소설 속에서 어떻게 존재하고 작동하는지에 대한 기능적 차원의 이해에만 머무르는 것이 아니다. 인물 이해는 자아와 세계와의 대결 과정에서 번민·갈등·좌절하는 인간적 주체를 해석하고 성찰하는 정신 활동이다. 따라서 독자가 소설 속 인물을 탐구하고 이해하는 일은 단지 인물의 작중 기능을 파악하는 것을 넘어서는, 텍스트 속에 형상화된 인간과 삶의 본질을 이해하려는 가치 지향적인 활동이다(이상일, 2021: 259).

인물 이해는 텍스트에 제시된 인물의 말, 생각, 행동을 파악하는 데서 출발한다. 텍스트에 드러난 인물의 말, 생각, 행동 등을 정리하고, 이를 토대로 인물의 모습과 분위기는 어떠한지, 인물은 왜 이렇게 행동했는지, 인물이 말하지 않았지만 하고 싶은 말은 무엇인지, 인물은 어떠한 생각을 했을지 등을 추론하고 상상해 볼 수 있다.

인물의 삶은 시대적 상황과 관련이 있으며, 여러 가지 갈등의 양상을 보인다. 따라서 인물의 삶을 심도 깊게 이해하기 위해서는 시대적 배경에 대한 이해, 인물 간의 관계, 갈등의 원인과 해결 과정 등을 파악할 필요가 있다. 이처럼 인물 이해하기는 배경, 사건과도 밀접하게 연결되어 있다.

이 절에서는 서사의 구성 요소인 '인물'을 중심으로 문학 텍스트를 이해할 수 있도록 인물의 말, 생각, 행동 분석하기, 인물의 갈등 파악하기, 인물의 성격 파악하기 전략을 학습하고자 한다.

전략 17 인물의 말, 생각, 행동 분석하기

개념·목적 인물의 말, 생각, 행동을 도식화한 전략. 텍스트에 드러난 인물의 말과 행동 분석하기와 인물의 말과 행동을 토대로 인물의 생각을 추론하는 효과적인 방법.

절차·과정 ① 텍스트 읽기
② 인물 중심의 텍스트 읽기
③ 범주화·의미화하기
④ 인물의 말, 생각 채우기

적용 대상·상황 초등학교 3학년 이상, 인물이 있는 문학 텍스트

전략 18 인물의 갈등 파악하기

개념·목적 인물 간의 관계, 인물 간의 갈등의 원인이나 과정을 분석하기 위한 전략. 갈등을 중심으로 한 인물에 대한 이해를 높이고, 동시에 사건의 원인과 이야기의 구조를 파악할 수 있는 방법.

절차·과정 ① 텍스트 읽기
② 인물의 주요 특성 메모하기
③ 인물 구조도 만들기
④ 갈등의 원인 찾아보기

적용 대상·상황 초등학교 5학년 이상, 인물이 있는 문학 텍스트

전략 19 인물의 성격 파악하기

개념·목적 인물의 말, 생각, 행동 등을 토대로 인물의 성격을 파악하는 전략. 인물의 성격이나 특성을 잘 드러낼 수 있는 형용사와 연결하여 인물의 말과 행동을 정리하고, 이를 토대로 인물을 해석하는 방법.

절차·과정 ① 인물의 성격 찾기
② 인물의 성격에 어울리는 인물의 행동 정리하기

적용 대상·상황 초등학교 5학년 이상, 인물이 있는 문학 텍스트

전략 17 인물의 말, 생각, 행동 분석하기

인물을 이해하는 기초적인 활동은 문학 텍스트에 제시된 인물의 말과 행동, 생각 등을 파악하는 것이다. 문학 텍스트를 읽으면서 '인물은 왜 이러한 말을 했을까?', '인물은 왜 이러한 행동을 했을까?' 등을 탐구하는 것이다. 문학 텍스트에는 인물의 말, 생각, 행동이 명시적으로 드러나는 경우도 있지만 독자의 상상이나 추론을 통해 채워 나가야 하는 경우도 있다. 인물의 말과 생각은 나타나 있지 않지만 '이 상황에서 인물은 어떤 생각을 했을까?', '인물은 어떤 말을 하고 싶었을까?'와 같이 인물의 입장에서 생각해 보는 것이다. 이때 말 주머니, 생각 주머니를 활용하여 텍스트에 드러나지 않은 인물의 말과 행동을 채워 나가는 활동으로 심화할 수 있다. 인물의 말, 생각, 행동을 분석하는 활동을 통해 일차적으로 인물의 특성과 성격을 파악할 수 있고 더 나아가 텍스트의 의미와 주제를 탐구하는 원천으로 활용할 수 있다.

절차와 과정

① 텍스트 읽기: 인물, 사건, 배경을 파악하며 읽기
② 인물 중심의 텍스트 읽기: 의미가 담긴 인물의 말, 생각, 행동 뽑기
③ 범주화·의미화하기: 인물의 말, 생각, 행동을 범주별로 묶고 의미 쓰기
④ 인물의 말, 생각 채우기: 텍스트에 제시되어 있지 않은 인물의 말이나 생각을 추론하여 쓰기

발문과 활동

- 인물이 한 말, 생각, 행동을 중심으로 텍스트를 읽으면서 중요하거나 의미가 담겨 있다고 생각하는 부분에 밑줄을 쳐 봅시다.
- 인물의 말, 생각, 행동에는 어떠한 의미가 담겨 있는지 해석해 봅시다.
- '이 상황에서는 인물은 어떤 말을 하고 싶었을까?', '인물은 어떤 생각을 했을까?'와 같이 인물의 입장에서 말 주머니 또는 생각 주머니를 채워 봅시다.

교수·학습 길잡이

- 이야기의 구성 요소(인물, 사건, 배경)를 파악한 후에 인물 중심으로 다시 텍스트를 읽고 활동하도록 한다.
- 장편 소설의 경우에는 텍스트의 일부분(예: 인물의 가치관이 잘 드러나는 부분)을 정하여 활동하게 할 수 있다.

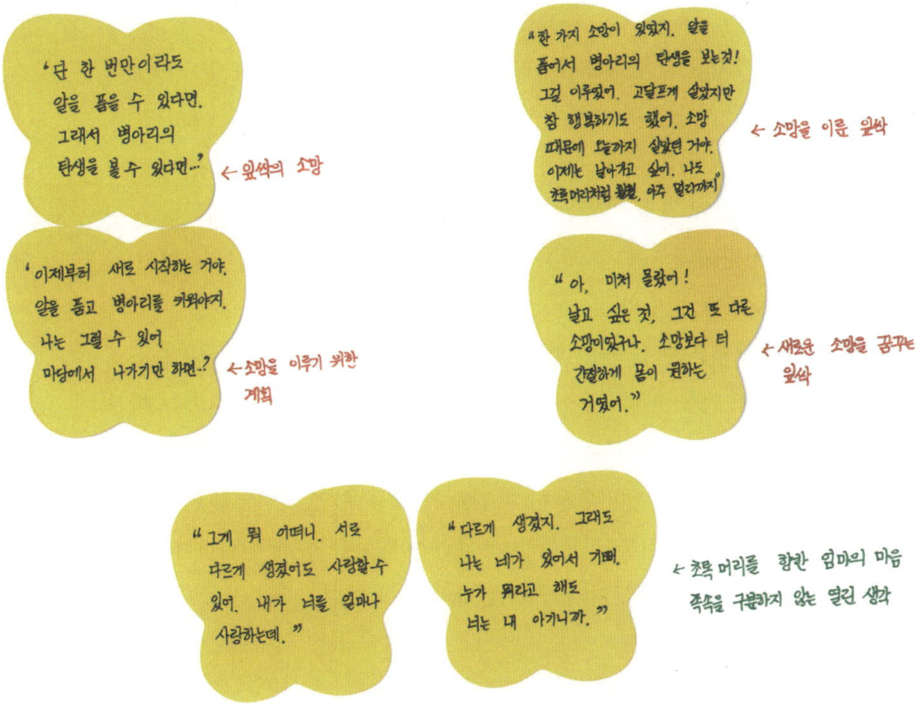

인물의 말과 생각 분석하기 (황선미, 마당을 나온 암탉)

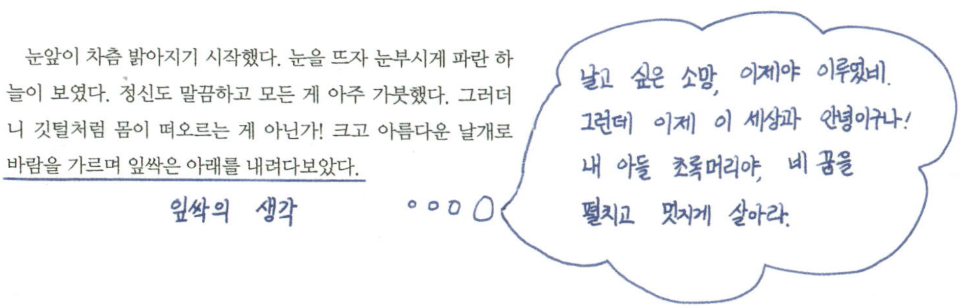

인물의 생각 채우기 (황선미, 마당을 나온 암탉)

전략 18 인물의 갈등 파악하기

갈등은 인물들 사이의 대립, 자아와 세계와의 상충, 인물 내부의 양가감정이나 가치관의 충돌에서 발생하며 플롯에서 긴장감을 유발하기도 한다. 다시 말해, 갈등은 인물 상호 간, 인물과 환경 사이에서 일어나기도 하고, 인물 내부에서 일어나기도 한다. 특히 인물 간의 갈등은 각 인물의 세계관과 가치관이 대립하는 것으로 인물이 처한 상황이나 사회적 배경과 연결되기도 하고, 내적 갈등과 외적 갈등이 복합적으로 작용할 수 있다.

갈등 파악하기 활동은 인물 간의 갈등에 초점을 두어 인물 관계도를 그려 보고, 인물 간 갈등의 원인을 파악하는 전략이다. 교과서에서 갈등 관련 학습 활동을 분석한 결과에서도 '갈등의 구조'를 다루는 활동이 가장 많았다. 이는 갈등의 정의, 갈등의 유형에 대한 지식을 활용하여 작품의 갈등 원인, 진행, 해결 과정을 파악하는 활동에 해당한다. 인물의 갈등을 분석하는 활동을 통해 인물에 대한 이해를 높이고, 사건의 원인과 이야기의 구조를 파악할 수 있다.

절차와 과정

① 텍스트 읽기: 인물, 사건, 배경을 파악하며 읽기
② 인물의 주요 특성 메모하기
③ 인물 관계도 만들기: 인물 간의 관계를 중심으로 도식화하기
④ 갈등의 원인 찾아보기

발문과 활동

- 주인공의 특성을 적어 봅시다.
- 인물들의 관계를 한 눈에 알아볼 수 있도록 도식으로 표현해 봅시다.
- 주인공과 갈등 관계에 있는 인물을 찾고, 인물 간에 일어난 일을 정리해 봅시다.

교수·학습 길잡이

- 인물의 갈등을 파악하기 위해서 인물 간의 관계 파악하기, 성격 파악하기, 사건의 흐름 파악하기 등을 사전 활동으로 진행하면 좋다.
- 인물 관계도에 포스트잇을 활용하여 인물 간의 사건과 갈등 원인을 붙이면서 활동할 수 있다.

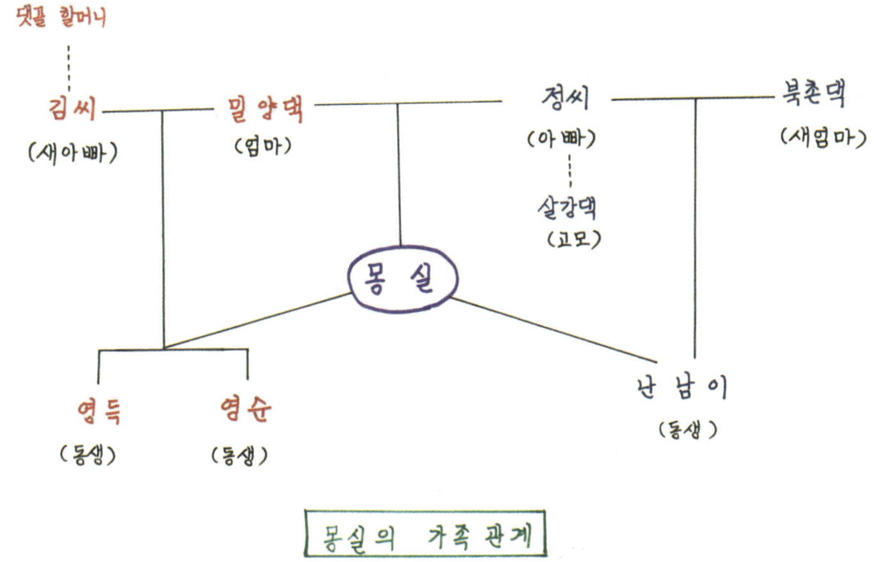

인물 관계도 (권정생, 몽실 언니)

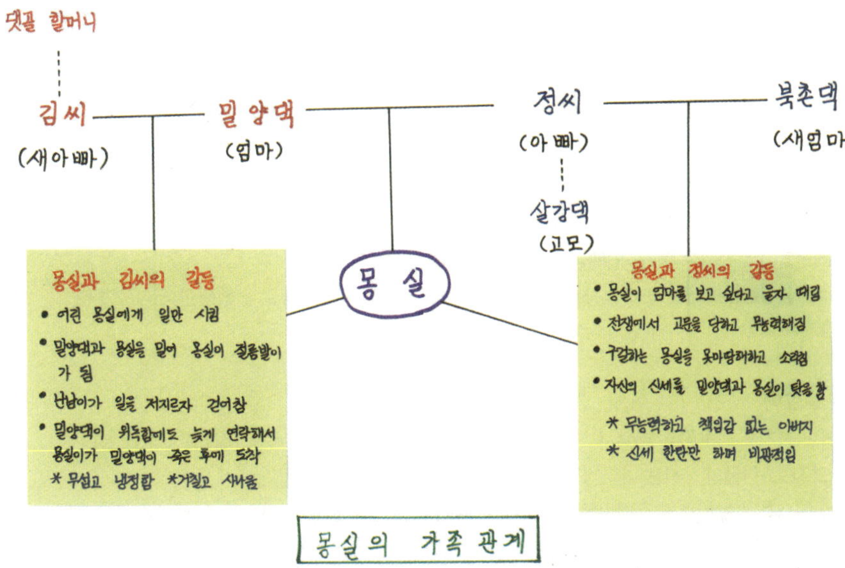

인물 간의 갈등 (권정생, 몽실 언니)

전략 19 인물의 성격 파악하기

인물의 성격은 서사 텍스트에서 인물이 하는 대화와 행동 속에 표현되는 도덕적·기질적 특성을 말한다. 인물의 성격은 인물이 속한 환경에 의해 규정되며 사회적 실천 활동, 심리적 특성 등 여러 가지 속성이 망라된 결과로 본다. 문학 작품에서 인물의 성격 창조는 현실 반영의 수단이자 주제를 구현하는 중요한 방법이고, 작가는 인물의 성격을 훌륭하게 묘사함으로써 작품의 완성도를 높인다.

서사 텍스트 유형에 따라 인물의 성격을 다르게 접근할 필요가 있다. 옛이야기와 우화에서는 인물의 성격이 단순하고 명확하므로 형용사 중심으로 설명할 수 있다. 반면 동화나 소설에서는 인물의 성격이 다차원적이기 때문에 인물의 성격을 특정 형용사로 규정짓는 것에 더해 왜 그렇게 생각하는지에 대한 해석이 병행될 필요가 있다. 특히 입체적 인물이나 개성적인 인물의 경우에는 인물의 성격을 다면적으로 접근하도록 한다. 이러한 인물의 성격은 사회적 상황이나 가치관 등 관점에 따라서 긍정적으로도 부정적으로도 평가할 수 있기 때문이다.

절차와 과정

① 인물의 성격 찾기: 인물의 성격을 잘 드러내는 형용사를 찾아 적기

② 인물의 성격에 어울리는 인물의 행동 정리하기: 인물의 성격을 잘 드러내는 형용사에 적합한 인물의 생각이나 행동을 정리하기

발문과 활동

- 주요 인물을 선정하고, 인물의 특성과 행동을 찾아봅시다.
- 인물의 성격을 잘 드러내는 형용사를 고르고, 성격에 어울리는 인물의 말과 행동을 해석하여 봅시다.

교수·학습 길잡이

- 인물의 성격을 나타내는 형용사 목록을 제공하여 인물의 성격을 다양하게 생각해 보도록 한다. (참고 자료: 인물의 성격을 나타내는 형용사 모음)
- 서사 텍스트의 유형과 구조에 따라 인물의 성격을 다양한 방식으로 파악한다. 옛이야기나 구조가 간단한 이야기의 경우, 인물의 성격을 '착하다', '나쁘다', '욕심이 많다' 등과 같이 특정 형용사로 파악한다. 소설이나 구조가 복잡한 이야기의 경우에는 상황이나 가치관에 따라 성격을 다면적으로 평가한다.

인물의 성격을 나타내는 형용사 모음(박인기 외, 1999: 332-333)

• 지적인-무식한	• 마음 넓은-속 좁은
• 능력 있는-무능한	• 존경스러운-존경할 가치가 없는
• 이성적인-감성적인	• 충성하는-배신하는
• 영리한-미련한	• 믿음직스러운-믿을 수 없는
• 순진한-영악한	• 예의 바른-버릇없는
• 순수한-저속한	• 붙임성 있는-무뚝뚝한
• 착한-악한	• 우호적인-절대적인
• 예지가 있는-현실에 안주하는	• 섬세한-둔한
• 겸손한-친절한	• 적극적인-소극적인
• 친절한-불친절한	• 긍정적인-부정적인
• 정직한-거짓의	• 쾌활한-우울한
• 헌신적인-이기적인	• 주관이 뚜렷한-주관 없는
• 호기심 많은-무관심한	• 침착한-덜렁대는
• 정의로운-비열한	• 독립성 강한-독립성 부족한
• 우직한-아부하는	• 책임감 있는-무책임한

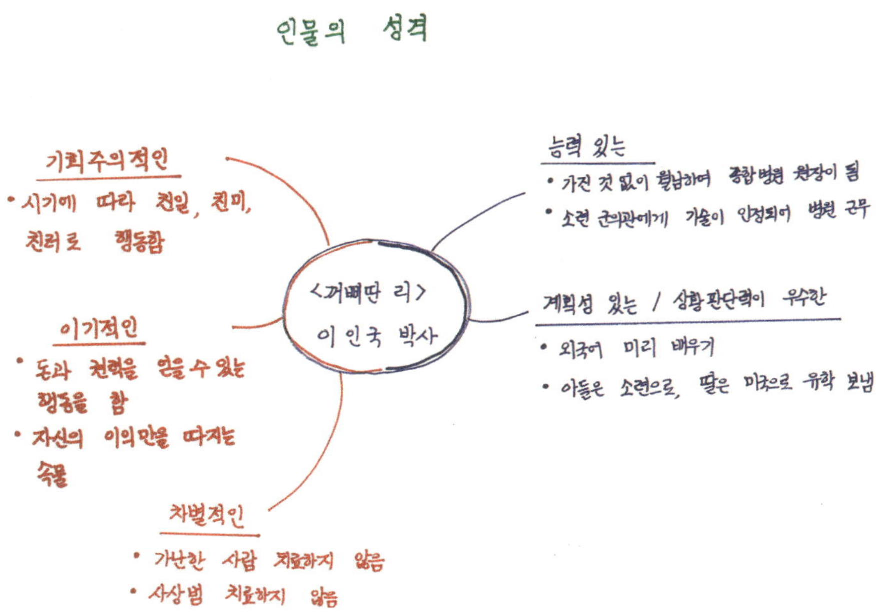

인물의 성격 분석하기(전광용, 꺼삐딴 리)

2 사건 이해 전략

사건이란 인물에 의해 야기되거나 체험되는, 한 상황에서 다른 상황으로의 전이 혹은 변화이다. 상황을 변화시키는 행동이나 사태라고 할 수 있다(최시한, 2002: 352). 그리고 줄거리는 그 사건의 연쇄로서 인물과 함께 텍스트의 배치로부터 요약되고 시간적인 순서에 따라 재구성된, 서술된 사건들이다(최시한, 2005: 495).

사건을 이해하고 줄거리를 잡는 일은 이야기 읽기 행위의 핵심을 이루는 활동이다. 이야기에서 사건의 흐름, 즉 이야기 구조를 파악하는 것은 이야기를 이해하는 기본 토대로서 일종의 '요약하기' 활동에 해당한다. 이때 이야기 구조에 대한 인식은 학습자가 이야기 속의 정보를 더욱 효과적으로 요약할 수 있도록 도와주며 이야기의 전체적인 흐름을 놓치지 않고 요약할 수 있는 방향을 제공한다. 학습자는 이야기의 구조에 대한 인식을 바탕으로 사건의 전개 과정, 이야기 속 인물이 겪는 갈등과 그 해결 과정을 파악할 수 있다. 그리고 이야기 구조를 파악함으로써 이야기의 개연성을 인식하고, 이야기 회상에 도움을 받을 수 있다(홍인영, 2019: 51-53).

이 절에서는 서사 텍스트를 사건 중심으로 이해하고 줄거리를 파악할 수 있도록 '이야기산 만들기' 전략과 이야기의 구성 요소를 도식화하는 '이야기 지도 그리기' 전략을 제시하였다.

전략 20

이야기산 만들기

개념·목적 사건이 진행되는 과정을 산에 오르는 과정에 비유하여 '이야기산' 틀에 '발단-전개-절정-결말'로 정리하여 도식화한 전략. 사건의 흐름이나 전개 과정을 파악하기 위한 목적

절차·과정 ① 이야기 나누기
② 핵심 사건 나열하기
③ '이야기산' 틀에 정리하기

적용 대상·상황 초등학교 5학년 이상, 사건이 드러나는 이야기

전략 21

이야기 지도 그리기

개념·목적 서사적 구조에 대한 지식과 이야기 구성 요소를 결합하여 이야기를 파악하는 전략. 인물, 사건, 배경, 주제, 갈등 등을 도식화하여 이야기를 총체적으로 이해하기 위한 방법.

절차·과정 ① 이야기를 구성하는 핵심 요소 생각하기
② 이야기산 그리기
③ 인물, 배경, 주제, 갈등 등을 정리하기

적용 대상·상황 초등학교 5학년 이상, 서사 텍스트

전략 20

이야기산 만들기

'이야기산 만들기' 전략은 사건의 흐름과 전개 과정을 파악하기 위한 것으로 이야기의 구조를 이해하는 목적으로 활용된다. 대부분의 이야기는 무엇인가 사건(문제)이 발생하고, 이 사건이 악화되어 갈등이 최고조에 이르다가 사건이 해결되는 구조를 보인다. 이러한 구조는 '산'과 같은 모양이기 때문에 사건의 흐름을 정리한 틀을 '이야기산'이라고 명명하였다.

사건의 전개 과정을 살펴보면, 발단에서는 주인공에게 문제가 발생하거나 이루고 싶은 목표가 생긴다. 전개에서는 문제가 더 악화되고, 목표가 좌절되면서 주인공은 새로운 시도를 하고, 갈등이 점점 심화되다가 절정에서 갈등이 최고조에 이른다. 이후 사건은 결말을 맺게 된다.

이야기 구조의 단순성과 복잡도에 따라 사건의 전개를 '처음 – 시작 – 끝'으로 구분할 수 있고, 사건의 발생과 해결을 중심으로 '발단 – 전개 – 절정 – 결말'로 구분하거나 전개를 세분화하여 '발단 – 전개 – 위기 – 절정 – 결말'로 나눌 수 있다. 여기에서는 전개와 위기가 명시적으로 구분하기 어려운 텍스트가 있음을 고려하여, '발단 – 전개 – 절정 – 결말'로 도식화하였다.

절차와 과정

① 이야기 나누기: 이야기를 읽으면서 주요 사건별로 이야기 나누기
② 핵심 사건 나열하기: 사건이 일어난 순서에 따라 핵심 사건을 나열해 보기
③ '이야기산' 틀에 정리하기: 핵심 사건을 '발단-전개-절정-결말'에 따라 '이야기산'틀에 정리하기

발문과 활동

- 이야기에서 어떤 일이 벌어지나요? 이야기는 어떻게 진행되나요? 이야기는 어떻게 끝이 나나요?
- 사건이 일어난 순서에 따라 정리해 봅시다.
- 사건의 절정(climax)은 무엇인가요? 사건의 절정 부분을 '이야기산'의 정상 부분에 정리해 봅시다.
- 사건의 발단과 전개, 결말을 '이야기산' 틀에 정리해 봅시다.

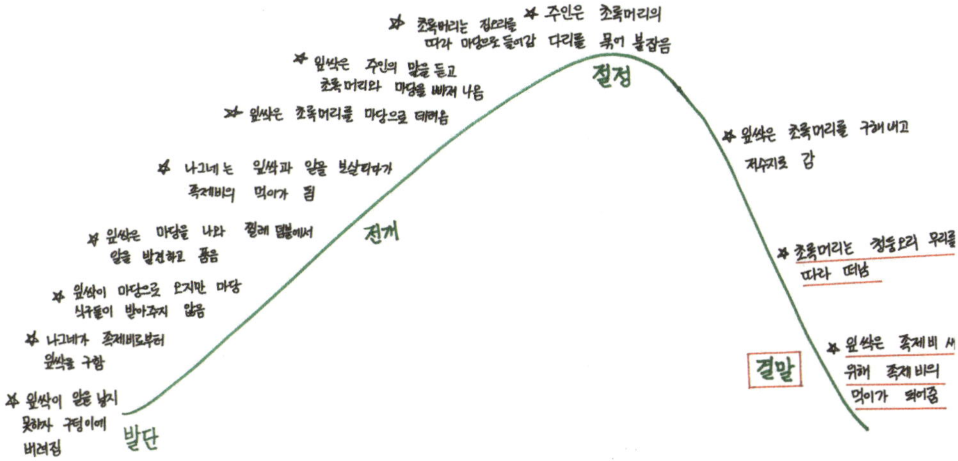

이야기산 만들기 (황선미, 마당을 나온 암탉)

교수·학습 길잡이

- 사건이 복잡하거나 장편 소설의 경우에는 '이야기 사다리'를 정리한 후에 이야기산을 그리게 하면 사건의 흐름을 쉽게 파악할 수 있다. 이야기 사다리는 사다리를 내려오듯이 사건의 진행에 따라 차례대로 정리하는 도식이다.
- 단순한 사건 구조이거나 짧은 이야기는 이야기산에 직접 그린다. 이야기의 흐름을 파악한 후에 '절정'에 해당하는 사건을 먼저 정리하고, '발단', '전개', '결말' 순으로 정리하면 이야기의 구조를 쉽게 파악할 수 있다.
- '이야기산'에 사건을 정리할 때에는 핵심 사건을 중심으로 정리한다.
- '이야기산' 만들기 활동은 '이야기 다시 말하기(retelling)'활동과 연계할 수 있다.

전략 21 이야기 지도 그리기

'이야기 지도 그리기'는 서사적 구조에 대한 지식과 이야기 구성 요소를 결합하여 이야기를 파악하는 전략이다. '이야기 지도 그리기'를 하면서 이야기를 구성하는 핵심적인 요소들을 그림으로 표현하게 되는데, 이야기의 대강을 시각적으로 볼 수 있게 됨으로써 학생들은 이야기를 더 잘 이해하고, 더 잘 기억할 수 있다.

'이야기 지도 그리기'를 통해 이야기의 윤곽을 알 수 있다. '이야기 지도 그리기'는 이야기의 기본 요소인 인물, 사건, 배경을 중심으로 도식화하여 이야기를 한눈에 파악할 수 있도록 구성한다. 사건은 이야기의 흐름과 전개 과정에 대한 것으로 '이야기 사다리'나 '이야기산' 전략을 활용할 수 있고, 여기에 더하여 인물, 배경, 주제 등을 추가하여 정리한다. 지도를 보면 전체적인 지형을 가늠할 수 있듯이 '이야기 지도 그리기'는 인물, 사건, 배경, 주제, 갈등 등 이야기의 주요 내용을 총체적으로 파악할 수 있는 종합적인 전략에 해당한다.

절차와 과정

① 이야기를 구성하는 핵심 요소 생각하기: 인물, 배경, 세부 사건, 갈등, 이야기 주제 등을 생각해 본다.

② 이야기산 그리기: 사건의 전개 과정을 생각하며 이야기산을 그린다.

③ 인물, 배경, 주제, 갈등 등 핵심 요소를 정리하기

발문과 활동

- 이야기를 이루는 구성 요소에는 무엇이 있나요?
- 사건의 전개 과정을 그려 봅시다. ('이야기산 그리기' 전략 참고)
- 이 이야기의 배경은 무엇인가요? 언제, 어디에서 일어난 일인가요?
- 이 이야기의 주요 인물들은 누구인가요?
- 이 이야기의 갈등은 무엇인가요?
- 이 이야기의 주제는 무엇일까요?

교수·학습 길잡이

- '이야기 지도 그리기'는 이야기 이해 전략으로 활용되나 이야기 창작 전략으로도 활용할 수 있다. 이야기를 만들기 위한 기초로서 이야기 구조를 사용할 수 있다.

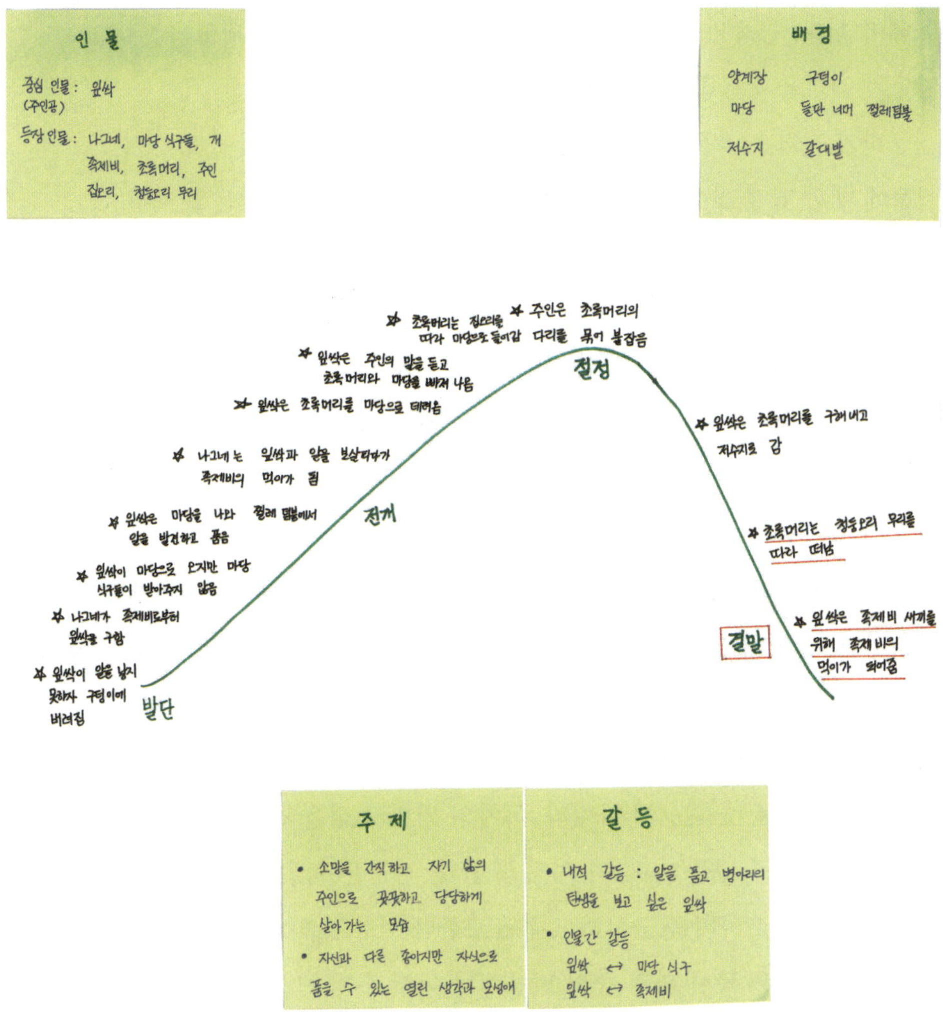

이야기 지도 그리기 (황선미, 마당을 나온 암탉)

3 문학적 소통 전략

문학 교수·학습에서는 문학 텍스트의 해석과 감상이 공유되고 소통되도록 해야 한다. 공유와 소통을 통해서 반응의 다양성을 알게 되고, 자신의 반응과 해석을 확장하고 심화할 기회를 얻게 된다.

질문하기 전략은 작품에 대한 질문을 만들고, 모둠 토론과 전체 토론으로 질문에 대한 답을 찾아가는 학습 방법으로, 학생들은 함께 질문을 해결하면서 작품을 주체적으로 해석하고 평가할 수 있다. 더 깊이 생각해 보아야 하는 질문이나 작품 해석에 있어 중요하다고 생각하는 질문을 각자 정하고, 토론에서 나온 해석의 근거들을 논리적으로 따지고, 작품의 사회·문화적 가치를 평가하여 자신의 생각을 글로 쓰는 과정으로 활동을 마무리할 수 있다(교육부·대전광역시교육청, 2016: 261).

문학적 소통을 위한 질문 전략인 '질문 대답 관계QAR 전략'은 질문을 분석하고 대답을 찾으면서 텍스트에 대한 이해를 높이는 것이다. '저자에게 질문하기QtA 전략'은 학습자가 질문의 주체로서 독자의 입장이 아니라 저자의 입장에서 텍스트에 대해 질문을 생성하는 데 중점이 있다. 이때 독자가 저자의 입장에서 생성하는 질문은 텍스트에 대한 사실적 이해 차원의 질문인 단순 질문Question이 아니라, 독자의 의미 구성을 강화하는 질문이라는 점에서 탐구 질문Queries의 성격을 띤다. 질문은 학습자 간의 토론을 통해 협력적으로 의미를 구성하도록 유도한다(이향근, 2013: 231-233).

상징적 표상법은 독서 과정 중의 반응이나 독서 후의 반응을 상징적인 시각 자료로 표현하고, 이를 언어로 설명하면서 독서 경험을 다른 독자와 소통하는 데 초점을 둔다.

전략 22 질문 대답 관계 알기

개념·목적 문학 텍스트에 대한 질문을 생성하고 질문을 분석하며, 대답을 찾으면서 텍스트에 대한 이해를 높이는 전략.

절차·과정 ① 질문 대답 관계를 사용하는 목적 알기
② 질문의 유형 설명하기
③ 질문 대답 관계 유형에 따라 질문 만들기
④ 질문에 답하기

적용 대상·상황 초등학교 4학년 이상, 이야기

전략 23 저자에게 질문하기

개념·목적 저작품의 창작 의도, 작가의 경험, 작품의 창작 방법, 작품의 영향력, 작가와 독자와의 관련 등과 관련하여 저자 입장에서 질문을 만들고 답하는 전략. 저자에 대한 비판적이고 주체적인 읽기와 텍스트의 의미 구성을 도와주기 위한 방법.

절차·과정 ① 작가에 대해 조사하기
② 작가처럼 읽기
③ 탐구 질문 만들기
④ 토론하며 해석하기

적용 대상·상황 초등학교 4학년 이상, 서사 텍스트

전략 24 상징적 표상법

개념·목적 추상적인 독서 과정이나 독서 반응을 상징적인 시각 자료로 표현하고, 다시 그 시각 자료를 매개로 하여 독자의 언어적인 설명을 이끌어 내는 방법.

절차·과정 ① 문학 텍스트 읽기
② 시각 자료로 표현하기
③ 시각 자료 설명하기
④ 소통하기

적용 대상·상황 초등학교 3학년 이상, 서사 텍스트

전략 22 질문 대답 관계 알기

질문 대답 관계 알기Qusetion Answer Relationship, QAR 전략은 질문을 분석하고, 대답을 찾으면서 텍스트에 대한 이해를 높이는 전략이다. 다양한 유형의 질문을 접하고, 질문에 대한 답을 어디에서 찾아야 하는지 파악한다. 라파엘Raphael은 질문과 대답의 관계 가르치기에 대하여 네 가지 유형으로 제시하였다. 첫째, '바로 거기에' 질문은 답이 텍스트 안에 있는 경우이다. 둘째, '생각하고 찾는 질문'은 답은 텍스트 안에 있지만 독자들은 본문의 다른 곳에서 답을 찾는 경우로 추론적 수준의 질문이다. 셋째, '작가와 나' 질문은 독자인 '나'의 생각과 작가의 생각을 결합하여 답을 생성해 내는 경우로 추론과 적용을 결합한 수준의 질문이다. 넷째, '내 생각으로 답 찾기' 질문은 독자의 생각을 이용하여 질문에 답하는 것으로 적용과 평가 수준의 질문에 해당한다.

질문 대답 관계 알기 전략은 주어진 질문에 대한 답을 찾는 활동과 질문 만들기 전략으로 활용할 수 있다. 여기서는 질문과 대답 관계를 중심으로 질문을 만들고 이에 대한 대답을 찾으면서 소통하는 전략을 중심으로 제시하고자 한다.

절차와 과정

① 질문 대답 관계를 사용하는 목적 알기
② 질문의 유형 설명하기
③ 질문 대답 관계 유형에 따라 질문 만들기
④ 질문에 답하기

발문과 활동

◌ 바로 거기에: 대답은 글 속에 있습니다. 질문과 대답을 모두 글 속에서 찾습니다.
◌ 생각하고 찾기: 대답은 글 속에 있지만 다른 부분과 연결해서 찾아야 합니다. 질문과 대답이 한 문장에 있지 않습니다. 텍스트의 다른 부분에서 찾아야 합니다.

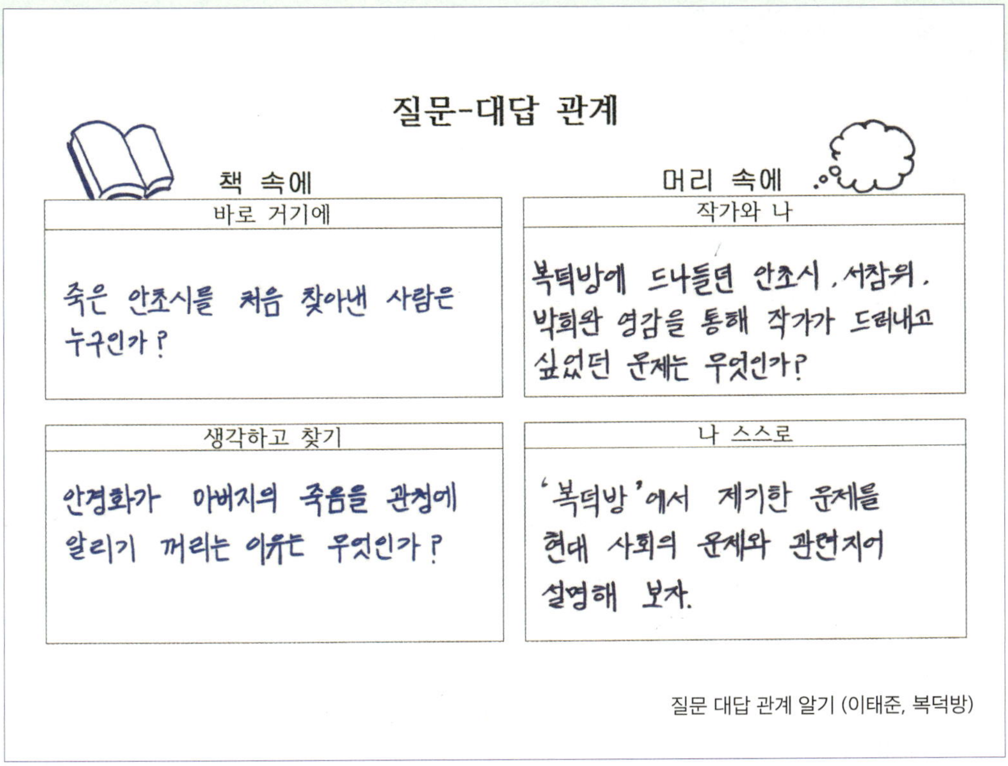

질문-대답 관계

책 속에	머리 속에
바로 거기에	**작가와 나**
죽은 안초시를 처음 찾아낸 사람은 누구인가?	복덕방에 드나들던 안초시, 서참위, 박희완 영감을 통해 작가가 드러내고 싶었던 문제는 무엇인가?
생각하고 찾기	**나 스스로**
안경화가 아버지의 죽음을 관청에 알리기 꺼리는 이유는 무엇인가?	'복덕방'에서 제기한 문제를 현대 사회의 문제와 관련지어 설명해 보자.

질문 대답 관계 알기 (이태준, 복덕방)

- 작가와 나: 텍스트에서 제공된 정보에 기반한 질문이만, 자신의 경험과 관련지어 답할 필요가 있습니다. 이미 알고 있는 것에 대해 생각하고, 작가가 글에서 말하고자 하는 것이 무엇인지를 연결할 필요가 있습니다.
- 내 생각으로: 대답은 글 안에 있지 않습니다. 이 질문은 텍스트를 넘어 확장됩니다. 배경지식이나 자신의 경험을 사용하여 질문에 답할 필요가 있습니다.

교수·학습 길잡이

- (교과서나 활동에) 제시된 질문에 답하면서 질문과 대답의 관계를 표시해 본다.
- 질문 만들기 전략으로 활용할 때에는 질문과 대답의 관계에 따라 질문을 만드는 연습을 한다.

전략 23 저자에게 질문하기

저자에게 질문하기Questioning the Author, QtA 전략은 저자에 대한 비판적이고 주체적인 읽기와 텍스트의 의미 구성을 도와주기 위한 것이다. 저자에게 질문하는 것은 학생들이 텍스트에 적극적으로 참여하게 하여, 텍스트를 읽고 단지 정보를 얻는 것이 아니라 저자와 텍스트를 비판적인 시각과 다양한 관점에서 해석하게 해 준다.

저자에게 질문하기는 벡Beck과 멕권Meckwon에 의해 개발된 읽기 교육 방법이다. 이 전략은 텍스트를 쓴 저자에게 질문할 문제들을 생각하며 읽고, 그 문제에 대해 토론하는 활동으로 이루어진다. 질문 대상을 저자로 한정하면 더욱 초점화된 질문을 만들 수 있으며, 질문을 통해 저자가 전달하고자 한 메시지나 작가의 표현 방식 등을 깊이 있게 생각해 볼 수 있다.

절차와 과정

① 작가에 대해 조사하기
② 작가처럼 읽기: 작가의 입장에서 텍스트의 의도, 구성 방식, 주제를 생각하며 읽기
③ 탐구 질문 만들기: 더 알고 싶은 것, 이해하지 못하는 부분, 비슷한 생각, 다른 생각 등으로 질문 만들기
④ 토론하며 해석하기

발문과 활동(정혜승 외, 2020: 72-73 재구성)

- 작가의 창작 의도 및 목적에 관련된 질문:
  - 작가님이 말하려는 것은 무엇인가요?
  - 작가님이 전달하려는 메시지는 무엇인가요?
- 작가의 생애와 경험과 관련된 질문:
  - 작가님의 경험이 이 작품에 반영되어 있나요?
  - 작품의 소재가 작가님의 경험과 관련이 있나요?
- 작품의 영향력에 대한 질문:
  - 이 작품은 후대에 어떤 평가를 받을 것이라고 생각하나요?
  - 이 작품은 독자에게 어떤 영향을 미칠 것이라고 생각하나요?

저자에게 질문하기

작품: 「원미동 사람들」 중에서 '원미동 시인' 작가: 양귀자 들어가는 말: 작가님 작품 잘 읽었습니다. 작가님은 인터뷰나 책 홍보를 하지 않는다고 알려져 있습니다. 인터뷰에 응해주셔서 고맙습니다.	1. 작품의 창작 의도 '몽달씨'와 '김반장'을 통해 전달하고 싶은 메세지는 무엇입니까? 2. 작가의 경험 작가님의 삶과 '원미동'이라는 공간과는 어떠한 관련이 있나요? 3. 작품의 창작 방법 원미동 시인을 관찰하고 서술하는 이는 7살 어린이입니다. 나이 어린 서술자를 설정한 이유는 무엇입니까? 4. 작품의 영향력 이 작품은 1980년대를 배경으로 하고 있는데요, 이 작품이 지금 현재의 독자에게 어떠한 의미를 준다고 생각하십니까?

저자에게 질문하기 (양귀자, 원미동 시인)

- 작품 창작 배경이나 방법과 관련된 질문:
  - 작품의 소재를 어떻게 생각해 내셨나요?
  - 이 작품을 구상하면서 어려운 점은 무엇인가요?
  - 이 작품 속 인물을 어떤 의도로 구체화했나요?
- 작가가 독자를 설득하거나 독자층을 만드는 방법과 관련된 질문:
  - 작가님만이 가진 독특한 소설 기법은 무엇인가요?
  - 작가님은 독자와의 소통을 어떤 방식으로 하시나요?

교수·학습 길잡이

- 저자에게 질문하기를 인터뷰지 만들기로 변형하여 활용할 수 있다. 이때 저자의 소개나 저자에게 건네는 인사말을 첨부할 수 있다.
- 학습자의 역할을 작가와 기자로 나누어 인터뷰하기 활동으로 변형할 수 있다.

전략 24 상징적 표상법

상징적 표상법은 추상적인 독서 과정이나 독서 반응을 상징적 시각 자료로 표현하고, 다시 그 시각 자료를 매개로 독자의 언어적인 설명을 이끌어 내는 방법이다. 학생들은 독서 후에 상징적 시각 자료를 그리고, 각각의 의미와 왜 그렇게 표현했는지를 설명한다. 이때 시각 자료는 독서 과정에 대한 독자의 설명과 해석, 논의를 이끌어 내는 매개라는 점에서 독후화와는 다르다. 상징적 시각 자료는 독자가 생산한 독서 반응의 한 유형으로 볼 수 있으며, 이를 설명하는 과정에서 심미적·정서적 반응을 확인할 수 있다. 상징적 표상법에는 엔시소Enciso의 방식과 빌헬름Wilhelm의 방식이 있는데, 엔시소는 인터뷰 기법으로 독서 과정을 연구하는 데 상징적 표상법을 활용하였고, 빌헬름은 상징적 표상법을 교수·학습에 적용할 수 있도록 개발하였다. 여기서는 빌헬름의 상징적 표상법을 중심으로 설명하고자 한다.

절차와 과정

① 문학 텍스트 읽기
② 시각 자료로 표현하기: 텍스트에 대한 감상을 상징을 담아 시적으로 나타내기
③ 시각 자료 설명하기: 시각 자료를 중심으로 독서 반응과 경험을 설명하기
④ 다른 독자와 질문하고 대답하면서 소통하기: 독서 반응과 경험을 소통하기

발문과 활동

- 인물이나 인물이 처한 상황을 어떠한 시각 자료로 표현할까요?
- 갈등, 사건, 주제 등을 어떠한 시각 자료로 표현할까요?
- 자신의 독서 경험을 어떠한 시각 자료로 표현할까요?
- 상징적 시각 자료에는 어떠한 의미가 담겨 있나요?
- 친구의 독서 경험을 듣고 궁금한 점은 무엇인가요?

교수·학습 길잡이

- 상징적 시각 자료를 그림, 독후화, 만화와는 다름을 설명하고, 교사가 시범을 보인다.
- 그림의 우수성을 평가하지 않는다는 점을 강조하여 시각적 표현에 부담을 느끼지 않게 한다.
- 시각적 상징물을 만들 때, 텍스트에 제시된 삽화를 따라 그리지 않도록 지도한다. 그림 그 자체가 아니라 이를 매개로 독서 과정에 대한 독자의 설명과 토론을 이끌어 내기 위한 목적이 크다.
- 인물이나 상황에 대한 시각화, 사건이나 갈등에 대한 시각화, 독자의 독서 경험에 대한 시각화로 유형별로 접근할 수 있다.

청소년 사춘기 시기에는 미래에 대한 걱정, 과거에 대한 걱정, 공부에 대한 걱정, 마음의 걱정, 주위 시선들, 감정의 동요, 충동성, 교우관계 등... 생각이 많아지고 전두엽과 전전두엽의 미발달로 감정적으로 행동하게 되어 후회되는 일을 저지르기도 합니다. 그래서 저는 '열다섯에 곰이라니'에서 동물화로 성장하여 극복한 것처럼, 자기 자신과 부딪혀보면서 성찰하고 나의 마음을 이해하여 상대방이 판단하는 가짜 나의 모습이 아닌 정확히 알지는 모르지만 무한한 가능성을 가진 나의 진짜 모습을 발견하는 것을 표현하였습니다.

상징적 표상법 (추정경, 열다섯에 곰이라니)

그림 출처: 삼성 드림클래스 겨울 독서캠프 학생 자료 (중2, 여)

09

쓰기 교수학습 전략

이 장은 쓰기 수업의 교수·학습 방법을 다룬다. 쓰기는 언어와 기호, 매체를 활용하여 필자의 생각과 감정을 글로 표현함으로써 의미를 구성하는 행위이다. 필자는 의사소통 목적을 달성하기 위하여 맥락을 고려하면서 다양한 유형의 글을 쓴다. 또한 쓰기 과정에서 만나는 문제를 해결하기 위해서 필자는 적절한 쓰기 전략을 활용한다.

글쓰기 과정은 사고를 종합하고 추론하는 과정이다. 쓰기는 쓰기 목적에 따른 필자의 의미 구성뿐만 아니라 고차원적인 사고력이 필요한 활동으로, 언어 활동 중에서 가장 어렵다고 여긴다(장은섭 외, 2018: 215). 학생 필자에 관한 연구에서도 우리나라 중·고등학교 학생들은 쓰기와 관련하여 낮은 성취를 보였으며, 각 장르의 기본적인 양식을 충실히 습득하지 못하고 있는 것으로 나타났다(김주환, 2017; 최숭식 외, 2018). 따라서 쓰기 수업에서는 학생들이 효과적으로 글을 쓸 수 있도록 쓰기 맥락과 쓰기 과정, 글의 유형을 고려하여 쓰기 특성과 전략을 체계적으로 지도해야 한다.

이 장에서는 쓰기 교수·학습 방법을 개관한 후 주요 쓰기 전략을 세 범주(쓰기 계획 수립 및 아이디어 생성, 구조화, 정교화)로 나누어 살펴볼 것이다.

쓰기의 개념과 특성

쓰기는 필자가 특정한 목적을 이루거나 문제를 해결하기 위해서 문자나 기호로 의미를 구성하여 독자와 의사소통하는 사회적인 행위이다.

쓰기는 특정한 상황에서 이루어지는 의미 구성 행위이기 때문에 필자의 의도를 효과적으로 전달하기 위해서 쓰기의 상황 맥락과 사회·문화적 맥락을 고려해야 한다. 상황 맥락은 글을 생산하고 수용하는 과정에 직접적으로 개입하는 글의 목적, 주제, 독자, 매체 등이다. 사회·문화적 맥락은 쓰기 과정 외부에 존재하면서 과정 전체를 조정하는 기반으로(정혜승, 2013), 공동체의 가치와 신념, 역사적 사회적 상황 등과 관련한 맥락이다.

쓰기 과정은 '계획하기, 내용 생성하기, 내용 조직하기, 표현하기, 고쳐쓰기, 공유하기, 점검과 조정하기'의 과정을 거친다. 그런데 쓰기 과정은 선조적으로나 순차적으로 진행되는 과정이 아니라 필요에 따라 이전 과정으로 돌아가서 다시 그 과정을 진행하는 회귀적인 특성을 보인다. 필자는 회귀적인 과정을 반복하며 쓰기 결과물을 완성한다.

글의 유형은 사회적 효용과 글을 쓰는 목적, 글 구조의 특성에 따라 세 가지로 크게 구분할 수 있다. 정보를 전달하는 글, 설득 또는 주장하는 글, 정서와 감상을 나타내는 글로 구분한다.

쓰기 전략

목표 달성을 위해 전략이 필요하듯이, 독자와 의사소통하기 위해서는 쓰기 과정에서 활용할 구체적인 전략이 필요하다. 쓰기 목적을 이루기 위해 유용한 쓰기 전략으로, 글을 작성하기 전에 쓰기 계획을 수립하고 내용을 풍부하게 생성하는 '쓰기 계획 수립 및 아이디어 생성 전략', 글의 전체적인 구조를 정리하거나 문단을 체계적으로 구성하는 '구조화 전략', 글의 완성도를 점검하고 적절한 표현을 선택하는 '정교화 전략' 등이 있다.

쓰기 수업과 교육과정

국어과 교육과정에서 '쓰기' 영역의 교육 내용은 제1차 교육과정 이후 쓰기의 본질, 지식, 원리, 실제, 맥락, 기능, 태도 등의 내용 체계로 제시되었다. 2022 국어과 교육과정에서 쓰기 교육 내용은 '핵심 아이디어', '범주', '내용 요소'의 내용 체계로 구성하였다. 핵심 아이디어는 '의미 구성 행위, 다양한 유형의 글, 쓰기 전략, 언어 공동체의 구성원, 의사소통 문화' 등에 관한 내용으로, 쓰기의 본질, 지식·이해, 과정·기능, 가치·태도를 아우르는 형태이다. 범주는 지식·이해(쓰기 맥락, 글의 유형), 과정·기능(쓰기의 기초, 계획하기, 내용 생성하기, 내용 조직하기, 표현하기, 고쳐쓰기, 공유하기, 점검과 조정), 가치·태도의 세 범주로 체계화되어 있다. 일반적으로 '계획하기, 내용 생성하기, 내용 조직하기, 표현하기, 고쳐쓰기'로 구분하는 쓰기 과정에, '쓰기의 기초, 공유하기, 점검과 조정'과 같은 하위 항목이 더 반영되어 있다. 쓰기의 기초는 기초 문식성 강조 측면에서, 공유하기는 상호작용 강화 측면에서, 쓰기 과정과 전략에 관한 점검과 조정하기는 학습자의 능동성 강조 측면에서 각각 반영되었다. 끝으로 가치·태도는 흥미, 효능감, 쓰기 윤리 등의 정의적인 요소로 구성하였다.

학년이 높아질수록 쓰기 맥락은 상황 맥락에서 사회·문화적 맥락으로, 자료의 활용 범위는 단일 자료에서 복수 자료로 확장되며 맥락과 학습 범위를 심화하고 있다. 과정·기능 범주에서도 초등학교의 '자유롭게 표현하기, 정확하게 표현하기'는 고등학교의 '복합양식 자료를 활용하여 표현하기, 정교하게 표현하기'로 심화·확장되는 모습이다. 글의 유형도 고등학교 과정에서 공동 보고서, 다양한 언어 공동체 참여 등 '공동 작업' 또는 '공동체 영역'으로 확장되고 있다. 또한 사회적 쟁점에 대한 '자신의 견해를 밝히는 글', '개성이 드러나는 글' 등 필자가 정체성을 구성하고 표현하는 과정으로 쓰기 내용을 구현하고 있다.

[표 9-1] 2022 개정 국어과 교육과정 내 '쓰기' 관련 내용

<table>
<tr><th colspan="2">핵심 아이디어</th><td colspan="3">* 의미 구성 행위, 다양한 유형의 글, 쓰기 전략, 언어 공동체의 구성원, 의사소통 문화</td></tr>
<tr><th colspan="2" rowspan="2">범주</th><th colspan="3">내용 요소</th></tr>
<tr><th>초등학교</th><th>중학교</th><th>고등학교</th></tr>
<tr><td rowspan="4">지식·이해</td><td>쓰기 맥락</td><td colspan="3">상황 맥락, 사회·문화적 맥락</td></tr>
<tr><td rowspan="3">글의 유형</td><td>주변 소재에 대해 소개하는 글, 절차와 결과를 보고하는 글, 대상의 특성이 나타나게 설명하는 글</td><td>복수의 자료를 활용하여 다양한 형식으로 쓴 글, 대상에 적합한 설명 방법을 사용하여 쓴 글</td><td>공동 보고서</td></tr>
<tr><td>의견과 이유를 들어 의견을 제시하는 글, 적절한 근거를 들어 주장하는 글</td><td>타당한 근거를 들어 주장하는 글, 의견 차이가 있는 사안에 대해 주장하는 글</td><td>사회적 쟁점에 대한 자신의 견해를 나타내는 글, 효과적인 논증이 나타나는 글</td></tr>
<tr><td>겪은 일을 표현하는 글, 독자에게 마음을 전하는 글, 체험에 대한 감상을 나타내는 글</td><td>자신의 정서를 표현하는 글</td><td>개성이 드러나는 글</td></tr>
<tr><td rowspan="8">과정·기능</td><td>쓰기 기초</td><td colspan="3">글자 쓰기, 단어 쓰기, 문장 쓰기, 문단 쓰기</td></tr>
<tr><td>계획하기</td><td>목적, 주제, 독자, 매체 고려하기</td><td>언어 공동체 고려하기</td><td>언어 공동체의 특성 고려하기, 작문 관습 파악하기</td></tr>
<tr><td>내용 생성하기</td><td>목적, 주제, 독자, 매체를 고려하여 내용 생성하기</td><td>복합양식 자료를 활용하여 내용 생성하기</td><td>복수의 자료 요약·활용하여 내용 생성하기, 신뢰할 수 있는 자료를 종합하여 내용 생성하기</td></tr>
<tr><td>내용 조직하기</td><td>절차와 결과에 따라 내용 조직하기, 통일성을 고려하여 내용 조직하기</td><td>글 유형을 고려하여 내용 조직하기</td><td>내용 전개의 일반적인 원리를 고려하여 조직하기, 효과적으로 조직하기</td></tr>
<tr><td>표현하기</td><td>자유롭게 표현하기, 정확하게 표현하기, 독자를 고려하여 표현하기</td><td>다양하게 표현하기</td><td>정교하게 표현하기, 복합양식 자료를 활용하여 표현하기</td></tr>
<tr><td>고쳐쓰기</td><td>문장, 문단, 글 수준에서 고쳐쓰기</td><td>독자를 고려하여 고쳐쓰기</td><td>쓰기 맥락 고려하여 고쳐쓰기, 작문 관습을 고려하여 고쳐쓰기</td></tr>
<tr><td>공유하기</td><td colspan="3">쓴 글 함께 읽고 반응하기</td></tr>
<tr><td>점검·조정</td><td></td><td colspan="2">쓰기 과정과 전략에 대해 점검·조정하기</td></tr>
<tr><td colspan="2">가치·태도</td><td>쓰기에 대한 흥미, 쓰기 효능감, 쓰기에 대한 적극적 참여, 쓰기 윤리 준수</td><td>쓰기에 대한 성찰, 윤리적 소통 문화</td><td>다양한 언어 공동체 참여, 공동체 규범에 대한 인식과 글의 영향력에 대한 성찰, 사회적 책임 인식, 언어 공동체의 작문 관습과 규범의 내면화</td></tr>
</table>

쓰기 교수·학습의 방향

쓰기 수업에서는 첫째, 실제적인 텍스트와 과제를 두고 문제를 해결해 나갈 수 있게 지도한다. 또한 쓰기와 관련한 개념적인 지식과 절차적인 지식을 활용하면서 실제로 글을 작성하도록 안내한다. 이를 위해 의사소통 상황을 고려하여 교육과정의 지식·이해와 과정·기능, 가치·태도를 통합해서 실제적인 맥락에 맞게 지도한다. 둘째, 사회적인 상호 작용 강조한다. 아이디어 생성을 위해 동료와 함께 협의하고 독자를 고려하여 자료를 활용하며 쓴 글을 공동체와 공유하는 등 의사소통 목적을 달성하기 위해서 함께 협의하고 독자의 반응을 고려하여 글을 쓰도록 지도한다. 또한 글이 사회적으로 영향을 끼친다는 점에서 작성한 글에 책임지는 쓰기 윤리를 지킬 수 있게 강조한다. 셋째, 복합적이고 미래지향적인 활동을 지도한다. 쓰기는 복합적이고 미래지향적인 양상을 띤다. 다양성을 고려하여 학생 개인의 경험과 배경지식, 문화적 정체성을 소중한 자산으로 인식하고 이를 충분히 활용할 수 있게 지도한다. 최근에는 디지털 미디어가 발달하고 비대면 소통이 늘어나면서 이에 적합한 쓰기 역량이 요구되므로 미래 사회가 요구하는 핵심 역량을 안내하고 지도한다. 이 장에서는 사회·문화적 접근법으로 학교 교실에서 널리 활용되고 있는 글쓰기 워크숍을 소개한다.

글쓰기 워크숍: 글쓰기 워크숍이라는 용어는 그레이브스(Graves, 1983)와 캘킨스(Calkins, 1986)에 의해서 만들어졌으며, 나중에 애트웰(Atwell, 1987)에 의해서 확장되었다. 도널드 그레이브스Donald H. Graves는 '우리가 내버려 둔다면 학생들은 쓸 수 있다.'라고 하여 학생들의 자발적인 활동을 강조하였다. 그리고 루시 캘킨스Lucy Calkins는 쓰기 과정에 초점을 둔 미니레슨을 도입함으로써 글쓰기 워크숍을 체계화하였다. 낸시 애트웰Nancie Atwell은 중등학교에서 글쓰기 워크숍 모델을 도입하여 풍부한 실천 사례

를 제공하였고, 케이티 우드 레이Katie Wood Ray 등은 초등학생들을 대상으로 글쓰기 워크숍을 실천하였다(Karsbaek, B., 2011). 이 연구자들의 실천적인 노력에 의해서 글쓰기 워크숍은 미국의 초등과 중등 교실에서 학생들의 글쓰기 능력을 향상시킬 수 있는 핵심적인 방법으로 자리 잡게 되었다.

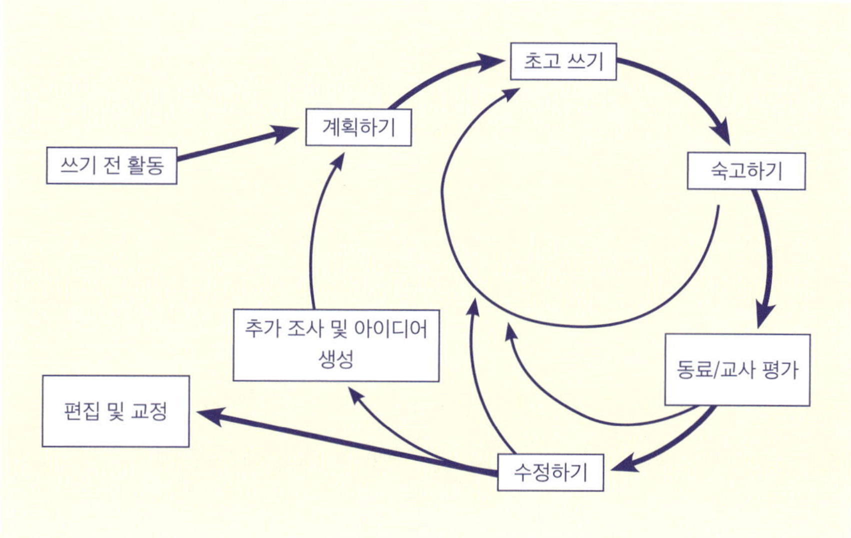

[그림 9-1] 글쓰기의 회귀적 과정

글쓰기 워크숍은 "쓰기 전문가인 교사의 도움을 바탕으로 이루어지며, 쓰기 공동체 구성원들이 토의·토론 등 협의에 참가하여 능동적으로 쓰기 과제를 해결해 나가는 것"(황재웅, 2008)이라고 정의한다. 글쓰기는 개인적인 활동이지만 워크숍에서는 서로 협의하고 도와가면서 각자의 글을 써나간다. 교사 또한 이러한 협의와 협력의 과정에 적극적으로 참여하여 좋은 글을 쓸 수 있도록 도와준다. 글쓰기 워크숍에 참여하는 학생들은 그저 교육이나 훈련의 대상으로 글쓰기 지도를 받는 것이 아니라 자신의 작업을 하는 작가들writers이다. 학생들은 작가로서 자신의 글을 계획하고 자료 조사를 하며, 다양한 독자들이 읽을 것을 전제하여 교정과 편집, 출판에 이르는 전 과정을 경험하게 된다.

글쓰기 워크숍의 구성 요소는 ① 주제 선정choices about content, ② 미니 레슨mini-lesson ③ 독립적인 쓰기와 협의하기independent writing and conference, ④ 나누기sharing and reflection, ⑤ 출판하기publication 등이다. 글쓰기 워크숍이 다른 쓰기 활동과 다른 점은 작가로서 쓰기의 실제적 과정을 체험하는 것이다.

① 글쓰기 워크숍에서는 어떤 주제, 장르로 어떻게 이야기할 것인지는 온전히 학생 자신의 선택한다. ② 미니 레슨은 짧고 초점화된, 교사의 직접적 지도이다. 워크숍을 시작하기 전에 5~10분 정도로 진행되며, 학생들의 작문에 대한 요구나 교육과정의 목표에 따라 기획된다. 워크숍의 진행 과정, 작문의 과정에서 요구되는 전략이나 기술, 좋은 글의 요건, 편집의 기술 등을 다룬다. ③ 글쓰기 워크숍의 학생들이 자신을 위해 마련된 쓰기 과제에 집중하는 시간이다. 학생들은 습작하기, 계획 세우기, 다시 읽기, 교정하기, 다른 친구들과 협의하기를 한다. 교사는 이 시간에 교실을 돌아

[표 9-2] 글쓰기 워크숍의 진행 과정의 예(김주환, 2016: 168)

시간	워크숍 절차	세부 활동 내용	활동의 유형
1주차	쓰기 전 활동	• 3~4명씩 모둠 편성 • 주제와 구성의 적절성 검토	미니 레슨 모둠별 협의하기
2주차	초고 쓰기	• 초고에 대한 피드백 • 내용과 조직 중심으로	미니 레슨 모둠별 협의하기
3주차	수정하기(1차)	• 피드백 내용의 반영 여부 • 내용, 조직, 표현 등	미니 레슨 모둠별 협의하기
4주차	수정하기(2차)	• 글에 대한 전체적인 반응과 피드백	전체 발표하기
5주차	편집하기	• 편집에 대한 안내 • 편집에 대한 반응과 피드백	미니레슨 전체 발표하기
6주차	출판하기	• 출판팀 구성 • 책 제목/차례 정하기	편집팀의 협의 전체 토의

다니며 학생들과 그들의 쓰기에 대해 논의한다. 이것이 글쓰기 워크숍의 핵심이라고 할 수 있다. ④ 학생 글에 대한 반응을 학급 전체 차원에서 나누는 시간이다. 교실 한쪽에 마련된 작가 의자writer's chair를 활용할 수 있다. 학생들은 자기 작품을 발표하고 교사나 학생들과 서로 반응을 나눈다. 교사는 학생들에게 적절한 질문과 피드백을 제공하여 원고를 개선할 수 있도록 도와준다. ⑤ 출판하기는 학생들은 자신의 쓰기 결과물을 출판하고 이것을 무대에서 실제적인 청중과 나누는 활동이다. 출판하기 과정은 학생들의 글을 묶어서 출판하는 과정과 이를 같은 반 학생들이나 다른 반 학생들, 부모님들 앞에서 발표하는 과정을 포함한다. 출판은 쓰기의 결과물을 실제적인 독자와 나누는 것이기 때문에 학생들의 쓰기 능력을 높이는 강력한 동기가 된다.

1 쓰기 계획 수립 및 아이디어 생성 전략

쓰기 계획 수립 및 아이디어 생성 전략은 글을 쓰기 전에 활용하는 전략이다. 쓰기와 관련한 맥락을 분석하고 계획을 상세하게 정리하는 일은 쓰기 활동에서 가장 먼저 해야 할 작업이다. 대체로 쓰기 과제에는 해결해야 하는 문제가 많으므로 과제 맥락을 분석하고 주제와 목적을 명확히 하며, 독자와 관련한 수사적인 태도를 구체화하는 과정이 필요하다. 또한 사회·문화적 맥락과 글의 활용 방안도 함께 고려해야 한다.

쓰기 과제를 받은 필자는 무엇을 고려해야 하는지 모르는 경우가 많다. 과제 표상 또는 과제 이해가 부족하게 되면 글을 쓰는 데 어려움을 겪게 된다. '아이디어 그릇, 구절판' 전략은 쓰기 계획과 관련한 아이디어를 그릇 모양에 담으면서 쓰기 계획을 체계적으로 수립하는 전략이다. 쓰기 과제와 쓰기 맥락을 학생 필자에게 명시적으로 제시하여 중요한 항목을 알 수 있게 하고 이에 맞춰서 준비하도록 지도한다.

글을 쓰기 위해서는 화제나 주제와 관련한 구체적인 내용, 창의적인 내용이 필요하다. 경험한 내용이나 알고 있는 지식을 수월하게 풀어낼 수 있도록 도움을 준다면 필자가 내용을 수월하게 생성할 수 있다. '내 마음속 ♡ 그리기' 전략은 마음 모양의 그림을 활용하여 화제와 관련한 경험이나 연상되는 사물을 떠올리며 아이디어를 얻는 전략이다.

모둠을 구성하여 아이디어를 얻을 수도 있다. 모둠을 활용하는 방법으로는 짧은 시간에 폭풍처럼 다양한 아이디어를 생성할 수 있는 브레인스토밍 전략이 널리 사용된다. 생성된 아이디어는 유사한 내용끼리 묶어 정리할 수 있다. 그런데 모둠에서 생성된 아이디어는 개인별로 활용하기에는 구체성이 부족할 수도 있다. 따라서 개인별로 필자의 생각을 자유롭게 떠올리고 이를 실제로 글을 작성할 때 사용할 수 있는 과정이 필요하다. '두 개의 폭풍' 전략은 모둠별, 개인별 내용 생성 과정을 연계한 전략이다.

전략 25 아이디어 그릇, 구절판

개념·목적 글을 쓰기 전에 쓰기 세부 계획을 수립하는 전략. 쓰기 과제를 분석하여 쓰기 맥락을 파악하고 필요한 사항을 체계적으로 생각해 보게 하는 방법.

절차·과정 ① 쓰기 과제 경청하기
② 가운데에 중심 화제 작성하기
③ 핵심 범주와 목표 작성하기
④ 세부 목표 및 세부 내용 작성하기

적용 대상·상황 초등학교 4학년 이상, 쓰기 전 계획 수립

전략 26 내 마음속 ♡ 그리기

개념·목적 글을 쓰기 전에 차분한 마음으로 자신의 감정과 생각을 돌아보고 글쓰기의 재료를 정리하는 전략. 화제와 관련한 경험이나 생각을 떠올리며 내용을 생성할 수 있도록 돕는 방법.

절차·과정 ① 큰 하트 모양 그리기
② 쓰기 화제 적기
③ 연상되는 내용을 쓰고 그리기

적용 대상·상황 초등학교 2학년 이상, 쓰기 전 아이디어 생성

전략 27 두 개의 폭풍

개념·목적 모둠 활동, 개인 활동으로 두 번에 걸쳐 짧은 시간 동안 집중하여 화제에 관한 생각을 있는 대로 떠올리는 전략.

절차·과정 ① 주제 확인하기
② 첫 번째 폭풍 모둠 활동하기
③ 유사 항목 묶기
④ 두 번째 폭풍 개인 활동하기
⑤ 구조나 순서에 따라 내용 배치하기

적용 대상·상황 초등학교 6학년 이상, 쓰기 전 아이디어 생성

전략 25 아이디어 그릇, 구절판

글을 체계적으로 작성하기 위해서는 본격적인 쓰기에 앞서 쓰기 과제에 대해서 명확히 인식하고 쓰기 위해 고려할 맥락과 쓰는 데 도움이 될 자료를 파악해야 한다. '아이디어 그릇, 구절판' 전략은 글을 쓰기 전에 쓰기 과제와 관련한 맥락을 분석하고 세부 계획을 수립하는 전략이다. 쓰기 과제에서 파악해야 하는 핵심 범주를 우리나라 전통 그릇인 구절판처럼 주변을 8개로 나눈 형태의 그릇 도안을 이용한다. 그릇의 한가운데는 글의 주제나 화제를 적고 그릇의 각 부분에는 쓰기 과제와 관련한 ① 글의 형식과 분량, ② 제출일, ③ 평가자, ④ 글의 목적, ⑤ 독자, ⑥ 주제, ⑦ 글을 쓸 때 필요한 자료, ⑧기타 고려할 사항 등에 관한 내용을 쓸 수 있도록 지도한다. '아이디어 그릇, 구절판' 전략을 활용하면 글을 쓰기 전에 쓰기 과제를 분석하고 쓰기 맥락을 한눈에 알아볼 수 있으며, 필요한 사항을 체계적으로 분류할 수 있다.

절차와 과정

① 쓰기 과제 경청하기
② 중심 화제 작성하기
③ 핵심 범주와 목표 작성하기
④ 세부 목표 및 세부 내용 작성하기

발문과 활동

- 활동지의 그림 가운데에 중심 화제를 적어보세요.
- 중심 화제 주변에 '기간, 형식, 평가자, 주제, 독자, 자료, 목적, 기타'라고 적힌 것을 확인해 보세요.
- 각각의 항목과 관련이 있는 내용이 떠오르나요? 그림 안에 적어보세요.
- 충분히 적었나요? 더 생각해 보고 준비할 사항을 모두 적어 보세요.

교수·학습 길잡이

- 처음에는 8개 핵심 범주가 적힌 그림을 인쇄하여 배부한다. 활동에 익숙해지면 쓰기 과제만 발표하고 핵심 범주는 학생이 스스로 적도록 한다.
- 핵심 범주를 확장할 때는 새로운 도안을 받아 작성한다. 핵심 범주를 도안의 중심에 적고 세부 내용을 확장하도록 안내한다.
- 도안을 문어(다리가 8개)나 우주선(날개를 8등분) 형태 등 학생의 기호에 따라 다양하게 만들어 제시할 수 있다.

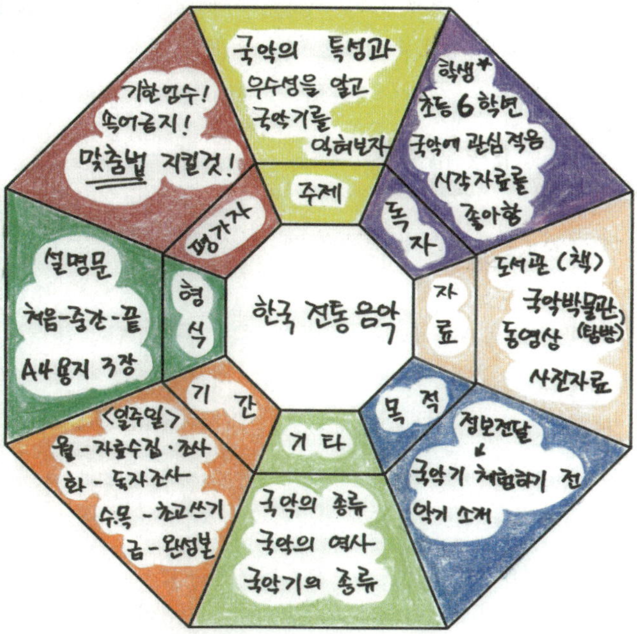
한국 전통 음악
주제
국악의 특성과 우수성을 알고 국악기를 익혀보자
독자
학생* 초등 6학년 국악에 관심 적음 시각자료를 좋아함
자료
도서관 (책) 국악박물관 동영상 (탐방) 사진자료
목적
정보전달 국악기 체험하기 전 악기 소개
기타
국악의 종류 국악의 역사 국악기의 종류
기간
<일주일>
월 - 자료수집 · 조사
화 - 독자조사
수목 - 초고쓰기
금 - 완성본
형식
설명문 처음-중간-끝 A4용지 3장
평가자
기한엄수! 속어금지! 맞춤법 지킬것!

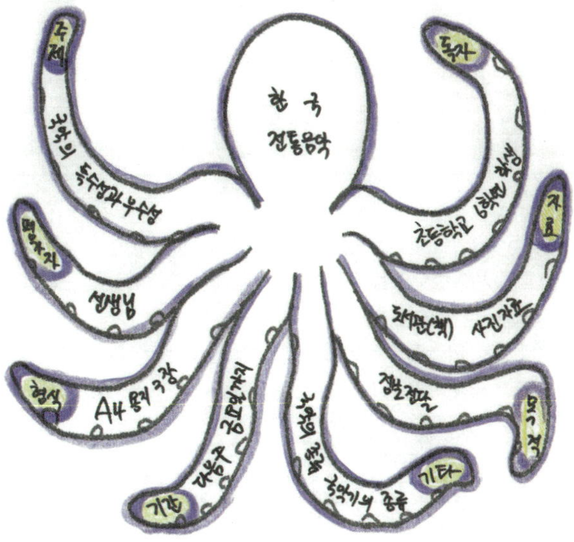
한국 전통음악
주제
국악의 특수성과 우수성
독자
초등학교 6학년 학생
자료
도서관(책) 사진자료
목적
정보전달
기타
국악기의 종류
기간
형식
A4 용지 3장
평가자
선생님

전략 26 내 마음속 ♡ 그리기

'내 마음속 ♡ 그리기' 전략은 경험한 일을 쓰려고 하거나 정서를 표현하는 글을 어떻게 시작할지 막막할 때, 필자의 마음에서 쓸 재료를 꺼내는 전략이다. 은행에 예금해 둔 돈을 찾아 쓰듯이 필자의 마음속 이야기와 저장해 둔 이야기를 꺼내서 활용한다.

필자는 마음을 상징하는 하트 모양을 보면서 계속해서 자신이 경험한 바를 떠올리게 된다. 마음속 소리를 들으려고 하는 활동은 더 많은 아이디어를 떠오르게 할 수 있다. 글과 그림으로 화제와 연상되는 사물, 관련된 상황에 관한 기억, 연관된 감정까지 표현할 수 있다.

'내 마음속 ♡ 그리기' 전략은 차분한 마음으로 자신을 돌아보고 탐색하면서 자신의 감정과 생각을 이해하는 전략이다. 무엇이 떠오르는지, 무엇과 연관이 되는지, 무엇을 중요하게 생각하는지 등을 메모하면서 아이디어를 얻을 수 있다. 머릿속에 떠오르는 생각과 느낌을 시각적으로 표현하여 글쓰기의 재료로 활용한다.

절차와 과정

① 큰 하트 모양 그리기
② 쓰기 화제 적기
③ 연상되는 내용을 쓰고 그리기

발문과 활동

- 흰 종이에 아주 커다란 하트 모양을 그려보세요. 이것은 여러분의 마음입니다.
- 큰 하트 안에 작은 하트 모양을 그리고 쓰기 화제를 인상적으로 적어보세요.
- 이제 생각나는 것을 글로 적거나 그림을 활용해서 표현해 보세요.
- 좋아하는 것이 떠오르나요? 추억의 어떤 일이 떠오르나요?
- 기쁘거나 슬픈 일이 있었나요? 어떤 느낌이었나요?
- 누가 연상되나요? 좋아하는 사람인가요?
- 중요한 물건이나 도구가 있나요? 특별한 장소가 떠오르나요?
- 소중하거나 밝히기 어려운 것은 비밀스럽게 표현해 보세요.

교수·학습 길잡이

- 하트 모양이 마음을 상징하는 것이라는 점을 강조한다.
- 브레인스토밍을 번저 간단하게 진행하고 전략을 활용할 수도 있다.
- 필요한 물품(흰 종이, 여러 가지 색상의 펜)을 준비한다.
- 글과 그림으로 표현할 수 있음을 안내한다.
- 생각을 계속 확장할 수 있게 다양한 질문을 준비한다.
- 작성한 '내 마음속 ♡ 그리기'를 놓고 글을 쓸 수 있도록 안내한다.

전략 27 두 개의 폭풍

'두 개의 폭풍' 전략은 브레인스토밍brainstorming을 모둠별, 개인별로 두 번에 걸쳐 진행하는 내용 생성 전략이다. 브레인스토밍은 아이디어를 생성하는 대표적인 전략이다. 짧은 시간 동안 집중하여 화제와 관련하여 머릿속에 있는 생각을 있는 대로 떠올리는 활동이며, 핵심은 자기 검열이나 아이디어에 대한 평가 없이 최대한 많은 양의 아이디어를 모으는 것이다. 아이디어를 풍부하게 생성하기 위하여 첫 번째 폭풍은 모둠 활동으로 진행하는 것이 효과적이다. 생성한 아이디어는 관련 있거나 유사한 내용끼리 묶어 구조화한다. 모둠에서 생성한 아이디어를 글쓰기에 활용하기 위해 두 번째 폭풍 활동을 개인별로 진행한다. 모둠 활동에서 쓰기 화제와 관련한 다양하고 창의적인 내용을 생성하고, 개인 활동에서 구체적인 쓰기 주제와 관련하여 개인적인 경험이나 배경지식을 떠올린 후에 글의 재료로 활용한다.

절차와 과정

① 주제 확인하기
② 첫 번째 폭풍 모둠 활동하기
③ 유사 항목 묶기
④ 두 번째 폭풍 개인 활동하기
⑤ 구조나 순서에 따라 내용 배치하기

발문과 활동

- 4명씩 한 모둠으로 앉아 보세요.
- 한 명씩 돌아가면서 다음 화제에 대해서 연상되는 것을 말해 보세요. 시간은 3분입니다.
- 시간이 더 필요한 모둠이 있나요? 있으면 1분만 더 말해 보세요.
- 떠올린 것을 유사한 항목끼리 묶어 보세요.
- 묶은 항목에 적절한 이름을 붙여 보세요.
- 모둠에서 생성한 내용을 참고하여, 이제는 개인별로 자기가 작성하려는 주제에 대해 3분 동안 브레인스토밍을 해보세요.
- 필요 없는 내용이 있나요? 유사한 내용은 도형으로 묶어보세요.
- 묶은 내용을 글 구조나 순서에 따라 배치해 보세요.

교수·학습 길잡이

- 활동 전에 브레인스토밍 방법과 '아이디어에 대한 비판 금지, 자유롭게 발표, 아이디어의 질보다 양에 초점, 아이디어 확장 가능' 등을 안내한다.

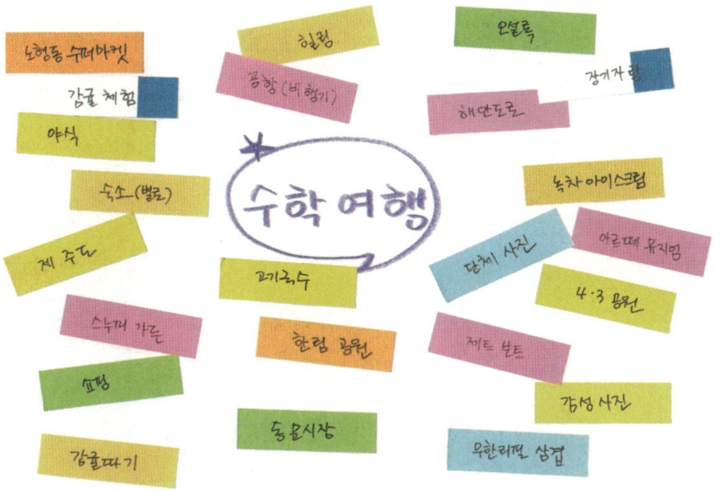

1차 폭풍 (모둠)

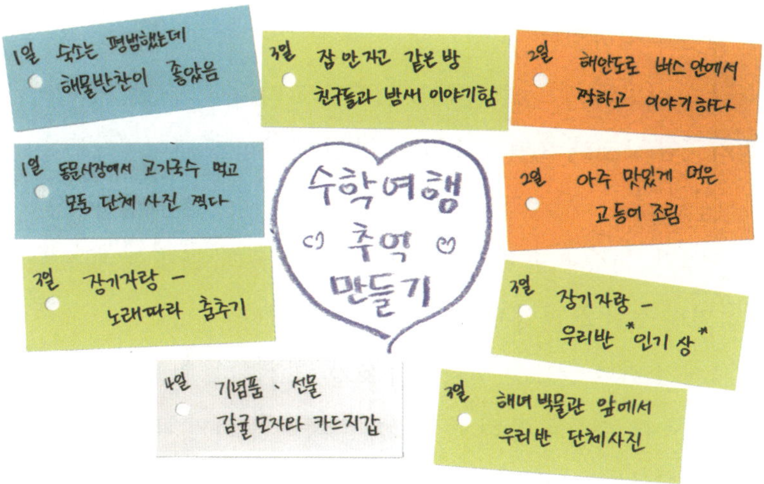

2차 폭풍 (개인)

- 모둠 활동 때 1명이 접착식 메모지에 기록하면 활동 후 분류할 때 편하다.
- 시간은 3분으로 진행한다.
- 생성한 아이디어를 묶는 방법을 예시로 보여 주면서 설명한다.
- 묶은 덩어리가 최소한 세 가지 이상이 될 수 있게 안내한다.
- 2차 개인별 활동은 구체적인 주제에 대해서 진행하도록 안내한다.

2 구조화 전략

구조화 전략은 필자가 글의 전체적인 흐름을 고려하여 글의 구조를 체계적으로 조직할 수 있게 도와주는 전략이다. 특히 작성하는 글이 복잡한 과정이나 상황을 포함할 때나 요소들 사이의 관계를 설명해야 할 때, 논리적으로 증명해야 할 때는 내용상으로 통일성이 있고 형식적으로 응집성이 있게 작성해야 독자가 글을 쉽게 이해할 수 있다. 필자가 전체 구조를 생각하며 글을 쓰면 글의 통일성, 응집성, 일관성을 유지할 수 있다. 이때 활용하는 전략이 글의 구조도나 경로를 만드는 전략이다.

'글 경로 만들기' 전략은 글을 쓰는 경로를 설정하고 전체 글 구조를 알 수 있게 그림으로 표현하는 전략이다. 전문가의 연구에 따르면 글 구조도를 작성한 필자가 통계적으로 유의하게 긴 글을 작성하였고 전체적인 수준이 더 높은 글을 작성하였다.

하나의 문단을 작성할 때도 문장 간의 관계를 고려해서 작성하면 필자의 생각을 논리적인 구조로 표현할 수 있다. '5단 피라미드 다이어그램'은 중심 화제에서부터 중심 문장, 뒷받침 문장까지 단계적으로 작성하며 문단을 쓰는 방법이다. 문장과 문단과의 관계, 문단과 글의 관계 등 필요한 사항을 검토하면서 문단을 짜임새 있게 작성할 수 있다.

상대를 설득하기 위한 글도 논리적인 구조가 필요하다. 필자가 자신의 주장을 논리적인 추론 과정을 통해 독자에게 입증해야 하기 때문이다. 주장을 명료하게 제시하고, 타당하고 공정하고 신뢰할 수 있는 근거를 활용하여 주장을 뒷받침해야 설득력 있는 글을 쓸 수 있다. '안결이설반정' 전략은 토론에서 자신의 주장을 논리적으로 입증하고 상대를 설득할 때 사용하는 전략이다. 주장과 근거를 연결하고 독자의 궁금증을 해소한다는 점에서 논증적인 글쓰기에서도 유용하게 활용할 수 있는 전략이다.

전략 28 글 경로 만들기

개념·목적 글을 쓰기 전에 글의 목적이나 유형에 따라 적합한 구조를 선택하고 구조에 맞게 내용을 배열하는 전략. 통일성과 일관성을 고려하면서 글 쓰기를 계획하게 함.

절차·과정 ① 생성한 내용 검토하기
② 글을 쓰는 목적에 적합한 구조 결정하기
③ 중간 → 끝 → 처음의 순서로 내용 정하기
④ 전체 구조, 순서, 배열 점검하기

적용 대상·상황 초등학교 6학년 이상, 쓰기 전

전략 29 5단 피라미드 다이어그램

개념·목적 도해 조직자를 활용하여 하나의 주제문을 중심으로 문단을 구성하게 하는 전략.

절차·과정 ① 맨 위에 중심 화제 적기
② 두 번째 줄에 주제문 적기
③ 주제문 아래에 중요 단어 적기
④ 중요 단어 아래에 관련한 구절이나 구체적인 단어 적기
⑤ 문장으로 상세하게 서술하기
⑥ 작성한 문장을 연결하여 하나의 문단으로 만들기

적용 대상·상황 초등학교 4학년 이상, 정보 전달을 위한 글 쓰기, 설명하는 글 쓰기

전략 30 안결이설반정

개념·목적 결론이나 주장을 먼저 제시하고 다음으로 이유를 서술하는 논증 전략. 글의 일관성과 통일성을 유지하면서 설득력을 높이는 방법.

절차·과정 ① 안건 적기
② 결론이나 주장 적기
③ 이유 서술하기
④ 설명하기
⑤ 반론 꺾기
⑥ 정리하기

적용 대상·상황 중학교 이상, 논증하는 글 쓰기

전략 28 글 경로 만들기

운전자가 차의 내비게이션을 계속 참고하며 차를 운전하듯이, '글 경로 만들기 전략'은 글의 구조에 맞춰 처음, 중간, 끝 부분에 들어갈 내용을 정하고 이를 계속 참고하여 글을 완성하는 전략이다. 글을 쓰기 전에 내용 생성하기 활동에서 생성한 내용을 순서, 개념 간의 상하 관계, 글에서 차지하는 비중 등을 고려하여 배치하고 통일성과 일관성을 고려하면서 글의 대체적인 흐름, 전체적인 구조를 정리한다.

글 경로를 활용하면 글을 본격적으로 작성하기 전에 쓰기 과제에 집중하여 필자의 생각을 효과적으로 구조화할 수 있고, 글을 쓰는 중에도 전체적인 흐름에서 벗어나지 않게 작성할 수 있다. 글을 쓰는 중에 수정 사항이 생기면 글 경로에 표시하고, 전체적인 흐름을 확인하면서 글을 쓴다. 글 경로는 글의 방향에 따라 다양하게 만들 수 있다. 글의 목적이나 유형에 따라 설명 구조(나열, 시간순, 비교–대조, 원인–결과, 문제–해결), 이야기 구조(발단–전개–위기–절정–결말), 논증 구조 등 적합한 구조를 선택하여 글의 목적에 맞게 경로를 만든다.

절차와 과정

① 생성한 내용 검토하기
② 글을 쓰는 목적에 적합한 구조 결정하기
③ 중간 부분의 내용 정하기
④ 끝 부분 내용 정하기
⑤ 독자의 관심을 유도할 수 있는 처음 부분 내용 정하기
⑥ 전체 구조, 순서, 배열 점검하기

발문과 활동

- 생성한 내용을 검토해 보세요. 독자가 무엇을 궁금할지 적어 보세요.
- 쓰려는 글이 설명하는 글인가요? 이야기인가요? 설득하는 글인가요? 적합한 구조가 어떤 형태일지 생각해 보세요.
- 말하고 싶은 내용을 글의 중간에 배열해 보세요. 더 필요한 내용이 있나요? 자료를 찾아 보충해 보세요.
- 요약이나 결말 등 글의 끝부분에 들어갈 내용을 정해 보세요.

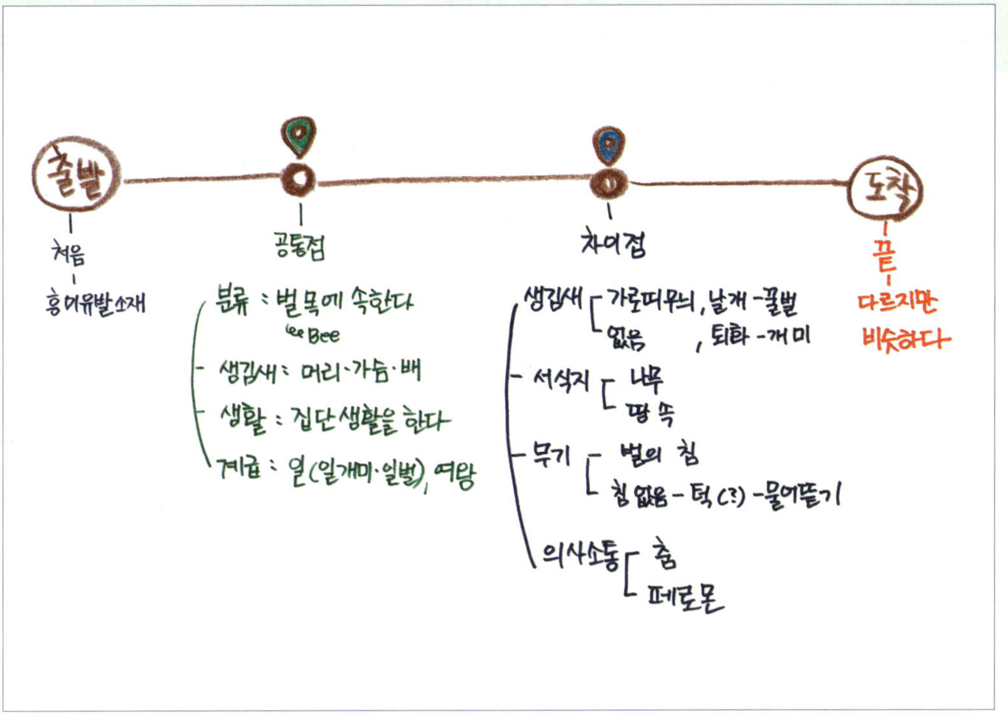

◌ 글의 처음 부분에 독자의 관심을 유도할 수 있는 내용이 있나요?

◌ 글을 쓰다가 수정하거나 첨가할 내용이 생기면 글 경로에도 표시하세요. 글 경로를 계속 보면서 글을 작성하면 쉽게 쓸 수 있어요.

교수·학습 길잡이

◌ 활동하기 전에 글의 목적에 따른 구조(설명, 이야기, 논증 등)를 설명하거나 그림으로 그려서 안내한다.

◌ 화제 개요나 문장 개요를 작성하기 어려워하면, 관련 단어 위주로 간단하게 배열하여 작성하도록 안내한다.

◌ 원인과 결과, 문제와 해결 방안 등은 짝지어 배열하도록 지도한다.

전략 29 5단 피라미드 다이어그램

문단을 구성하기 어려울 때 활용하기 알맞은 전략으로 피라미드 구조를 활용하여 문단을 체계적으로 작성하는 전략이다. 아래로 갈수록 점점 넓어지는 5단 피라미드 형태의 수직, 수평 구조를 활용하여 내용을 균형 있게 서술할 수 있다. 하나의 주제문과 관련이 있는 문장만으로 문단을 구성할 수 있게 되어 글의 통일성을 유지할 수 있다. 또한 주제문을 뒷받침하기 위해서 더 많은 정보를 탐색하게 되어 관련 내용을 충분하게 서술할 수 있게 된다.

수직적으로는 위계적인 구조로 '화제 → 주제문 → 소주제문(세부 항목) → 상세한 문장 → 내용 종합' 순으로 이어지며, 수평적으로는 동등한 위계의 소주제문끼리, 문장끼리 병렬적으로 배열되는 형태이다. 주로 정보 전달을 위한 글, 설명적인 글에서 사용한다.

절차와 과정

① 맨 위에 중심 화제 적기
② 두 번째 줄에 주제문 적기
③ 주제문 아래에 중요 단어 적기
④ 중요 단어 아래에 관련한 구절이나 구체적인 단어 적기
⑤ 문장으로 상세하게 서술하기
⑥ 작성한 문장을 연결하여 하나의 문단으로 만들기

발문과 활동

- 피라미드 모양으로 5단 구조를 그려 보세요.
- 맨 위에 중심 화제를 적고, 그 아랫줄에는 쓰고 싶은 주제를 적어 보세요.
- 주제문 아래를 2~3칸으로 나누고 각 칸에는 주제를 뒷받침할 수 있는 문장이나 중요 단어를 적어보세요.
- 좀 더 구체적이고 자세하게 단어를 네 번째 줄에 적을 수 있을까요?
- 다섯 번째 줄에는 윗줄의 어휘를 넣어서 하나의 문장으로 표현해 보세요.
- 마지막 줄에는 위에서 작성한 문장들을 순서대로 이어서 써 보세요.
- 와! 이제 하나의 문단이 생겼네요. 마음에 드나요? 소리 내어 읽어 보세요.

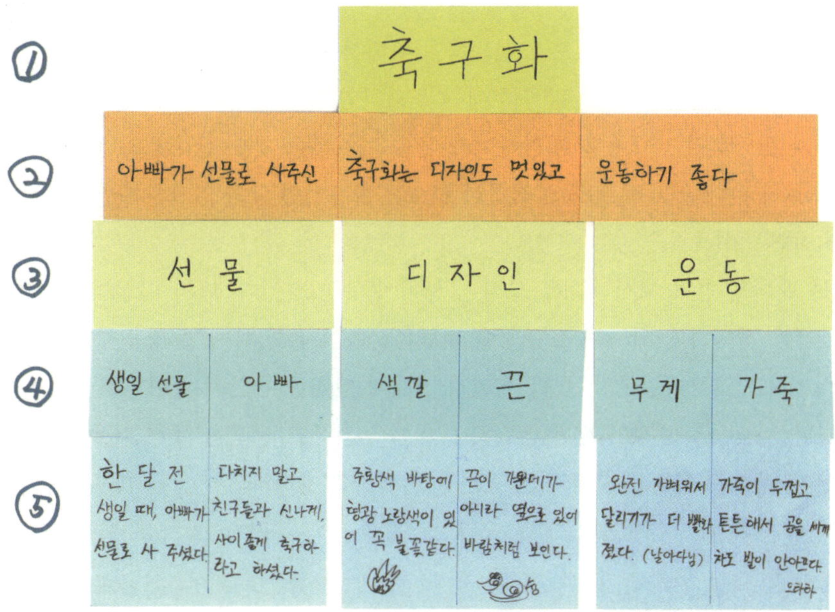

교수·학습 길잡이

- 먼저 교사가 간단한 시범을 보인다.
- 정보 전달하는 글이나 설명하는 글을 예로 들어 활동한다.
- 내용을 구체적으로 작성할 수 있게 도와주는 전략임을 강조한다.
- 단어를 적을 때는 내용과 관련된 주제어나 글의 형식과 관련된 용어(첫째, 둘째, 원인, 결과, 문제점, 해결 방안 등)를 사용하도록 안내한다.
- 내용을 더 구체적으로 작성하려면 소주제(항목)를 피라미드 맨 위에 놓고 순서대로 활동하여 새로운 문단을 구성할 수 있게 안내한다.

전략 30 안결이설반정

논증하는 글은 상대방을 논리적으로 설득하기 위해서 '주장+근거' 또는 '주장+이유'의 구조로 진술한다. 이유를 밝힌 후에는 구체적인 사례를 들어 부연 설명하거나 상대가 반박하려는 내용을 파악하여 반론을 제시하는 것도 상대방을 설득하는 데 도움이 된다. 이처럼 논증에 적합한 구조를 활용하면 글의 일관성과 통일성을 유지하면서 설득력을 높일 수 있다.

최근에는 결론을 먼저 제시하는 두괄식 구성이 주목받고 있다. 먼저 자신의 주장이나 결론을 선명하게 제시하고, 주장을 뒷받침하는 이유와 사례, 설명을 덧붙이는 형식이다. '안결이설반정' 전략은 먼저 안건과 안건에 관한 주장이나 결론을 제시한다. 다음으로는 왜 그렇게 생각하는지 이유를 쓰고, 사례를 들어 자세하게 설명한다. 끝으로 상대 반박에 대한 반론을 제시하고 정리하면서 글을 마무리한다. 결론을 먼저 제시한다는 점에서 '오레오OREO' 전략, '프렙PREP' 전략도 이와 유사하다.

단계	안결이설반정	오레오OREO	프렙PREP
1	안건 쓰기	의견Opinion	핵심Point
2	결론이나 주장 쓰기	이유Reason	이유Reason
3	이유 쓰기	사례Example	사례Example
4	(사례를 들어) 설명하기	의견 강조Opinion	핵심 강조Point again
5	반론 꺾기		
6	정리하기		

절차와 과정

① 안건 적기
② 결론이나 주장 적기
③ 이유 서술하기
④ (사례를 들어) 설명하기
⑤ 반론 꺾기
④ 정리하기

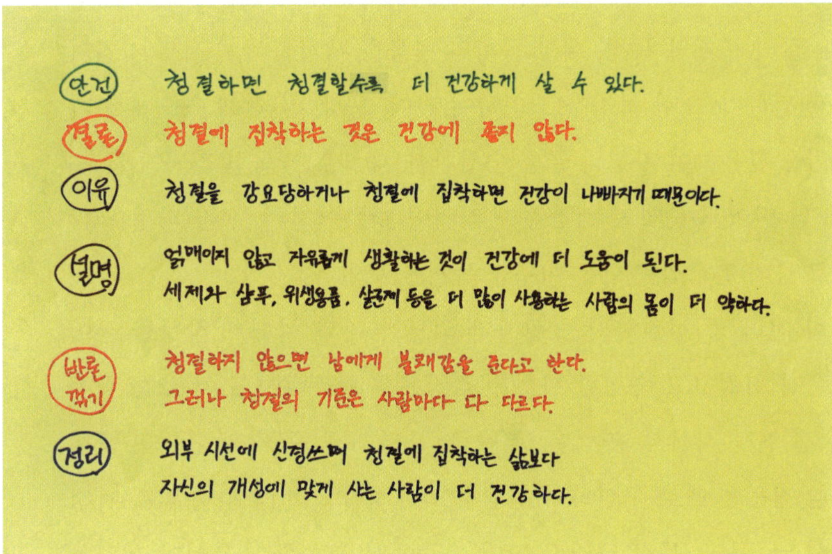

발문과 활동

- 오늘 이야기할 안건과 안건에 대한 여러분의 주장을 한 문장으로 적어 보세요.
- 이유는 '~이기 때문이다' 또는 '~할 것이다'로 끝나게 적어 보세요
- 설명에는 사실이나 통계, 전문가의 견해 등 구체적인 예를 적어 보세요
- 여러분과 반대되는 주장을 알고 있나요? 상대방의 주장이나 논리에 대해 반박할 수 있을까요? 어려우면 생략해도 좋아요.
- 여러분의 주장과 근거를 연결하여 맨 아래 칸에 정리해 보세요.

교수·학습 길잡이

- 먼저 교사가 예시 안건을 활용하여 시범을 보인다.
- 주장을 쓰기 전에 충분히 생각할 시간을 준다.
- 구체적인 예는 서적, 신문 자료를 검색하여 보강할 수 있도록 지도한다.
- 상대방 주장을 예측하기 힘들 때는 친구의 의견을 참고하도록 안내한다.
- 정리 후에는 처음부터 읽어 보고 글이 논리적인지, 자료는 보충할 부분이 있는지 확인하고 보완할 수 있게 지도한다.

3 정교화 전략

정교화 전략은 글을 점검하고 수정하는 전략이다. 필자는 글을 쓰는 과정에서도 글의 주제와 목적, 예상 독자의 반응을 생각하며 수시로 자기가 쓴 글을 점검한다. 또한 독자를 고려하여 단어, 문장, 글 전체 수준에서 다양한 방법을 활용하여 자신의 글을 수정한다. 대체로 능숙한 필자는 글 수준에서부터 단어 수준까지 점검하는 작업이 이루어지며, 수정 과정도 많이 거치고 글의 질적인 변화를 이루는 특징을 보인다.

정교화 전략 중 점검하기는 필자가 의도한 바와 실제로 작성한 글이 서로 같은지 점검하고 수정할 사항은 점검표를 활용하여 고쳐 쓰는 활동이다. '점검 질문 샤샤샤' 전략은 글 수준, 문단 수준, 문장과 단어 수준별로 점검할 질문을 표로 구성하여 점검하고 표시하는 전략이다. 점검 과정을 통해서 글, 문단, 문장 그리고 단어 수준에서 부족한 내용이나 대체할 용어를 찾아 정교하게 다듬을 부분을 찾을 수 있다.

'토닥토닥 쓰담' 전략을 활용하여 모둠별로 점검하고 글을 수정할 수 있다. 모둠 활동은 독자의 반응을 듣는 과정이다. 잘된 부분에 대한 칭찬은 글의 내용을 더 풍부하게 마련하는 데 도움을 주고, 독자의 의문점이나 제안은 필자가 이를 수용하여 글을 정교하게 다듬는 데 도움을 준다.

전체적으로 비슷해 보이는 글이라도 부분의 미세한 차이에 따라 독자가 실제로 느끼는 바가 다를 수 있다. '눈으로 말해요!' 전략은 작성한 글을 다시 읽어 보고 말하기 방식을 보여주기 방식으로 수정하여 독자가 직접 판단하고 느끼게 만드는 전략이다. 필자가 느낀 감정이나 감각을 구체적인 단어를 사용하여 독자에게 마치 그림을 그려 보여 주듯이 표현한다.

전략 31 점검 질문 샤샤샤

개념·목적 필자가 글 전체, 문단, 문장과 단어 수준에서 점검 질문표를 활용하여 글의 완성도를 점검하고, 첨가, 삭제, 대체, 재배열을 통해 글을 수정하는 전략.

절차·과정 ① 작성한 글을 읽고 의도한 바와 비교하기
② 글 전체 수준에서 점검하기
③ 문단 수준에서 점검하기
④ 문장이나 단어 수준에서 점검하기
⑤ 점검표에 표시한 내용 고쳐쓰기(첨가, 삭제, 대체, 재배열 등)

적용 대상·상황 초등학교 4학년 이상, 고쳐쓰기

전략 32 토닥토닥 쓰담

개념·목적 모둠 활동을 활용한 수정 전략. 쓴 글을 친구들에게 발표한 후 친구들의 칭찬과 질문, 제안을 참고하여 글을 수정하게 하는 방법.

절차·과정 ① 친구의 발표 듣기
② 좋았던 점 칭찬하기 - 토닥토닥 칭찬, 두 가지
③ 궁금한 점 한 가지 질문하기
④ 개선 방안 제안하기 - 쓰담 제안, 한 가지
⑤ 활동지 참고해서 수정하기

적용 대상·상황 초등학교 4학년 이상, 고쳐쓰기

전략 33 눈으로 말해요!

개념·목적 자신의 감정이나 느낌을 직접 서술하지 않아도 독자가 필자의 감정이나 느낌을 유추할 수 있도록 대상이나 현상을 구체적으로 묘사하거나 설명하는 전략.

절차·과정 ① 정서를 표현하는 글 작성하기
② 자기가 쓴 글을 소리 내어 읽기
③ 감정을 나타내는 표현에 표시하기
④ 감각을 나타내는 표현에 표시하기
⑤ 보여주기 방식으로 고치기

적용 대상·상황 초등학교 2학년 이상, 정서를 표현하는 글 쓰기

전략 31 점검 질문 샤샤샤

'점검 질문 샤샤샤' 전략은 필자가 작성한 글을 읽으면서 쓰기 전에 계획했던 바와 차이를 판단하고 조절하는 전략이다. 글 전체 수준을 점검하기 위한 질문 4개, 문단 수준에서 4개, 문장과 단어 수준에서 4개의 점검 질문을 활용한다. 점검 질문이 너무 많아도 점검하기 힘들며 표기나 문법 사항에 치중해도 올바르게 점검할 수 없다. 글 전체 수준, 문단 수준, 문장 이하 수준에서 필수적인 점검 내용 네 가지를 중심으로 점검 질문을 만들고 활용한다.

글 전체 수준에서는 글의 통일성과 일관성 그리고 내용이 풍부한 정도, 시작과 끝부분의 역할 등을 점검한다. 문단 수준의 점검은 중심 문장과 뒷받침 문장의 논리적인 관계를 중심으로 점검하며 글 전체에서 문단이 차지하는 역할에 대한 점검도 함께 진행한다. 문장 및 단어 수준의 점검은 문장의 연결 상태나 간결성, 어휘의 적절성, 맞춤법과 문장 부호의 정확성을 검토한다. '점검 질문 샤샤샤' 전략을 활용한 후 수정할 사항이 있으면 첨가, 삭제, 대체, 재배열의 방법을 사용하여 고쳐 쓴다.

절차와 과정

① 작성한 글을 읽고 의도한 바와 비교하기
② 글 전체 수준에서 점검하기
③ 문단 수준에서 점검하기
④ 문장이나 단어 수준에서 점검하기
⑤ 점검표에 표시한 내용 고쳐쓰기(첨가, 삭제, 대체, 재배열 등)

발문과 활동

- 글의 처음, 중간, 끝으로 나누어서 점검하세요.
- 처음에 쓰려고 했던 의도를 떠올리며 작성한 글을 꼼꼼히 읽어보세요.
- 먼저 글 전체 수준을 점검할까요? 수정할 사항이 있으면 점검표에 ∨표시하고 없으면 ○표시해 보세요.
- 자 이번에는 문단이에요. 고칠 부분이 있으면 ∨표시하고 없으면 ○표시해 보세요.
- 문장과 단어입니다. 수정할 부분이 있으면 ∨하고 없으면 ○표시해 보세요.
- 수정할 사항이 있나요? 내용을 첨가하거나 필요 없는 내용은 삭제하세요.
- 다른 표현으로 바꾸거나 문장이나 어휘의 순서를 바꾸어도 좋아요.

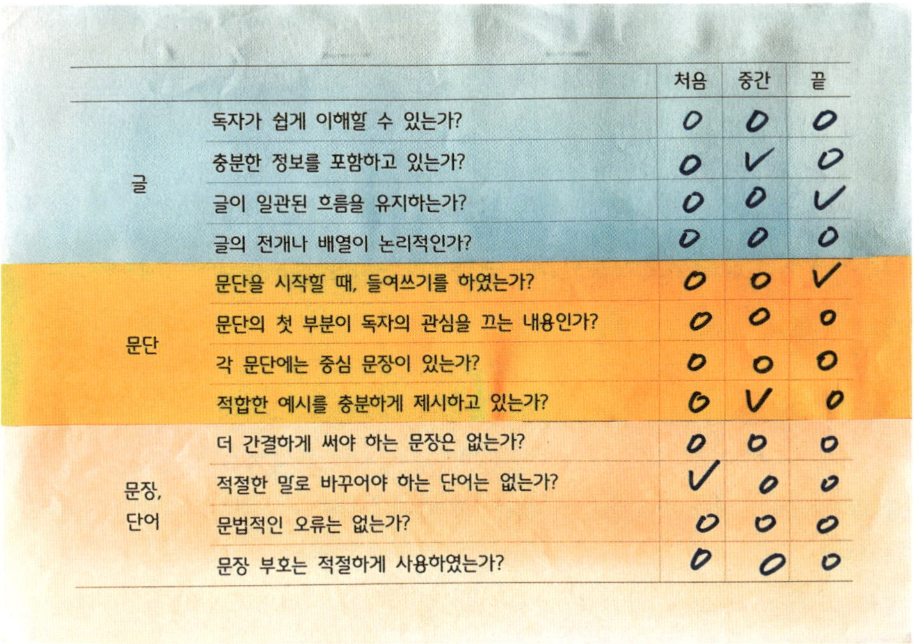

		처음	중간	끝
글	독자가 쉽게 이해할 수 있는가?	O	O	O
	충분한 정보를 포함하고 있는가?	O	V	O
	글이 일관된 흐름을 유지하는가?	O	O	V
	글의 전개나 배열이 논리적인가?	O	O	O
문단	문단을 시작할 때, 들여쓰기를 하였는가?	O	O	V
	문단의 첫 부분이 독자의 관심을 끄는 내용인가?	O	O	O
	각 문단에는 중심 문장이 있는가?	O	O	O
	적합한 예시를 충분하게 제시하고 있는가?	O	V	O
문장, 단어	더 간결하게 써야 하는 문장은 없는가?	O	O	O
	적절한 말로 바꾸어야 하는 단어는 없는가?	V	O	O
	문법적인 오류는 없는가?	O	O	O
	문장 부호는 적절하게 사용하였는가?	O	O	O

교수·학습 길잡이

- 쓰기 전 의도한 글과 작성한 글이 유사한지 비교하며 읽도록 안내한다.
- '처음-중간-끝'으로 나누어 세부적인 내용까지 점검할 수 있다.
- 글의 전체적인 양상을 보려고 한다면 나누지 않고 진행할 수도 있다.
- 혼자서 진행하기 어려운 경우에는 짝과 함께 활동할 수 있게 안내한다.

전략 32 토닥토닥 쓰담

'토닥토닥 쓰담' 전략은 모둠 활동을 활용한 고쳐쓰기 전략이다. 모둠원의 글에 대한 칭찬인 '토닥토닥', 보충이 필요하다고 생각하는 내용에 관한 '질문', 표현력과 글의 질을 올리기 위해 제안하는 '쓰담' 등 세 부분으로 구성된다. 칭찬, 질문, 다듬기를 뜻하는 'PQP Praise, Question, Polish' 전략으로도 불린다.

먼저, 친구가 쓴 글을 듣고 모둠원들은 구체적으로 칭찬한다. 글의 내용과 형식에 걸쳐 두루 칭찬할 수 있으며, 쓰기 과제나 쓰기 목적에 관한 칭찬일 때 글쓰기에 가장 효과적이다. 칭찬은 두 가지다. 질문은 글을 읽고 더 구체적으로 알고 싶은 내용, 필자의 생각이나 의도, 글을 읽고 생각을 확장할 수 있는 사례 등 궁금한 점을 묻는 순서이다. 질문은 한 가지다. 제안은 단어 선택, 반복되는 표현, 문장 배열 등 표현과 글의 질을 향상하기 위해 친구에게 대안이나 수정 방향을 제안한다. 제안은 한 가지다.

절차와 과정

① 친구의 발표 듣기
② 좋았던 점 칭찬하기-토닥토닥 칭찬, 두 가지
③ 궁금한 점 한 가지 질문하기
④ 개선 방안 제안하기-쓰담 제안, 한 가지
⑤ 활동지 참고해서 수정하기

발문과 활동

- 한 명씩 돌아가며 자기가 쓴 글을 읽어 보세요.
- 글을 들으면서 좋았던 점 두 가지를 적으세요. '토닥토닥'하니까 두 가지예요. 기억에 남는 구절이 있었나요? 전문가처럼 생각하고 예의를 갖추면서 토닥토닥 칭찬하듯이 적어 보세요.
- 이번에는 궁금한 점을 하나 적어 보세요. 이해하지 못한 것이 있었나요? 더 설명해야 할 것이 있었나요?
- 끝으로 글을 개선할 수 있는 제안을 하나 적어 보세요. 바꿀 만한 단어가 있나요? 추천할 만한 사이트가 있나요? '쓰담'이니까 한 가지 제안해 보세요.
- 자, 다음 차례 학생이 글을 읽고 토닥토닥 쓰담을 계속 진행해 보세요.

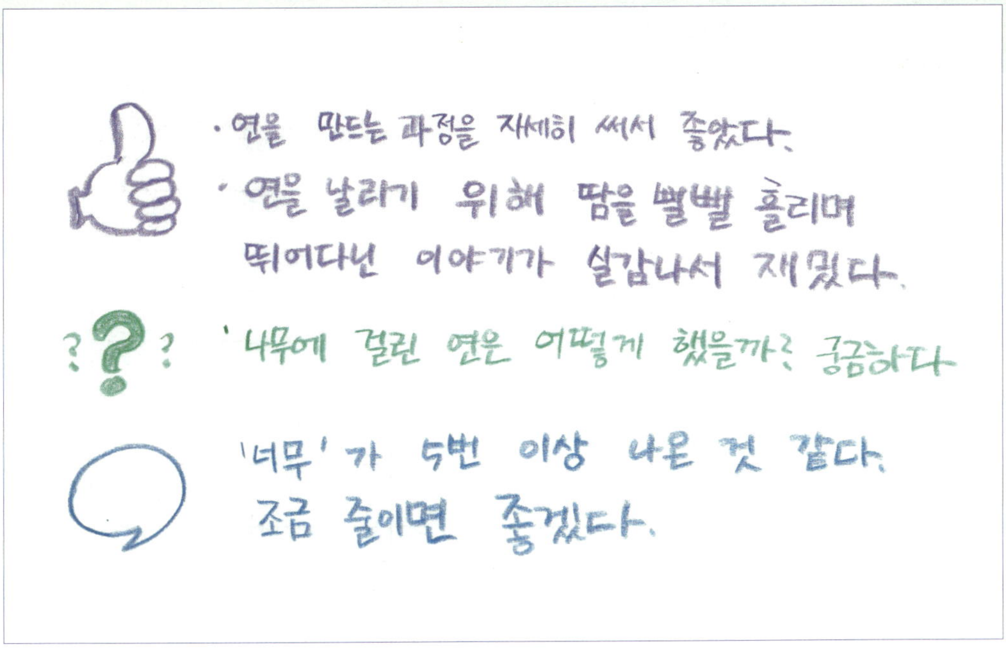

교수·학습 길잡이

- 글을 작성하기 전에 모둠 점검 활동이 있다는 점을 미리 안내한다.
- 4명이 한 모둠을 구성해서 활동하며 활동지는 모둠원마다 배부한다.
- 작성한 글을 한 명씩 읽을 때는 모둠원 모두 경청할 수 있게 안내한다.
- 칭찬은 두 가지, 질문과 제안은 한 가지씩 적을 수 있게 안내하고 최대한 예의를 갖추어 적도록 지도한다.
- 단순한 감정이나 생각을 쓰기보다 친구가 글을 수정하는 데 도움이 될 수 있게 작성하도록 지도한다.

전략 33 눈으로 말해요!

"나는 행복했다."라고 쓰면 이것은 말하기다. "나는 내면이 살아있는 것을 느꼈다! 내 눈이 밝아지고 내 얼굴에 미소가 번졌다."라는 표현은 독자가 결론을 끌어 내게 만든 보여주기다. 말하기는 독자 스스로 생각할 기회를 주지 않고 그들이 어떻게 생각해야 하는지 필자가 말해 주는 일이고, 보여주기는 독자에게 구체적이고 생동감 넘치는 세부 사항을 충분히 전달한 끝에 독자가 결론을 스스로 끌어낼 수 있도록 하는 일이다.

'눈으로 말해요!' 전략은 학생들이 정서 표현 글쓰기에서 슬픔이나 행복 등의 감정을 상대가 눈으로 볼 수 있듯이 구체적으로 묘사하거나 설명하여 표현하는 방법이다. 시각이나 청각 등의 감각을 표현할 때도 구체적으로 설명하면 독자가 이해하는 데 도움이 된다. 요약하기보다는 부연 설명이 필요할 때, 추상적인 표현보다는 구체적인 묘사가 필요할 때, 표현력과 어휘력을 키울 때 유용한 전략이다.

절차와 과정

① 정서를 표현하는 글 작성하기
② 자기가 쓴 글을 소리 내어 읽기
③ 감정을 나타내는 표현에 표시하기
④ 감각을 나타내는 표현에 표시하기
⑤ 보여주기 방식으로 고쳐쓰기

발문과 활동

- 처음에 쓴 글을 천천히 읽어 볼까요?
- '기쁘다, 슬프다, 행복하다'처럼 감정을 나타내는 말이 있나요?
- 감정을 나타내는 말을 찾아 표시해 보세요.
- 내가 그 감정일 때 그것은 어떻게 보일지 자신에게 물어 보세요. 여러분의 감정을 상대에게 보여주기 위한 표현으로 바꾸어 보세요.
- '보고, 듣고, 만져 보고, 맛보고, 냄새 맡는 것'처럼 감각을 나타내는 말이 있나요?
- 감각을 나타내는 말을 찾아 표시해 보세요.
- 여러분의 감각을 상대에게 보여주기 위한 표현으로 바꾸어 보세요.
- 활동지에 있는 예시를 참고해서 감정, 감각 표현을 보여주기로 바꾸어 보세요.

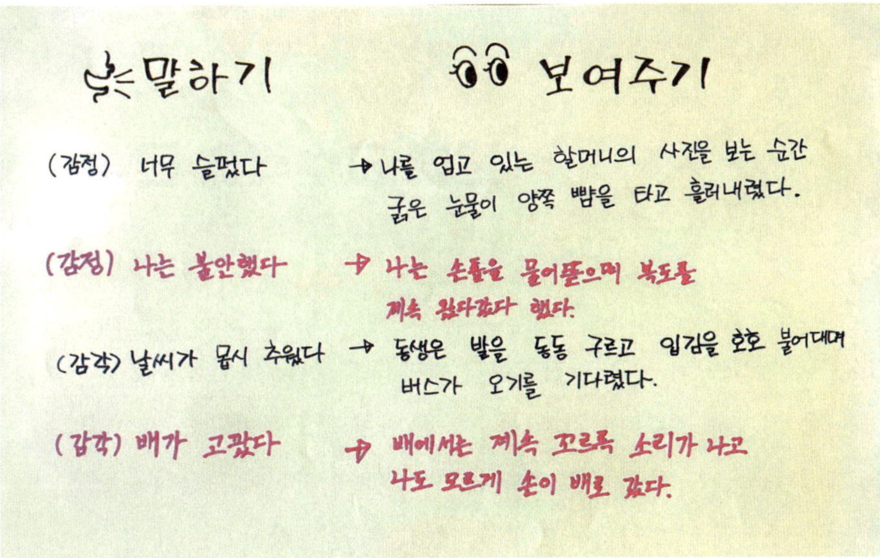

교수·학습 길잡이

- 작성한 글을 고치기 전에 활동지를 활용하여 충분히 연습할 수 있도록 안내한다.
- 구체적인 예를 들어 보여주기와 말하기의 차이점을 설명한다.
- 감정을 나타내는 단어를 고치는 데 익숙해지면, 초고에 있는 부사와 형용사를 고치는 연습으로 응용해서 활용할 수 있다.

10

문법 교수학습 전략

이 장은 문법 교육의 목표를 지향하기 위한 교수·학습 방법을 다룬다. 문법 교육은 정확하고 효과적인 의사소통을 위한 기초적이고 규범적인 지식을 제공함은 물론, 문법적 특질을 분석함으로써 자신이 사용하는 언어의 특성을 주체적으로 인식하고 활용하는 능력을 향상시키는 데 주목하였다. 문법 교수·학습 방법은 일반적인 교육적 관점이나 철학적 접근 방법에 따라 도출되는 거시적 방법론뿐만 아니라 개별적인 수업 사례를 대비한 수업 기법을 포함한다. 이에 따라 이 장에서 소개하는 교수·학습 방법은 교육 이론을 기반으로 한 정형화한 수업 과정이나 절차, 교수·학습의 효과를 높이기 위한 학습 전략이나 교수 전략, 수업 중 교사가 역동적이고 원활한 수업 전개를 위해 사용하는 부분적인 수업 기술을 아우르는 개념으로 접근한다.

이 장에서는 문법 교육의 개념과 국가적 차원에서 중시한 문법 교육 내용을 개관하고 문법 교육에서 중요하게 다루어 온 설명 중심 교수·학습 방법과 문법 탐구 학습을 소개한 뒤 다양한 문법 교수·학습 방법을 소개한다.

문법의 개념과 특성

문법grammar이란 언어의 구성과 운용상의 규칙을 말한다. 좁은 의미로는 단어를 결합하여 문장이나 글을 이루는 통사론적 법칙이나 체계를 가리키나, 넓은 의미로는 음운, 어휘, 의미에 관한 기술 등 언어 전반을 포함한다. 언어의 내적 구조와 규칙으로서 언중들의 머릿속에 내재해 있는 언어 능력으로 정의하기도 하는데, 이는 언어를 배우는 사람들이 언어 습득 과정에서 내재화해 가는 규칙의 체계를 가리키는 개념으로 사용된다.

문법은 언어의 현상을 설명해 내는 규칙이므로, 문법 지식을 교육하거나 언어 사용의 규칙을 익혀 나가는 것을 문법 교육이라 정의할 수 있다. 문법은 규칙과 원리로 구성되며, 사회적으로 구성된 관습적인 규약, 공동체의 가치를 표상하는 문화적 산물이라 할 수 있다. 문법 교육은 이러한 언어에 대한 이해를 목표로 한다. 언어의 본질과 규칙을 이해하게 함으로써 궁극적으로 언어에 대한 메타 인식을 향상시켜 준다. 언어 운용과 구성의 원리를 잘 이해할수록 자신의 언어 위상을 스스로 진단할 수 있으며, 언어를 능숙하게 사용할 수 있게 된다. 문법 지식은 의사소통 환경에서 개인의 자율성이나 구성원과의 상호작용을 통해 언어를 능동적으로 구성할 수 있게 도와준다. 이러한 관점에서 문법 교육은 언어 이해를 바탕으로 언어를 정확하고 적절하게 사용하게 하여 언어에 대한 자아의식을 향상시키는 데 궁극적인 목적이 있다.

문법 교육은 언어 자료에 나타난 언어 현상과 언어 지식을 구성하고 언어의 가치를 인식하는 활동을 강조한다. 이와 함께 언어생활을 개선하는 데 도움을 주며 언어에 대한 민감성을 높여 성찰하는 언어 주체로 성장할 수 있게 도와준다. 이에 따라 문법 교육은 국어 사용 기능 신장을 위한 지식은 물론, 국어 현상에 대한 탐구 능력, 국어 문화유산, 국어에 대한 정의적 영역 등으로 외연을 확장하였다. 이러한 관점에서 다양한 문법 교수·학습 방법을 연구하고 실행하는 노력은 국어교육적으로 의의가 있다.

문법 교육과 교육과정

문법 교육은 규범적인 사고로 언어의 문법 체계를 이해하고 올바른 언어를 사용하는 것을 목표로 발전하여 왔다. 이는 문법 이론이 언어 사용자의 머릿속 언어를 논리적인 사고로 분석해 내고 체계화한다는 관점과 일맥상통한다. 다만 교육 현장은 문법 이론과 달리 교육적 가치에 따라 우선순위에 있는 교육 내용을 선정해야 한다는 제한이 있다.

문법 교육은 전통적으로 국어과 특유의 지식 체계에 관한 제재, 어학에 관한 내용 등 주로 국어 지식을 학습하는 것으로 중요하게 다루었다. 지식 체계를 습득하고, 국어를 규범적으로 정확하게 사용하며 국어를 소중하게 여기는 습관과 국어를 발전시키는 데 이바지하려는 태도를 기르는 것을 목표로 하였다. 이에 따라 언어학 범주에 대한 개념과 용어 이해는 물론, 어문규범과 국어사적인 내용을 포함하였다. 언어의 본질과 국어의 특질, 현대 국어의 음운, 형태, 문장, 의미상의 구조, 국어의 역사 등 교육과정에서 제시한 문법 교육 내용이 바로 그러하다. 특히 학문 중심 교육과정이 채택된 제4차 교육과정에서는 문법 지식이 특히 강조되었다. 지식 내용은 제6차 교육과정에 이르러 '언어의 본질, 국어의 이해, 국어의 사용' 등의 내용 체계를 갖추게 되었다. 제7차 교육과정에 이르러 '국어의 본질, 국어의 이해와 탐구, 국어에 대한 태도'를 비롯하여 '국어의 규범과 적용'을 다루면서 지식, 사용, 태도의 균형을 이루었고 이러한 문법 교육적 관점은 현재 교육과정에까지 이어진다.

교육과정이 개편됨에 따라 문법 교육 내용도 구체적이며 체계적으로 발전하였다. 교육과정 초기에 '문자, 음운, 단어, 어법' 지식에 머물러 있던 교육 내용이 '문장, 담화/글, 언어' 등으로 확장되고 '지식, 사용, 태도' 면에서 균형성을 이루었다. 이와 관련하여 최근의 국어과 교육과정에 포함된 문법 교육 관련 내용을 체계화하여 제시하면 다음과 같다.

[표 10-1] 2022 개정 국어과 교육과정 내 '문법' 관련 내용

범주		초등학교	중학교	고등학교
언어의 본질		사고, 의사소통, 관계 형성의 수단	음운 체계와 문자 체계의 이해	역사적 실체
언어 단위	문자 음운	문자 언어의 특성	음운의 체계와 특성	음운의 변동
	단어	단어의 분류 단어 확장 방법 단어의 의미 관계	품사의 종류와 특성 어휘의 양상과 쓰임	어휘의 특성과 사용
	문장	문장의 기본 구조 문장 성분과 호응	문장의 짜임과 확장	문법 요소의 특성과 사용
	담화	담화의 문법적 표현	담화의 개념과 특성	담화에 나타난 문법 요소
규범과 국어생활		한글 자모의 이름과 소릿값 단어 분류와 국어사전 활용 언어 예절	단어의 정확한 발음과 표기 한글의 창제 원리	한글 맞춤법의 원리와 내용
가치와 태도		국어에 대한 흥미와 호기심 국어의 소중함 인식 바른 국어 사용	언어로 구성되는 세계와 자아 인식 통일 시대의 국어에 대한 관심	국어 사랑과 국어 발전 의식 언어 실천에 대한 책임감

국어 교육과정에서 문법 영역은 국어 지식에 대한 이해, 국어 사용 능력 사용을 위한 보완적 역할, 국어 문화 이해와 문화 창조에 기여할 수 있도록 구성되었다. 언어 단위를 중심으로 음운론, 형태론, 통사론, 담화론, 의미론, 어휘론 등의 언어학 연구 결과를 광범위하게 포함하지만 교육적 가치를 고려하고 시대적 요구를 반영하면서 수정·발전되었다. 궁극적으로 문법 교육은 학습자의 국어 능력 향상을 목표로 국어교육의 타 영역과의 균형을 추구한다.

문법 교수·학습의 방향

문법 교수·학습은 문법 지식을 이해하고 문법적 사고력을 기르는 것을 목표로 한다. 전통적으로 음성, 음운, 단어, 문장, 담화의 구조와 기능 등

언어학적 지식을 이해하고 문법 지식 구조를 탐구하는 능력을 기르는 것을 중시해 왔다. 이에 따라 교사가 주도하는 설명 중심 교수·학습 방법이 선호되었다. 이와 달리 학생 스스로 문법 지식을 스스로 만들어 가게 하는 문법 탐구 학습 방법도 강조되었다. 문법 교수·학습 방법을 대표하는 두 방법을 구체적으로 살펴보기로 하자.

1) **설명 중심 교수·학습 방법**: 교사가 개념이나 절차를 분명하게 지도하는 방식을 가리킨다. 학습자가 수업 내용을 이해하고 적용할 수 있도록 교사가 가르칠 내용을 설명하고 전달하므로 수업의 주도권은 교사가 가진다. 문법 수업은 '설명 – 이해 – 저장 – 재생 – 사용' 단계로 전개된다. 교사가 설명하면 학생은 수업 내용을 이해하고, 이해한 것을 기억하고, 기억한 것을 재생하고, 재생한 것을 새로운 상태에 사용해야 한다.

설명 중심 교수·학습 방법은 수업 단계가 교사의 설명에 집중되므로 짧은 시간에 많은 양의 문법 지식을 효과적으로 가르칠 수 있다는 장점이 있다. 문법 영역은 개념어가 빈번하게 노출될 뿐만 아니라 난이도가 높은 편이므로 교사 주도의 구체적인 설명 방식은 학생의 문법 지식 이해에 긍정적인 효과를 기대할 수 있다. 이러한 관점에서 설명 중심 교수·학습 방법은 짧은 시간에 많은 학습량을 전달하여 수업 시간을 효과적으로 관리할 수 있다는 장점이 있다. 다만 학습의 지식 구성 과정을 적극적으로 고려하지 않는다는 한계가 있다(노명완 외, 2012). 이에 따라 단순 암기 위주의 문법 교육이라는 비판을 받기도 했다. 그러나 설명 중심 교수·학습 방법은 시공간적 제약이 존재하는 학교 현장에서 매우 효율적인 교수·학습 방법임을 부정할 수 없다. 앞서 이에 대한 비판은 설명식 방법 자체에 대한 비판이라기보다 획일적인 운영 방식에 기인한다. 교사의 주도 아래 학생이 능동적으로 학습에 참여할 수 있도록 설명 중심 교수·학습 방법이 이루어지도록 설계하는 것이 바람직하다.

2) 문법 탐구 학습: 문법 교육이 지나치게 설명식 또는 주입식 방법에 의존한 것에 대한 반성으로 등장한 것으로, 학생들 스스로 문법적 지식을 발견하는 데 초점을 둔 교수·학습 방법이다. 김광해(1995)에서 제안한 문법 탐구 학습은 현재까지 주요한 문법 교수·학습 방법으로 다루어지고 있다. 탐구 학습이란 경험 과정을 통하여 의미를 찾아내기 위해 자기 스스로 문제를 해결해 나가는 학습 전략으로, 일정한 목적 아래 체계적인 사고 방법을 훈련하는 학습 방법이다. '문제를 해결해 가는 과정'으로서의 탐구 학습은 듀이의 반성적 사고reflective thinking를 근간으로 하여 개발된 개념이다. 이후 문법 탐구 학습은 문법 교육에서 중요한 위상을 차지하고 있으며, 지속적인 연구를 통해 이전보다 정교해지고 다양해졌다.

문법 탐구 학습은 과정과 절차를 중시한다는 점에서 설명 중심 교수·학습 방법과 구별된다. 문법 탐구 학습은 일반적으로 '문제 정의 – 가설 설정 – 가설 검증 – 결론 도출 – 결론의 적용 및 일반화' 단계로 전개된다. 목표로 처리하기 쉬운 의미로 문제를 정의하고 잠정적인 해결책을 설정하여 검증한 뒤, 결론을 내리고 나서 그 결론이 새로운 상황의 자료에도 적용되는지 확인하는 절차가 필요하다. 지식의 양이 방대해지고 지식 자체도 불완전해진 현대와 미래 사회에는 창의적인 사고, 그리고 지식을 융합하여 새로운 가치를 창출하는 능력이 강조된다. 이에 탐구 학습 방법은 문법 교수·학습 방법의 중요한 위상을 차지하고 있다.

다만 설명 중심 교수·학습 방법과 문법 탐구 학습은 문법 교육의 교수·학습 방법을 대표하는 형태로 일련의 수업 절차와 과정, 이론적 모형에 가깝다. 여기에서는 원리나 과정은 물론, 개별적인 수업 장면에서 활용할 수 있는 다양한 교수·학습 방법과 수업 기법을 아울러 소개한다.

1 문자와 음운의 이해

인간의 언어는 음성이나 문자로 구현되며, 이를 구어와 문어로 구분하기도 한다. 아동은 소리로 말을 배우고 문자로 글을 배운다. 소리와 문자는 언어를 습득하는 데 기본 요소가 된다. 여기에서 문자는 인간이 고안해 낸 기호로서 의도적인 학습을 요구한다. 문자 학습은 초기 문식성 단계로 인식되어 주로 초등학교 입학 직후에 체계적으로 교육되었다. 다만 한글이 자음과 모음의 음소를 기본 단위로 하는 음소 문자라는 특성에 따라 다른 문자에 비해 습득이 쉽다는 장점이 있어 취학 전에 문자를 접하고 익힌 학생들이 많아서 학교 교육에서 문자 학습을 소홀히 하기도 한다. 그러나 학생들이 개별로 문자를 학습하는 경우가 많아 의미 이해 단계로 나아가지 못하고 자칫 학습 부진 학생을 양산하는 결과를 초래할 수 있다. 더욱이 교육과정에서 한글 자모의 이름과 소릿값을 알고 정확하게 발음하고 쓰는 활동은 초등학교에서 학습하는 것으로 명시하므로 이와 관련된 교수·학습 방법을 마련하는 것은 그 자체로 의의가 있다.

음운은 말의 뜻을 구별하여 주는 소리의 가장 작은 단위로, 사람들이 같은 음이라고 생각하는 추상적 소리를 가리킨다. 음운의 이해는 초기 문식성 단계에서 시작되나 이 단계에서는 한글 자모의 소릿값을 이해하거나 소리와 표기가 다름을 인식하는 수준에 머문다. 음운의 체계나 그 특성을 이해하는 학습은 중학교 단계에서, 음운의 변동을 탐구하여 올바르게 발음하고 표기하는 학습은 주로 고등학교 단계에서 이루어진다. 따라서 음운의 이해는 초기 문식성 단계와 별개로 문법 지식으로 다룰 필요가 있다.

이에 따라 이 절에서 문자의 이해는 문자 인식 및 기초 어휘 학습을 주제로, 음운의 이해는 음운의 체계와 변동 규칙을 탐구하는 학습을 주제로 다룬 교수·학습을 소개한다.

전략 34 타이포그래피로 문자와 친해지기

개념·목적 문자의 미적 가치와 친근감을 부여함으로써 문자 입문기 학습에 대한 부담감을 덜고 문자 학습에 긍정적인 효과를 주는 데 도움이 됨.

절차·과정 ① 그림으로 글자 익히기
② 글자를 몸으로 표현하기
③ 글자를 이용하여 그림 그리기
④ 타이포그래피 감상하고 작품 만들기

적용 대상·상황 초등학교 저학년, 문자 해득

전략 35 '보기-생각하기-궁금해하기'로 음운 체계 이해하기

개념·목적 대상에 따라 무엇이 보이는지, 무슨 일이 일어났다고 생각하는지, 무엇이 궁금한지를 물어 학습자 스스로 동기를 유발하는 전략.

절차·과정 ① [보기] 시에서 자음이 평음, 경음, 격음으로 달라진 시어 발견하기
② [생각하기] 음성상징어의 초성 변화에 따라 달라지는 점 생각하기
③ [궁금해하기] 자음 변화에 따른 궁금증 유발하기
④ [보기]-[생각하기] 공통점을 발견하여 패턴 이끌어 내기
⑤ [궁금해하기] 규칙 발견하기
⑥ 정의 내리기

적용 대상·상황 중학교 1학년 이상, 음운 체계 이해

전략 36 PPC 전략으로 음운 변동 규칙과 친해지기

개념·목적 아이디어가 흥미롭다고 생각되는 긍정적인 면, 아이디어의 확대 및 적용 가능성, 미심쩍은 생각이 들어 걱정되는 면이나 이를 극복하는 방법 등을 분석하여 문제 학습자 스스로 깨닫게 하는 전략.

절차·과정 ① 문제 제기하기: 일반적이지 않은 현상 발견하기
② 자료 이해하기: 문제 해결의 근거가 되는 자료 분석하기
③ 아이디어 제안하기: 자료를 바탕으로 한 다양한 의견 내기
④ 아이디어 평가하기: PPC 전략에 따라 아이디어 평가하기

적용 대상·상황 고등학교 1학년 이상, 음운의 변동 규칙 이해

전략 34 타이포그래피로 문자와 친해지기

초등학교 저학년 시기에 정서적으로 문자와 친숙해지는 방법으로 타이포그래피typography를 활용할 수 있다. 문자 해득은 글 또는 글자와 말소리의 대응을 이해하고 글자를 읽어 낼 수 있는 글 깨치기 수준에서부터 시작한다. 우리나라 초등학교 저학년의 한글 학습은 발생적 문식성을 바탕으로 한글의 구조를 파악하여 한글과 소리를 대응하여 읽고, 자신의 언어적 생각이나 다른 사람의 말을 옮겨 쓰는 능력을 기르는 데 중점을 둔다. 타이포그래피는 처음 문자를 학습하는 학생들에게 글자의 미적 가치를 느끼게 함을 물론, 문자에 대한 친근감을 부여함으로써 문자 학습에 대한 긍정적인 정서를 가지게 하는 데 효과적이다. 그림으로 문자를 학습하는 초기 단계에서는 문자의 형태를 쉽게 찾아낼 수 있는 그림을 제시하면서 문자를 익히게 하고, 글자의 모양을 몸으로 표현하는 학습 활동으로 문자에 더욱 익숙해진 후에는, 그림 속에 문자를 숨기면 다른 친구들이 찾는 놀이 학습을 할 수 있다. 문자 학습이 충분히 이루어진 후 한글 타이포그래피 작품을 감상하고 스스로 만들면서 한글의 미적 가치를 느끼도록 한다.

절차와 과정

① 그림으로 글자 익히기
② 글자를 몸으로 표현하기
③ 글자를 이용하여 그림 그리기
④ 타이포그래피 감상하고 작품 만들기

발문과 활동

- 따라 읽어 봅시다. 고래의 기역(ㄱ), 나비의 니은(ㄴ), 여우의 이응(ㅇ).
- 오늘 배운 글자를 몸으로 표현하여 봅시다.
- 글자 모양을 이용하여 그림을 그려 봅시다. 친구의 그림에서 글자를 찾아봅시다.
- 타이포그래피 작품을 만들어 봅시다.

교수·학습 길잡이

- 타이포그래피 문자 학습은 글자와 익숙해지는 단계이므로 그림 카드를 이용하거나 놀이 형태로 운영하는 것이 효과적이다.
- 입학 초기에 국어, 즐거운 생활 교과 등과 통합하여 운영할 수 있다.

① 그림으로 글자 익히기

고래

나비

여우

② 글자를 몸으로 표현하기

'ㄱ'

'ㄴ'

'ㅊ'

③ 글자를 이용하여 그림 그리기

④ 타이포그래피 감상하기

전략 35 '보기-생각하기-궁금해하기'로 음운 체계 이해하기

'보기-생각하기-궁금해하기I see, I think, I wonder'는 무엇이 보이는지, 무슨 일이 일어났다고 생각하는지, 무엇이 궁금한지를 물어 동기를 유발하고 학습자 스스로 원리를 발견하게 하는 전략이다. 모어 화자라 할지라도 추상적인 소리인 음운의 구조를 파악하는 과정이 쉽지 않은데, '보기-생각하기-궁금해하기'라는 명시적인 단계를 활용하면 음운 변화에 따라 달라진 느낌을 경험하고 이와 관련된 원리를 스스로 발견하는 데 유용하다. 여기서는 '보기-생각하기-궁금해하기' 과정을 두 번 반복하여, 첫 번째는 시를 감상한 후 초성(ㄷ, ㄸ, ㅌ)의 변화에 따라 소리가 달라진다는 점을 발견하고, 두 번째는 파열음 사이의 공통점과 규칙을 발견하게 한다.

절차와 과정

① [보기I see] 시에서 자음이 평음, 경음, 격음으로 달라진 시어 발견하기
② [생각하기I think] 음성상징어의 초성 변화에 따라 달라지는 점 생각하기
③ [궁금해하기I wonder] 자음 변화에 따른 궁금증 유발하기
④ [보기I see]-[생각하기I think] 공통점을 발견하여 패턴 이끌어 내기
⑤ [궁금해하기I wonder] 규칙 발견하기
⑥ 정의 내리기

발문과 활동

- 시에서 두드러지게 보이는 것이 무엇인지 말해 봅시다. 'I see'
- 대상에 따라 소리가 달라진 이유를 생각해 봅시다. 'I think'
- 초성의 변화와 관련하여 궁금한 점을 말해 봅시다. 'I wonder'
- "공통점 발견하기"의 '두드리는 소리'와 '가는 소리'에서 보이는 것이 무엇인지 말해 봅시다. 'I see'
- '광광, 꽝꽝, 쾅쾅', '바드득, 빠드득, 파드득'에서 공통점과 패턴을 생각해 봅시다. 'I think'
- 'ㄱ, ㄲ, ㅋ', 'ㄷ, ㄸ, ㅌ', 'ㅂ, ㅃ, ㅍ' 등 초성이 달라지면 시의 느낌이 달라지는 이유와 소리 나는 방법을 연관 지어 봅시다. 'I wonder'

교수·학습 길잡이

- 자음의 조음 특성이 일상생활과 연계되어 있음을 발견하게 한다.
- '정의 내리기'를 어려워할 경우 '규칙 발견하기'까지의 단계만 진행하고 '평음, 경음, 격음' 등의 용어는 교사가 설명할 수 있다.

다다닥
다다닥다다닥
"오늘 반드시 끝내야 돼."
컴퓨터 자판만 두드리는 아빠

따다닥
따다닥따다닥
"세탁기가 헛 도네."
세탁기를 멈추는 엄마

타다닥
타다닥타다닥
"심심해. 혼자 심심해."
제자리 도는 자전거 바큇살에
연필 대는 내동생

무엇이 보이나요?

I see...

무엇이 달라졌다고 생각하나요?

I think...

무엇이 궁금한가요?

I wonder...

공통점 발견하기	
두드리는 소리	가는 소리
광광 꽝꽝 쾅쾅	바드득바드득 빠드득빠드득 파드득파드득
'ㄱ, ㄲ, ㅋ', 'ㅂ, ㅃ, ㅍ'가 바뀌어 느낌이 달라졌다.	

패턴 이끌어내기	규칙 발견하기
'ㄱ, ㄷ, ㅂ'	제일 약하게 소리난다.
'ㄲ, ㄸ, ㅃ'	'ㄱ, ㄷ, ㅂ'보다 세게 소리난다. 목이 긴장된다.
'ㅋ, ㅌ, ㅍ'	'ㄱ, ㄷ, ㅂ'보다 거세게 소리난다. [ㅎ] 소리가 섞이는 것 같다

정의 내리기

'ㄱ, ㄷ, ㅂ'과 달리 'ㄲ, ㄸ, ㅃ'은 목 근육을 긴장하여 내는 소리로 경음(된소리), 'ㅋ, ㅌ, ㅍ'은 숨을 거세게 내는 소리로 격음(거센소리)이라 한다. 'ㄱ, ㄷ, ㅂ'은 평음(예사소리)이라 한다.

전략 36 PPC 전략으로 음운 변동 규칙과 친해지기

PPC 전략은 해당 아이디어에 대해 흥미롭다고 생각되는 긍정적인 면positive, 아이디어의 확대 및 적용 가능성possibilities, 미심쩍은 생각이 들어 걱정되는 면이나 이를 극복하는 방법concerns 등을 말해 주는 해당 아이디어에 대해 학습자 스스로 깨닫게 하는 데 용이한 전략이다.

음운이 일정한 환경에 따라 다르게 발음되는 경우가 있는데 이를 음운 변동이라 한다. 음운 변동의 발생 원인은 다양하다. 음절 구조 제약, 말소리의 연쇄 제약 등 한국어의 음운론적인 조건 때문에 발생하기도 하며, 형태론적인 정보가 다른 경우에 다른 양상의 음운 변동이 일어나기도 한다. 예를 들어 한국어의 음절 구조는 중성을 필수 성분으로 하여 초성과 종성에 최대 한 개씩의 자음만 올 수 있다는 조건에 따라 '자음군 단순화'가 발생하고, 종성에 폐쇄음(/ㄱ/, /ㄷ/, /ㅂ/), 비음(/ㄴ/, /ㅁ/, /ㅇ/), 유음(/ㄹ/)만 실현되다는 조건에 따라 '평 폐쇄음화(일곱 끝소리되기)'가 발생한다. 그러나 음운론적인 조건이 같은 경우라도 형태론적 정보가 다른 경우에는 서로 다른 표면형이 관찰될 수 있다. 이러한 음운 변동 규칙을 참조하여 표준 발음법이 규정되어 있으므로 학생들이 규칙을 이해하는 활동은 일상 언어생활을 위해 중요하다.

학교 문법에서는 음운 변동의 원인에 따라 유형화하기보다는 주로 교체, 탈락, 첨가, 축약 등 현상으로 구분하여 설명한다. 국어의 음운 체계를 이해하고 음운 변동 현상을 탐구하는 과정은 주로 중등 단계에서 다루어지나 모어 화자들은 읽기 초기 단계를 지나면서 자연스럽게 음운 변동 규칙을 적용해 단어와 문장을 읽게 된다. 물론 방언의 차이나 개인적 발음 습관에 따라 표준 발음법과 다르게 말하기도 하지만 이는 학습을 통해 수정이 가능하다.

이러한 특성을 고려한다면 국어 문법에서 다루는 음운 변동 규칙에 대한 이해는 실제 언어생활에서 직면하는 변동 현상을 발견하고 이에 대한 원리를 탐구하는 방향으로 교육하는 것이 바람직하다. PPC 전략을 통해 언어생활에서 발생할 수 있는 변동 규칙에 대한 궁금점을 발산하고 이를 해결하는 과정을 통해 국어 음운에 대한 관심과 이해를 향상시켜 보자.

절차와 과정

① 문제 제기하기: 동일한 음운론적 환경이면서도 발음이 다른 단어의 음운 변동 현상에 주목한다.
예 1) 하늘을 나는 '잠자리[잠자리]'와 누워서 잠을 자는 '잠자리[잠짜리]'
예 2) '대관령[대:괄령]'과 '동원령[동:원녕]'에서 '/ㄴ/+/ㄹ/'의 음운 변동 현상

② 자료 이해하기: 문제를 해결하는 데 필요한 자료의 내용을 이해한다.

③ 아이디어 제안하기: 자료를 바탕으로 문제를 해결하기 위한 다양한 관점의 아이디어를 제안한다.

④ 아이디어 평가하기: PPC 전략으로 각 아이디어를 평가한다.
- P: 아이디어의 긍정적인 면
- P: 아이디어의 확대 및 적용 가능성
- C: 미심쩍은 생각이 들어 걱정되는 면이나 이를 극복하는 방법

발문과 활동

- 'ㄴ' 받침과 초성 'ㄹ'이 만날 때 어떤 단어는 [ㄹㄹ]로, 어떤 단어는 [ㄴㄴ]로 발음되는데 단순히 개별 단어의 특성일까요, 일정한 규칙이 있을까요?
- 표준 발음법에서 제시한 규정을 살펴보고 단어의 올바른 발음을 알아봅시다.
- 해당 아이디어의 긍정적인 면, 확대 및 적용 가능성, 미심쩍은 생각이 드는 면 등 다양한 관점에서 평가해 봅시다.

교수·학습 길잡이

- /ㄴ/와 /ㄹ/가 이어질 때 [ㄹㄹ]로 실현되는 것을 '유음화', [ㄴㄴ]로 실현되는 것을 유음의 '비음화'라고 한다.
- 표준 발음법(제20항)에서는 'ㄴ'으로 끝나는 2음절 한자어 뒤에 'ㄹ'로 시작하는 한자가 결합할 때에는 'ㄹ'이 'ㄴ'으로 바뀌는 경향이 강한 반면, 단어의 자격을 가지지 않는 한자들이 결합하여 한 단어를 이루는 경우에는 'ㄴ'이 'ㄹ'로 바뀌는 경향이 매우 강하다고 설명한다.
- 표준 발음법 제20항 규정은 국립국어원의 온라인가나다 질문에도 자주 등장하는 주제이다. 일상적인 언어생활에서 흔히 발생하는 문제에 관심을 가지고 이에 대한 해답을 학습자 스스로 발견하는 즐거움을 경험해 보도록 유도한다.
- 3단계 '아이디어 제안하기'는 학습자 스스로 제안할 수도 있고, 교사가 제시해 줄 수 있다. 학습자가 자료를 분석하는 능력이 우수하고 다양한 아이디어를 제안할 경우 각자 제안한 아이디어를 평가하는 방향으로 지도한다. 아이디어 제안하기 단계를 어려워하면 교사가 아이디어를 제공하고 PPC 전략에 따라 해당 아이디어를 평가하도록 지도한다.
- 어문규범을 무조건 수용하는 것이 아니라 비판적인 관점에서 규정의 수정 가능성을 논의하는 등 열린 결론을 허용한다.

1단계 문제 제기하기

현상	"신라인이 집단 거주했던 신라방" "한국 전쟁 때 유엔군이 사용했던 신로켓포"
문제 제기	• '신라방'의 발음은 [신나방]인가, [실라방]인가? • '신로켓포'의 발음은 [신노켓포]인가, [실로켓포]인가?

2단계 자료 이해하기

자료 1	■ 'ㄴ'은 'ㄹ'의 앞이나 뒤에서 [ㄹ]로 발음한다. 난로[날:로] 신라[실라] 천리[철리] 광한루[광:할루] 대관령[대:괄령] 칼날[칼랄] 물난리[물랄리] 줄넘기[줄럼끼] 〈표준 발음법 제20항〉
자료 2	■ 다만, 다음과 같은 단어들은 'ㄹ'을 [ㄴ]으로 발음한다. 의견란[의:견난] 임진란[임:진난] 생산량[생산냥] 결단력[결딴녁] 공권력[공꿘녁] 동원령[동:원녕] 상견례[상견녜] 횡단로[횡단노] 이원론[이:원논] 입원료[이붠뇨] 구근류[구근뉴] 〈표준 발음법 제20항〉
자료 3	■ 말소리를 낼 때 일시적인 정지가 발생할 때가 있는데 이를 '휴지(休止)'라 한다. 단어와 단어, 어절과 어절 사이에 나타나며 '#'와 같은 기호로 표시한다.

3단계 아이디어 제안하기

아이디어	1. 본래 'ㄴ'은 'ㄹ'의 앞이나 뒤에서 [ㄹ]로 발음한다. 〈자료 2〉에 설명된 [ㄴㄴ] 발음은 예외적인 현상일 것이다. 2. 음절 수나 비분절 음운인 장단, 강약, 고저에 따라 발음이 달라질 것이다. 3. 발음할 때 'ㄴ'와 'ㄹ' 사이에 휴지가 없으면 [ㄹㄹ], 휴지가 있으면 [ㄴㄴ]으로 발음될 것이다.

4단계 아이디어 평가하기

아이디어1		본래 'ㄴ'은 'ㄹ'의 앞이나 뒤에서 [ㄹ]로 발음하고 [ㄴㄴ]은 예외 조항일 것이다. 그래서 [실라방], [실로켓포]로 발음될 것이다.
P	긍정적인 면	표준 발음법 제20항에 '다만' 이후에 설명한 내용은 예외 조항일 가능성이 있다.
P	확대 가능성	제20항뿐만 아니라 표준 발음법에서 '다만'에 설명한 것을 예외 조항으로 여기면 규정을 이해하기가 편해진다.
T	걱정되는 면	'ㄹ'을 [ㄴ]으로 발음하는 단어가 너무 많다. '최신로켓'도 [최실로켓]보다 [최신노켓]이 더 자연스럽다.

아이디어2		음절 수나 한자어, 고유어이냐에 따라 달라질 것 같다. 음절 수에 의해 [실라방], [신노켓포]로 발음될 것이다.
P	긍정적인 면	'난로, 신라, 천리'가 모두 [ㄹㄹ]로 발음되니 그럴 듯하다.
P	확대 가능성	고유어, 한자어에 따라 발음이 달라지는 경우가 있으니 이 현상도 별도로 처리할 가능성이 있다.
T	걱정되는 면	3음절인 '광한루, 대관령'이 [ㄹㄹ]로 발음되고, '난로, 신라, 의견란, 생산량' 등이 모두 한자어이니 규칙적으로 설명하기 어렵다.

아이디어3		발음할 때 'ㄴ'와 'ㄹ' 사이에 휴지가 없으면 [ㄹㄹ], 휴지가 있으면 [ㄴㄴ]으로 소리가 날 것이다.
P	긍정적인 면	'신라'에는 휴지가 없고, '대관령'은 '대'에 장음이 있으니 [ㄹㄹ]로 발음하는 것이 자연스러울 것이다.
P	확대 가능성	'란', '-력', '-론' 등 단어나 접미사가 결합하는 단어에 일관성 있게 설명할 수 있다.
T	걱정되는 면	국어에서 어근과 접미사의 결합에도 휴지가 있을 수 있는지 더 알아볼 필요가 있다.

정리하기	PPC 기법으로 세 가지 아이디어를 살펴보니 모두 장단점이 있었다. 그렇지만 아이디어3보다 1, 2에 예외사항이 더 많아 보였다. 이에 따라 말하는 이가 휴지를 인식하느냐 아니냐에 따라 발음이 달라질 것으로 정리하였다. 국어에서 어근과 접미사의 결합에도 휴지가 있을 수 있는지 더 알아보기로 했다.

2 단어와 어휘의 통찰

단어는 최소 자립 단위로 자립적이고 독자적인 문법 단위이다. 조사, 의존명사 등 특수한 경우를 제외하고 통상적으로 단어는 분리하여 자립적으로 쓸 수 있다. 전통적으로 하나 또는 둘 이상의 음운으로 구성된 단위 또는 의미를 가진 언어적 단위로 정의하기도 한다. 일상생활에서 아이가 단어 "엄마!"만 발화하더라도 엄마가 아이 앞에 어김없이 나타나는 것은 단어가 화자의 의도를 전달하는 역할을 하기 때문이기도 하다. 문법적으로 단어의 정의를 내리기가 쉽지는 않으나 음운보다 크고 문장보다 작은 단위로서 언어생활에 깊이 있게 관여한다.

어휘는 '단어들의 집합으로 어떤 일정한 범위 안에서 쓰이는 단어의 수효나 단어의 전체'를 일컫는다. 이에 따라 어휘론 연구는 어휘 체계와 어휘 양상을 다룬다. 머릿속 어휘사전mental lexicon 이론에 따르면 인간이 가지고 있는 머릿속 사전에는 주로 단어가 저장되어 있다. 인간의 머릿속에는 의미와 단어의 범주에 관한 규정이 존재하고, 동의어, 상·하위어, 연어 사이에는 강한 끈이 존재한다. 즉 머릿속 어휘사전의 구조가 정교한 사람일수록 기억된 어휘를 능숙하게 인출하여 사용할 수 있게 되므로 어휘 사용 능력은 언어 능력에 막대한 영향을 끼친다.

국어교육에서 단어와 어휘 교육은 매우 중요하다. 단어와 어휘 차원에서 문법 교육은 주로 단어의 분류, 단어 형성법, 단어의 의미, 어휘 체계와 양상 등을 다루었다. 품사 분류, 합성법, 파생법, 다의어, 동음이의어, 문맥적 의미 등의 단어 의미 관계, 어종 등이 전통적으로 중요하게 다루어진 영역이다. 이에 따라 이 장에서는 품사, 단어 형성법, 어휘 의미 관계를 주제로 한 전략을 다루게 될 것이다.

전략 37 '창문 열기'와 PREP 전략으로 동사와 형용사 정하기

개념·목적 한 가지 주제에 대한 각 모둠 구성원의 의견이나 생각을 주장, 이유, 사례를 구체적으로 들어 토의하면서 의견을 수렴하는 전략.

절차·과정 ① 모둠 구성하기: 4명씩 한 모둠으로 구성하기
② 문법 용어 이해하기: 동사와 형용사의 개념 이해하기
③ 문장 제시하기: 동사와 형용사가 쓰인 문장 제시하기
④ 품사 설명하기: PREP 전략으로 품사 설명하기
⑤ 품사 결정하기: 모둠원의 의견을 정리하여 품사 결정하기

적용 대상·상황 중학교 1학년 이상, 품사 분류하기

전략 38 '포스트잇' 전략으로 단어 형성법 이해하기

개념·목적 색상에 따라 아이디어와 종류를 구분하여 분류하는 전략으로, 장소와 시간에 구애받지 않고 활용할 수 있으며 아이디어를 확산하고 빠르게 정리하는 데 도움이 됨.

절차·과정 ① 개념어 학습하기: 학습에 필요한 개념어 학습하기
② 데이터 제시하기: 단어 형성 원리가 다른 단어군 제시하기
③ 단어 분류하기: 포스트잇 전략으로 단어 분류하기
④ 문법 용어로 명명하기: 문법 용어로 이름 짓기

적용 대상·상황 중학교 3학년 이상, 단어 형성법 이해

전략 39 '단어 지도'로 어휘 의미 관계 학습하기

개념·목적 도식을 활용하여 유의어, 반의어, 동의어, 상하위어 등을 연상하고 단어의 정의를 내리면서 어휘 체계를 내면화하고 단어를 기억하는 데 효과적인 전략.

절차·과정 ① 단어 정의 내리기
② 유의어, 반의어, 상하위어 쓰기
③ 독특한 표현이나 연상어 쓰기
④ 단어가 사용된 문장 찾아 쓰기
⑤ 단어를 넣어 문장 만들기

적용 대상·상황 초등학교 4학년 이상, 어휘 의미 관계 학습

전략 37 '창문 열기'와 PREP 전략으로 동사와 형용사 정하기

'창문 열기'는 모둠에서 토의하며 정보를 나누고 정리하는 데 사용하는 전략이다. 학습지는 다양한 형태로 제작할 수 있는데, 통상적으로 중앙에 토의 주제를 제시하고 바깥쪽 4면에 각자의 의견을 적는다. 토의 주제에 대해 학생들이 각 방향에서 자기 의견을 적기 때문에 다른 학생을 기다리지 않고 동시에 기록할 수 있으며, 반드시 의견을 제시해야 하므로 토의에서 소외되는 학생이 없다는 장점이 있다. 학습 내용이나 구성원의 특성에 따라 토의를 한 뒤 정리하여 적을 수도 있고, 생각을 적은 뒤 서로의 의견에 대해 자유롭게 토의할 수도 있다. '창문 열기' 전략을 다양한 전략과 결합할 수도 있다. 사례에서는 PREP 전략을 적용하여 '품사'를 학습한다. PREP 전략은 '주장point – 이유reason – 사례example – 주장point' 순으로 학습하므로 단어의 특성을 탐구하는 데 적합하다. '품사'는 단어를 독립적으로 바라본 정적인 용어로, 단어를 형태, 기능, 의미에 따라 나눈 갈래이다. 동사, 형용사, 명사 등의 품사 분류는 한 문장에서의 기능어일 뿐만 아니라 개념을 포괄하는 상위의 개념으로 인식된다. 품사는 단어의 개념적 관점에서 다룰 수 있으며, 특히 동사와 형용사는 모두 서술어로 기능하기 때문에 단어의 의미를 이해해야 품사 분류가 가능하다. 그러나 동사와 형용사의 범위에 걸쳐 있어 의미로 품사를 정하기가 쉽지 않은 단어도 있는데, 이러한 현상은 '창문 열기' 전략을 활용한 토의 수업을 통해 동사와 형용사의 개념을 탐구하는 데 활용할 수 있다.

절차와 과정

① 모둠 구성하기: 4명씩(최소 3명) 한 모둠으로 구성한다.
② 문법 용어 이해하기: 동사와 형용사의 개념을 이해한다.
③ 문장 제시하기: 동사 또는 형용사가 쓰인 문장을 제시한다.
④ 품사 설명하기: 단어의 품사를 PREP 전략으로 설명한다.
⑤ 품사 결정하기: 모둠원의 의견을 정리하여 단어의 품사를 결정한다.

발문과 활동

- 선생님이 제시한 문장을 참고하여 '밝다'의 품사를 정해 봅시다.
- 주장, 이유, 사례를 들어 동사 또는 형용사로 정한 이유를 설명해 봅시다.
- 모둠원의 의견을 모아 우리 모둠에서 정한 품사를 발표해 봅시다.

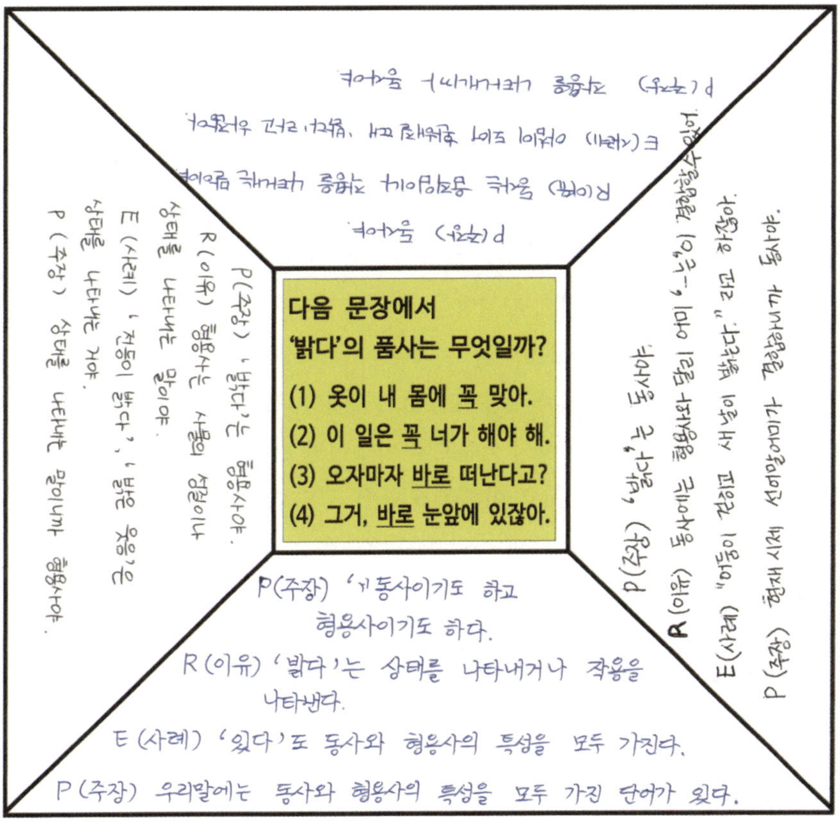

교수·학습 길잡이

- 동사와 형용사를 의미로 구분하기 어려울 때 선어말 어미 '-는/ㄴ-'나 관형사형 전성 어미 '-는'의 결합 여부, 명령형과 청유형 어미의 사용 여부로 분류하기도 한다.
- 학습자가 동사와 형용사의 개념과 기능을 명확하게 이해하고 있는지 확인한 뒤 PREP 토론 전략을 적용한다.
- 표준국어대사전에서 '밝다'는 "밤이 지나고 환해지며 새날이 오다."의 뜻으로 쓰일 때는 '동사'로, 그 외에는 '형용사'로 처리한다. 학교문법에서는 이를 '품사의 통용'이라 하여 하나의 단어가 둘 이상의 품사적 기능을 가지고 있음을 인정한다. 이 학습에서는 사전에 등재된 품사를 정답으로 제시하기보다 학생의 의견을 존중하는 것이 효과적이다. 다만 수업 목표에 따라 창문 열기와 PREP 전략을 품사의 통용 등을 학습하는 데 응용할 수 있다.

전략 38 '포스트잇' 전략으로 단어 형성법 이해하기

'포스트잇' 전략은 자유롭게 아이디어를 내거나 의견을 정리할 때 사용하는 전략이다. 포스트잇을 사용하면 브레인스토밍을 할 때 각자의 의견을 시각적으로 확인할 수 있으며, 자유롭게 붙였다가 뗄 수 있어서 비슷한 종류끼리 구분하는 데에도 효과적이다. 단어 형성법이란 단어를 구성하는 규칙으로, 학교 문법에서는 실질 형태소에 접사를 붙여 파생어를 만드는 파생법과 실질 형태소끼리 결합하여 합성어를 만드는 합성법을 중심으로 설명한다. 학교 문법에서 다루는 단어 형성법은 그 분류 방법이 명확하여 '포스트잇' 전략과 학생들에게 주어진 창틀을 채우게 하는 '창틀 채우기' 전략을 함께 활용하면 효과적이다. 각각의 창틀에 '하나의 어근으로 이루어진 단어', '둘 이상의 어근으로 이루어진 단어', '접두사와 어근으로 이루어진 단어', '어근과 접미사로 이루어진 단어' 등의 제목을 제시하고, 작은 포스트잇에 낱말을 적어 해당 창틀에 붙인다. 학생들은 토의 과정을 통해 포스트잇을 이동시키는 방식으로 학습한다.

절차와 과정

① 개념어 학습하기: 단어 형성법을 이해하는 데 필요한 개념어를 학습한다.
② 데이터 제시하기: 단일어, 파생어, 합성어가 섞인 단어 무리를 제시한다.
③ 단어 분류하기: 포스트잇 전략으로 단어를 분류한다.
④ 문법 용어로 명명하기: 분류한 단어를 문법 용어로 이름 짓는다.

발문과 활동

- 어근, 접사(접두사, 접미사)의 개념을 바탕으로 단일어, 파생어, 합성어의 특성을 예상해 봅시다.
- 〈보기〉에 제시된 단어를 분류할 수 있는 기준을 설정해 봅시다.
- 단어 형성의 원리가 같은 단어끼리 묶어 해당 창틀에 붙이고 문법 용어로 이름 지어 봅시다.

교수·학습 길잡이

- 어근이나 실질 형태소, 접사 등의 개념 이해가 선행되어야 단어 형성의 원리를 이해할 수 있으므로 이와 관련된 전 차시 학습이 필요하다.
- 학습자 수준이 높을 경우 분류 기준을 스스로 발견하게 하고, 해당 학습을 어려워할 경우 교사가 분류 기준을 제시하는 것이 바람직하다.
- 단어 형성의 원리를 이해하기 위해 접사와 어미의 개념 이해가 선행되어야 한다. 어미는 용언의 특성으로 단어 형성과 별개임을 이해하는 과정이 필요하다.

※ 포스트잇 한 장에 <보기>의 낱말을 한 개씩 써서 창틀에 붙이고 문법 용어로 말해 봅시다.

〈보기〉

물	믿음	하늘	부엌일	나무뿌리
구름	바다	기러기	엿듣다	새파랗다
높이	웃옷	꽃가루	지우개	슬기롭다
맨손	풀잎	물난리	헛웃음	찰랑거리다

하나의 어근으로 이루어진 단어

둘 이상의 어근으로 이루어진 단어

접두사와 어근으로 이루어진 단어

어근과 접미사로 이루어진 단어

제시 자료

- 어근: 단어에서 실질적 의미를 나타내는 중심이 되는 부분
- 접사: 다른 어근이나 단어에 붙어 새로운 단어를 구성하는 부분
  - 접두사: 어근이나 단어의 앞에 붙어 새로운 단어가 되게 하는 접사
  - 접미사: 어근이나 단어의 뒤에 붙어 새로운 단어가 되게 하는 접사
- 단일어: 하나의 어근으로 된 말
- 파생어: 어근이나 단어에 접사가 결합하여 하나의 단어가 된 말
- 합성어: 둘 이상의 어근이나 단어가 결합하여 하나의 단어가 된 말

전략 39 '단어 지도'로 어휘 의미 관계 학습하기

'단어 지도word map'는 어휘 발달을 촉진하는 시각적 구성 도구로, 그래픽 조직자를 사용하여 학생들이 단어의 용어나 개념에 대해 여러 가지 방법으로 생각하는 전략이다. 도식을 활용하여 유의어, 반의어, 동의어, 상·하위어 등을 연상하고 단어의 정의를 내리기도 하는데, 이는 어휘 체계를 내면화함은 물론 단어를 기억하는 데에도 효과적이다. 단어의 의미는 그 어휘 체계 속의 다른 단어들의 의미에 의지하여 정의될 수 있다. 또한 단어는 언어 속에서 개별적으로 존재하는 것이 아니라 다른 단어와 의미상 관련성을 가진다. 한 단어는 그 단어의 주위에 개념적으로 연관이 있는 단어들로 내적 관계를 이루고 있으므로 의미 관계가 있는 어휘들을 연계하여 교수·학습하는 것이 필요하다. 계열적 의미 관계와 통합적 의미 관계를 이해하면서 어휘의 의미적 연계성을 학습하면 머릿속 어휘사전을 구조화할 수 있을 뿐만 아니라, 문장을 구성하는 데에도 도움이 된다.

절차와 과정

① 단어 정의 내리기
② 유의어, 반의어, 상·하위어 쓰기
③ 독특한 표현이나 연상어 쓰기
④ 단어가 사용된 문장 찾아 쓰기
⑤ 단어를 넣어 문장 만들기

발문과 활동

- 단어의 정의를 내려 봅시다. 정의 내리기가 어렵다면 국어사전에서 뜻풀이를 찾아 써 보세요.
- 이 단어의 비슷한 말, 반대말, 상위어, 하위어는 무엇일까요?
- 이 단어와 관련된 독특한 표현이나 연상되는 단어를 써 봅시다.
- 책이나 웹에서 이 단어가 사용된 문장을 찾아 써 봅시다.
- 이 단어를 넣어 문장을 만들어 말해 보고 써 봅시다.

교수·학습 길잡이

- 단어 지도는 학습자의 머릿속 사전을 활성화하여 어휘망을 형성하기 위한 방법이다. 읽기나 쓰기 교육과 연계하여 텍스트의 주제어로 학습할 수 있다.
- 유의어, 반의어 등 단어 지도의 제시어는 교사가 단어의 의미에 따라 변형할 수 있다.

단어 지도
(Word Map)

활용 형태 (다른 형태)

질책하다

정의 (단어 뜻풀이)

잘못을 꾸짖어 나무람

유의어

꾸중, 꾸지람

단어

질책

독특한 표현, 연어, 예시

질책이 쏟아지다
질책이 빗발치다

반의어

칭찬, 찬사

단어를 발견한 문장

사람을 사로잡는 질책의 힘

내가 만든 문장

골키퍼가 자살골을 넣어서 관중들에게 질책을 받았다.

3 문장 구조의 탐색과 적용

문장은 생각이나 감정을 말과 글로 표현할 때 완결된 내용을 나타내는 최소의 단위이다. 문장은 서로 관련된 단어들의 집합으로 구성된다. 문장 성분의 결합 규칙에 따라 문장을 구성하고, 표현 의도에 따라 문장의 짜임을 변형하기도 한다. 즉 단어들이 모여 주어–서술어 짜임을 이루면서 형식적으로 완결된 것, 그리고 의미적으로 하나의 통일된 생각을 나타내는 언어 형식이 문장이다. 이에 따라 문장 교육은 형식적 완결성과 의미적 완결성을 갖춘 언어 단위를 표현하고 이해할 수 있다는 점에서 의의가 있다.

국어교육에서 문장 단위의 교육은 주로 문장 성분, 문장의 구조와 짜임, 문법 요소들의 기능과 의미, 문장의 종류 등을 중요하게 다루었다. 문장 성분 간의 관계나 호응 관계에 대한 이해는 언어 사용자의 생각과 인식을 온전하게 표현하는 데 도움이 된다. 문장의 짜임은 기본적으로 동작이나 상태의 주체를 나타내는 주어부와 이들을 서술하는 서술부로 이루어지므로, 주어부와 서술부의 역할과 문장의 짜임에 따른 표현 효과를 이해하는 과정이 필요하다. 더불어 문법 요소의 개념과 쓰임을 잘 익혀 문장을 정확하고 효과적으로 사용하는 능력을 기르도록 한다. 이와 같이 문장 성분, 문장의 짜임, 문법 요소에 대한 이해와 적용은 전통적으로 문법 교육에서 중요하게 다룬 영역이다.

이 장에서는 특히 문장 성분에 대한 이해를 바탕으로 문장 구성 능력을 향상시키고, 문장의 짜임과 문법 요소에 대한 이해를 돕는 교수·학습 방법을 소개하고자 한다. 이를 위하여 강제 결합법, CAF, ALU 전략을 활용할 것이다. 이 전략들은 주로 사고 기법과 관련된 것으로 문장을 이해하고 표현하는 과정이 언어 사용자의 생각이나 사고를 온전하게 드러내는 과정이라는 점에서 관련성이 크다.

전략 40 '강제 결합법'으로 문장 성분 이해하기

개념·목적 겉으로 보기에 전혀 관계가 없어 보이는 두 가지 이상의 사물이나 아이디어를 강제로 연결해 새로운 아이디어를 생성함으로써 개방적 사고력을 향상할 수 있는 전략.

절차·과정 ① 카드 배치하기: 여러 가지 문장 성분 카드 늘어놓기
② 카드 선택하기: 어절 수에 맞게 카드 뽑기
③ 문장 만들기: 선택한 문장 성분 카드로 문장 만들기

적용 대상·상황 초등학교 3학년 이상, 문장 성분 이해하기

전략 41 CAF 전략으로 안긴문장의 특성 이해하기

개념·목적 어떤 문제에 대해 결정을 내릴 경우 그 문제와 관련된 모든 요인을 검토하는 사고 전략.

절차·과정 ① 문장 관찰하기: 안긴절의 기능이 명시적인 문장 제시
② 질문 내용 파악하기: 질문에 따라 문장 분석하기
③ 분석 결과 기록하기: 분석 카드에 결과 기록하기
④ 문법 현상 개념화하기: 분석한 결과 정리하기

적용 대상·상황 중학교 3학년 이상, 문장 짜임의 원리 이해하기

전략 42 ALU 전략으로 시간 표현 비평하기

개념·목적 제시된 대안에 대한 강점, 제한점, 독특한 특성을 고려하여 현상을 비판적으로 사고할 수 있는 수렴적 사고 전략.

절차·과정 ① 문법적 해설 파악하기: 문법적 해설의 의도 분석하기
② 용례 살펴보기: 문법적 정의와 용례 파악하기
③ ALU 활동하기: 강점, 제한점, 독특한 특성 기록하기
④ 종합하여 비평하기: 문법 현상을 종합하여 비평하기

적용 대상·상황 고등학교 1학년 이상, 문법 현상을 비판적으로 이해하기

전략 40 '강제 결합법'으로 문장 성분 이해하기

'강제 결합법forced connection method'은 겉으로 보기에 전혀 관계가 없는 두 가지 이상의 사물이나 아이디어를 강제로 연결해 새로운 아이디어를 생성하는 사고 전략이다. 고정된 사고의 틀에서 벗어나 새롭게 탐색해 볼 기회를 제공하고 개방적 사고력을 향상시키는 데 유용하다. 문장 성분 학습에 강제 결합법을 활용하면 문장 성분에 대한 이해를 바탕으로 이차적인 사고 확장을 유도함으로써 문장 성분의 개념과 쓰임을 정확하게 이해하고 활용하도록 지도할 수 있다. '문장 성분'은 문장을 구성하는 기능적 단위이다. 사건과 상태를 포함하는 개념인 '사태'는 기본적으로 서술 대상과 서술어가 필요하며, 서술어의 성격에 따라 목적어나 보어가 필요할 수도 그렇지 않을 수도 있다. 또한 문장이 인간의 사고를 완전히 담을 수 있는 언어 단위라면, 문장 성분은 인간이 사건이나 현상을 어떤 방식으로 이해하는지를 나타내는 단위이다. 의미상 전혀 연관성이 없는 이미지 두 개를 선택하여 하나는 '주어 카드', 다른 하나는 '서술어 카드'라고 정하면 학습자는 각 이미지를 이해한 방식대로 문장을 구성한다. 예를 들어 '구름이 낀 파란 하늘 아래 잔디밭을 뛰어가는 강아지' 이미지를 선택하고 '주어 카드'라고 정하면 학습자의 이해에 따라 '강아지, 잔디밭, 하늘, 구름'이 모두 주어가 될 수 있다. 강아지의 '귀, 다리, 꼬리, 털' 등도 주어가 될 수 있다. 그러므로 이 활동에서는 각각의 문장 성분이 처음부터 주어진 것이 아니라 카드를 뽑을 때마다 달라진다. 학습자 수준에 따라 문장 성분을 정해 줄 필요가 있다면 카드 색깔을 다르게 하거나 뒷면에 문장 성분을 써서 구분할 수 있다.

절차와 과정

① 문장 성분 카드 배치하기: 카드의 이미지(또는 단어)가 보이지 않게 뒤집어 책상 위에 늘어놓는다. 주어 카드, 서술어 카드, 목적어 카드, 기타 문장 성분(부사어, 보어, 독립어) 카드를 색깔로 구분하여 제작하되, 각 이미지는 의미상 연관성이 없는 것으로 배치한다.

② 카드 선택하기: 자기가 만들 어절 수에 따라 카드를 뽑는다. 주어·서술어·목적어 카드에서 각 1장씩, 기타 문장 성분 카드에서는 2장 이상 선택할 수 있다.

③ 문장 만들기: 자기가 뽑은 문장 성분 카드를 이용하여 자연스러운 문장을 만들어 말한다. 성공하면 어절당 10점을 획득한다.

문장성분	주어	기타	목적어	서술어
연상 단어	강아지 잔디밭 하늘 ⋮	피자 노랗다 끈적끈적하다 ⋮	의자 테이블 컵 ⋮	흔들다 웃다 서다 ⋮
만든 문장	강아지가 노란 의자를 흔들었습니다. 강아지가 끈적끈적한 테이블을 흔들었습니다. 털북숭이 강아지가 테이블 위에 놓인 피자를 보며 웃었습니다. ⋮			

발문과 활동

- 카드 2~5장을 뽑아 문장을 만들어 봅시다. 카드의 개수는 문장 어절 수를 의미합니다. 더 많은 어절을 만들 수 있으나 적게 만들면 실패입니다.
- 카드는 주어 카드, 서술어 카드, 목적어 카드, 기타 문장 성분(부사어, 보어, 독립어) 카드로 구분되어 있습니다. 주어와 서술어 카드는 필수로 선택합니다.
- 주어·서술어·목적어 카드는 각 1장씩만, 기타 문장 성분 카드는 2장 이상을 선택합니다.
- 의미상 관계가 없어 보이는 이미지를 강제로 연결해 자연스러운 문장을 만들어 봅시다.

교수·학습 길잡이

- 다양한 단어를 연상할 수 있는 이미지일 경우 카드를 구분할 필요가 없다.
- 고급 학습자의 경우 필수성분(주어, 서술어, 목적어, 보어, (필수)부사어)과 수의성분(관형어, 부사어, 독립어)으로 구분하여 학습할 수 있다.
- 서술어에 따른 필수성분이 반드시 포함되도록 지도하는 것이 효과적이다. 예를 들어, "고양이가 천천히 먹었다."로 문장을 만들었을 경우 목적어가 생략되었으므로 비문으로 처리한다. 다만 학습자 수준을 고려하여 의미적인 연관성으로만 판정할 수 있다.

전략 41 CAF 전략으로 안긴문장의 특성 이해하기

CAFConsider All Facters 전략은 드보노de Bono가 개발한 인지 사고 프로그램Cognitive Research Trust, CoRT 사고 전략의 하나로, 어떤 문제에 대해 결정을 내릴 경우 그 문제와 관련된 모든 요인을 검토하는 방법이다. CAF는 기본 사고 기술 훈련 단계에서 빈번하게 활용된다. 문장 교육에서는 문장 짜임의 특성에 주목하게 하는 질문을 통해 안긴문장의 문법적 요인을 학습자 스스로 발견하도록 지도할 수 있다. 문장은 홑문장(단문)과 겹문장(복문)으로 구분할 수 있다. 홑문장은 주어가 하나 이상이더라도 서술어와의 관계가 1번만 성립하는 문장이고, 겹문장은 병렬, 등위, 종속된 2개 이상의 절을 포함하는 문장이다. 학교 문법에서 겹문장은 이어진문장과 안은문장으로 구분한다. 이러한 문장 구성의 방식을 문장의 짜임이라 하는데, 문장의 짜임에 따라 화자의 의도를 다르게 전달할 수 있다. CAF 전략을 활용하면 문장 짜임의 원리를 학습자 스스로 발견하게 함으로써 문장 구조에 대한 민감성을 향상시킬 수 있다. 학습하기에 앞서 이전에 알고 있었던 부사와 부사어에 대한 지식을 상기시키는 단계가 필요하다. 부사와 부사어가 서술어를 꾸며주는 기능을 한다는 것을 이미 알고 있는 학습자는 어미 '~게'와 '~도록'으로 안긴문장도 같은 역할을 하고 있음을 발견하게 될 것이다. 이후 부사어와 '~게'가 이끈 안긴문장, 부사어와 '~도록'이 이끈 안긴문장의 공통점과 차이점을 발견하게 한 뒤 학습한 내용을 정리한다.

절차와 과정

① 문장 관찰하기: 명사와 명사절, 관형사와 관형절, 부사와 부사절을 명시적으로 비교할 수 있는 문장을 제시하여 관찰한다.
② 질문 내용 파악하기: 질문의 의도를 파악하여 문장을 분석한다.
③ 분석 결과 기록하기: 분석한 결과를 분석 카드에 기록한다.
④ 문법 현상 개념화하기: 결과를 정리하여 문장 짜임의 특성을 개념화한다.

발문과 활동

- 문장 카드의 밑줄 친 부분에 주목하여 살펴보고, 질문에 대답해 봅시다.
- 모든 요인을 고려하여 제시된 문장의 짜임을 분석해 봅시다.
- 분석 결과를 바탕으로 문장 짜임의 특성을 정리해 봅시다

문장 카드	(1) 나는 열심히 뛰었다. (2) 나는 발에 땀이 나게 뛰었다. (3) 나는 발에 땀이 나도록 뛰었다.

질문 카드		
	질문 1	(1), (2), (3)의 밑줄 친 어절은 문장에서 어떤 역할을 하는가?
	질문 2	(1), (2)에서 밑줄 친 어절의 공통점과 차이점은 무엇인가?
	질문 3	(2), (3)에서 밑줄 친 어절의 공통점과 차이점은 무엇인가?

분석 카드		
	분석1	(1), (2), (3)의 밑줄 친 어절은 모두 '뛰었다'를 수식한다. (1)에서 '열심히'는 서술어를 꾸며주는 부사어이다.
	분석2	[공통점] '열심히', '발에 땀이 나게'는 모두 서술어 '뛰었다'를 수식한다. [차이점] '열심히'는 단어이고, '발에 땀이 나게'는 절이다.
	분석3	[공통점] '발에 땀이 나게', '발에 땀이 나도록'은 모두 서술어 '뛰었다'를 수식한다. 일종의 부사어 역할을 한다. [차이점] (2)는 '~게', (3)은 '~도록'가 붙어서 만들어졌다.

정리하기	'열심히'의 품사는 부사 이고, 문장성분은 '부사어'이다. '발에 땀이 나게', '발에 땀이 나도록'은 '부사절'이다. 그러므로 (2)와 (3)은 '부사절을 안은 문장'이다. 절에 붙은 '-게' '-도록' 등은 '부사형 전성어미'이다.

교수·학습 길잡이

- 전 차시에 문장, 구, 절 등의 언어 단위, 품사, 문장 성분의 개념 이해가 충분히 이루어지도록 한다.
- STAD(Student Teams-Achievement Divisions) 협동 학습을 병행할 수 있다. 학습자 구성원의 개별 학습이 가능한 경우 명사절, 관형절, 부사절, 서술절, 인용절의 특성을 개별 분석한 후 팀 내 협동 학습으로 전환한다.
- 정리 활동을 통해 문법적 특성을 개념화하도록 하며, 정리하기 단계에서 부사어, 부사절, 부사절을 안은 문장 등의 문법적 개념을 숙지할 수 있도록 지도한다.

전략 42

ALU 전략으로 시간 표현 비평하기

ALU은 수렴적 사고 전략 중 하나로, 제시된 대안에 대한 강점Advantage, 제한점Limitation, 독특한 특성Unique Qualities을 고려하는 구조적인 접근법이다. 학습자는 ALU 전략을 통해 시제 선어말 어미로 다루어지는 '-었-', '-는-', '-겠-'의 기능을 비판적으로 분석할 수 있다. 기능을 비판적으로 분석할 수 있다. '-었-', '-는-', '-겠-'은 과거·현재·미래 시제 선어말 어미로, 시제를 나타내는 문법 범주로 중요하게 다루어 왔다. 그러나 이들 선어말 어미를 시제로만 설명하기에는 한계가 있다. "형은 지금쯤 제주에 도착했겠다."의 용례와 같이 일상적인 언어생활에서 과거나 미래 이외의 의미를 나타내는 경우가 흔하게 발생하기 때문이다. 언어가 실제 세계를 표현할 때 있는 그대로 범주화하는 것이 아니므로 개념 영역과 실제 언어 표현이 나타낼 수 있는 의미 영역을 구분하여 이해하는 과정이 필요하다. 이를 위하여 ALU 전략을 적용하여 선어말 어미 '-었-', '-는-', '-겠-'이 시간 표현을 대표하는 문법 범주인지 비판적 사고의 관점에서 지도할 수 있다.

절차와 과정

① 문법적 해설 파악하기: 문법 현상을 어떤 의도로 해석하였는지 분석한다.
② 용례 살펴보기: 문법적 정의와 용례의 일치 여부를 파악한다.
③ ALU 활동하기: 강점, 제한점, 독특한 특성을 구체적으로 기록한다.
④ 문법 현상 종합하여 비평하기: ALU의 내용을 종합하여 비평한다.

발문과 활동

- '-었-/-았-', '-는-/-ㄴ-', '-겠-'의 문법적 정의에서 어떤 기능을 강조했는지 파악해 봅시다.
- 선어말 어미가 사용된 문장에서 과거·현재·미래 시제를 나타내지 않는 용례를 찾아 어떤 의미를 나타내는지 분석해 봅시다.
- 앞서 살펴본 문법적 정의의 강점, 제한점, 특이점을 1개씩 찾고 친구들과 공유하여 문법적 정의를 그대로 수용해도 될지 비판적인 관점에서 토론해 봅시다.

교수·학습 길잡이

- 학습자가 각 선어말 어미의 기능을 구별하지 못할 경우 예문의 의미를 구체적으로 설명하는 것이 효과적이다.
- 문법적 정의를 그대로 수용하는 것이 아니라 비판적인 관점에서 수정하거나 열린 결론을 유도한다.

■ '-었-/-았-', '-는-/-ㄴ-', '-겠-'이 쓰인 예문을 살펴 보고 시간 표현을 다음과 같이 설명할 때의 이점, 제한점, 독특한 특성(특이점)을 1개 이상 찾아 보시오.

◆ 과거 시제는 '-었-/-았-', 현재 시제는 '-는-/-ㄴ-', 미래 시제는 '-겠-'을 통해 실현된다. 이들을 각각 과거 시제 선어말 어미, 현재 시제 선어말 어미, 미래 시제 선어말 어미라고 한다.

(1) ㄱ. 형은 어제 그 책을 읽었다.
ㄴ. 이제 다 왔다. 조금만 힘내!
ㄷ. 그걸 잃어버렸으니 너 내일 혼났다.

(2) ㄱ. 동생이 지금 그 책을 읽는다.
ㄴ. 나는 내일 학교에 간다.

(3) ㄱ. 나는 내일 그 책을 읽겠다.
ㄴ. 네, 더 열심히 하겠습니다.
ㄷ. 여기 좋네! 친구랑 많이 왔었겠다.

A	강점	국어에는 과거, 현재, 미래 시제를 표현할 수 있는 문법 표지가 존재한다.
L	제한점	(1ㄴ), (1ㄷ)에서 '-았-'이 과거 시제가 아닌 미래 시제를 나타낸다.
U	특이점	'-었-/-았-'은 동작이나 사건의 완료를 나타낼 수 있다.

A	강점	선어말어미, 단어 등 시제를 나타내는 다양한 표현이 있다.
L	제한점	(3ㄷ)은 '-겠-'을 사용하면서 과거에 있었던 일을 말하고 있다.
U	특이점	(3ㄴ)에서 '-겠-'은 의지를, (3ㄷ)에서는 추측을 나타내는 것 같다.

정리하기 및 비평하기	선어말 어미 '-었-', '-는-', '-겠-'이 각각 과거, 현재, 미래 시제를 표현하지만, 완료, 의지, 추측 등을 나타내기도 하기 때문에 'OO 시제 선어말 어미'라는 명칭이 적절할지 의문이다.

11

미디어 리터러시 교수학습 전략

이 장은 미디어 리터러시에 대한 교수·학습 방법을 다룬다. '미디어 리터러시media literacy'는 미디어가 전달하는 정보에 적절히 접근하여 이를 비판적으로 이해하고, 미디어를 활용하여 의미 있는 정보와 문화를 생산하고 전달할 수 있는 능력과 윤리적이고 책임 있게 미디어를 이용하는 태도(정현선 외, 2015)를 의미한다. 문식성literacy은 전통적으로 인쇄된 활자를 읽고 쓰는 능력을 의미했으나 다양한 미디어와 기술을 통해 방대한 양의 정보가 쏟아지는 현대 사회에서는 인쇄물의 범위를 넘어 다양한 형태로 된 텍스트의 의미를 이해하고 생산하는 것으로 재개념화되었다. 이에 따라 디지털과 인터넷 환경에 존재하는 텍스트의 의미를 구성하고, 다양한 정보를 검색하는 전략을 세우며 사실 여부를 구분하여 정보의 질과 가치를 평가하는 역량이 매우 중요해졌다. 이러한 문식 환경에서 학생들이 미디어의 속성을 이해하고 활용하여 의사소통 역량을 신장할 수 있도록 지도하는 일은 매우 중요하다. 미디어 리터러시는 다양한 텍스트의 의미를 정확히 구성하고 분석 및 비판적으로 평가하며 책임 있게 이용하고 소통하는 것을 목표로 한다. 이 장에서는 미디어 리터러시 교수·학습 방법을 개관한 후 주요 전략을 세 범주(이해와 수용 전략, 표현과 생산 전략, 사회·문화적 소통 전략)로 나누어 살펴본다.

미디어 리터러시의 개념과 디지털 문식 환경의 특성

미디어 리터러시는 지속적으로 변화하는 디지털 미디어 환경의 맥락에 따라 그 개념이 역동적으로 재구성되고 확대되어 왔다. 특히 디지털 기술의 발달은 미디어 리터러시의 변화에 큰 영향을 주었는데, 이에 따라 미디어 리터러시는 미디어 콘텐츠의 의미 분석과 활용을 넘어선 비판적 사고, 프로슈머prosumer로서 콘텐츠의 이용과 창작, 소셜 네트워크를 활용한 소통과 공유, 문화적 참여와 시민성 함양을 포괄하는 개념으로 확장되었다(장의선, 2021). 이러한 미디어 리터러시 개념은 해당 시대가 정의하는 미디어의 범위와 요구되는 기술 활용 역량이 변화함에 따라 멀티 리터러시multiliteracies, 정보 리터러시information literacy, 디지털 리터러시 digital literacy 등과 같이 매우 다양하게 논의되고 있다.

예를 들어 미디어 리터러시와 밀접한 관계를 보이는 디지털 리터러시는 디지털 기기를 능숙하게 다루는 기술적 역량이자 디지털 환경에서 과제를 수행하는 데 요구되는 다양한 인지적 역량을 포괄한 개념(Alkali & Amichai-Hamburger, 2004)으로 정의된다. 김종윤 외(2017)는 디지털 리터러시의 특징을 세 가지로 제시한다. ① 인지적 기능 측면에서 '정보의 접속, 선택, 평가, 이용'과 같이 전통적 리터러시에서도 강조된 인지적 기능cognitive skills이 중핵적 요소로 작용하며, ② 디지털 환경에 대한 이해와 지식 및 기능을 요구하고, ③ 정보의 생산과 공유, 소통이 더욱 강조된다는 점이다. 이러한 디지털 리터러시에 대한 논의 역시 창의적 생산과 같은 사회·문화적 기능까지 확장되면서 그 개념도 확대되었는데, 이 때문에 미디어 리터러시의 개념과 중첩되는 부분은 많아졌고 미디어 리터러시와 디지털 리터러시의 경계는 약화되기에 이르렀다.

이렇게 미디어 리터러시의 개념은 급변하는 디지털 미디어 환경으로 인해 정의하기 쉽지 않다. 그렇지만 정책 구현과 원활한 교수·학습을 위해서는 필요한 역량을 중심으로 한 합의된 개념을 도출할 필요가 있다. 다양한 기관과 관련 논의를 종합하면 미디어 리터러시는 ① 미디어에 대한 접근과 탐색 능력, ② 미디어의 분석과 비판적 이해 능력, ③ 미디어의 창의적 표현과 생산 능력, ④ 미디어를 통한 참여와 윤리적 성찰 역량 등을 포함한 개념으로 정의할 수 있으며, 정보 리터러시, 디지털 리터러시 등을 모두 아우르는 통합적 능력이라 할 수 있다.

미디어 리터러시가 처음 등장한 시기에 중점적으로 다루었던 미디어는 영화나 텔레비전 등의 영상 매체였다. 그러나 이후 디지털 기술의 발달로 새로운 미디어가 등장했고, 현재의 문식 환경은 디지털을 기반으로 개별화, 다양화되었을 뿐만 아니라 소셜 네트워크의 출현으로 인한 정보의 빠른 확산과 공유, 메타버스를 바탕으로 한 가상 세계에서의 경험 확대 등의 특성을 보이고 있다. 이러한 디지털 미디어 환경에서의 미디어 리터러시를 이해하기 위해서는 다음과 같은 디지털 기술을 기반으로 한 문식 환경의 특성에 대한 이해가 필요하다.

첫째, 인터넷을 중심으로 한 문식 활동의 대상과 형태가 달라졌다. 인터넷은 제한된 지면, 저자, 정보를 담고 있던 서책과 달리 다양한 형태의 텍스트와 정보를 제공한다. 다양한 양식의 결합인 복합양식 텍스트multi-modal text가 대표적인 예다. 이처럼 다양한 텍스트가 개방형 정보 구조인 인터넷 환경과 맞물려 다층적이고 복합적인 문식 활동으로 확장된다. 이러한 확장성은 독자나 필자로 하여금 효율적으로 수많은 정보를 처리해야 하는 인지적 부담을 가중시키는 한편, 복잡하게 변화하는 상황에서 다양한 정보를 하나로 통합시킬 수 있는 인지적 유연성을 요구하기도 한다. 이에 따라 디지털 미디어 환경의 문식 활동은 복잡한 다문서를 대상으로 한 형태로 효율적으로 정보에 접근하고 그 과정에서 길을 잃지 않는 전략을 활용할 수 있는 역량이 더욱 중요해졌다(조병영, 2007).

둘째, 디지털 문식 환경에서는 하이퍼텍스트의 형태로 정보가 소통되며 정보 구조가 비선형성non-linearity을 띤다. 대부분의 경우 디지털 환경에서의 문서는 단일 정보들이 링크로 다층적으로 연결된 하이퍼텍스트이다. 필자가 디자인한 정보의 구조와 배열 순서에 의존하는 선형적 텍스트와 달리 비선형적 텍스트에서 독자는 자신이 원하는 순서나 일정한 기준으로 정보에 접근하고 선택하게 된다. 이러한 비선형성은 독자나 필자에게 정보 선택의 자율성을 허락하지만 동시에 자신의 독서 행위를 면밀히 조절하고 점검해야 할 책무성을 부여한다(조병영, 2012). 즉, 필요한 정보를 효율적으로 예측하고, 정보 탐색 과정에서 길을 잃어 인지적 에너지를 낭비하지 않게 하는 초인지적 조절 전략이 꼭 필요하다. 또한 하이퍼텍스트는 정보가 끊임없이 생성되고 변화하고 소멸하면서 급속한 정보 팽창을 촉진하여 방대한 정보가 매개되는 개방성의 특성도 가진다. 이에 따라 독자나 필자는 자신의 목적에 맞는 정보를 탐색하기 위해 적극적일 필요가 있고, 상황에 적합한 검색과 이해 전략을 의식적으로 활용할 수 있어야 한다.

셋째, 디지털 문식 환경에서 소통되는 정보들의 경우 높은 질적 수준이 담보되지 않는다. 기술의 발달로 디지털 미디어 환경에서 정보를 쉽게 생산하고 유통할 수 있게 되었기 때문에 해당 정보를 생산한 필자의 의도, 목적, 신뢰성, 전문성의 정도가 매우 다양할 수밖에 없다. 그러므로 정보에 접근하고 정보를 이해하는 과정에서 정보의 출처를 확인하고 정보 탐색 과정에서 접한 정보의 관점과 정보들 사이에 존재하는 이해관계의 상충을 비판적으로 검토할 수 있어야 한다(Bruce, 2000). 즉 문식 주체들이 정보의 신뢰성과 타당성을 평가함으로써 비판적으로 정보를 판단할 필요가 있는데, 이는 디지털 문식 환경에서 접하는 정보에 편향이 담겨 있음을 이해하고, 이 편향의 의미는 무엇인지 질문하고 탐구하는 자세와 방법이 중요함을 의미한다.

이러한 디지털 미디어 시대의 문식 환경이 가지는 특성을 고려했을 때, 독자나 필자들은 미디어 리터러시와 관련하여 ① 새로운 형태의 텍스트를 이해하고 정보 처리 과정에서 발생하는 인지적 부담을 유연하게 해소할 수 있는 초인지적 역량, ② 디지털 문식 환경에서 소통되는 정보의 구조를 이해하고, 정보 탐색 과정에서 적극적으로 임하며, 목적에 맞는 정보에 전략적으로 접근하는 역량, ③ 접근한 정보를 비판적으로 평가하고 분석함으로써 정보에 대해 능동적으로 탐구하는 역량, ④ 정보를 재구성하는 과정에서의 지식 변형과 사회적 책임, 윤리성을 바탕으로 한 디지털 시민 역량 등을 갖출 필요가 있다는 점이 특징이다.

미디어 리터러시와 교육과정

미디어 리터러시는 미래 사회에서 필수적으로 요구되는 핵심 역량의 하나로 OECD 등을 비롯한 다양한 국제기구에서 주목받고 있으며, 특히 핵심 역량 중심의 국가 교육과정을 운영하는 국가들에서 중요한 역량으로 다루어지고 있다. 예를 들어 뉴질랜드와 싱가포르의 자국어 교육과정에서는 텍스트 수용을 보기viewing로, 텍스트 생산을 표현하기presenting, representing로 확장하였고, 오스트레일리아의 경우 디지털 기기와 프로그램을 활용한 매체 텍스트 생산의 측면을 강조함으로써 매체 관련 내용을 포함하고 있다(정혜승 외, 2021).

우리나라의 국어과 교육과정에서도 미디어 리터러시 관련 내용은 2007 개정 교육과정에 '매체 언어'라는 선택 과목이 생긴 이후 적지 않은 비중으로 포함되어 왔으며 독립 영역으로 자리잡았다. 특히 2022 개정 교육과정은 총론에서 디지털 기초 소양 교육을 제시하였는데, 이 중 '디지털 기술의 이해와 활용', '정보의 처리와 생성', '디지털 의사소통과 협력', '디지털 기술과 정보의 안전하고 윤리적인 사용'의 4개 영역은 국어과와 관련 있다고 평가되었다. 이러한 디지털 기초 소양에 대한 요구와 미디어 리터러시에 대한 요구를 결합하여 공통 과정의 영역을 재구조화하고로써 '매체' 영역을 신설함으로써 그 비중과 중요도가 높아졌다(노은희 외,

[표 11-1] 2022 개정 국어과 교육과정 내 매체 관련 내용

<table>
<tr><th colspan="2">범주</th><th>초등학교</th><th>중학교</th><th>고등학교</th></tr>
<tr><td rowspan="4">지식·이해</td><td rowspan="2">매체 소통 맥락</td><td>소통 도구(기기와 프로그램)</td><td colspan="2">→ 양식, 소통 공간</td></tr>
<tr><td>상황 맥락(목적, 주제, 생산자, 수용자)</td><td colspan="2">→ 사회·문화적 맥락(소통 공동체)</td></tr>
<tr><td rowspan="2">매체 자료 유형</td><td>일상생활, 인터넷 텍스트</td><td colspan="2"></td></tr>
<tr><td>정보 검색 도구, 정보 매체의 텍스트</td><td colspan="2">→ 대중 매체, 개인 인터넷 방송, 광고</td></tr>
<tr><td rowspan="4">과정·기능</td><td>접근·선택</td><td>비선형적 텍스트 접근, 자료 탐색, 선택하기</td><td colspan="2">→ 다양한 매체 텍스트 탐색, 선택하기</td></tr>
<tr><td>해석·평가</td><td>매체 텍스트 의미 파악, 신뢰성, 공정성 평가하기</td><td colspan="2">→ 매체 텍스트 재현 방식 이해하기</td></tr>
<tr><td>제작·공유</td><td>복합양식 텍스트 제작하기
개인 정보, 참여 목적 공유하기</td><td colspan="2">→ 영상, 상호작용적 매체 텍스트 설계, 제작하기
→ 소통 공간 특성 고려하여 공유하기</td></tr>
<tr><td>점검·조정</td><td>매체 이용 시간, 목적, 안전, 보안 점검하기</td><td colspan="2">→ 수용자 반응 고려하여 매체 텍스트 점검하기</td></tr>
<tr><td rowspan="2">가치·태도</td><td>가치</td><td>매체 소통에 대한 흥미, 관심</td><td colspan="2">→ 윤리적, 창의적 매체 이용</td></tr>
<tr><td>태도</td><td>안전과 보안, 디지털 시민성(소통 윤리)</td><td colspan="2">→ 디지털 시민성(권리와 책임)</td></tr>
</table>

2021).

2022 개정 교육과정 내 매체 영역 내용은 [표 11-1]과 같이 정리할 수 있다. 매체 영역의 교육 내용은 크게 지식·이해(매체 소통 맥락, 매체 자료 유형), 과정·기능(접근과 선택, 해석과 평가, 제작과 공유, 점검과 조정), 가치·태도의 세 범주로 체계화되어 있다. 매체 소통 맥락은 이용자 개인의 영역에서 소통 주체 간, 사회·문화적 맥락으로 확대되는 형태로 구성되었다는 점이 특징이다. 그리고 매체 소통의 목적은 일상에서 공공의 영역으로 확장되는 모습을 보이는데, 이는 매체가 소통을 매개하는 수단으로 당대 사회의 소통 문화와 밀접한 관련을 맺고 있음을 의미한다. 이에 따라 매체 유형 역시 다양한 형태의 텍스트를 다루고 있는 것이 특징이다.

'과정·기능'은 실제 미디어 리터러시 실행과 관련된 교육 내용으로, 미디어 리터러시에서 강조되는 내용을 네 가지 범주로 구분함으로써 디지털 문식 환경에서의 문식 실행을 적극적으로 할 수 있는 능력의 신장을 도모하고 있다. 텍스트에 대한 접근과 선택, 신뢰성과 공정성 평가, 복합양식 텍스트를 직접 제작하고 이를 공유하는 경험, 점검과 조정을 통한 문식 활동의 초인지적 조절을 습득하도록 설정되어 있다. '가치·태도'는 윤리적인 태도를 바탕으로 권리와 책임이 기반이 되는 디지털 시민성을 강조하는 것이 특징이다.

국어과 교육과정의 매체 영역은 디지털 매체 기반의 의사소통 환경이 수평적, 쌍방향적, 즉시적, 참여적, 복합양식적 특성을 지닌다는 점을 이해하고 그 맥락에 맞는 의사소통 능력을 향상시키는 데 초점을 두었다. 또한 친교 중심의 디지털 매체를 활용한 경험이 매체 영역의 교육을 통해 학습, 사회적 참여 등 다양한 맥락으로 확장되도록 유도하고, 학습자들이 디지털 매체에 대한 지나친 의존 현상이나 바람직하지 못한 소통 현상 등을 스스로 개선할 방안을 탐색하고 바람직한 소통 문화를 형성하는 데 참여할 수 있도록 유도하는 데 초점이 맞춰져 있다는 것 역시 특징으로 볼 수 있다(노은희 외, 2021).

미디어 리터러시 교수·학습의 방향

디지털 미디어 환경에 필요한 미디어 리터러시를 효과적으로 교수·학습하기 위해서는 체계적인 지도가 필수적이다. 미디어 리터러시를 위한 교수·학습 방향은 여러 교육적 접근법에 기반할 수 있는데 수업에서 미디어 리터러시를 다룰 때는 다음 세 가지 사항을 고려할 필요가 있다(추병완 외, 2020; 정혜승 외, 2021).

첫째, 단일 미디어 양식을 넘어서는 교수·학습이어야 한다. 미디어 리터러시는 다양한 플랫폼과 여러 미디어 유형에 관계 없이 동등한 수준으로 학습되고 실행되어야 하지만, 교실에서의 교수·학습은 인터넷, 영화, 신문, 광고와 같은 단일 매체에 집중될 때가 있다. 교실에서의 교수·학습을 단일 매체로 국한하는 이유는 학습의 결과가 다른 미디어 활용 상황으로 전이될 것을 전제하기 때문이다. 그러나 미디어 활용 상황에서 학습자의 윤리성, 성찰과 같은 역량은 쉽게 전이될 수 있으나 접근, 분석, 평가, 표현과 같은 역량은 다른 미디어 간에 쉽게 전이되지 않을 수 있으며, 실세계에서 다문서를 활용한 의미 구성이 이루어진다는 점을 감안한다면 단일 미디어를 중심으로 한 교수·학습은 지양할 필요가 있다.

둘째, 학생들을 학습에서 적극적인 참여자로 상정해야 한다. 미디어 리터러시는 무엇보다 의사소통 참여자들의 주도성agency을 강하게 요구한다. 정보 구조가 복합적이고 다층적이며 동시에 신뢰성과 타당성이 담보되지 않은 정보를 다루기 위해서는 분석적, 비판적, 창의적, 성찰적 역량이 무엇보다 필요하다. 따라서 교수·학습 장면에서도 학생들에게 시도, 탐색, 생성, 논의, 성찰할 공간과 지원을 제공하여 학습자 스스로 학습을 전개할 수 있도록 많은 기회를 부여하는 것이 중요하다.

셋째, 미디어 리터러시 교수·학습은 교과 통합과 융합 수업을 지향하고 실제성 높은 교수·학습 자료를 이용해야 한다. 미디어 리터러시 교수·학습은 디지털 미디어 시대에서의 원활한 의사소통을 담보해야 하므로 그 성격상 다양한 교과의 성취기준을 연계하고 통합하는 교과 통합적 접근을 기반으로 할 필요가 있다. 또한 미디어 리터러시 교수·학습은 학생들이 실세계에서 접하는 실제성 높은 디지털 자원을 연계하고 활용해야 한다. 나아가 학생들이 수업의 과정에서 생산한 미디어 텍스트를 적절히 공유하고 소통할 수 있는 웹 공간의 지원이 필요하다. 이를 통해 학생들의 실제적인 미디어 경험, 관심, 흥미를 적절히 이끌어 내어 학생의 참여 수업 및 미디어 제작 활동이 원활히 이루어질 수 있게 할 필요가 있다.

미디어 리터러시 교수·학습법은 다양하지만 유네스코(Wilson et al.,

2011: 35-38)에서 제안한 미디어 리터러시를 위한 교수 접근법이 대표적이다. 여기서는 이슈 탐구 접근법, 문제 기반 학습법, 과학적 탐구법을 살펴본다.

1) **이슈 탐구 접근법**issue-inquiry approach: 이 방법은 현대 사회의 미디어 활용과 관련된 문제에 초점을 맞춘 학생 중심 접근법으로, 시의성 있는 문제를 다룸으로써 학습 내용을 학습자 삶의 맥락으로 포섭시키며, 쟁점을 깊이 있게 탐구함으로써 상대방의 의견을 비판적으로 검토하고 평가하는 역량을 기를 수 있다는 특징이 있다. 이 접근법에서 학습자는 새로운 지식과 기술을 습득하기 위해 '기본 태도와 신념 인식하기→이슈의 이면에 있는 사실과 원칙을 명료화하기→근거를 찾고 조직화하고 분석하기→이슈를 해석하고 해결하기→적절한 조치를 취하고 각 단계에서의 결과를 재고하기'의 단계를 거친다.

학습자는 디지털 환경에서 소통되는 다양한 이슈와 텍스트를 중심으로 이러한 단계를 밟아 나가게 된다. 또한 이를 통해 실제성 있는 주제를 탐구하고 이해, 분석, 평가함으로써 미디어 환경에서 소통되는 다양한 형태의 복합양식 텍스트를 생산하고 소통할 수 있는 힘을 확보할 수 있다. 나아가 실제 삶 속에서 매체로 접하는 다양한 문제들에 관한 의사소통에 능동적으로 참여하고 공동체 구성원과 공유하고 성찰하는 경험을 통해 비판적 수용자이자 생산자로 성장할 수 있다. 이러한 측면에서 학생들에게 이슈를 깊이 탐구하는 기회를 부여하므로 미디어 리터러시를 가르치기에 적절한 방법으로 볼 수 있다.

2) **문제 기반 학습법**Problem-based Learning, PBL: 문제 기반 학습은 학생들의 교육과정에서 요구하는 지식 기반과 비판적 사고 및 문제 해결 전략을 동시에 개발하는 수업 시스템이다. 이 접근법은 학생들을 실생활 문제에

대해 비판적이고 심층적인 탐구에 참여시켜 개인과 집단의 지식을 모두 향상시키는 고도로 구조화된 협동 학습 양식이다. 이 방식에서 학생은 학습 목표, 탐구 질문 및 방법, 결과를 모두 관리하는데, 미디어 리터러시의 문제 기반 학습법의 예로는 특정 청중을 위한 효과적인 소셜 마케팅 캠페인 설계를 들 수 있다.

3) **과학적 탐구법**Scientific Enquiry: 과학적 탐구란 과학자들이 자연 세계를 탐구하고 발견한 증거를 설명하기 위해 사용하는 다양한 기술을 말한다. 탐구 과정은 질문하기, 이미 알려진 내용 찾기, 조사 계획 수립하기, 실험적 증거에 비추어 과거 지식 검토하기, 도구를 사용하여 데이터 수집, 분석, 해석하기, 설명 제시하기, 결과 전달하기로 이루어진다. 이 접근법의 예로는 미디어 폭력의 영향 조사하기, 온라인 커뮤니티의 역할 조사하기 등이 있다.

1 미디어 리터러시 이해 및 수용 전략

이 절에서는 미디어 리터러시 이해 및 수용 전략을 소개하고 지도 방법을 습득한다. 특히 이해 측면에서의 인지적 영역에 초점을 맞추어 살펴본다. 미디어 리터러시 이해 영역의 하위 요소는 많은 연구에서 상당한 유사성을 보이는데, 핵심 요소로 정보 탐색, 탐색한 정보에 대한 분석과 종합, 종합한 정보에 대한 평가를 들 수 있다(옥현진 외, 2018).

디지털 문식 환경에서는 수많은 정보가 적층되어 있어, 자신의 목적에 적합한 정보에 접근하는 것이 쉽지 않다. 이러한 상황이다 보니 정보 탐색 과정에서 길을 잃기 쉬우며 시행착오를 겪어야 하는 일이 많다. 따라서 소통되는 정보의 구조를 이해하고 정보 탐색 과정에서 목적에 맞는 정보 접근 전략을 활용할 필요가 있는데, 이를 위해 정보 탐색에 용이한 특정 사이트에 접속하거나 검색어를 조합하고 검색 연산자를 이용하는 등의 전략을 활용하는 것이 좋다.

또한 디지털 미디어 환경에서 소통되는 텍스트는 다양한 양식이 결합한 복합양식적 성격을 가지므로 텍스트의 의미를 제대로 읽어 내기 위한 전략을 활용할 필요가 있다. 하나의 텍스트를 다양한 관점과 표현 양식에 따라 뜯어보고 텍스트의 내용을 과제와 연결해 내용을 예측하거나 자신의 배경지식이나 경험에 비추어 추론하고 이를 종합함으로써 전달하려는 의미를 정확히 파악하고 이해하려는 전략을 활용할 필요가 있다.

마지막으로 정보가 무수히 많은 경우 그 신뢰성과 타당성을 담보하기 어려우므로 출처의 신뢰성, 정보의 정확성, 합리성, 공정성을 평가하고 과제와의 관련성, 정보의 유용성을 평가하는 전략을 활용해야 한다.

이 절에서는 효율적으로 정보를 탐색하고 디지털 미디어 환경에서 소통되는 텍스트를 읽는 방법과 정보를 평가하는 전략을 학습하기 위해 대표적인 수업 모형 세 가지를 살펴보고자 한다.

전략 43 정보 검색 전략 탐색하기(정보 탐색)

개념·목적 필요한 정보를 찾기 위해 가능성 있는 공간을 탐색하고 선별하는 전략. 목적에 맞는 정보에 접근하기 위한 키워드를 생성하고 검색 결과를 전체적으로 조망한 후 필요한 정보를 선별하는 과정 전체와 연관됨.

절차·과정 ① 필요 정보에 대한 검색 방향 질문 던지기
② 세부 검색 전략 결정하기(검색 도구, 키워드 연산자 활용)
③ 검색 실행 후 자료 선택하기
④ 검색 과정 복기하고 공유하기

적용 대상·상황 초등학교 4학년 이상, 모든 텍스트

전략 44 복합양식 텍스트 뜯어보기(분석과 종합하기)

개념·목적 다양한 양식이 결합된 복합양식 텍스트의 의미를 구성하고 의도와 방법을 파악하는 전략.

절차·과정 ① 복합양식 텍스트 구성 요소 꼼꼼하게 읽기
(이미지, 색깔, 구성, 문구, 소리 등)
② 여러 양식의 의미 종합하기(전체 의미 구성하기)
③ 전략, 의도 파악하기: 제작자, 수용자의 입장에서 효과 파악

적용 대상·상황 초등학교 2학년 이상, 복합양식 텍스트

전략 45 취재 보도 준칙 활용하여 질문하기(평가하기)

개념·목적 정보 출처의 신뢰성 판단, 제시된 정보의 공정성, 합리성, 편향성 등을 평가함으로써 인터넷 공간에서 접하는 정보에 대한 정확성과 타당성을 평가하는 전략.

절차·과정 ① 취재 보도 준칙 활용하여 정보 평가하기
② 복합 검증 해 보기

적용 대상·상황 초등학교 5학년 이상, 모든 텍스트

전략 43 정보 검색 전략 탐색하기(정보 탐색)

'정보 검색 전략 탐색하기(정보 탐색)'는 디지털 미디어 문식 환경에 존재하는 방대한 자료 중 과제 수행을 비롯하여 자신의 목적에 적합한 정보를 찾기 위해 연습하는 전략이다. 원하는 정보를 능숙하게 검색하기 위해서는 ① 정보 검색의 경로를 결정하고, ② 검색 도구와 검색 키워드, 검색 연산자 활용과 같은 검색 방법을 숙지하여 적합한 방법을 선택해야 하며, ③ 검색 결과를 분석하고 평가하여 목적에 적합한 자료를 얻어야 한다. 만약 ③단계에서 적합한 자료를 찾지 못했다면 메타인지를 활용한 자기조절 과정을 거쳐 다시 ①단계로 회귀하여 검색하는 절차를 밟아야 한다. 교사는 정보 탐색의 과정과 절차를 체계화하여 보여 주고 실제 정보를 탐색하는 과정에서 어떤 시행착오를 겪을 수 있는지, 효율적인 방법에는 무엇이 있는지 논의하는 과정을 중심으로 수업을 설계할 수 있다. 이를 통해 학생들은 디지털 공간에서 원하는 정보를 탐색할 수 있는 관련 기능을 숙달시켜 필요 정보에 도달하는 접근 수준을 높일 수 있다.

절차와 과정

① 필요 정보에 대한 검색 방향 질문 던지기(왜)

② 세부 검색 전략 결정하기

(어디서) 검색 도구 선택하기	(무엇을) 검색 키워드 생성하기	(어떻게) 검색 연산자 활용하기
정보 종류별 검색 도구 선택(도구별 특성 파악) • 블로그, SNS의 차이 • 검색엔진의 차이 • 동영상, 사진, 글의 차이	• 필요 정보에 대한 핵심어 추출 • 핵심어와 동의어 찾기 • 핵심어와 관련된 단어 생성	• &: 두 키워드가 모두 포함된 정보 검색 • |: 두 키워드 중 하나만 포함되어 있어도 해당 정보 검색 • !: 키워드 정보를 제외하고 검색 • "": ""안의 구문을 포함하는 정보 검색 • 검색창 자동완성 기능 활용 등

③ 검색 실행 후 자료 선택하기

④ 검색 과정 복기하고 공유하기

발문과 활동

◌ 질문 던지기: 제시한 정보를 찾기 위해 알아야 하는 것과 검색 순서는 무엇일까요?

◌ 자료 선택하기: 검색한 자료 중 선택한 자료의 기준과 이유를 말해 봅시다.

◌ 검색 과정 공유하기: 검색 과정에서 어려웠던 점과 팁을 적어 봅시다.

내가 찾을 정보는?	쓰레기 처리 방법
내가 선택한 검색엔진과 이유는?	네이버 쓰레기 유형과 구체적 사진자료가 필요

	Step 1	→	Step 2	→	Step 3
검색어	쓰레기 | 처리		쓰레기 & 처리		쓰레기 종류 & "처리"
연산자	|		&		&, " "
평가	· 범위가 너무 넓음 ∵ 키워드 하나만 있어도 검색되므로		· 사진, 유튜브 등 다양한 자료 검색 · 쓰레기 유형별 처리 방법 궁금		· 쓰레기 종류별 처리방법 검색 · 블로그, 기관사이트, 웹페이지 등

교수·학습 길잡이

- 검색 주제는 추상적인 주제보다 구체적이고 세부 정보를 담은 주제(예: 우리나라 플라스틱 처리 방법)에서 점차 넓은 범주의 주제(예: 환경과 기후 위기)로 확대한다.
- 검색 방향에 대한 질문은 브레인스토밍의 방법으로 풍부한 답변이 나올 수 있도록 진행한다.
- 본 활동의 목적은 자신의 검색 방법을 점검하고 공유함으로써 자신만의 효율적인 검색 전략을 확립하는 데 있다. 따라서 풍부한 검색 방법이 공유될 수 있도록 구성한다.
- 교사가 제시하는 주제(여러 개 중 선택 가능) 중 모둠별/개인별 수행 과정에서 정보를 찾아나가는 과정을 기록하며 검색하게 하고, 이에 대해 모둠원들끼리 가장 좋은 검색 방법이 무엇인지 이야기를 나누어 좀 더 효율적인 방법을 찾게 한다.

전략 44 복합양식 텍스트 뜯어보기(분석과 종합하기)

'복합양식 텍스트 뜯어보기(분석과 종합하기)'는 디지털 미디어 문식 환경에서 소통되는 텍스트의 복합양식성에 대한 분석과 종합을 통해 텍스트의 의미를 파악하는 전략이다. 인터넷 공간에서 선택한 정보들은 복합적이고 다층적으로 의미가 결합된 형태를 띠는데, 이 전략은 텍스트의 명시적, 내재적 의미를 추론하면서 의미를 구성하고 종합하는 인지적 과정을 연습할 수 있다는 데 의의가 있다. 특히 텍스트 중심의 언어적 표상과 동영상, 이미지, 소리와 같은 비언어적 표상이 주는 의미나 정보는 동일하지 않으므로 학생들은 디지털 공간에서 다양한 양식으로 제시되는 복합양식 텍스트의 의미를 파악하는 방법을 연습할 필요가 있다.

절차와 과정

① 복합양식 텍스트 구성 요소 꼼꼼하게 읽기
- (이미지) 어떤 장면과 영상이 보이는지 파악하기
- (색깔) 눈에 띄는 색과 주로 다룬 색 파악하기
- (구성) 구도와 이미지 배치, 특정 카메라 샷 파악하기
- (문구) 사용한 문구의 의미, 의도 파악하기
- (소리) 어떤 소리를 어느 장면에서 활용했는지 파악하기

② (여러 양식의 의미 종합하기) 텍스트에 사용된 양식을 종합하여 스토리텔링하기

③ (전략, 의도 파악하기) 제작자, 수용자의 입장에서 각 양식의 효과 파악하기

발문과 활동

- (이미지) 텍스트를 꼼꼼히 살펴봅시다. 무엇이 보이나요? 찾은 것 중 빠진 것은 없을까요?
- (색깔) 텍스트에서 사용한 색과 그 의도는 무엇일까요?
- (구성) 왜 구도와 배치를 이렇게 구성했을까요?
- (문구) 텍스트의 문구를 사용한 이유는 무엇일까요?
- (소리) 텍스트에 사용된 소리는 무엇이고 이 소리를 사용한 이유는 무엇일까요?
- (의미 종합) 텍스트의 구성 요소의 조합을 통해 어떤 의미를 전달하려 했을까요?
- (전략, 의도 파악하기) 이 광고의 대상과 의도, 전략은 무엇일까요?

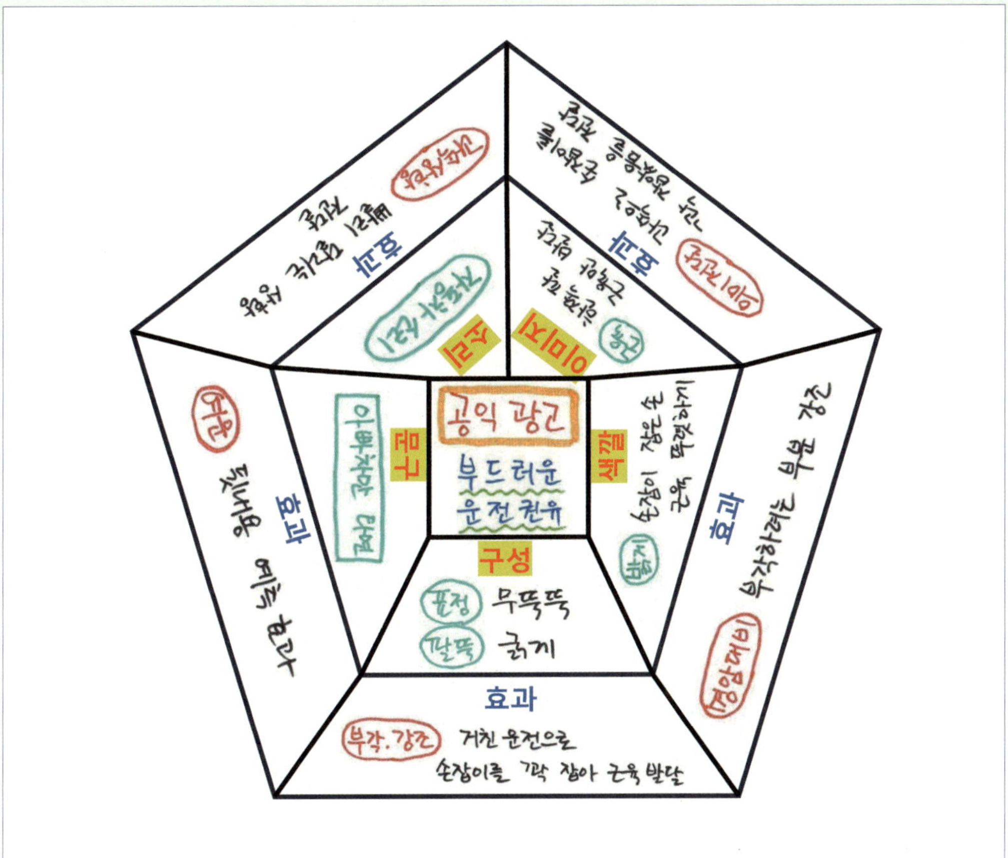

교수·학습 길잡이

- 이미지 텍스트 영상 텍스트의 순으로 텍스트를 구성하는 양식의 개수가 적은 텍스트부터 순차적으로 진행하는 것도 좋다.
- 텍스트에서 의미를 전달하는 각 양식을 하나하나 꼼꼼히 뜯어보고 의미를 확인한 후 이들을 종합하여 전체 텍스트의 의미가 무엇인지 물어본다.
- 텍스트에 제시된 다양한 양식을 종합할 때는 해당 양식이 전체 텍스트의 의미와 어떤 관계가 있는지 파악하게 한다. 예를 들어 이미지와 글자의 비율, 분량을 살펴보고 어떤 관점과 의도로 이렇게 표현했는지 설명하게 한다.
- 텍스트에 사용된 양식의 의미를 종합할 때는 사용된 양식 각각의 의미를 나열식으로 언급하여 설명하기보다, 전달하려는 의미 중심으로 여러 양식을 조합하여 스토리텔링 형식으로 설명하게 한다.
- 영상 스토리보드 제작, 광고(지면, 영상) 제작, 설득 전략을 평가하는 비평문 쓰기와 같은 활동과도 연계할 수 있다.

전략 45 취재 보도 준칙 활용하여 질문하기(평가하기)

'취재 보도 준칙 활용하여 질문하기(평가하기)' 전략은 인터넷 공간에 존재하는 다양한 정보를 탐색하고 종합할 때 접하는 정보의 질과 신뢰성, 타당성을 비판적으로 평가하는 전략이다. 디지털 환경 특히 인터넷 공간에 존재하는 수많은 정보의 경우 비합리적이고 편향된 정보들이 많아 모든 정보가 양질의 정보라 하기 어렵다. 따라서 문식 활동 중에 접하는 정보들의 중요도를 판정하고 정확성을 판단하여 주장과 근거 등의 타당성을 평가할 필요가 있다. 특히 정보 출처의 신뢰성 판단은 저자, 장소, 시의성 등을 따짐으로써 이루어지며, 출처의 특성과 출처가 다른 여러 문서 간 정보의 일관성 비교를 통해 내용의 신뢰성을 판단할 수 있다. 또한 제시된 정보의 정확성, 타당성, 공정성, 합리성, 편향성에 대한 엄밀한 평가는 누구나 생산할 수 있고 소비할 수 있는 인터넷 정보의 특성을 고려할 때 꼭 습득해야 할 전략이다. 평가하기 전략은 다양한 형태의 교수·학습법이 가능하나 여기서는 대표적으로 평가의 기준을 알 수 있는 취재 보도 준칙을 활용하여 콘텐츠에 접근하는 전략을 살펴본다.

절차와 과정

① 취재 보도 준칙 활용하여 정보 평가하기
- (사실과 의견 구분) 사실과 의견을 구분하여 전달하고 있는가?
- (편향적인 표현 사용) 특정 개인, 집단의 견해나 입장에 편향되어 있는가?
- (비판적 내용의 익명 인용) 비판, 폭로 등의 내용을 익명 취재원에 근거하여 제시하고 있는가?
- (일방적 비방을 담은 제목 사용) 대상을 일방적으로 공격하는 표현으로 제목을 사용하고 있는가?
- (출처 표기) 사진, 영상 등의 출처를 분명하게 표기했는가?

② 복합 검증(하나의 정보에 대한 여러 의견 알아보기) 해 보기
- 같은 내용의 정보를 여러 종류의 미디어에서 다루고 있는 형태 파악하기
- 출처 판단(유튜브, 신문 기사, 페이스북, 트위터) 및 신뢰성 평가 등

발문과 활동

- 저자는 누구인가요? 과거에 어떤 글을 썼고, 어떤 인물인지 확인해 보았나요?
- 정보가 만들어진 시간, 장소가 분명히 존재하나요?
- 정보가 대상의 신뢰를 떨어뜨리기 위해 감정적으로 대응하거나 편향적이지는 않나요?
- 정보의 출처는 어디인가요? 기관명이 이름만 유사한 기관을 사칭하고 있지 않나요?

취재 보도 준칙 활용하여 질문하기

	질문	평가
질문1	· 사실과 의견을 구분하고 있는가?	① (기후위기 사실) 사진, 영상 제시 ② (제작자 의견) 심각성 평가 문자로 제시
질문2	· 특정 개인의 의견만으로 치우쳐져 있는가?	· (환경보호단체 의견 80% 이상) 기업이나 다른 기관의 의견도 필요
질문3	· 비판 내용의 출처는 믿을만한가?	· (대학교수 인터뷰) 전문가 의견이어서 믿을만 했음
질문4	· 상대방을 일방적으로 공격하는 표현을 사용하였는가?	· (기후위기 유발 기업, 단체 입장 없음) 해당 기업, 단체 입장 없어 아쉬움
질문5	· 사진이나 영상의 출처는 표시하였는가?	· (자막제시) 사진, 영상 출처의 자막 표시

교수·학습 길잡이

- 시사적 이슈를 다룬 콘텐츠 선정 (유튜브, 포털 기사, SNS 등) 후 취재 보도 준칙을 활용한 질문을 통해 다양한 측면(출처 신뢰성, 타당성, 편향성 등)에서 평가하는 활동으로 설계하면 좋다.
- 학습자 수준에 따라 교사가 취재 보도 준칙을 편집하여 체크리스트 형태로 제시해 줘도 되지만, 학습자가 먼저 취재 보도 준칙을 검색하여 중요하다고 생각하는 기준을 추출하게 해도 된다.
- 개인별 과제도 가능하지만 모둠별 과제를 중심으로 수업을 기획하고, 공통 주제 제시 후 활동도 가능하며 최종적으로 모둠별 콘텐츠 평가 기준을 만들어 공유하는 활동으로까지 나아가면 좋다.
- 하나의 주제로 매체 유형별(유튜브, 페이스북, 트위터, 포털 등) 보도를 조사하여 판단하는 방법도 가능하다.

2 미디어 리터러시 표현 및 생산 전략

이 절에서는 미디어 리터러시 표현 및 생산에 관한 전략을 소개하고 지도 방법을 습득한다. 미디어 리터러시에서 표현 및 생산과 관련한 역량은, 디지털 미디어를 활용하여 콘텐츠를 생산함으로써 자신의 감정과 의견을 창의적이고 효과적으로 표현하는 능력으로 볼 수 있다.

미디어 리터러시 표현 활동에서 가장 주목할 지점은 복합양식 텍스트 생산에서의 디자인 과정이다. 인쇄 매체 기반의 텍스트가 문자 중심의 '쓰기'인 데 반해 디지털 매체 기반의 텍스트는 기호가 복합적으로 결합되어 '디자인'된 것이라 할 수 있다. 디자인의 개념은 텍스트 생산 과정에서 고려해야 할 인지적 요소가 기호의 의미, 구도, 배치, 시각적 요소 등으로 확장됨을 의미한다.

따라서 복합양식 텍스트를 디자인하기 위해서는 첫째, 개별 양식의 기호학적 특성과 이 양식이 유도하는 효과를 이해하고 이를 전달 목적에 맞게 활용할 수 있어야 한다. 둘째, 다양한 양식의 기호를 효과적으로 결합하고 배치하여 의미를 구성할 수 있어야 한다. 이를 위해서는 각각의 양식이 어떻게 재구성되고 조합되느냐에 따라 메시지가 담는 의미가 달라질 수 있다는 점을 이해할 필요가 있다. 디지털 환경에서 필자는 표현 매체의 표현 가능 영역을 파악하여 최적의 방식과 전략을 통해 텍스트를 구성해야 한다. 이를 위해 표현 매체에 대한 민감성과 특성, 효과를 정확히 인지하고 있어야 하는데 여기에는 기술적으로 어떻게 구현할 수 있는지에 대한 지식도 포함되므로 이러한 특성을 고려한 전략을 사용할 수 있어야 한다.

이 절에서는 미디어 리터러시에서 복합양식 텍스트를 중심으로 표현하고 생산하는 전략을 학습하기 위해 이미지 제작과 관련된 메시지를 섬네일로 표현하기 전략, 스토리보드로 영상 제작하기 전략을 살펴본다.

전략 46 메시지를 섬네일로 표현하기

개념·목적 디지털 환경에서는 전달하려는 메시지를 이모티콘이나 줄임말과 같이 압축하여 전달하는 모습을 많이 확인할 수 있으므로 영상의 첫 화면인 섬네일의 형태로 메시지를 제작하여 이미지를 활용하여 효과적으로 표현하는 전략. 이미지를 중심으로 내용을 전달하고 표현하는 방법을 연습할 수 있다는 장점이 있는 전략.

절차·과정 ① 표현할 메시지 선정하여 요약하기
② 중요 내용 요소 포함하여 섬네일 제작하기
③ 제작한 섬네일 평가 및 공유하기

적용 대상·상황 초등학교 4학년 이상, 모든 텍스트

전략 47 스토리보드로 영상 제작하기

개념·목적 영상을 제작하기 위해 주요 장면을 선정하고 각 장면을 효과적으로 전달하기 위한 다양한 요소를 설계하여 현실적으로 구현해 보는 전략. 대표적인 복합양식 텍스트인 영상 제작을 위해 공간 구조를 고려한 배치하기, 다양한 기호를 텍스트로 구체화하는 형상화하기, 내용 및 형식을 조정하는 편집하기 등 제작하기 전략을 연습해 보는 활동.

절차·과정 ① 제작할 영상의 주요 장면만 뽑아 간략히 스케치하기
② 장면별 카메라 각도와 거리 등 구도 작성하기
③ 장면별 음악, 효과음 삽입 결정하기
④ 장면별 대사, 자막 작성하기

적용 대상·상황 초등학교 5학년 이상, 복합양식 텍스트

전략 46 메시지를 섬네일로 표현하기

'메시지를 섬네일로 표현하기' 전략은 문자보다 이미지가 더 익숙한 디지털 네이티브들이 스토리나 생각을 압축하여 주로 이미지의 형태로 표현하게 하는 전략이다. 섬네일이란 엄지손톱이란 뜻인데 큰 파일을 열지 않고도 내용을 알 수 있도록 축소된 이미지를 의미하며, 일반적으로 영상의 첫 화면 또는 텍스트의 제목 정도에 대응한다. 디지털 미디어 환경에서 소통되는 텍스트 특히 영상의 경우 수용자에게 보이는 섬네일이 선택의 중요한 기준이 될 수 있으므로, 이를 어떻게 매력적으로 구성할지에 대한 고민과 연습은 미디어 리터러시 표현 활동에서 중요한 전략으로 볼 수 있다. 이 전략은 전달하고자 하는 바를 요약하고 다양한 양식을 활용하여 이를 한 화면에 효과적으로 담는 방법에 대해 연습할 수 있다는 장점이 있다.

절차와 과정

① (메시지 선정) 표현할 메시지를 요약, 선정하여 명확하게 정리하기

② (섬네일 제작)

- 전달하려는 메시지의 중요 내용 요소 추출하기
- 추출한 중요 내용 요소를 표현하기에 적합한 양식 찾기
- 문자, 소리, 사진 등 다양한 양식 활용하여 섬네일 제작하기

③ (섬네일 평가 및 공유) 제작한 섬네일 평가 및 공유하기

발문과 활동

- 표현하려는 메시지를 간략히 요약해 보고 꼭 들어가야 할 내용 요소를 3~5가지로 정리해 보세요.
- 추출한 내용 요소에 대해 표현할 수 있는 적절한 양식에는 무엇이 있는지 찾아보세요.
- 필수 내용 요소를 이미지, 문자 등의 양식을 활용하여 한 눈에 내용이 들어올 수 있게 제작해 봅시다.
- 제작한 섬네일에 대해 내용 반영 여부, 참신도, 매력도 등에 대해 평가해 보고 공유해 봅시다.

메시지를 섬네일로 표현하기

① (내가 만든, 만들) 영상 키워드 찾기	② 양식 고르기	
인구 감소, 저출산, 자연 감소 신입생 감소, 지방소멸, 고령화	사진	· 사이렌 사진
	이미지	· 인구 감소를 보여주는 픽토그램
	문자	· 저출산, 고령화 심화로 인구감소

③ 제작하기

④ 설명

① (사이렌) 인구감소의 심각성 표현
② (픽토그램) 인구감소 흐름을 알기쉽게 표현
③ (문자) 인구감소, 저출산, 고령화 글씨 크게 굵게 하여 강조

⑤ 점검하기

- ☐ 영상의 키워드가 섬네일에 모두 반영되었나요?
- ☑ 키워드를 전달하기에 효과적인 양식을 사용하였나요?
- ☑ 섬네일의 내용이나 구성이 새롭고 참신한가요?
- ☑ 섬네일만 보고도 사람들의 관심을 불러 일으킬 수 있나요?

교수·학습 길잡이

- 학습자의 수준에 따라 소설의 한 문장이나 영화 속 인상 깊은 대사를 한 장의 사진이나 이미지로 표현하기부터 시작해 볼 수 있다.
- 섬네일 제작은 주로 영상 텍스트를 전제로 진행하는 것이 적합한데, 해당 영상의 내용과 주요 장면을 종합적으로 고려하여 효율적으로 노출할 수 있게 안내한다.
- 내용을 단순하게 표현하기보다 여러 양식의 특성을 고려하여 표현하려는 내용을 효과적으로 드러낼 수 있도록 지도한다.
- 디지털 웹상에서 자주 일어나는 패러디나 매체 변용을 고려할 때 다른 학습자가 제작한 섬네일을 자유롭게 수정, 보완, 변용할 수 있도록 분위기를 조성하는 것도 좋다.
- 이 전략은 영화 포스터 제작, 문학 작품을 사진으로 표현하기, 통계수치 자료를 그래픽화하기, 인포그래픽 제작하기, 자신의 생각이나 감정을 이미지로 표현하기 등의 활동으로 확장하여 활용할 수 있다.

전략 47 스토리보드로 영상 제작하기

'스토리보드로 영상 제작하기' 전략은 메시지를 담은 복합양식 텍스트(영상)를 표현하기 위한 설계도로 스토리보드를 활용하여 영상을 현실적으로 구현해 보는 전략이다. 미디어 리터러시 표현 능력은 다양한 매체의 특성과 유도하는 효과를 이해하고, 이를 바탕으로 메시지를 생성하고 조직하며, 기술적 측면을 고려하여 텍스트를 생산하는 능력을 의미한다. 이때 영상 제작하기는 메시지를 효과적으로 전달하기 위한 텍스트 전체 공간 구조를 고려하여 위치를 설정하는 배치하기와 다양한 기호를 활용하여 텍스트로 구체화하는 과정인 형상화하기, 메시지의 효과적인 전달을 위해 텍스트의 내용 및 형식을 조정하는 편집하기 등의 과정을 거친다. 이러한 과정은 스토리보드를 통해 효과적으로 설계되는데, 스토리보드에는 제작할 영상의 주요 장면, 카메라 각도, 거리, 대사, 자막, 음악 등의 세부 요소를 담아 작성한다. 이 전략은 디지털 미디어 환경에서 메시지를 효과적으로 전달하기 위해 고려해야 할 사항들이 무엇인지 파악하고 이를 바탕으로 복합양식 텍스트(영상) 제작 역량을 신장시키는 데 목적이 있다.

절차와 과정

① 제작할 영상을 7~8컷 분량으로 주요 장면만 뽑아 간략히 스케치하기
② 장면별 카메라 각도와 거리 등 구도 작성하기
③ 장면별 음악, 효과음 삽입 결정하기
④ 장면별 대사, 자막 작성하기

발문과 활동

- 지정된 컷 수 내에서 제작할 영상의 전체적인 줄거리가 드러나도록 장면을 구성해 봅시다.
- 각 장면을 효과적으로 표현하기 위해 어떠한 방법을 사용할 수 있을까요?
- 개별 장면뿐만 아니라 전체 영상의 흐름도 점검해 봅시다.

교수·학습 길잡이

- 개인별 활동보다 모둠별 활동이 더 좋으며, 저학년일수록 스토리보드의 장면 개수를 지정해 줄 필요가 있다.
- 스토리보드에 담을 메시지, 사용할 기호, 구성, 구도(배치), 시각적 요소, 각도, 거리 등 구성 요소를 풍부하게 제시하는 것이 중요하다.

스토리보드로 영상 제작하기

화면	구성상 특징	대사, 자막
	구성 발표자가 왼쪽에서 상황설명 효과음 시선을 끌수있는 종소리	어려서 살찐건 키로 갈거야
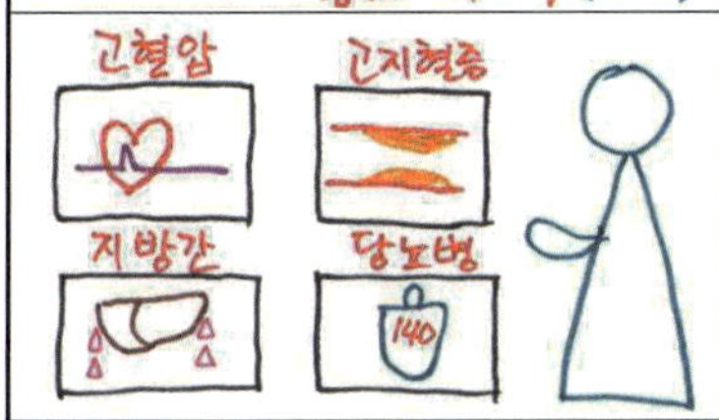	구성 발표자가 오른쪽에서 상황설명 (첫화면과 차별화) 효과음 긴장감 있는 음악	고혈압, 고지혈증 지방간, 당뇨병
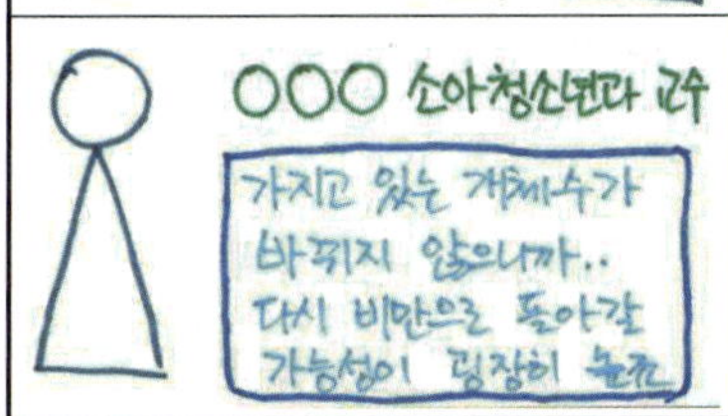	구성 교수가 왼쪽 효과음 전문가 목소리에 집중하도록 효과음 삽입하지 않기	가지고 있는 개체수가 바뀌지 않으니까.. 다시 비만으로 돌아갈 가능성이 굉장히 높죠
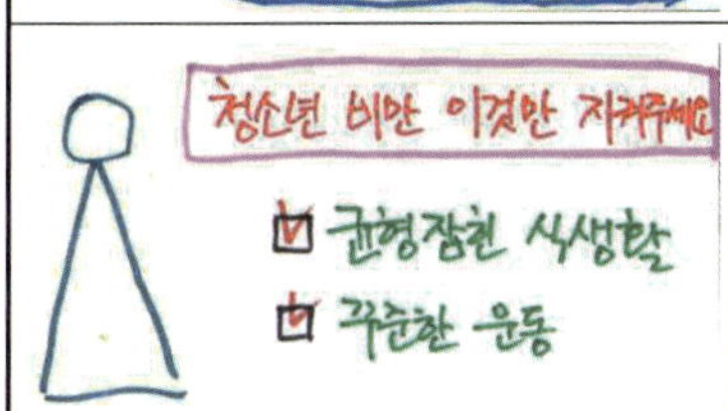	해결책 중요하므로 굵게 음악 밝고 경쾌한 음악	청소년 비만 이것만 지켜주세요 · 균형잡힌 식생활 · 꾸준한 운동

- 고려해야 할 요소로 이미지의 경우 색, 감촉, 선, 형태, 형식의 결합, 독자 시선의 이동 등을 고려할 필요가 있고 영상의 경우 시점, 프레임, 조명, 편집, 진행, 전환, 세트나 소품, 의상, 움직임, 소리, 대화, 동작, 음악, 침묵 등의 요소를 제시하면 좋다.
- 개별 장면의 내용과 구성도 신경 써야 하지만 전체 영상의 일관성 있는 흐름도 신경 쓸 수 있게 지도해야 한다.
- 이 전략의 핵심은 다양한 기호를 활용한 배치하기, 형상화하기, 편집하기 등이므로 카드 뉴스 제작하기, 나의 유튜브 알고리즘 소개하기 등 다른 형태의 복합양식 텍스트 제작에도 확장하여 적용할 수 있다.

3 미디어 리터러시 소통 전략

이 절에서는 미디어 리터러시 중 소통과 관련하여 디지털 공간에서의 윤리적 책임을 성찰하고 정보와 텍스트를 배포, 확산하는 공유하기에 관한 전략을 소개하고 지도 방법을 습득한다.

디지털 미디어 공간에서의 소통은 익명성을 기본으로 하므로 미디어 이용과 생산 및 소통에 있어 윤리적이고 책임 있는 태도가 요구된다. 이와 관련된 내용을 살펴보면, 온라인 공간에서 다른 사람을 존중하고 책임 있는 태도로 의사소통하기, 디지털 미디어 이용에 관한 기본적인 권리와 책임을 이해하고 학교·가정·지역사회 내에서 올바르게 미디어 활용하기, 개인정보 보호 및 온라인 위험에 대처하고 보호받을 수 있는 미디어 관련 법 규범에 대해 알고 시민으로서 대처하기, 자신이 온라인에서 하는 활동이 디지털 발자국으로 남아 자신의 평판에 지속적으로 영향을 미치게 됨을 알고 책임 있는 시민으로서 행동하기 등이 그것이다. 따라서 불특정 다수와 의사소통이 이루어지는 환경에서 윤리 의식을 지키고 자기 성찰 전략을 사용할 필요가 있다.

한편 공유하기는 인터넷을 통해 다양한 정보를 전파, 확산하고, 여러 콘텐츠에 대한 자신의 생각을 표현하는 것을 의미한다. 인터넷 기반의 디지털 플랫폼을 통한 메시지의 소통은 그 파급 효과가 크므로 메시지의 영향력, 전파력 등을 종합적으로 고려할 필요가 있다. 특히 메시지 생산자의 역할뿐만 아니라 의미 있는 정보에 반응하여 확산시키는 주체의 역할 역시 강조되고 있으므로 공유 과정에서 지켜야 할 태도나 고려해야 할 점 등을 생각하여 전략을 구사할 필요가 있다.

이 절에서는 미디어 리터러시에서 소통과 관련한 전략을 학습하기 위해 대화 원리를 활용한 댓글 달기 전략과 자료 업로드 시 주의 사항 만들기 전략을 살펴본다.

전략 48 대화 원리 활용하여 댓글 달기

개념·목적 미디어 리터러시에서 의사소통 과정과 상호작용 장면에서 지켜야 할 윤리적이면서도 책임 있는 자세를 내면화하기 위한 전략. 비대면과 익명을 기본으로 하는 디지털 환경에서의 언어 습관을 성찰해 보고 대화 원리를 적용하여 소통할 수 있는 도구이자 전략을 제공하는 데 그 목적이 있음.

절차·과정 ① 공손성의 원리 설명하기(요령, 관용, 칭찬, 겸양, 동의, 공감의 격률)
② 공손성의 원리에 따른 댓글 달기 연습하기
③ 모둠원들의 댓글 평가하고 공유하기

적용 대상·상황 초등학교 3학년 이상, 모든 텍스트

전략 49 자료 업로드 시 주의 사항 만들기

개념·목적 디지털 매체 환경에서 생산된 정보를 업로드하고 전파하는 과정에서 지켜야 할 사항을 연습할 수 있는 전략. 공유하기 과정에서 필자는 전달하려는 메시지의 영향력과 메시지를 전달하기에 적합한 공간을 종합적으로 고려해야 하며, 자신의 반응이 어떻게 전달되고 확산되는지 생각할 필요가 있다는 점에서 연습해야 할 전략.

절차·과정 ① 업로드 시 지켜야 할 주의 사항을 지키지 않은 사례 조사
② 자료 업로드 시 준수해야 할 주의 사항 만들기
③ 업로드한 자료의 댓글, 이용자 반응 모니터링

적용 대상·상황 초등학교 5학년 이상, 모든 텍스트

전략 48 대화 원리 활용하여 댓글 달기

'대화 원리를 활용하여 댓글 달기' 전략은 디지털 미디어 환경에서 비대면과 익명성이 가져올 수 있는 문제점을 방지하기 위해 윤리적이고 책임 있는 자세를 내면화하는 전략이다. 온라인 상호작용에서 흔히 나타나는 혐오 표현은 주목을 끌기 위해 대립을 부추기는 경우가 많다. 학습자들은 이러한 표현에 비판적으로 접근하고 윤리적 태도를 익히며 자신의 언어 습관을 성찰할 필요가 있다. 이 전략은 비대면과 익명성에도 불구하고 상대방을 존중하는 상호작용 원칙을 내면화하게 하며, 디지털 환경에서 주고받는 댓글과 피드백, 언어 표현을 고민해 보는 기회를 제공한다. 또한 자신의 디지털 언어와 표현을 성찰해 볼 수 있어 유의미한 활동이 된다.

절차와 과정

① 공손성의 원리 설명하기
- 요령의 격률: 상대의 부담을 최소화, 이익을 최대화하는 원리
- 관용의 격률: 자신의 이익을 최소화, 부담을 최대화하는 원리
- 칭찬의 격률: 상대에 대한 비방을 최소화, 칭찬을 최대화하는 원리
- 겸양의 격률: 자신에 대한 칭찬을 최소화, 비방을 최대화하는 원리
- 동의의 격률: 상대와 자신의 차이를 최소화, 일치를 최대화하는 원리
- 공감의 격률: 상대와 자신의 반감을 최소화, 공감을 최대화하는 원리

② 다양한 이슈, 기사 등에 공손성의 원리에 따른 댓글 달기 연습하기

③ 모둠원들의 댓글 평가하고 공유하기

발문과 활동

- 공손성의 원리가 적용되지 않은 댓글을 모둠별로 조사해 보고 그 특성과 어떤 문제점이 있는지 정리해 봅시다.
- (특정 이슈나 기사 제공 후) 공손성의 원리를 적용하여 댓글을 달아봅시다.
- 모둠원들의 댓글이 공손성의 원리가 잘 적용되었는지 평가해 보고 잘 적용된 부분과 적용되지 않은 부분을 찾아 모둠원들과 공유해 봅시다.

교수·학습 길잡이

- 공손성의 원리를 설명할 때 구체적인 전략으로 안내한다. 예를 들어 동의의 격률의 경우 'Yes, But~'과 같이 상대방의 의견에 먼저 동의한 후 그 뒤에 자신의 의견을 덧붙이는 세부 전략을 소개하는 방법을 제시한다.

대화원리 활용하여 댓글달기

기사	○언어 생활의 오염 문제를 다룬 기사
댓글	○이렇게 이야기하는 사람 내 주변에 한 명도 없음

선택한 공손성의 원리	· 칭찬의 격률
수정한 댓글	· 현실을 다룬 좋은 기사네요. 우리 주변을 돌아볼수 있는 계기가 되었어요.
모둠원의 평가	· 상대방에 대한 비방을 줄이고 기사의 의미에 대한 칭찬을 최대화한 댓글 같아.

블로그	○요리 레시피 설명 블로그
댓글	○퇴근하고 피곤해 죽겠는데 언제 이렇게 다양한 재료로 요리를 만들고 또 소스까지 만들어서 먹을 수 있겠어요. 현실성 있는 레시피를 올리세요.

선택한 공손성의 원리	· 관용의 격률
수정한 댓글	· 저는 퇴근이 늦어 신선한 재료를 구입하기 어렵습니다. 특히 말씀하신 소스를 대체할수 있는 방법은 없을까요?
모둠원의 평가	· 자신의 이익을 최소화하고 상대방이 부담스럽지 않게 잘 표현한 댓글이야.

- 교사가 다양한 상황과 사례를 준비하는 것이 핵심이므로, 각 원리를 연습할 수 있는 시사적인 주제나 기사를 준비하여 가상으로 댓글 달기 연습을 할 수 있도록 사전에 설계하도록 한다.
- 모둠원들의 댓글을 평가할 때에는 각 격률이 정확히 적용되었는지, 어느 부분이 부족한지 장단점을 중심으로 평가하게 한다.
- 특히 윤리적 책임과 관련하여 미디어 문식 활동과 관련한 자신의 언어 사용 습관, 소통할 때의 문제점 등에 대해 성찰하는 기회를 준다.
- 수업 마지막에는 디지털 온라인 상황에서 소통할 때 갖추어야 할 자세나 성찰해야 할 내용을 공유하는 것으로 마무리해야 수업 전체 목표를 달성할 수 있다.

전략 49 자료 업로드 시 주의 사항 만들기

'자료 업로드 시 주의 사항 만들기' 전략은 디지털 매체 환경에서 여러 방법으로 생산된 정보나 텍스트를 디지털 플랫폼을 통해 전파하고 소통하는 과정에서 반드시 고려해야 할 사항들을 구체적으로 연습해 보는 전략이다. 이를 통해 학습자들은 메시지 생산자뿐만 아니라 유의미한 정보를 확산시키는 주체로서의 역할을 인식하고 공유 과정에서 지켜야 할 태도나 고려해야 할 점 등을 생각하여 전략을 구사할 필요성에 대해 내면화할 수 있다.

공유하기는 정보와 텍스트를 웹 기반 플랫폼에 게시하고 배포, 확산시키는 전파하기와 타인의 콘텐츠에 자신의 생각을 표현하고 이를 다른 사람에게 전달하고 확산시키는 반응하기로 구분할 수 있다. 이때 필자는 게시하려는 메시지의 실행 가능성, 영향력, 전파력을 종합적으로 고려해야 하며, 자신의 메시지가 소통될 플랫폼을 이해하고 이를 고려하여 적합한 공간을 선정하는 능력 역시 중요하다. 또한 의미 있는 정보에 반응하여 다른 이들에게 전달하고 확산시키는 주체로서의 역할이 강조되므로 공유하기와 관련된 조건과 고려해야 할 사항을 연습하고 익히는 것이 중요하다.

절차와 과정

① 웹상의 자료 조사하여 주의 사항을 지키지 않은 사례 조사 및 발표

② 자료 업로드 시 주의 사항 만들기
- (개인정보 노출) 저작권, 초상권 등 개인정보 노출 여부 확인하기
- (부정적 이해) 자료의 편향성, 오개념 형성 가능성, 제목의 관심을 끌기 위한 부적절한 표현 사용 등 확인하기
- (유해한 장면) 담배, 음주 장면 등 포함 여부 확인하기
- (업로드 조건) 플랫폼 요구 조건 확인하기(파일 형식, 영상 비율, 길이, 용량 등)

③ 업로드한 자료의 댓글, 이용자 반응 모니터링

발문과 활동

- 디지털 웹상에 소통되는 텍스트, 댓글 중에서 문제점이 있다고 생각하는 콘텐츠를 조사하여 어떤 부분이 문제인지 발표해 봅시다.
- 자료를 업로드할 때 주의해야 할 사항에는 무엇이 있을까요?
- 업로드된 자료의 댓글이나 이용자의 반응을 모니터링하여 어떤 특징이 있는지 이야기해 봅시다.

자료 업로드 시 주의사항 만들기

사례	○학교 홈페이지에 동아리 활동 사진을 업로드할 때 동아리 부원의 얼굴이 모두 노출된 사진을 업로드함.
문제점	· 초상권 동의 없이 사진을 업로드함.
해결방안	· 초상권 동의 없는 경우 모자이크 처리하여 업로드 해야함
자료 업로드 시 주의사항	· 개인정보가 노출되지 않게 주의해야 함.

사례	○학교밖 청소년의 생활을 심층 조사한 보고서의 발표자료 안에 학생이 담배를 피면서 인터뷰한 사진을 첨부함.
문제점	· 학생이 담배를 피는 모습은 유해한 장면에 해당함.
해결방안	· 담배를 모자이크 처리하거나 담배피는 사진이 아닌 다른 사진으로 대체.
자료 업로드 시 주의사항	· 담배나 음주 등 유해한 장면의 포함여부 확인

교수·학습 길잡이

- 자료 업로드 시 주의 사항을 교사가 예시로 몇 가지 알려 주고, 모둠이나 개인별로 해당 사항을 탐구하여 주의 사항을 만들어 나가는 방식으로 진행한다.
- 이 과정에서 디지털 환경에서의 공유하기가 급속히 변화된 의사소통 환경으로 인해 의견의 공개와 공유가 어떻게 노출이나 유출로 변이되는지, 더 많이 참여할수록 더 많이 추적당하는지 등의 문제에 대해 깊이 있는 이야기를 나누는 것도 좋다.
- 주의 사항 수집 후 성격별로 각 모둠의 담당 전문가 모임을 따로 운영하는 직소 모형으로 변환하여 운영하는 것도 가능하다.
- 멘티미터 플랫폼을 활용하면 실시간으로 의견을 수렴하기에 좋다. (멘티미터는 참여, 연결, 소통, 신속성을 갖추고 있으며 내향적인 학생들 반응을 이끌어 낼 수 있는 보조 수단이다.) 패들렛을 사용하는 것도 한 방법이다.

2부 참고 문헌

06 듣기/말하기 교수학습 전략

김민정·정재훈·박경남·이진권·허유림·구찬영·감정용·김철식(2016), 『자유학기제 교과 연계 주제선택 활동 사례집』, 한국교육개발원.

노명완·신헌재·박인기·김창원·최영환·원진숙·유동엽·김은성(2012), 『국어교육학개론』, 삼지원.

박재현(2021), 『국어과 수업 설계 12단계』, 사회평론아카데미

배광호(2017), 『중·고교 선생님을 위한 토론 수업 34차시』, 뜨인돌.

신헌재·이경화·이재승·한명숙·박태호·신기술·김도남·이은숙(1997), 『(열린교육을 위한) 국어과 교수·학습 방법』, 박이정.

전은주(1999), 『말하기 듣기 교육론』, 박이정.

최지현·서혁·심영택·이도영·최미숙·김정자·김혜정(2007), 『국어과 교수·학습 방법』, 역락.

Tompkins, G. E.(2012), 『문식성 전략 50:단계별 언어 기능 교수 전략 』, 박정진·조재윤 역, 한국문화사. (원서 출판: 2008).

07 정보 텍스트 읽기 교수학습 전략

권이은·김해인·문지연·박신애·오유리·이수진·이용준·임민윤·서한얼·이지민·이순영(2024), 『교사와 학생이 함께 만드는 주제탐구독서 수업』, 역락.

이순영(2011), 「교사들의 텍스트 유형별 선호와 인식 연구 : "정보 텍스트"에 대한 논의를 중심으로」, 『국어교육학연구』 42, 499-532.

Betts, E. A.(1946), *Foundations of Reading Instructions, with emphasis on differentiated guidance*. American Book Co..

Meyer, B. J., & Poon, L. W. (2001), Effects of structure strategy training and signaling on recall of text. *Journal of Educational Psychology, 93*(1), 141 – 159.

Duke, N. K.(2000), 3.6 minutes per day : The scarcity of informational texts in first grade. *Reading Research Quarterly, 35*(2), 202 – 224.

08 문학 텍스트 읽기 교수학습 전략

경규진(1993), 『반응 중심 문학 교육의 방법 연구』, 서울대학교 박사학위논문.

교육부·대전광역시교육청(2016), 『2015 개정 교육과정 교수·학습 자료 : 국어/고등학교』, 교육부·대전광역시교육청.

박인기 외(1999), 『국어과 수행평가』, 삼지원.

이상일(2021), 「소설 교육에서 학습자의 인물 해석 과정에 관한 재고: '인물 해석소'를 중심으로」, 『문학교육학』73, 257-283.

이순영(2008), 「상징적 표상법의 이론과 실제」, 『국어교육학연구』 32, 국어교육학회, 341-367.

이순영(2015), 「'꼼꼼하게 읽기(close reading)'의 재조명: 독서 이론과 교수학습 측면의 의미를 중심으로」, 『독서연구』 37, 39-65.

이순영·최숙기·김주환·서혁·박영민(2017), 『독서교육론』, 사회평론.

이지영(2022), 「국어과 교육과정 문학 영역의 통시적 분석을 통해 살펴본 초등 문학 교육의 항존성」,

『문학교육학』 74, 175-208.
이향근(2013), 「시 텍스트 이해 학습에서 '저자에게 질문하기 방법(QtA)'의 적용」, 『새국어교육』 95, 221-247.
정재림(2019), 「국어교육에서 '갈등'을 다루는 방식에 대한 비판적 고찰: 2015 개정 교육과정에 따른 중학교 국어 교과서를 중심으로」, 『한국문예비평연구』 64, 309-334.
정재찬·최인자·김근호·염은열·이지영·최미숙 외(2014), 『문학교육개론 I : 이론편』, 역락
정혜승·김소현·김지연·서수현·윤구희·한기덕(2020), 『학생이 질문하는 즐거운 수업 만들기: 중등활동편』, 사회평론아카데미.
최미숙·원진숙·정혜승·김봉순·이경화·전은주·정현선·주세형(2016), 『국어교육의 이해: 국어 교육의 미래를 모색하는 열여섯 가지 이야기』(제3판), 사회평론.
최미숙·염은열·김성진·정정순·송지언·이상일(2023), 『문학교육론』, 사회평론아카데미.
최시한(2002), 「사건의 개념과 갈래: 서술 층위를 중심으로」, 『한국문학이론과 비평』 15(2), 349-370.
최시한(2005), 「소설 읽기지도 방법의 모색: 사건을 중심으로」, 『국어교육』 116, 491-514.
최지현·서혁·심영택·이도영·최미숙·김정자·김혜정(2007), 『국어과 교수·학습 방법』, 역락.
한국문학평론가협회 편(2006), 『문학비평용어사전』, 국학자료원.
한국문화예술위원회(2008), 『100년의 문학 용어 사전』, 도서출판 아시아.
한용환(1999), 『소설학 사전』, 문예출판사
홍인영(2019), 「이야기 구조 교육 내용 분석: 초등학교 국어 교과서를 중심으로」, 『한민족언어학』 85, 43-80.
Buehl, D.(2006), 『협동적 학습을 위한 45가지 교실 수업 전략』, 노명완·정혜승 역, 박이정. (원서 출판: 2001).
Rosenblatt, L. M. & Booth, W. C.(2006), 『탐구로서의 문학』, 김혜리·엄해영 역, 한국문화사. (원서 출판: 1995)
Raphael, T. E.(1986), Teaching question-answer-relationships, revisited. *The Reading Teacher, 39*(6), 516-523.

09 쓰기 교수학습 전략

권순희·김경주·송지언·이영호·이윤빈·이정찬·주재우·변경가(2023), 『작문교육론』, 사회평론아카데미.
김주환(2016), 「작가의식을 기르는 글쓰기 워크숍」, 『대학작문』 18, 157-194.
김주환(2017), 「중학생들의 작문능력 실태조사 연구」, 『교육과정평가연구』 20(1), 271-295.
김주환(2023), 「역량 중심으로 본 2022 개정 국어과 '쓰기' 교육과정」, 『한국어문교육』 45, 35-61.
서수현(2023), 「2022 개정 국어과 교육과정 쓰기 영역의 특징과 지향」, 『청람어문교육』 92, 341-367.
유동걸(2012), 『토론의 전사: 토론 교육 전문가 유동걸 선생님이 쉽게 풀어 쓴 토론의 모든 것. 1, 디베이트의 길을 열다』, 해냄에듀.
임재준(2019), 『쓰기의 공식 프렙!: 에세이부터 보고서까지: 논리적인 구조로 완성하는 글쓰기 비법』 반니.
장은섭·최승식(2018), 「실제적 쓰기 평가를 위한 이론적 검토」, 『국어교육』, 213-245.
정혜승(2013), 『독자와 대화하는 글쓰기』, 사회회평론아카데미.
최승식·김주환·이순영(2018), 「고등학생의 작문능력 실태조사 연구」, 『리터러시 연구』 9(4), 89-123.
황재웅(2010), 『쓰기 워크숍의 이론과 실제』, 한국문화사.

Atwell, N.(1998), *In the Middle: New understandings about writing, reading, and learning, 2nd ed,* Portsmouth, NH: Heinemann.

Buehl, D.(2006), 『협동적 학습을 위한 45가지 교실 수업 전략』, 노명완·정혜승 역, 박이정. (원서 출판: 2001).

Calkins, L. N.(1994), *The Art of Teaching Writing*, Portsmouth, NH: Heinemann.

Gerth, S.(2021), 『묘사의 힘: 말하지 말고 보여주라』, 지여울 역, 월북. (원서 출판: 2018).

Graves, D. H.(2003), *Writing: Teachers and Children at Work$*, Portsmouth, NH: Heinemann.

Karsback, B.(2011), Writer's workshop: Does It Improve the Skills of Young Writers?. *Illinois Reading Council Journal, 39*(2), pp.3-11.

Serravallo, J.(2017), *The writing strategies book: Your everything guide to developing skilled writer.* Portsmouth, Heinemann.

10 문법 교수학습 전략

김광해(1992), 「문법과 탐구학습」, 『선청어문』 20, 81-101.

김광해(1995), 「언어 지식 영역의 교수·학습 방법」, 『국어교육연구』 2, 109-141.

김광해(1997), 『국어지식교육론』, 서울대학교출판부.

노명완·신헌재·박인기·김창원·최영환(2012), 『국어교육학개론』(4판), 삼지원.

류승의·정대우(2020), 「한국어 교육에서의 어휘 교육 방안: 어종과 의미 관계를 중심으로」, 『한국어 문화교육』13(2), 25-49.

신지영(2016), 『한국어의 말소리』, 박이정.

안찬원(2011), 「훈민정음 창제 원리에 따른 한글 자모 교육」, 『문법교육』 15, 181-208.

안찬원(2016), 『개념 체계 중심의 어휘 교육 연구』, 고려대학교 박사학위논문.

이경현(2009), 「CPS에 기반한 문법교육」, 『문법교육』 11, 229-258.

이관규(2023), 『(2022교육과정에 따른) 학교 문법론』, 역락

이동혁(2017), 「국어적 창의성을 위한 문법 지식의 본질과 조건에 대하여」, 『한국초등국어교육』 63, 137-162.

이지원·이보나·흐미엘레프스카(2005), 『생각하는 ㄱㄴㄷ』, 논장.

정구향·유영희·김미혜(2002), 「초등 학교 국어과 교수·학습 방법과 자료 개발 연구」(연구보고서), 한국교육과정평가원

최미숙·원진숙·정혜승·김봉순·이경화·전은주·정현선·주세형(2024), 『국어 교육의 이해: 국어 교육의 미래를 모색하는 열여섯 가지 이야기』(제4판), 사회평론아카데미.

최지현·서혁·심영택·이도영·최미숙·김정자·김혜정(2007), 『국어과 교수·학습 방법』, 역락.

Calhoun, E.(1999), *Teaching beginning reading and writing with the picture word inductive model.* ASCD.

de Bono, E.(1986), *Edward de Bono's CoRT Thinking: Teacher's Notes.* Advanced Practical Thinking Training.

de Bono, E.(1987), *Teaching thinking.* Penguin Books.

Rosenbaum, C.(2001), A word map for middle school: A tool for effective vocabulary instruction. *Journal of Adolescent & Adult Literacy, 45*(1), 44-49.

11 매체 교수학습 전략

권영부(2021), 『미디어 리터러시 교육 어떻게 할 것인가?: 미디어 교육을 궁금해하는 사람들을 위한 모든 것』, 지식프레임.

김종윤·서수현·김지연·조병영·김인숙·옥현진(2018), 「디지털 리터러시 인지적 영역의 평가 요소 개발」, 『청람어문교육』 66, 133-166.

김종윤 외(2017), 「디지털 리터러시의 인지적 영역 평가도구 개발을 위한 기초 연구」, 『청람어문교육』 62, 7-39.

노은희 외(2021), 「포스트코로나 대비 미래지향적 국어과 교육과정 구성 방안 연구」(CRC-2021-11), 한국교육과정평가원.

옥현진·오은하·김종윤(2018), 「중학생 학습자를 위한 디지털 리터러시 인지적 영역 성취기준 개발」, 『국어교육연구』 41, 81-112.

장의선·권유진·박종임·이인태·이철현·장은주(2021), 「학교 미디어 교육을 위한 교과 교육과정 개선 방안 연구」(CRC-2021-1), 한국교육과정평가원.

정현선·장은주. (2021), 「디지털 환경의 학습자를 위한 학교 미디어 교육 정책 분석 및 제언」. 『우리말교육현장연구』 15(2), 97-132.

정현선·박유선·전경란·박한철(2015), 「미디어 문해력(Media Literacy) 향상을 위한 교실 수업 개선 방안 연구」(연구보고서), 교육부.

정혜승 외(2021), 「역량 함양 국어과 교육과정 재구조화 연구」(연구보고서), 교육부.

조병영(2007), 「인터넷 환경에서의 초인지적 독서 전략: 사고 구술 연구로부터의 증거들」, 『국어교육』 124, 281-316.

조병영(2012), 「청소년 독자의 인터넷 독서 전략에 관한 문헌 연구」, 『국어교육학연구』 44, 483-515.

추병완·이범웅·변종현·조주현·김형렬·박보람(2020), 『시민성 이론과 시민교육: 시민교육 핸드북』, 하우.

Alkali, Y. E., & Amichai-Hamburger, Y. (2004), Experiments in digital literacy. *Cyber Psychology & Behavior, 7*(4), 421-429.

Bruce, B. C. (2000), Credibility of the web: Why we need dialectical reading. *Journal of Philosophy of Education, 34*(1), 97-109.

Hobbs, R. (2018), *Media and meaning-making in the fake news age* [Interview]. Alison Head and Margy MacMillan, Project Information Literacy, Smart Talk Interview, no. 29. Retrieved from https://projectinfolit.org/smart-talk-interviews/media-and-meaning-making-in-the-fake-news-age.

Wilson, C., Grizzle, A., Tuazon, R., Akyempong, K., & Cheung, C. K. (2011), *Media and information literacy curriculum for teachers.* [Report]. UNESCO Publishing.

찾아보기

ㄱ

ㄴ

ㄷ

ㄹ

ㅁ

ㅂ

ㅈ

ㅊ

ㅌ

ㅍ

ㅎ

기타